Siglinde Foidl-Dreißer ·
Andrea Breme · Peter Grobosch

Personal-
wirtschaft

Lehr- und Arbeitsbuch
für die Aus- und Weiterbildung

Erfolgreich im Beruf

Cornelsen

Hinweis: Der vorliegende Band ist das Folgewerk von H. Danne, Personalwirtschaft, 2. Auflage, 2000. Er basiert anteilig auf dem Werk „Personalwirtschaft" von Harald Danne und Edda Heider-Knabe (Cornelsen Studienbaustein Wirtschaft, 1. Auflage, 2003). Das gilt insbesondere für die Kapitel 8.4.3, 11, 13, 14 und 19.4.

Über die Autoren: Siglinde Foidl-Dreißer studierte nach ihrer Fortbildung zur Personalfachkauffrau Betriebswirtschaft und ist heute als Unternehmensberaterin tätig. Andrea Breme machte sich nach vielfältiger Praxis als Dozentin und Trainerin selbstständig und Peter Grobosch ist nach seinem Wirtschaftswissenschaften-Studium im Bereich Unternehmensberatung, Personal und Führungsmanagement tätig. Alle drei dozieren bei verschiedenen Bildungsträgern und sitzen in Prüfungsausschüssen verschiedener Kammern.

Verlagsredaktion: Annette Preuß
Technische Umsetzung: Type Art, Grevenbroich

 www.cornelsen-berufskompetenz.de

1. Auflage   Druck 4 3 2 1   Jahr 07 06 05 04

© 2004 Cornelsen Verlag Scriptor GmbH & Co. KG, Berlin

Druck: CS-Druck CornelsenStürtz, Berlin

ISBN 3-589-23710-4

Bestellnummer 237104

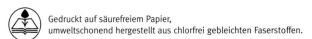
Gedruckt auf säurefreiem Papier, umweltschonend hergestellt aus chlorfrei gebleichten Faserstoffen.

INHALTSVERZEICHNIS

ABKÜRZUNGSVERZEICHNIS

AC:	Assessment-Center
AG:	Arbeitgeber
ALV:	Arbeitslosenversicherung
AN:	Arbeitnehmer
AÜG:	Arbeitnehmerüberlassungsgesetz
BA:	Bundesagentur für Arbeit
BBiG:	Berufsbildungsgesetz
BDSG:	Bundesdatenschutzgesetz
BetrVG:	Betriebsverfassungsgesetz
BfA:	Bundesversicherungsanstalt für Angestellte
BG:	Berufsgenossenschaften
BildscharbV:	Bildschirmarbeitsverordnung
BR:	Betriebsrat
BSC:	Balanced Scorecard
BSG:	Bundessozialgericht
BVW:	Betriebliches Vorschlagswesen
CBT:	Computer Based Training
DEÜV:	Datenerfassungs- und Übermittlungsverordnung
EFQM:	European Foundation for Quality Management
ERP:	Enterprise Ressource Planning
ESS:	Employee Self Service
EStG:	Einkommensteuergesetz
FZ:	Feinziel
GBR:	Gesamtbetriebsrat
GG:	Grundgesetz
HCM:	Human-Capital-Management
HR:	Human Resources
HRM:	Human-Resources-Management
HRMS:	Human-Resources-Management-Solution
IAB:	Institut für Arbeitsmarkt- und Berufsforschung
IAO:	Institut für Arbeitswirtschaft und Organisation
IAT:	Institut für Arbeitswissenschaft und Technologiemanagement
IMS:	Integriertes Managementsystem
KMU:	Kleine und mittlere Unternehmen
KonTraG:	Gesetz zur Kontrolle und Transparenz
KV:	Krankenversicherung
KVP:	Kontinuierlicher Verbesserungs- prozess
LSG:	Landessozialgericht
MA:	Mitarbeiter
MBD:	Management by Delegation
MBE:	Management by Exception
MBO:	Management by Objectives
OE:	Organisationsentwicklung
PA:	Personalabteilung
PE:	Personalentwicklung
PIMS:	Prozessorientiertes integriertes Management-System
PIS:	Personalinformationssystem
PSA:	Personal-Service-Agentur
PSP:	Projektstrukturplan
PV:	Pflegeversicherung
QMS:	Qualitätsmanagementsystem
ROI:	Return of Investment
ROQI:	Return on Qualification Investment
RV:	Rentenversicherung
SG:	Sozialgericht
SGE:	Strategische Geschäfteinheit
SGG:	Sozialgerichtsgesetz
TAG:	Teilautonome Arbeitsgruppen
TQM:	Total Quality Management
VV:	Verbesserungsvorschlag

Teil I
Personalarbeit organisieren und durchführen

1 BEGRIFF UND WESEN DER UNTERNEHMENSORGANISATION

Organisation umfasst alles, was Ordnung schafft innerhalb eines sozio-technischen Systems. Diese Ordnung setzt voraus

Organisation umfasst alles, was Ordnung schafft innerhalb eines sozio-technischen Systems

- eine ziel- bzw. zweckorientierte Ausrichtung des Systems,
- einen verhaltensorientierten Bezugsrahmen,
- eine spezifische Systemidentität und
- eine eigene, auf sich selbst bezogene interne Funktionsweise.

Daraus ergeben sich **drei Bedeutungen** des Wortes „Organisation":

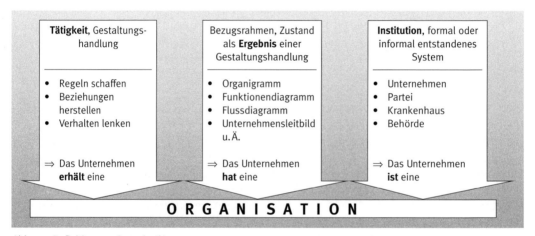

Abb. 1.1: Definition von Organisation

Die Organisation hat dabei **drei Gestaltungsprinzipien** zu folgen:
- **Prinzip der Zweckmäßigkeit** (-dienlichkeit): d. h., Organisation ist immer ein Mittel zum Zweck; ändern sich die Zwecke (= Ziele), so muss sich auch die Organisation ändern; eine Organisation ist **effektiv**, wenn sie die richtigen Ziele anstrebt und erreicht („to do the right things")

Drei Gestaltungsprinzipien

- **Prinzip der Wirtschaftlichkeit**, d. h., Aufwand für die Erstellung von Richtlinien und deren Nutzen für das Unternehmen müssen immer in einem angemessenen Verhältnis zueinander stehen; eine Organisation ist **effizient**, wenn sie die richtigen Mittel einsetzt, um die angestrebten Ziele zu erreichen („to do the things right")
- **Prinzip des Gleichgewichts**, d. h., die Organisation hat ein Gleichgewicht zu schaffen zwischen der notwendigen Verlässlichkeit stabiler Verhältnisse und der Fähigkeit, sich flexibel Veränderungen anzupassen

Zur Regelung betrieblicher Gegebenheiten werden verschiedene Arten von Maßnahmen unterschieden:

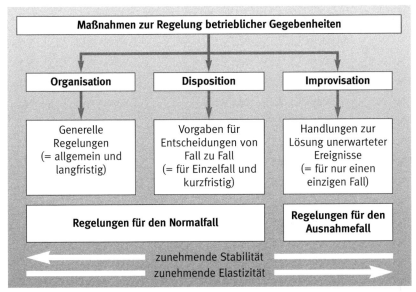

Abb. 1.2: *Maßnahmen zur Regelung betrieblicher Gegebenheiten*

1.1 DIE ELEMENTE DES SYSTEMS „UNTERNEHMENSORGANISATION"

Unter „Elementen der Unternehmensorganisation" versteht man

- **Aufgabenträger** (= personelle Elemente): Das sind die Menschen, die aufgrund vorliegender Motivation (= Beweggrund für ein Verhalten) Verrichtungen durchführen.
- **Aufgaben**: Das sind dauerhaft wirksame Aufforderungen, Verrichtungen an Objekten (= immer erforderliche Komponenten) zur Erreichung von Zielen/ Ergebnissen durchzuführen; einmalige Aufforderungen bezeichnet der Organisator als **Aufträge**. Arbeit ist die Erfüllung von beidem: Aufgaben und Aufträgen.

  Dauerhaft wirksame Aufforderungen

- **Sachmittel** (manchmal auch: Aufgabenträger): Das sind materielle (Maschinen) oder immaterielle (Software) Instrumente, die den Aufgabenträger bei seiner Aufgabe entlasten, unterstützen oder den Rahmen (Räume, Flächen, Einrichtungen) seiner Aufgabenerfüllung darstellen.
- **Informationen**: Das sind für den Empfänger zweckbezogene Nachrichten, die für ihn Neuigkeitswert haben.

→ *Natürlich gilt den Menschen das besondere Augenmerk des Personalmanagements.*

Die Person des Aufgabenträgers ist insbesondere gekennzeichnet durch

- seine Sachkenntnis und sein Fachwissen,
- seinen Erfahrungshintergrund,
- seine Schnittstellenkenntnis und
- seine persönliche Eignung (z. B. in Gestalt von Führungs- oder Teamfähigkeit).

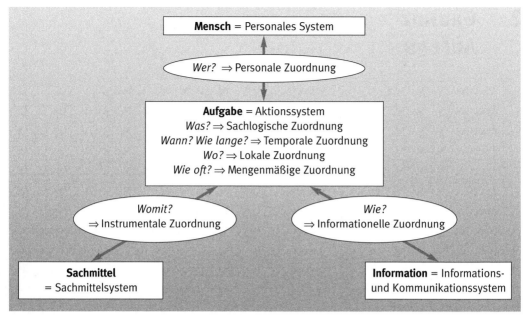

Abb. 1.3: Elemente der Organisation

1.2 DIE BEZIEHUNGEN IM SYSTEM „UNTERNEHMENSORGANISATION"

Die oben genannten Elemente werden durch folgende Beziehungen miteinander verknüpft:

- Einerseits durch **Aufbaubeziehungen**:
  - Stellenbildung u. Ä.
  - Leitungssystem
  - Informations-/Kommunikationssystem
  - Sachmittelsystem

Strukturierung nach dem Gebilde

Hier erfolgt eine Strukturierung nach dem **Gebilde**. Der Strukturierungsbereich der Unternehmensorganisation ist die **Aufbauorganisation**. Diese umfasst u. a. Stellenbildung (= Aufgabenzuordnung zu Stellen), Abteilungsbildung, Konfiguration und Festlegung hierarchischer Strukturen.

- Und andererseits durch **Ablaufbeziehungen**:
  - unverzweigte Folgebeziehungen
  - verzweigte Folgebeziehungen
  - Verknüpfungen
  - Rückkopplungen

Strukturierung nach dem Prozess

Hier erfolgt die Strukturierung nach dem **Prozess**. Der Strukturierungsbereich der Unternehmensorganisation ist die **Ablauforganisation**: Geschäfts- und Arbeitsprozesse werden nach Zeit, Ort, Art der Bearbeitung und zwingender Sachlogik strukturiert.

2 GRUNDZÜGE DER AUFBAUORGANISATION

Die **Aufbauorganisation** (= Gebilde, Ordnungsgefüge) befasst sich mit der dauerhaften (aber nicht ewigen) Festlegung von Strukturen innerhalb des Systems „Unternehmung". Folgende **Systemelemente** stehen hier im Vordergrund:

Definition Aufbauorganisation

- Anordnung von Organisationseinheiten (Filiale, Abteilung, Stelle)
- Leitungs- und Kommunikationsbeziehungen (Konfiguration: Hierarchie, Dienstwege, Kommunikationsstränge, Verantwortung, Kompetenzen, etc.)
- Strukturformen (Stab, Linie, Funktions- oder Objektorientierung, etc.)
- Dokumentation und Darstellung (Organigramm, Stellenbeschreibung, etc.)

Die Aufbauorganisation ist feststehend (statisch) und abgrenzend (differenzierend)

 Bei der Aufbauorganisation steht die Aufgabe im Mittelpunkt.

Ob eine gewählte Strukturalternative gut oder schlecht ist, lässt sich am besten mit Hilfe von vier Kriterien bewerten, die die Effektivität („das Richtige tun") und die Effizienz („es richtig tun") eines Unternehmens am meisten beeinflussen, das sind:

- **Marktorientierung**
  - Kundennähe aller marktrelevanten Funktionen
  - kurze Vertriebswege
  - klare Kompetenzabgrenzung zur Bedienung der einzelnen Geschäftsfelder

- **Führungsorientierung**
  - Steuerung aller ergebnisrelevanten Funktionen aus einer Hand
  - kurze Berichtswege
  - schmale oder breite Führungsspanne
  - Entscheidungskompetenz an der Informationsquelle

- **Leistungsorientierung**
  - Konzentration auf die leistungsrelevanten Funktionen
  - klare Kosten- und Ergebnisverantwortung
  - Aufbauorganisation und Geschäftsabläufe aufeinander abgestimmt (rationeller Wertschöpfungsprozess)

- **Zukunftsorientierung**
  - Anpassungsfähigkeit an sich ändernde Wettbewerbssituationen
  - geringer Aufwand bei notwendigen Erweiterungen/Anpassungen

Organisationsgestaltung besteht aus den beiden Teilschritten Analyse und Synthese; die **Analyse zerlegt eine komplexe Gesamtaufgabe** nach verschiedenen Merkmalen in sinnvolle Elementaraufgaben:

Organisationsgestaltung besteht aus Analyse und Synthese

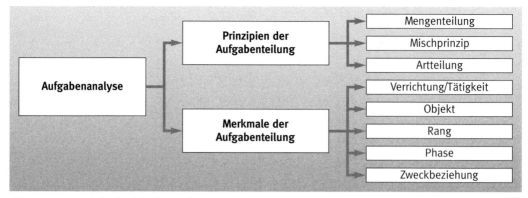

Abb. 2.1: Bestandteile der Aufgabenanalyse

Unter **Aufgabensynthese** versteht man eine methodische Vorgehensweise, bei der die in der Aufgabenanalyse ermittelten Elementaraufgaben **zu sinnvollen Aufgabenbündeln zusammengestellt** werden und einer Organisationseinheit (meist einer Stelle) eindeutig und unmissverständlich zugeordnet werden (= Stellenbildung und Hierarchie).

Voraussetzung für diese Bündelung ist die Arbeitsteilung in ihren zwei Erscheinungsformen:

Zwei Möglichkeiten
der Arbeitsteilung:
Mengen-
oder Artteilung

- Unter **Mengenteilung** (= horizontale Arbeitsteilung) versteht man die Zuordnung gleichartiger, nicht spezialisierter Aufgabenkomplexe auf verschiedene Stellen, sodass sich dort jeweils die gleichen Tätigkeitsabfolgen vollziehen: Gleiche Arbeit wird parallel ausgeführt. Aus der Anzahl gleichartiger Stellen ergibt sich die Kapazität einer Abteilung.
- **Artteilung** (= vertikale Arbeitsteilung) dagegen beinhaltet die Zuordnung ungleichartiger spezialisierter Aufgabenzusammenhänge auf verschiedene Stellen; es werden also unterschiedliche Tätigkeiten koordiniert hintereinander ausgeführt, es kommt zu einer **Spezialisierung**.

Die **Spezialisierung** hat Vor- und Nachteile. Als **Vorteile** gelten:
- Spezialtätigkeiten erfordern in aller Regel kürzere Einarbeitungszeiten;
- Arbeitsplätze mit weniger komplexen Arbeitsinhalten können auch mit weniger qualifizierten Arbeitskräften besetzt werden, deren Lohnkosten entsprechend niedriger sind;
- weniger komplexe Tätigkeiten sind häufig weniger anstrengend, die Arbeitsleistung steigt;
- durch die ständig wiederkehrenden Tätigkeiten entwickelt der Mitarbeiter über den so genannten Übungsgewinn eine höhere Geschicklichkeit: Arbeitsmenge und Arbeitsgüte steigen (zunächst) an;
- Spezialisierung erleichtert die eindeutige Zuordnung von Verantwortlichkeit.

Man muss jedoch auch die **Nachteile** der Spezialisierung bedenken:
- Monotoniebelastung führt zur rascheren Ermüdung und zu einseitigem Verschleiß und infolgedessen zu einem höheren Krankenstand;

- relativ hohe Fluktuation führt zu häufigeren Einarbeitungszeiten und höheren Beschaffungskosten;
- „ausgesprochene" Spezialisten kennen ihren Wert und können häufig höhere Gehaltsforderungen durchsetzen;
- ein hoher Spezialisierungsgrad der einzelnen Stellen erfordert einen größeren Koordinations- und Managementaufwand.

Überspezialisierung kann für den einzelnen Mitarbeiter eine Verringerung der Chancen am Arbeitsmarkt darstellen, für Unternehmen kann sie sich in unserer wirtschaftlich und technisch schnelllebigen Zeit zu einer Existenzgefährdung entwickeln.

Überspezialisierung sowohl für Mitarbeiter als auch für Unternehmen riskant

2.1 GLIEDERUNGSPRINZIPIEN NACH VERRICHTUNG, OBJEKT, RANG, PHASE UND ZWECKBEZIEHUNG

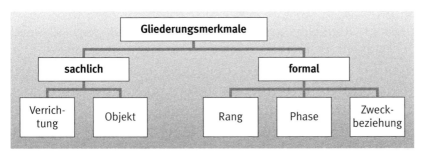

Abb. 2.2: Gliederungsmerkmale/-elemente der Aufgabenanalyse (nach Kosiol)

Die Gesamtaufgabe des Unternehmens wird zunächst nach verschiedenen Kriterien in Teilaufgaben zerlegt (= Aufgabenanalyse):
- Nach der **Verrichtung**:
  Die Verrichtungsanalyse betrachtet die Aufgabe nach der zeitlichen und logischen Abfolge verschiedener Teilvorgänge.

Beispiel

Die Aufgabe: „Brief schreiben" besteht aus den Teilvorgängen „Adresse heraussuchen", „Text eingeben", „Papier einlegen", „Drucken".

Natürlich sind auch **„Oder-Verknüpfungen"** möglich!

- Nach den **Objekten**:
  Die Objektanalyse betrachtet die Aufgabe nach den eingesetzten Sachmitteln/Objekten. Unterschieden werden hier:
  - **materielle Objekte**, wie beispielsweise (Zwischen-)Erzeugnisse, Büroprodukte/Dokumente, Sachmittel, Maschinen/Werkzeuge, Märkte/Marktsegmente, Mitarbeitergruppen

– **immaterielle Objekte**, wie beispielsweise Texte, Daten, Grafiken/Tabellen

So werden für die Aufgabe „Brief schreiben" die materiellen Objekte PC, Drucker, Papier und Druckerpatrone und die immateriellen Objekte Briefkopf, Bezugsteil, Datum, Textteil, Grußformel etc. benötigt.

- Nach dem **Rang** (= Ranganalyse):
  Die Bewältigung jeder Aufgabe beinhaltet **Entscheidungs- und Ausführungsaufgaben**; ihr jeweiliger Anteil richtet sich nach der Hierarchieebene, in der die Stelle angesiedelt ist. Entscheidungsaufgaben sind den Ausführungsaufgaben vor- und übergeordnet, und das nicht nur in zeitlicher Hinsicht, sondern auch als qualitativer Aspekt.

Entscheidungsaufgaben sind den Ausführungsaufgaben vor- und übergeordnet

- Nach der **Phase** (= Phasenanalyse):
  Nach dem Konzept des **Managementregelkreises** erfolgt die Aufgabenerledigung in der zeitlichen und sachlichen Reihenfolge: Planen, Aus-/Durchführen/Verwirklichen, Kontrollieren.

- Nach der **Zweckbeziehung** (= Zweckbeziehungsanalyse):
  Alle Aufgaben im Unternehmen dienen dem Unternehmenszweck entweder
  – unmittelbar (= **Primär-/Zweckaufgaben**), z.B. Beschaffen, Verarbeiten, Verkaufen etc., oder
  – mittelbar (= **Sekundäraufgaben**), z.B. Verwaltungstätigkeiten, Lohnabrechnung, Lagerbuchhaltung, Statistik etc.

Alle Aufgaben dienen dem Unternehmenszweck entweder unmittelbar oder mittelbar

Die **Synthese** stellt nun den **eigentlichen Gestaltungsvorgang der Organisationsstruktur** dar. Sie befasst sich mit den folgenden **fünf Dimensionen**:
- **Arbeitsteilung** und **Spezialisierungsgrad** (bereits oben dargestellt)
- **Koordination**: Weisungen, z.B. Regeln, Autonomie, Hierarchie, Budget
- **Konfiguration**: Leitungssystem, Organisationsformen, z.B. Stäbe
- **Entscheidungsdelegation**: Kompetenzverteilung, z.B. Zentralisierung/Dezentralisierung
- **Formalisierung**: schriftliche Fixierung von Regeln

2.2 ORGANISATIONSFORMEN

2.2.1 Stellenbildung

Definition Stelle

Eine Stelle ist die kleinste organisatorische Einheit, ausgedrückt in der Kombination von Aufgaben, die einer Person übertragen werden, ohne dass bekannt ist, welcher Person.

Stellen sind durch folgende **Eigenschaften** charakterisiert:

- immaterielle Stellenelemente
  - **Aufgaben**
  - **Befugnisse/Kompetenzen** (= Recht zur Willensbildung und -durchsetzung)
  - **Verantwortung**: Handlungs- und ggf. Führungsverantwortung (= persönliches Einstehen für die Folgen von Entscheidungen und Handlungen)

→ *Diese drei Elemente müssen übereinstimmen; man spricht von dem „Gesetz der Einheit".*

- materielle Stellenelemente (= Kapazität)
  - Mitarbeiter
  - Sachmittel

- Dauerhaftigkeit (für einen längeren Zeitraum eingerichtet)

- Abgrenzung (auf Grund eindeutiger Regelungen)

Grundsätzlich sollte der Organisator eine freie Stellenbildung anstreben, also losgelöst von bestimmten Mitarbeitern, abgestellt auf Berufstypen oder Berufsbilder. In der Praxis trifft man jedoch häufig auf die so genannte **gebundene Stellenbildung**, bei der man sich bei der Aufgabenzuordnung an den vorhandenen Mitarbeitern oder Sachmitteln orientiert.

Eigenschaften von Stellen

Bei der gebundenen Stellenbildung orientiert man sich bei der Aufgabenzuordnung am Mitarbeiter

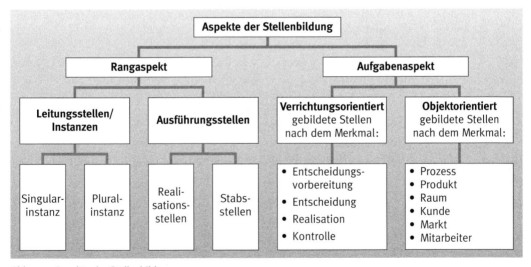

Abb. 2.3: Aspekte der Stellenbildung

Leitungsstellen sind ausgestattet mit Fremdentscheidungskompetenz, Anweisungsbefugnis und Sanktionsgewalt.

Eine Leitungsstelle ist immer von einer Person besetzt; Instanzen können sowohl aus nur einer Stelle (= **Singularinstanz**) aus auch aus mehreren Stellen (= **Pluralinstanz**) bestehen.

Bei Pluralinstanzen ergibt sich in der Praxis das Problem des gemeinsamen Willensbildungsprozesses:

- Beim **Direktoralprinzip** hat ein Mitglied besondere Rechte, z. B. das Alleinentscheidungsrecht oder das Entscheidungsrecht gegen eine qualifizierte/einfache Mehrheit.
- Beim **Kollegialsystem** haben alle Mitglieder der Instanz die gleichen Rechte, z. B. Entscheidungen mit einfacher/qualifizierter Mehrheit, Einstimmigkeitsprinzip.

Diesen Rechten stehen selbstverständlich entsprechende Pflichten gegenüber.

Gremium / Merkmal	Projektgruppe	Kollegium	Ausschuss
Aufgabe	Erreichung des Projektergebnisses	Erledigung von Sonderaufgaben	Erledigung von Daueraufgaben
Hierarchie	Projektleiter hat Führungsfunktion	keine formale Hierarchie	keine formale Hierarchie
Dauer	befristet	befristet	eher unbefristet
Mitarbeit	hauptamtlich	nebenamtlich	nebenamtlich
Umfang	teil-/vollzeitlich	teilzeitlich	teilzeitlich

Abb. 2.4: Vergleich verschiedener Arten von Gremien

Ausführungsstellen sind dadurch gekennzeichnet, dass sie keiner anderen Stelle verbindliche Anweisungen geben dürfen.

Stabsstellen werden auch als Leitungshilfsstellen bezeichnet: Sie haben in der Regel keine Anweisungsbefugnis, sondern unterstützen Leitungsstellen durch ihre Fachkompetenz in Form von Beratung und Entscheidungsvorbereitung.

Unter **Assistenzstellen** versteht man „generalisierte Leitungshilfsstellen", Beispiele sind Direktions-/Geschäftsleitungs-/Vorstandsassistenz. Merkmale:
- Sie besitzen keine Fremdentscheidungs- und Weisungskompetenzen,
- sie besitzen keinerlei Sanktionsgewalt,
- sie entlasten eine bestimmte Stelle überwiegend mengenmäßig,
- sie erfüllen häufig wechselnde Aufgaben, wobei das breite Spektrum von einfachen Sekretariats-/Hilfsaufgaben bis zur Lösung komplexer Probleme reicht.

Die besondere Problematik besteht in der starken Fixierung auf eine bestimmte Person, das Funktionieren hängt damit von der jeweiligen Qualifikation und persönlichen Vorlieben ab.

Dienstleistungsstellen bezeichnet man häufig als „Zentralstellen", „Zentralabteilungen", „Servicestellen" oder auch „Servicecenter". Sie nehmen Unterstützungsaufgaben für mehrere Leitungsstellen wahr.

In der Praxis entwickeln sie sich häufig aus früheren Stäben, die im Laufe der Zeit an Bedeutung gewonnen haben (z. B. Controlling, IT, Personalwesen), die Übergänge zur Stabsstelle sind daher fließend. Teilweise sind Dienstleistungsstellen sogar mit Richtlinienkompetenz ausgestattet.

Dienstleistungsstelle und Stabsstelle liegen oft nah beieinander

Beispiele für **verrichtungsorientierte Stellenbildung** (Kontrollaufgaben) sind:
- die Einrichtung der Innenrevision,
- die Zuordnung von Kontrollaufgaben an die Pförtnerplanstelle oder
- die Rechnungseingangsprüfung.

Prozessorientierte Stellenbildung erfolgt unter der Zielsetzung, Arbeitsabläufe ganzheitlich an einer Stelle zu konzentrieren, um Schnittstellenprobleme zu minimieren (z. B. Key-Account-Manager).

Gruppierungen von Stellen bezeichnet man als Abteilung, Hauptabteilung, Bereich etc.

2.2.2 Leitungsprinzipien: Zentralisation und Dezentralisation

Zentralisation bedeutet die Zusammenfassung gleichartiger Aufgaben an einem organisatorischen Mittelpunkt, **Dezentralisation** die Verteilung auf verschiedene Punkte/Stellen.

Definition Zentralisation und Dezentralisation

Bei den Instrumentalvariablen Zentralisation und Dezentralisation werden Teilaufgaben auf Stellen und Abteilungen verteilt und diesen zugeordnet.

Es wird davon ausgegangen, dass jedes Unternehmen zentralisiert und gleichzeitig dezentralisiert ist, denn: Zentralisation nach einem Merkmal (z. B. Produkte) bedeutet stets gleichzeitig Dezentralisation nach allen übrigen Merkmalen (z. B. Absatzgebiete).

Beide Organisationsvarianten erfolgen nach einem bestimmten Merkmal:
- entweder nach der **Verrichtung** (= Tätigkeit), z. B. Zentralarchiv, Werkstattprinzip in der Fertigung;
- nach dem **Objekt** (= Produkt, Kundengruppe, Raum etc.), z. B. Fertigungsinseln, Prototypenbau;
- nach dem **Rang**, z. B. Konzentration von Entscheidungskompetenz in bestimmten Stellen;
- nach der **Phase**, z. B. Abteilung für strategische Planung in der Hauptverwaltung;
- nach der **Zweckbeziehung**, z. B. zentrale Verwaltung, Lohnabrechnung;
- nach **Sachmitteln**, z. B. Zentralrechner/EDV;
- nach **Personen**, z. B. gewachsene Kompetenzen bei langjährigem Mitarbeiter;
- nach **regionalen Gesichtspunkten**, z. B. Vertriebsleiter in räumlicher Nähe zum Hauptabsatzgebiet.

Vorteile der Zentralisation (und damit zugleich Nachteile der Dezentralisation):
- ein hohes Maß an Flexibilität und Anpassungsfähigkeit wegen der kurzen Kommunikationswege und der geringen Instanzenzahl,

- einheitlicher Willensbildungsprozess, also straffe widerspruchsfreie Führung,
- Entscheidungen aus der Gesamtschau des Unternehmens, ohne Abteilungs- oder regionale Egoismen,
- geringere Kosten für den Führungsapparat.

Nachteile der Zentralisation (und damit zugleich Vorteile der Dezentralisation):

- Belastung oberer Leitungsorgane durch an sich delegierbare Ausführungsaufgaben und Entscheidungen (= operative Überforderung),
- mangelnde Initiative und unterentwickeltes Verantwortungsbewusstsein großer Belegschaftsanteile,
- realitätsferne Entscheidungen am „grünen Tisch",
- Schwierigkeiten bei der Willensdurchsetzung,
- dazu großer Kontrollaufwand erforderlich,
- bei räumlicher Dezentralisierung großer Koordinationsaufwand (Richtlinien, Rahmenanweisungen, Einzelanweisungen) erforderlich und eindeutige Kompetenzabgrenzung,
- Tendenz zur Formalisierung und Bürokratisierung,
- die Kompetenz der Mitarbeiter in den betroffenen Organisationseinheiten wird nicht ausgeschöpft.

2.2.3 Leitungsbeziehungen – Hierarchiebildung

Hierarchie = Gesamtheit aller Leitungsbeziehungen im Unternehmen

Die Gesamtheit aller Leitungsbeziehungen im Unternehmen wird als Hierarchie bezeichnet. Diese dient in erster Linie dazu, die Aktivitäten aller Beteiligten auf ein übergeordnetes Ziel hin auszurichten und zu koordinieren.

Hierarchiesysteme zeigen die Verteilung von Macht. Insbesondere komplexe Unternehmensstrukturen erfordern ein solches Koordinationssystem, weil sonst Meinungs- und Interessenunterschiede der beteiligten Menschen nicht beherrschbar wären.

Verbindungslinien kennzeichnen Weisungswege

Es werden Aufgabenpakete geschnürt und einer Stelle oder einer Stellenmehrheit zugeordnet. Die **Verbindungslinien** zwischen den Organisationseinheiten versinnbildlichen Weisungswege, auf denen Ziele, Aufgabenstellungen, Richtlinien und Einzelanweisungen verbindlich übermittelt werden.

Die Leitungsbeziehungen umfassen fachliche und disziplinarische Befugnisse. Die **fachlichen Befugnisse** (= Direktionsrecht) beziehen sich auf
- das Setzen/Vereinbaren von Zielen,
- das Festlegen grundsätzlicher Regelungen (wie Kompetenzen, Handlungsspielräume etc.),
- die Vergabe von Aufgaben und Aufträgen,
- das Setzen von Qualitätsstandards (-maßstäben),
- die Festlegung der anzuwendenden Verfahren,
- den Sachmitteleinsatz,
- den Umfang und den Zeitpunkt der für den Aufgabenträger zugänglichen Informationen,
- die Benennung des Aufgabenträgers,
- die Festlegung von Erfüllungszeitpunkten und -räumen,

- die Festlegung des Erfüllungsortes,
- die Definition des Arbeitspensums.

Die **disziplinarischen Befugnisse** beziehen sich auf
- die langfristige Mitarbeiterentwicklung (Einstellung, Entwicklung, Beurteilung, Gehaltsfindung, Beförderung, Entlassung etc.),
- die kurzfristige Mitarbeitersteuerung (Einsatz, Abwesenheiten, Arbeitszeiten, Lob und Tadel etc.).

Die Gestaltung der Hierarchie eines Unternehmens hängt wesentlich von der Entscheidung zur Leitungsspanne für jede Hierarchieebene ab:

 Die Leitungsspanne bezeichnet die Anzahl der einer Leitungsstelle direkt zugeordneten Mitarbeiter (Planstellen).

Definition
Leitungsspanne

Die Summe der Leitungsstellen auf einer Hierarchieebene nennt man **Leitungsbreite**, die Anzahl der Hierarchieebenen **Leitungstiefe**.

Ein **schmale Leitungsspanne** zeichnet sich aus durch tiefe (viele) Hierarchie(ebene)n:
- Führungskraft hat mehr Zeit für Führungsaufgaben,
- die interne Koordination ist erleichtert, es gibt jedoch lange externe Kommunikationswege,
- für Führungskräfte besser überschaubar,
- unterschiedliche Aufgabenerfüllung der verschiedenen Organisationsbereiche,
- typisch: zentralisierte Kontrollaufgaben.

Eine **breite Leitungsspanne** zeichnet sich durch flache (wenige) Hierarchie(ebene)n aus:
- kurze Kommunikationswege, also schneller Informationsfluss und weniger „Informationsfilter",
- größere Flexibilität,
- schnellere Entscheidungen,
- zwangsläufig mehr Autonomie auch auf den unteren Ebenen,
- einfachere Aufgabenerfüllung.

Welche Leitungsspanne jeweils zweckmäßig ist, hängt von einer Reihe von Einflussfaktoren ab:
- Gleichartigkeit der zu erfüllenden Aufgaben,
- Komplexität der Aufgaben,
- Schnelligkeit der Entscheidungsfindung,
- Ausmaß des gewünschten Entscheidungsspielraumes auch für nachgeordnete Hierarchieebenen,
- Zeitbedarf für Ausführungsaufgaben der Leitungsorgane,
- Unterstützung durch Sachmittel und/oder technisch-organisatorische Verfahren,
- Verfügbarkeit von Informationen,

Welche Leitungsspanne zweckmäßiger ist, hängt vom Einzelfall ab

- Einflüsse über die Persönlichkeit der Führungskräfte und der Mitarbeiter,
- Leistungswille und Leistungsfähigkeit der Mitarbeiter,
- geografische Gegebenheiten des Mitarbeitereinsatzes.

Die Organisationslehre kennt eine Vielzahl verschiedener Organisationsformen, allgemein werden jedoch folgende Grundformen/-typen unterschieden:

Abbildungsform:
Organigramm

- Einliniensystem
- Mehrliniensystem
- Stabliniensystem
- Spartenorganisation – Divisionalsystem
- Matrixorganisation
- Tensororganisation
- Projektmanagement

Die Abbildungsform der Aufbauorganisation ist das Organigramm.

2.2.3.1 Klassische Organisationsformen – Liniensysteme
Hier werden zwei Arten unterschieden:
- das Einliniensystem
- und das Mehrliniensystem.

Im **Einliniensystem** erhält eine nachgeordnete Stelle ausschließlich von der ihr direkt vorgesetzten Leitungsstelle Anweisungen. Die Linie ist der formale Kommunikationsweg.

Eine Abstimmung zwischen Stellen verschiedener Linien ohne Einschaltung ihrer Vorgesetzten ist nicht möglich.

Wege außerhalb der
Linie entsprechen
nicht der formalen
Organisation

Die **Linie ist der Dienstweg für Anordnungen, Anrufungen, Beschwerden und Informationen**. Wege außerhalb der Linie entsprechen nicht der formalen Organisation. Es herrscht also ein streng hierarchisches Denken vor, das keine Spezialisierung bei der Leitungsfunktion vorsieht.

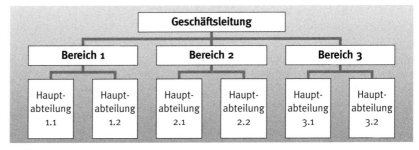

Abb. 2.5: Grundstruktur des Einliniensystems

Im **Mehrliniensystem** erhält eine nachgeordnete Stelle von mehreren vorgesetzten Leitungsstellen Anweisungen (Mehrfachunterstellung). Dadurch entstehen zwar kürzere Kommunikationswege, jedoch kann es zu Weisungskonflikten kommen.

Zu den charakteristischen Eigenheiten gehören die Übereinstimmung von Fachkompetenz und Entscheidungsfähigkeit sowie die Spezialisierung, die direkte Wege bei Mehrfachunterstellung ermöglicht.

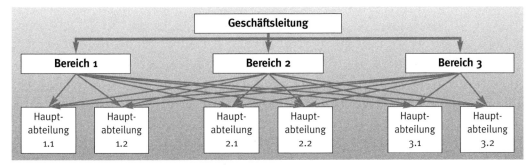

Abb. 2.6: Grundstruktur des Mehrliniensystems

Generell ist eine **Linienorganisation** dann sinnvoll, wenn die folgenden **Bedingungen** gegeben sind:
- klar definierte, relativ gleich bleibende, sich wiederholende Aufgaben mit relativ geringen Interaktionen;
- Unternehmen mit festen Verhaltensregeln, die auf funktionaler Autorität und vertikaler Gliederung beruhen;
- Einheit der Auftragserteilung und des Auftragsempfangs.

Daraus leiten sich als **Anwendungsbereiche** ab: Verwaltungsbehörden, Klein- und Mittelbetriebe; Neugründungen; Holdings; Organisationen, in denen die Komplexität reduziert werden muss.

Als **Vorteile** gelten:
- klare und überschaubare Verteilung von Aufgaben, Kompetenzen, Entscheidungsbefugnissen und Verantwortlichkeiten
- Kohärenz von Managemententscheidungen
- Sicherheitsgefühl wird gefördert
- schnelle Entscheidungsfindung und Weisungserteilung
- leicht kontrollierbar

Klare Kompetenzabgrenzung, leichte Kontrolle

Als **Nachteile** werden gesehen:
- Überlastung der Leitungsebenen, insbesondere der Unternehmensleitung
- lange Kommunikationswege, d.h. langsamer Informationsfluss und Filterung von Informationen
- Erschwerung von Zusammenarbeit und Koordination, Tendenz zur Segmentierung von Aktivitäten
- Motivationsverlust bei den Mitarbeitern und geringeres Engagement durch übermäßige Zentralisierung von Macht und Entscheidungsbefugnissen
- Notwendigkeit zusätzlicher Verbindungen zwischen den Abteilungen, Bedarf an Kommissionen und Stäben
- Gefahr übermäßiger Bürokratisierung

Kommunikationsbarrieren in Zwischenstufen möglich

Im **Stabliniensystem** sind den Linieninstanzen zur Unterstützung Stäbe zugeordnet. Diese beraten bzw. bereiten Entscheidungen vor. Sie haben meist keinerlei Anweisungsbefugnis gegenüber rangniedrigeren Hierarchieebenen.

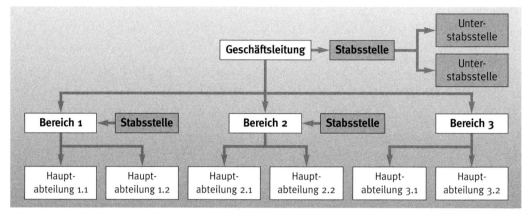

Abb. 2.7: Grundstruktur des Stabliniensystems

Die **Stablinienorganisation** macht dann Sinn, wenn die folgenden **Bedingungen** gegeben sind:
- Trennung von Fachkompetenz und Entscheidungsbefugnis;
- Einheit der Auftragserteilung;
- innovative Aufgaben, Bedarf an fachspezifischem Wissen in bestimmten Bereichen.

Anwendung findet sie beispielsweise bei markt- und produktspezifischer Unternehmensstruktur, als Vorstufe zur Errichtung zentraler Dienststellen mit Entscheidungsbefugnis oder bei Notwendigkeit der Entlastung der Linie.

Das Linienmanagement wird entlastet

Als **Vorteile** gelten:
- Entlastung der Linie von Entscheidungsvorbereitung
- Erleichterung der Entscheidungsfindung durch moderne Managementmethoden
- bereichernder Gedankenaustausch zwischen der Linie und den Spezialisten spezifischer Bereiche
- Stab bietet gute Qualifikationsmöglichkeiten
- Nutzung individueller Potenziale und Erwartungshaltungen (Stab/Linie)

Als **Nachteile** werden gesehen:

Gefahr der Manipulation des Linienvorgesetzten durch die Stabsmitarbeiter

- Stäbe neigen dazu, sich ein eigenes Machtpotenzial zu schaffen, eine parallele Hierarchie zu bilden und zahlenmäßig ständig zu wachsen (Bürokratismus)
- starke Tendenz zur Kommissionsbildung (endlose Debatten)
- mögliche Konflikte zwischen Stab und Linie
- weniger Entscheidungstransparenz

- der Stab „entscheidet", ohne verantwortlich zu sein
- Spaltung in zwei Klassen: Technokraten und operative Kräfte

2.2.3.2 Spartenorganisation – Divisionen

Bei der Spartenorganisation – auch divisionale Organisation genannt – wird das Unternehmen meist ab der zweiten Hierarchieebene in mehrere Geschäftsbereiche untergliedert in Abhängigkeit von einzelnen Erzeugnissen, Erzeugnisgruppen oder Marktsegmenten (z. B. geografisch oder nach Kundengruppen).

Bei dieser Gliederung nach Produktgruppen müssen den einzelnen Divisionen alle leistungsbezogenen Zweckbereiche zugeordnet werden. Mit zunehmender Autonomie können auch weitere Zweckbereiche – wie etwa Personalwesen oder Finanzen – eingebunden sein.

Die **Spartenorganisation** zeichnet sich durch folgende drei **Eigenschaften** aus:
- Jede Division leitet ihre leistungsbezogenen Zweckbereiche weitgehend autonom;
- die Division ist gleichzeitig Teil eines größeren Systems;
- die Division ist rechtlich nicht selbstständig.

Gesteuert werden diese autonomen Subsysteme durch **Zielvorgaben**. Es herrschen finanzielle Koordinationssysteme vor, die ihren Niederschlag im **Profit-Center-Konzept**, im **Investment-Center-Konzept** und im **Cost-Center-Konzept** finden. Bei diesen drei sehr verschiedenen Konzepten kann der Grad der wirtschaftlichen Selbstständigkeit einer Division sehr unterschiedlich gewählt werden.

Steuerung durch Zielvorgaben

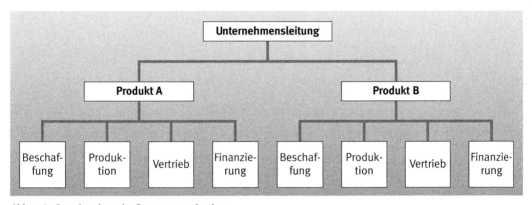

Abb. 2.8: Grundstruktur der Spartenorganisation

Die Spartenorganisation macht dann Sinn, wenn die folgenden **Bedingungen** gegeben sind:
- Es müssen mehrere Produktarten (Märkte etc.) vorhanden sein, die sich deutlich voneinander unterscheiden;
- es dürfen keine produktionstechnischen Verbindungen vorliegen (z. B. Kuppelprozesse oder gemeinsame Produktionsanlagen);
- es dürfen keine absatzseitigen Verflechtungen vorliegen;

Es müssen mehrere Produktarten vorhanden sein, die sich deutlich voneinander unterscheiden

- es dürfen keine erheblichen Leistungsaustauschvorgänge (z.B. Teilelieferungen) zwischen den Divisionen stattfinden, weil es sonst regelmäßig zu Diskussionen über die „richtigen internen Verrechnungspreise" kommt;
- die Unternehmen müssen (unter Kostengesichtspunkten) über eine bestimmte Mindestgröße verfügen;
- die Mitglieder der Divisionsleitungen müssen über funktionsübergreifende (Beschaffung, Produktion, Vertrieb etc.) Managementkompetenz verfügen.

Anwendung findet die Spartenorganisation insbesondere bei Großunternehmen und bei Unternehmen, die mit sehr unterschiedlichen Produkten in sehr unterschiedlichen Märkten arbeiten.

Als **Vorteile** gelten:

- einfache Kontrolle der erwirtschafteten Ergebnisse
- verstärkte Leistungsmotivation der Divisionsleitungen infolge großer Entscheidungsautonomie und Ergebnisverantwortung
- Entlastung des Vorstandes von einer großen Zahl nicht Ressort übergreifender Routineentscheidungen
- Verringerung des Koordinationsbedarfes auf Unternehmensebene
- bessere Übersichtlichkeit des Unternehmens
- größere Flexibilität, Kreativität und Güte der Divisionsentscheidungen
- gute Auslese- und Ausbildungsmöglichkeit für den Managementnachwuchs
- Fehlbesetzungen in der Divisionsleitung betreffen (zunächst) nur diese

Als **Nachteile** werden gesehen:

- Konkurrenz der Divisionen untereinander, insbesondere um knappe Ressourcen
- zentrifugale Entscheidungen können zu Störungen im Gesamtgefüge führen
- Kompetenzprobleme zwischen Zentralabteilungen und Divisionen
- vorrangige Verfolgung kurzfristiger Ziele, da diese das wirtschaftliche Ergebnis sofort beeinflussen
- Gefahr der Doppelarbeit bei Problemlösungen oder Produkt(weiter)entwicklungen
- größerer Bedarf an qualifiziertem Personal, dadurch höhere Personalkosten
- längere Informationswege, dadurch höherer Informationsaufwand
- Spezialisierung nach Produktgruppen läuft der menschlichen Spezialisierungshaltung nach funktionaler Orientierung zuwider

Bei **Profit-Center-Konzept** ist die Bereichsleitung nur für die in ihrem Bereich erzielten Gewinne verantwortlich; Erfolgsrechnungen geben Aufschluss darüber. Beim **Investment-Center-Konzept** entscheidet der Bereichsleiter auch über zu tätigende Investitionen. Beim **Cost-Center-Konzept** trägt die Bereichsleitung darüber hinaus die volle Verantwortung für die entstehenden Kosten.

Das heute vielfach angestrebte **Wertschöpfungs-Center-Konzept** stellt letztlich die Endstufe dieser Entwicklung dar. Die Bereichsleitung operiert als „eigenständiges Unternehmen" (zumindest buchhaltungstechnisch) und macht einen „eigenen Jahresabschluss". Alle in Anspruch genommenen und erbrachten internen und externen Leistungen werden dazu wertmäßig erfasst bzw. ausgedrückt.

2.2.3.3 Matrixorganisation

Die Matrixorganisation stellt eine Form des Mehrliniensystems dar. Verrichtungs- und objektorientierte Hierarchien überlagern sich vertikal und horizontal und sind gleichberechtigt. Die Schnittpunkte in der Matrix geben an, wo Entscheidungen nur gemeinsam von zwei Instanzen getroffen werde können.

Verrichtungs- und objektorientierte Hierarchien überlagern sich

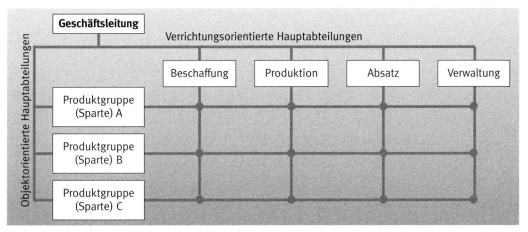

Abb. 2.9: Grundstruktur der Matrixorganisation

Die **Matrixorganisation** macht dann Sinn, wenn die folgenden **Bedingungen** gegeben sind:
- klare Regelungen der Kompetenzüberlagerungen;
- turbulente Umwelt;
- Komplexität der von strategischen Einheiten tangierten Bereiche.

Anwendung findet sie insbesondere bei Großunternehmen mit Präsenz auf mehreren Märkten und/oder mehreren Produkten und bei Divisionalisierung nach Produkten und Funktionen bzw. nach Märkten und Funktionen.

Als **Vorteile** gelten:
- Entlastung der Geschäftsleitung
- kürzere Entscheidungswege
- Problemlösungen durch die betroffenen Abteilungen und Spezialisten
- gute Integration von Projekten
- die Behandlung von Problemen von unterschiedlichen Standpunkten aus macht auch komplexe Situationen beherrschbar (Konfliktmanagement im Tagesgeschäft)
- hohe Flexibilität

Mehrdimensionale Koordination erhöht die Entscheidungssicherheit

- Vorrang der Sachkompetenz über Privilegien der Hierarchie
- Begünstigung der Persönlichkeitsentfaltung durch Teamarbeit und Konsensfindung
- Spezialisierung von Führungsfunktionen

Als **Nachteile** werden gesehen:

Zeitverluste bis zur abgestimmten Entscheidung

- Gefahr von Machtkämpfen (Kompetenz- und Handlungskonflikte)
- Gefahr von unbefriedigenden Kompromissen
- Unsicherheit von Führungskräften und Mitarbeitern angesichts der Mehrfachunterstellung
- Schwerfälligkeit der Prozessabläufe (schleppende Entscheidungsfindung, hoher Kommunikationsbedarf, lange Verhandlungszeiten, erheblicher Umfang an Kompetenzregelungen und Arbeits-/Koordinationssitzungen)
- kostenintensiv
- höherer Bedarf an Führungskräften
- Verwischen einheitlicher Führungsgrundsätze
- Gefahr der Übernahme und Beherrschung durch „Primärstruktur"
- Tendenz zur Schaffung einer übergeordneten (Super)Struktur mit Koordinations-, Gestaltungs- und Konfliktlösungsaufgaben

Ein-dimensionale Verrichtungs-organisation	Verrichtungs-orientierte Organisation mit Sekundär-struktur nach Produkten	Zwei-dimensionale Matrix-organisation	Produktorien-tierte Orga-nisation mit Sekundär-struktur nach Funktionen	Ein-dimensionale Produkt-organisation

☐ Entscheidungsspielraum des Produktmanagers
☐ Entscheidungsspielraum des Funktionsmanagers

Abb. 2.10: Kompetenzverteilung in der Matrixorganisation

2.2.3.4 Tensororganisation

Bei der Tensor-organisation überlagern sich drei und mehr Weisungssysteme

Bei einer Tensororganisation überlagern sich drei und mehr Weisungssysteme:

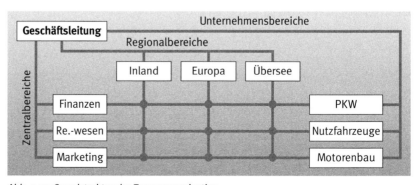

Abb. 2.11: Grundstruktur der Tensororganisation

Verknüpft werden hier beispielsweise Zentral-, Regional- und Unternehmensbereiche, weswegen diese Organisationsform insbesondere für multinationale
Großunternehmen geeignet ist. (Da sich drei Dimensionen auf Papier schlecht
darstellen lassen, ist hier Ihr Abstraktionsvermögen gefragt.)

In der Praxis trifft man in der Regel organisatorische Mischformen an, also Kombinationen der verschiedenen Organisationsmodelle durch unterschiedliche
Orientierung auf den einzelnen Hierarchieebenen.

2.2.4 Informationsbeziehungen

Die Gestaltung der Informationsbeziehungen besteht aus einem Regelwerk mit
Informationspflichten und -rechten der einzelnen Organisationseinheiten.

Dazu muss der **objektive Informationsbedarf** der Aufgabenträger **ermittelt**
werden (im Gegensatz zu den subjektiven Informationsbedürfnissen), welcher
sich aus der übertragenen Aufgabe ergibt.

Daraus leiten sich dann die Sachmittel ab, die zur Informationsaufnahme,
-speicherung, -verarbeitung und -abgabe erforderlich sind.

Objektiver Informationsbedarf versus subjektives Informationsbedürfnis

2.2.5 Sachmittelsystem

Das „Sachmittelsystem" bezeichnet die Auswahl und den Einsatz geeigneter
Sachmittel, also die Anordnung der Betriebsmittel zueinander.

Beispiele für **Sachmittel**:
- Gebäude und Räume
- Büroausstattung: Stuhl, Telefon, Kopiergerät etc.
- Computerhard- und -software
- Vordrucke, Büromaterial
- Pinnwand, Flipchart u. Ä.

Sachmittel stellen den materiellen Rahmen der Aufgabenerfüllung dar. Sie
unterstützen den Aufgabenträger bei der Wahrnehmung seiner Arbeitspflicht
oder führen diese unter Umständen sogar selbstständig durch.

Sachmittel unterstützen den Aufgabenträger bei der Wahrnehmung seiner Arbeitspflicht

Die Gestaltung des Sachmittelsystems besteht aus
- der **Ermittlung** des Sachmittelbedarfes,
- der **Auswahl** der geeigneten Sachmittel,
- dem optimalen **Einsatz** der Sachmittel
- und der **Unterstützung** des Aufgabenträgers bei deren Anwendung.

Die Ermittlung des Sachmittelbedarfes liefert Antworten auf die folgenden
Fragen:
- Welche Sachmittel werden benötigt?
- In welcher Anzahl werden diese Sachmittel benötigt?
- An welchem Ort werden diese Sachmittel benötigt?
- (Ab bzw. bis) wann werden diese Sachmittel benötigt?

Die Antworten auf diese Fragen stellen Dimensionen der Organisation dar.

Als Grundlage für diese Ermittlung dienen Organisationsuntersuchungen und Marktanalysen. Daraus werden Pflichtenhefte abgeleitet. Diese bilden die Grundlage für das Einholen von Angeboten, den Angebotsvergleich und die Vergabe von Aufträgen.

 Voraussetzung für den optimalen Einsatz der Sachmittel ist ihre richtige Installation und die Schulung der betroffenen Mitarbeiter.

Auch während des Anwendungsprozesses benötigen die Mitarbeiter weitere Unterstützung, beispielsweise bei der Behebung von Fehlern und Störungen sowie bei der Entwicklung individueller Lösungen.

3 GRUNDZÜGE DER ABLAUFORGANISATION

Die Ablauforganisation befasst sich mit den **Prozessen** bzw. Arbeitsabläufen (= Prozessmanagement, betriebliches Geschehen) innerhalb und zwischen den Organisationseinheiten. Als Arbeitsablauf bezeichnet man die Folge von einzelnen Arbeitsleistungen, bezogen auf ein bestimmtes Ziel oder auf eine Aufgabe.

Definition Ablauforganisation

Die Ordnung des Arbeitsprozesses hat nach unterschiedlichen Gesichtspunkten zu erfolgen:
- Festlegung der Arbeitsinhalte nach Objekt und Verrichtungen,
- Ordnung der Arbeitszeit,
- Ordnung der Arbeitsräume und
- Zurodnung zu Personen und Arbeitsmitteln.

Die Ablauforganisation ist dynamisch und verbindend

Die **ablauforganisatorische Gestaltung** vollzieht sich in drei Phasen:
- System-/Arbeitsanalyse (= **Orientierungsphase**): Beschreibung der Arbeit mit der Absicht, Schwachstellen aufzudecken und Anforderungen an das neue System zu definieren (Ermittlung und Beurteilung von Systemen);
- System-/Arbeitsgestaltung bzw. -synthese (= **Gestaltungs-/Entscheidungsphase**): Planung bzw. Gestaltung des neuen Systems aufgrund der gewonnenen Erkenntnisse;
- Systemeinführung (= **Anweisungsphase**): systematische Implementierung des neu gestalteten Systems in das Unternehmen (einschließlich Kontrolle).

Die **Arbeitsanalyse** knüpft an die Ergebnisse der Aufgabenanalyse (der Aufbauorganisation) an, geht aber noch wesentlich weiter ins Detail. Die Aufgaben werden bis hin zu den kleinsten Elementen menschlicher Handlungen zerlegt.

Dies führt zu einem vollständigen Überblick einerseits über die Gegenstände, an denen gearbeitet wird (Erzeugnisanalyse), andererseits über die räumliche und zeitliche Abfolge der Tätigkeiten (= Arbeitsganganalyse).

Die **Arbeitssynthese** zielt auf die optimale Gestaltung der Arbeitsabläufe, unter Berücksichtigung von Arbeitsmenge, Leistungsvermögen der (gedachten) Arbeitskräfte (sowie deren zeitliche Belastung) und verfügbaren Sachmittel.

Sie baut auf den Daten der Arbeitsanalyse auf und berücksichtigt Aufgabenträger, Raum und Zeit simultan, nicht sukzessiv.

Arbeitssynthese baut auf den Daten der Arbeitsanalyse auf

3.1 LEITSÄTZE DER ABLAUFORGANISATION

Die Leitsätze der Ablauforganisation leiten sich aus den meist sehr allgemein gehaltenen Zielen des Unternehmens ab. Sie sind stellen- oder objekt-/projektbezogen, z.B.:

- Vermeidung von Doppelarbeiten,
- Beseitigung von Störungen,
- Verkürzung der Transportwege,
- Beschleunigung der Güterproduktion oder der Informationsmenge,
- Verringerung von Durchlaufzeiten von Produkten (oder Belegen/Vorgängen im Verwaltungsbereich),
- Terminsicherung,
- Qualitätssicherung,
- Schaffung und Erhaltung der Arbeitsmotivation der Mitarbeiter,
- (bessere bzw.) maximale Auslastung/Ausschöpfung von Kapazitäten,
- Gestaltung humaner Arbeitsplätze etc.

3.2 System-/Arbeitsanalyse: Gliederung des Arbeitsablaufes

Die bestehenden Arbeitsabläufe werden erfasst, dazu Mengen, Zeiten, Sachmittel, Kapazitäten, Kosten, Anforderungen etc.

Durch die Arbeitsablaufgliederung wird ein betrieblicher **Gesamtprozess**
- in verschiedene **Teilprozesse**,
- dann in erforderliche **Prozessschritte**
- und schließlich in einzelne **Programmschritte** zerlegt.

In manchen Büchern findet man stattdessen auch die Systematik: Arbeitsgang, Gangstufe, Gangelement bzw. Ablaufstufe, Vorgang, Vorgangsstufe, Vorgangselement.

Die reine **Arbeitsanalyse** beschränkt ihre gedankliche Zerlegung auf die Erzeugnisgliederung (nach Objekt) und findet ihren Niederschlag letztlich in der Arbeitsgestaltung.

Die **Arbeitsganganalyse** beinhaltet die Verrichtungen, die eine Person oder ein Sachmittel an einem Arbeitsgegenstand vollzieht, und zwar in raum-zeitlicher Erledigung.

Die einzelnen **Verrichtungen** werden den einzelnen Stellen zugeordnet und der Fluss des Bearbeitungsgegenstandes erkannt.

Verschiedene Methoden zur Erfassung von Arbeitsabläufen und -zeiten

Zur **Erfassung von Arbeitsabläufen und -zeiten** bedient man sich verschiedener Techniken und Methodiken:
- Befragungen (schriftlich oder mündlich),
- Beobachtungen (Dauerbeobachtung oder Multimomentaufnahme),
- Arbeitsstudien nach REFA (Arbeitszeit- und Arbeitsablaufstudien),
- Kommunikationsanalysen etc.

3.3 Strukturtypen der Ablauforganisation

Für die Ablauforganisation lassen sich verschiedene Strukturtypen unterscheiden. Das erste Unterscheidungskriterium ist **Verrichtungs- oder Objektorientierung**.

Als Zweites kann man darauf abstellen, ob Arbeitsvorgänge an jedem einzelnen Objekt durchgeführt werden (= **Einzelfolgen**), z. B. Zug-um-Zug-Abfertigung an der Grenze durch den Zoll, oder ob Einzelobjekte für eine gemeinsame Bearbeitung zu Gruppen zusammengefasst werden (= **Gruppierung**), z. B. Zusammenstellung eines Geleitzuges in der Seefahrt oder Blockabfertigung vor einem Alpentunnel. Im Einzelnen werden die folgenden Strukturtypen unterschieden:

- Einzelfolge:
  - Bei einer **verrichtungsorientierten Einzelfolge** ergibt sich Fließfertigung oder Straßenfertigung: Es wird z. B. ein Auto nach dem anderen in immer der gleichen Art und Weise zusammengebaut.
  - Typisch für Objektfolgen (= **objektorientierte Einzelfolge**) ist die Werkstattfertigung, bei der alle Produkte zu den in der Werkstatt vorhandenen Maschinen transportiert und dort einzeln in einer bestimmten Abfolge bearbeitet werden.
- Gruppierungen:
  - **Mengenteilung**: Der große Arbeitsanfall wird auf mehrere Stellen oder Maschinen verteilt, die Bearbeitung ist gleichartig.
  - **Artteilung**: Ein komplexer Vorgang wird in „hoch spezialisierte" Teilverrichtungen zergliedert, die Bearbeitung ist einzigartig.
  - **Zeitliche Gruppierung**: Arbeiten werden gesammelt und ab einem bestimmten Zeitpunkt geschlossen ausgeführt (z. B. Bearbeitung der Ausgangspost täglich ab 15.00 Uhr).
  - **Räumliche Gruppierung**: Tätigkeiten werden an einem bestimmten Platz/ Ort konzentriert (z. B. Zentralablage, Müllcontainer, Sammelplatz für Interessenten einer Museumsführung).

Werden Arbeitsvorgänge an jedem einzelnen Objekt durchgeführt oder werden Einzelobjekte für eine gemeinsame Bearbeitung zu Gruppen zusammengefasst?

Natürlich sind auch Kombinationen möglich. Letztlich basiert alles auf einer Arbeitszerlegung. Durch die verschiedenen Varianten der Synthese kommt es zu einer Angleichung der Arbeitprozessschritte, im Extremfall zu einer **Standardisierung**.

Kombinationen sind möglich

Einzelfolgen	Gruppierung
Verrichtungsorientierte Einzelfolge (=Verrichtungsfolge): Fließ-/Straßenfertigung	Mengenteilung
	Artteilung
Objektorientierte Einzelfolge (= Objektfolge): Werkstattprinzip	Zeitliche Gruppierung
	Räumliche Gruppierung

Abb. 3.1: Strukturtypen der Ablauforganisation

3.4 SYSTEM-/ARBEITSGESTALTUNG: PLANUNG DER ARBEITSVERTEILUNG (SYNTHESE)

Die gewollten Arbeitsabläufe/-gänge werden gestaltet. Die einzelnen Verrichtungen werden den einzelnen Stellen zugeordnet, der Fluss des Bearbeitungsgegenstandes wird sachlogisch strukturiert.

Dazu lassen sich im Detail vier Phasen unterscheiden:

- **Arbeitsgangbildung**: Die in der Arbeitsanalyse ermittelten Elementaraufgaben werden unter Beachtung von Kriterien wie (De-)Zentralisation, Kapazitäten, Grad der angestrebten Arbeitsteilung, Sachmitteleinsatz etc. zu Arbeitsgängen zusammengefasst.
- **Arbeitsgangreihung**: Die Reihenfolge der Arbeitsgänge bzw. deren Parallelverlauf ist so festzulegen, dass der Arbeits- und Datenfluss optimal abläuft (z.B. Taktzeiten).
- **Arbeitsgangzuordnung**: Jeder Arbeitsgang ist einem geeigneten Aufgabenträger (und seinen Sachmitteln) zuzuordnen.
- **Arbeitsgangterminierung**: optimale Abfolge aller Arbeitsgänge.

Im Einzelnen erfolgt also eine:

- **personelle** Arbeitssynthese: **Arbeitsverteilung**
  Hierbei wird die Aufgabe (bzw. der Arbeitsteil) einem einzelnen Mitarbeiter bzw. einer einzelnen Stelle (= Einzelzuordnung) zugewiesen oder einer Arbeitsgruppe bzw. einer Organisationseinheit höherer Ordnung, z.B. Abteilung (= Gruppenzuordnung). Es ist z.B. zu beachten, welche Arbeitsmenge ein Mitarbeiter unter normalen Bedingungen ohne Überlastung (von Person und Maschinen) über einen längeren Zeitraum hinweg bewältigen kann.
- **lokale** Arbeitssynthese: **Arbeitsort-/-raumfestlegung** (= Arbeitsflussplanung)
  Hierbei geht es um die Festlegung des einzelnen Arbeitsplatzes (Arbeitsplatzanordnung, z.B. Einzelbüro, Mehrpersonenzimmer, Großraumbüro, Tele-Arbeitsplatz etc.) sowie um dessen konkrete Ausgestaltung (Umgebung und Ausstattung).
- **zeitliche** (temporale) Arbeitssynthese: **Arbeitsvereinigung**
  Hierbei geht es um die Planung von Zeitfolgen, Zeitdauer und Zeitpunkten. Hier findet die praktisch die Vorgangssteuerung statt.

Personelle, lokale und zeitliche Arbeitssynthese

3.5 ORGANISATIONSFORMEN DER ARBEITSABLÄUFE

Unverzweigte und verzweigte Folgebeziehungen

Man unterscheidet hier in unverzweigte und verzweigte Folgebeziehungen. Bei der **unverzweigten Folgebeziehung** gibt es nur eine einzige mögliche Tätigkeitsreihenfolge. Bei **verzweigten Folgebeziehungen** gibt es hingegen verschiedene Möglichkeiten:

- Bei einer **Und-Verzweigung** laufen ab einer bestimmten Bearbeitungsstufe zwei verschiedene Tätigkeitsabfolgen unabhängig voneinander ab.
- Bei der **Und-Verknüpfung** fließen zwei bisher unabhängig voneinander laufende Tätigkeitsabfolgen zusammen; die erarbeiteten Zwischenergebnisse werden gemeinsam weiterverarbeitet.
- Bei einer **Oder-Verzweigung** ist eine Entscheidung zu treffen. Abhängig von der Antwort („ja" oder „nein") ist jeweils anders weiterzuarbeiten.
- Bei der **Oder-Verknüpfung** wird ein Arbeitsprozess, der sich aufgrund einer vorhergehenden Oder-Verzweigung über mehrere Bearbeitungsschritte hinweg unterschiedlich dargestellt hat, wieder zusammengeführt und gleichartig weiter bearbeitet.

- Bei der **Oder-Rückkopplung** ist bei einem bestimmten Verfahrensschritt eine Entscheidung zu treffen. Aus der Antwort („ja" oder „nein") ergibt sich entweder die Folgebearbeitung oder aber eine Wiederholung bereits vorher durchgeführter Bearbeitungsschritte.

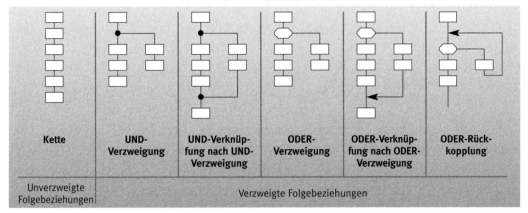

Kette	UND-Verzweigung	UND-Verknüpfung nach UND-Verzweigung	ODER-Verzweigung	ODER-Verknüpfung nach ODER-Verzweigung	ODER-Rück-kopplung
Unverzweigte Folgebeziehungen	Verzweigte Folgebeziehungen				

Abb. 3.2: Grundformen von Arbeitsabläufen

Zur Schaffung einer Organisation werden verschiedene Techniken eingesetzt, die an dieser Stelle allerdings nur systematisch aufgezählt werden sollen:
- **Allgemeine Organisationstechniken** (die nicht ausschließlich der Ablauforganisation dienen), z.B.:
  - Techniken zur Zielfindung/-formulierung
  - Erhebungstechniken
  - Aufgabenanalyse
  - Kommunikationsanalyse
  - Techniken zur kritischen Würdigung
- **Spezielle Techniken zur Planung** (und Dokumentation) der Ablauforganisation, z.B.:
  - Ablaufkarten
  - Aufgabenfolgeplan
  - Aufgabenträgerplan
  - Dokumentationstechniken (Blockdiagramme, Datenflussplan, Programmablaufplan, Listen)
  - Entscheidungstabelle
  - Folgestrukturen
  - Formulargestaltung
  - geblockte Texte
  - verbale Rasterdarstellung
- **Allgemeine Managementtechniken**, z.B.:
  - Gesamt-, Aufgaben- und Zeitplan
  - Balkendiagramm
  - Matrix
  - Netzplantechnik
  - Analysetechniken (z.B. ABC-, Wirtschaftlichkeits-, Kennzahlen- etc.)

3.6 ARBEITSABLÄUFE UND IHRE DARSTELLUNG

Kombination von
Grafik, Texten und
Symbolen

Ablauforganisatorische Regelungen können natürlich verbal beschrieben werden. Viele Sachverhalte lassen sich jedoch durch eine z.T. genormte Kombination von Grafik, Texten und Symbolen viel anschaulicher darstellen.

Diese Darstellungsformen lassen sich folgendermaßen systematisieren:

Abb. 3.3: Darstellungsformen der Ablauforganisation

Nähere Informationen hierzu finden Sie beispielsweise recht ausführlich und gut lesbar in den insgesamt 8 Bänden der „Schriftenreihe Organisation" (Verlag Dr. Götz Schmidt).

4   ENTWICKLUNG VON DER TAYLORISTISCHEN ORGANISATION ZUR LEAN ORGANISATION

In der Praxis gibt es keine immer richtige (sprich: Erfolg garantierende) Organisation, sondern jeweils eine unter den gegebenen Umständen vermutlich zielführende. Daraus ergibt sich in der Praxis eine unüberschaubare Zahl von Organisationsformen. Es gibt nicht DIE richtige Organisation

Es gibt eine Reihe von Gründen für die Vielfalt und Heterogenität der Organisationstheorien bzw. für das Fehlen einer umfassenden Organisationstheorie:
- Organisationen sind hochkomplexe soziale Gebilde, die von Menschen mit nur begrenzten kognitiven Fähigkeiten nicht umfassend verstanden werden können;
- Personen aus unterschiedlichen „wissenschaftlichen" Disziplinen haben sich mit Organisationsfragen beschäftigt, daraus ergeben sich zwangsläufig unterschiedliche wissenschaftstheoretische Positionen;
- es wurden unterschiedliche Ebenen der Betrachtung von Organisationen gewählt: Mikro-, Meso-, Makroebene.

4.1   TAYLORISMUS

Frederick Winslow **Taylor** – Begründer des **„Scientific Management"** – brachte das wissenschaftliche Experiment in die Managementlehre ein, basierend auf dem Grundsatz der **Arbeitsteilung** von Adam **Smith**. Die Produktivität des Engpassfaktors Arbeit sollte gesteigert werden durch einfache, leicht erlernbare, repetitive Tätigkeiten. Produktivität des Engpassfaktors Arbeit steigern

Kernelemente der Vorstellungen Taylors zum **Scientific Management**:
- Trennung von Planung, Ausführung und Kontrolle der Tätigkeiten und die weitgehende Zergliederung bzw. Zerlegung der einzelnen ausführenden und planenden Tätigkeiten.
- Kontrolle der Tätigkeiten wird durch das Management übernommen.
- Planung der Tätigkeiten wird durch die Funktionsmeister bzw. das Arbeitsbüro vorgenommen.
- Ausführung der Tätigkeiten erfolgt durch gering (angemessen) qualifizierte Arbeitnehmer, die gewissenhaft ausgewählt und eingearbeitet werden.
- Motivation der Arbeiter geschieht durch Stück-/Leistungslohnsysteme.

Dazu schlug Taylor ein Funktionsmeister- und Beamtensystem vor, es gab: Arbeitsverteiler, Unterweisungsbeamte, Zeit- und Kostenbeamte, Aufsichtsbeamte, Vorrichtungsmeister, Geschwindigkeitsmeister, Prüfmeister und Instandhaltungsmeister.

Diese Vorschläge basieren auf dem Gedankengut von Henry Fayols „Allgemeinen Prinzipien des Managements".

Taylor versuchte mit diesem Ansatz **Spezialisierungsvorteile** für die Mehrung des Wohlstands von Unternehmer und auch Arbeitnehmer zu erzielen. Sein ganzes Interesse galt der Rationalisierung und Effizienzsteigerung der durchzuführenden Arbeiten in der Produktion.

Rationalisierung und Effizienzsteigerung

Angeregt von Taylor entwickelten Henry Ford und Alfred Sloan Anfang des zwanzigsten Jahrhunderts weitere bahnbrechende Neuerungen.

Beispiel

Ford maximierte in seiner Autofabrik die Arbeitsteilung, indem er die kleinsten möglichen, sich wiederholenden Arbeitsschritte festlegte. Zum fließenderen Arbeitsablauf entwickelte er ein Montageband, welches die Werkstücke von einem Arbeitsplatz zu dem des nächsten Arbeiters transportierte.

Die Arbeit selbst wurde dadurch zwar einfacher, sie musste jedoch aufwendiger koordiniert und kontrolliert werden, da den Arbeitern der Einblick in den Gesamtzusammenhang des Arbeitsprozesses verloren ging.

Entfremdung des Menschen von seiner Arbeit

Von Kritikern wird der Begriff „Taylorismus" als Synonym für **Entfremdung** des Menschen von seiner Arbeit, Bestimmung des Arbeitsablaufs durch die Technik und **Sinnentleerung** der Tätigkeiten verwendet.

4.2 HUMAN-RELATIONS-BEWEGUNG

Der Human-Relations-Ansatz ist ausgelöst durch die Kritik am Menschenbild des Scientific Management. Dabei werden die sozialen Bedürfnisse des Menschen (wie Kommunikation, Anerkennung, Gruppengefühl) betont. Daneben werden auch soziale Normen und Werte, die außerhalb der jeweiligen Organisation entstanden sind, berücksichtigt.

Soziale Bedürfnisse des Menschen

Mit den **Hawthorne-Studien** (1924–1932) wurden die zentralen Thesen dieses Ansatzes empirisch überprüft. Die abhängige Variable war die Produktivität. Unabhängige Variablen waren
- die physischen Arbeitsbedingungen (z. B. Beleuchtung),
- Ausmaß der Kommunikation zwischen den Arbeiterinnen,
- soziales Klima,
- Anreizsysteme und
- der Führungsstil.

Die beteiligten Forscher fanden ihre Annahme bestätigt, dass sich Produktivitätsänderungen vor allem durch eine Kausalfolge von Führungsstil auf soziales Klima auf Arbeitszufriedenheit auf Leistung ergeben.

Weitere verhaltensorientierte Ansätze finden Sie in Kap.25 (z.B. **Maslow**s Bedürfnispyramide, X/Y-Theorie von **McGregor** und Zwei-Faktoren-Theorie von **Herzberg**).

4.3 ENTSCHEIDUNGSTHEORETISCHER ANSATZ

Dieser **verhaltensorientierte Ansatz** befasst sich mit Entscheidungsprozessen innerhalb einer Organisation: Wie werden Entscheidungen getroffen und zwischen den Organisationsmitgliedern koordiniert?

In einer Erweiterung basiert das Modell auf der Annahme, dass die **Organisation** immer das **Ergebnis rationaler Überlegungen und Entscheidungen von Menschen** ist. Ebenso beeinflusst die **bestehende Organisation** die Entscheidungsfindung: Arbeitsteilung reduziert einerseits Komplexität und erleichtert Entscheidungen, andererseits geht der Überblick über die Zusammenhänge und möglichen Auswirkungen eigene Entscheidungen verloren.

Organisation ist immer das Ergebnis rationaler Überlegungen und Entscheidungen von Menschen

Der Mensch verfügt nur über begrenzte (kognitive) Informationsverarbeitungskapazität und auch nur über einen begrenzten persönlichen Einsatzwillen (= motivationale Kapazität). Tatsächlich herrscht häufig Unklarheit darüber, welches nun wirklich die richtige Lösung für ein anstehendes Problem ist, sodass Entscheidungen häufig zufällig und ungeordnet fallen.

Der Entscheider kann nach dem Modell der „organisierten Anarchie" („Mülleimermodell") innerhalb des Entscheidungsprozesses verschiedene **Problemlösungsstile** anwenden:
- Entscheidung durch Übersehen von Problemen
- Entscheidung durch Flucht vor Problemen
- Entscheidung, bei der ein anstehendes Problem gelöst wird

Unter diesen entscheidungsorientierten Ansatz fallen auch alle Versuche des Operations Research (lineare Optimierung, Warteschlangentheorie u. Ä.) zur Optimierung von Organisationsstrukturen.

4.4 BÜROKRATIE-THEORIE

Max **Weber** hat sich als Rechts-, Wirtschafts- und Sozialwissenschaftler mit der Untersuchung der Wechselwirkungen zwischen rechtlichen, wirtschaftlichen und gesellschaftlichen Faktoren beschäftigt.

Der Bürokratieansatz will die Funktionsweise von organisierter Herrschaft im kapitalistischen Wirtschaftssystem erklären. Dabei wird die **Bürokratie als wichtiger und bewährter Organisationstyp** in modernen Industriegesellschaften untersucht. **Herrschaft** ist (ähnlich wie Macht) die Chance, das Handeln einer Menge von Menschen in bestimmter Weise zu beeinflussen.

Funktionsweise von organisierter Herrschaft im kapitalistischen Wirtschaftssystem erklären

Merkmale des Idealtypus der bürokratischen Organisation bei Max Weber:
- **strikte und festgelegte Arbeitsteilung**: genau abgegrenzte Kompetenzbereiche für einzelne Stellen bzw. Personen, die diese Stellen besetzen, sowie definierte Qualifikationserfordernisse für die Stelleninhaber;

- **Regelgebundenheit der Aufgabenerfüllung**: Regeln, Normen, technische Vorgaben und der Dienstweg bestimmen Abläufe, die dadurch auch unpersönlich werden;
- **Amtshierarchie**: Existenz von Über- und Unterordnungssystemen (Instanzenzug);
- Aktenmäßigkeit der Verwaltung bzw. aller Vorgänge;
- fixierte Laufbahnen einschließlich der zugehörigen Gehaltshierarchie;
- Anstellung durch **Arbeitsvertrag** (freiwillige Unterwerfung unter die Weisungsbefugnis der legal Herrschenden).

4.5 ORGANISATIONSKULTURFORSCHUNG

Theorie Z

Seit den 8oer Jahren geistert das Schlagwort „Unternehmenskultur" durch die betriebswirtschaftliche Diskussion. Auslöser dafür, sich mit dieser Thematik zu beschäftigen, war das von dem amerikanischen Autor **Ouchi** verfasste populärwissenschaftliche Buch „Theorie Z: How American business can meet Japanese challenge".

Er hat untersucht, wie sich in japanischen Unternehmen die Organisationskultur auf den Unternehmenserfolg auswirkt. Dafür definierte er drei Arten von Unternehmenstypen bzw. Theorien:

Theorie A (amerikanisch)	Theorie Z (erfolgreiche westliche Unternehmen)	Theorie J (japanisch)
• Hire and Fire • schnelle Beförderung und Bewertung • Professionalismus, Spezialistenkarriere • explizite Kontrollmechanismen • individuelle Entscheidungen • segmentierte Mitarbeiterorientierung	• geringe Fluktuation, lange Beschäftigung • einvernehmliche Entscheidungen, gleiche Interessen aller Mitglieder • individuelle Verantwortung • Beurteilung und Beförderung in langen Zyklen • keine formalisierten Verhaltensregeln • Karriere in verschiedenen Abteilungen möglich • interpersonale Beziehungen, ganzheitliches Beziehungsgefüge	• lebenslanger Job • langsame Karriere, kaum Leistungsbewertung • breite Karrierewege • implizierte Kontrolle • kollektive Entscheidungen und Verantwortung • gesamtheitliche Mitarbeiterorientierung

Abb. 4.1: Theorie Z von Ouchi

Daraus ergeben sich für westliche Unternehmen folgende wesentliche anzustrebende **Unternehmenstugenden**:
- Primat des Handelns
- Nähe zum Kunden

- Freiraum für Unternehmertum
- Produktivität durch Menschen
- sichtbar gelebtes Wertesystem (= Begründung der Unternehmenskultur)
- Bindung an das angestammte Geschäft
- einfacher, flexibler Aufbau
- straff-lockere Führung

Es folgten weitere Publikationen. Insbesondere die weltweit führenden Unternehmensberater von McKinsey fühlten sich berufen, sich mit der Kultur von Unternehmungen auseinander zu setzen, so beispielsweise **Peters** und **Waterman** mit „In Search of Exellence: Lessons from Americans best-run Companies", in der die erfolgreichsten amerikanischen Unternehmen auf ihre spezifische Kultur hin untersucht wurden. Diese beiden Autoren prägten im Übrigen auch den Begriff „Unternehmenskultur". <span class="marginal">Unternehmenskultur und Erfolg</span>

Das **7-S-Modell** von Peters/Waterman basiert auf der Erkenntnis, dass ein Unternehmen mehr ist als nur eine Struktur. Vielmehr wird der Erfolg eines Unternehmens durch insgesamt sieben Elemente bewirkt, die in „harte und weiche S" unterschieden werden. <span class="marginal">7-S-Modell</span>

Die **„harten S"** sind nachvollziehbar in Strategiepapieren, Plänen, Unternehmensdarstellungen, Dokumentationen zur Aufbau- und Ablauforganisation etc. Hier gibt es: <span class="marginal">Die „harten S" sind nachvollziehbar in Strategiepapieren etc.</span>
- **Strategy** – Strategie: alle langfristig angelegten Maßnahmen, die das Unternehmen in Erwartung von oder in Reaktion auf Veränderungen in seiner Umwelt plant.
- **Structure** – Struktur (Aufbauorganisation): bildet die Grundlage für Spezialisierung, Koordination und Kooperation einzelner Unternehmensbereiche; sie wird u.a. wesentlich von der Strategie, der Unternehmensgröße und der Vielfalt der erbrachten Produkte/Leistungen bestimmt.
- **Systems** – Systeme (Ablauforganisation): formelle und informelle Prozesse zur Umsetzung der Strategie in den gegebenen Strukturen.

Die **„weichen S"** sind dagegen kaum materiell greifbar und auch schwerer zu beschreiben. Fähigkeiten, Werte, Kulturen und dergleichen entwickeln sich in einem Unternehmen ständig fort; sie können nur eingeschränkt geplant bzw. beeinflusst werden, da sie stark von den tatsächlich handelnden Personen geprägt sind. Man unterscheidet: <span class="marginal">Die „weichen S" sind kaum materiell greifbar und schwer zu beschreiben</span>
- **Style/Culture** – Unternehmenskultur: die Kultur des Unternehmens, bestehend aus zwei Komponenten:
  - Die Kultur der Organisation: die dominanten Werte und Normen, die sich im Laufe der Zeit entwickeln und zu sehr stabilen Elementen im Unternehmen werden können.
  - Die Managementkultur bzw. der Führungsstil: eher eine Frage, was das Management tut, als was es sagt; womit verbringen die Manager ihre Zeit; worauf konzentrieren sie ihre Energie.
- **Staff** – Menschen: die Ausgestaltung des Personalwesens bzw. der Human-Resources-Aktivitäten, z.B. Personalentwicklungsprozesse, Sozialisierungs-

prozesse, Wertegestaltung beim Managementnachwuchs, Einbindung von neuen Mitarbeitern in das Unternehmen, Aufstiegsmöglichkeiten, Mentoring- und Feedbacksysteme etc.

- **Skills** – Fähigkeiten: die charakteristischen Fähigkeiten; das, was das Unternehmen am besten kann und tut; Maßnahmen zur Ausdehnung und Entwicklung solcher wesentlichen Fähigkeiten und Kompetenzen.
- **Shared Values** (auch Superordinate Goals) – die Vision: die grundlegenden Ideen, auf denen das Unternehmen basiert, die Vision des Unternehmens (Leitbild, Corporate Identity) – für das Unternehmen von großer Innen- und Außenwirkung (i. d. R. mit einfachen Worten auf einem abstrakten Niveau formuliert).

Obwohl die weichen Faktoren also eher im Verborgenen liegen, können sie durchaus großen Einfluss auf die „harten" Strukturen, Strategien und Systeme haben.

Erfolgreich arbeitende Organisationen – so die allgemeine Erkenntnis – weisen eine ausgeglichene Balance zwischen diesen sieben Elementen auf. Hierin liegt auch die Begründung für den Einsatz als Diagnoseinstrument für die Organisations-Effektivität. Jede Veränderung eines Elementes wird Auswirkungen auf alle anderen Elemente nach sich ziehen: Verändern sich beispielsweise Bestandteile des HR-Systems (wie interne Karriereplanung und Aufstiegsfortbildung), wird dies auch Veränderungen in der Unternehmenskultur, im Führungsstil, dadurch wiederum in den Strukturen und Prozessen und letztlich auch in den charakteristischen Fähigkeiten des Unternehmens nach sich ziehen.

4.6 LEAN ORGANISATION (MANAGEMENT)

Hierunter versteht man ein Bündel von **Prinzipien und Maßnahmen**, um alle Aktivitäten im Unternehmen zu optimieren im Hinblick auf

- die **Steigerung der Effektivität** (= die richtigen Ziele verfolgen) und
- die **Steigerung der Effizienz** (= die Ziele richtig verfolgen).

Ausschließlich die zur Leistungserzielung notwendigen betrieblichen Prozesse und Strukturen sollen in Unternehmen erhalten bleiben bzw. aufgebaut werden. Lean Management will durch Konzentration auf die wertschöpfenden Prozesse eine „Verschlankung" der Unternehmensorganisation erreichen und damit **Kosten- und Zeitersparnisse** erzielen. Im Ergebnis werden meist Hierarchieebenen abgebaut.

Weitere Zielstellungen sind verstärkte Kundenorientierung, kurze Lieferzeiten, geringe Fertigungskosten, hohe Produktqualität.

Ausgangspunkt für diese Philosophie waren die erkennbaren Wettbewerbsvorteile japanischer Unternehmen, die als Schlüssel zum Erfolg die intelligente Organisation der Fertigungsabläufe und – so die europäische Erweiterung – sonstiger Kernprozesse im Unternehmen erkannt hatten. In die Überlegungen werden Zulieferer und Kunden mit eingeschlossen.

Die Durch- und Umsetzung dieser Zielvorstellungen setzt allerdings eine **förderliche Unternehmenskultur** voraus; diese ist u. a. hierdurch gekennzeichnet:

- **Ausgangspunkt** ist der **Kunde** mit seinen Wünschen und Forderungen (Marketingdenken als Steuerung des Unternehmens durch den Kundennutzen);
- Unternehmen sollten sich auf ihre **Kernkompetenzen** konzentrieren (= beschränken), also nur das selbst machen, was sie wirklich besser können als andere;
- **Qualitätssteigerung** ist ein strategischer Wettbewerbsvorteil;
- jeder **Mitarbeiter** trägt im definierten Rahmen persönliche **Verantwortung** für die Qualität (von Produkt und Prozess);
- Qualitätssteigerung und Kostenreduzierung sind nicht zwangsläufig Widersprüche, beides ist als kontinuierlicher Prozess zu verstehen;
- Produkt und Prozess sind zwei Seiten der gleichen Medaille und somit gleich wichtig;
- Verbesserungen werden erreicht durch den Einsatz von Technologie, aber auch durch **intelligente Organisation und Management-Methoden;**
- der Prozess der Leistungserstellung beginnt beim Lieferanten und endet irgendwo beim Kunden.
- nur permanent lernende Organisationen werden im Wettbewerb langfristig überleben.

Ausgangspunkt ist der Kunde

	Massenfertigung tayloristischer Prägung („Fordismus")	Lean Production („Toyotismus")
Basisansatz der Fertigung	• größere Stückzahlen • standardisiertes Produkt mit wenig Varianten • möglichst lange Lebenszyklen • möglichst wenig Werkzeugwechsel • Fließband mit Einheitstakt bei Technikzentrierung	• kleine Serien mit häufigem Werkzeugwechsel • Variantenvielfalt und kurze Produktlebenszyklen möglich • Fließband mit Einheitstakt bei integrierter Gruppenarbeit • möglichst hohe Prozesssicherheit und permanente Qualitätssicherung • statistical process control
Arbeitskonzept	• Standardisierung: strenge Arbeitsteilung bei präziser Zeit-Mengen-Vorgabe • hierarchischer „Top-down-Ansatz" • Abteilungsdenken • starre und kurze Taktvorgaben • klare Zuordnung von Mitarbeiter und Arbeitsplatz	• Delegation von Verantwortung • integriertes Aufgabenverständnis • „Simultaneous Engineering" • Teamorganisation/-arbeit • Projektorientierung • flache Hierarchien • ausgeprägte Kommunikation • internes „Kunden-Lieferantenprinzip" entlang der Produktionsstufen • nach Stückzahlen und Arbeitszeit flexible Taktvorgabe

Abb. 4.2: Gegenüberstellung der Grundmerkmale Massenfertigung und Lean Production (Teil 1)

	Massenfertigung tayloristischer Prägung („Fordismus")	Lean Production („Toyotismus")
Arbeitsumfang und -bedingungen	• kurzzyklisch • geringer Umfang bei ständiger Wiederholung • keine wechselnden Arbeitsanforderungen • Monotonie mit der Gefahr einer mangelnden Identifikation sowie psychischer und physischer Belastung	• Gruppenprinzip mit „Job-Rotation" • hohe Arbeitszeitflexibilisierung • Arbeitsintensivierung aufgrund eines nicht unerheblichen „Prozessdrucks"
Qualifizierungserfordernisse	• einerseits niedrig (schnelle Einarbeitung auch bei ungelernten Arbeitskräften) • andererseits Spezialisierungsaufgaben zur Beherrschung der High-Tech-Automatisierung	• hoher Qualifikationsbedarf bei sämtlichen Mitarbeitern, da ausgeprägte Arbeitseinsatzflexibilität und Qualitätsverantwortung • Teamentwicklung
Qualitätskontrolle und -sicherung	• externe Steuerung: laufende Bandzuführung zu Nachbearbeitungsstationen • „vertretbare" Fehlerquote wird in Kauf genommen	• Querschnittsaufgabe: prozessbegleitender „Total-Qualitiy"-Ansatz: alle Unternehmensbereiche produkt- und prozessbezogen • kundenorientierte „Null-Fehler-Strategie" • Fehlerermittlung/-analyse durch Gruppe • Minimierung der Nachbearbeitungsplätze
Prinzip der Materialwirtschaft	• Bringprinzip • große Pufferzonen	• Holprinzip • Minimierung der Puffer • Just-in-Time-Steuerung („Kanban-System" bei Toyota)
Automatisierung	• hoher Automatisierungsgrad • eher starr	• Organisation geht vor Automatisierung: kein grundsätzlicher Verzicht, aber punktueller, spezieller und flexibler Einsatz („simple is best")

Abb. 4.2: Gegenüberstellung der Grundmerkmale Massenfertigung und Lean Production (Teil 2)

Die **Denk- und Werthaltungen des Lean Management** lassen sich stichpunktartig zusammenfassen:
• Nachhaltigkeit
• Prozessorientierung
• Komplexitätsreduktion
• Permanentes Lernen

- Organisation (Management) vor Technik
- Produkte UND Verfahren
- Kernkompetenzen
- Marktorientierung
- Quality (TQM)

4.7 ENTWICKLUNGSTENDENZEN IN DER ORGANISATIONSTHEORIE – ORGANISATIONSENTWICKLUNG (OE)

Türk fasst die **Entwicklungstendenzen** in der Organisationstheorie in vier zentrale Themen zusammen, die sich alle als eine Folge der Verdrängung des Kontingenzansatzes entwickelt haben:

Entwicklungstendenzen als Folge der Verdrängung des Kontingenzansatzes

1. **Entmythologisierung**:
   Das Bild der Organisation als rationales Produkt rationaler Akteure wird als Mythos demaskiert und die wahre Gestalt dahinter zu erfassen versucht.
2. **Dynamisierung**:
   Die Betrachtung von Organisationen als mehr oder weniger stabilen Gebilden der sozialen Welt – die Organisation – rückt gegenüber einer Sichtweise, die sie als Zwischenstationen des Organisationsprozesses betrachtet – das Organisieren –, in den Hintergrund.
3. **Rehumanisierung**:
   Die Sichtweise von Organisationen als Gebilde, die unabhängig von einzelnen Handlungen ihrer Mitglieder inneren Gesetzmäßigkeiten unterliegen, wandelt sich in eine stärkere Betonung der Rolle des einzelnen Akteurs in der Organisation.
4. **Politisierung**:
   Organisationen werden weniger als Ort der harmonischen Ordnung als vielmehr als Arenen der Interessenkonflikte angesehen.

Organisationen unterliegen einem ständigen Wandlungsprozess. Dieser soll sich aber nicht zufällig entwickeln, sondern gezielt gesteuert werden; das ist Aufgabe der Organsiationsentwicklung.

Unter **Organisationsentwicklung** versteht man – den Streit um Details unter Fachleuten ignorierend – ganz allgemein die **Steuerung eines langfristig angelegten systemorientierten Prozesses zur Veränderung der Strukturen des Unternehmens und der darin arbeitenden Mitarbeiter**. Durch letzteres Anliegen ergibt sich eine Überschneidung zu den Maßnahmen der Personalentwicklung.

Organisationen unterliegen einem ständigen Wandlungsprozess

Der Übergang unserer Organisationen von der funktionalen zur **prozessorientierten Gliederung** nach den Regeln des Business (Process) Reengineerings beschäftigt derzeit fast alle Firmen, Institute und Berater quer durch alle Branchen.

Ein **Geschäftsprozess** besteht aus einer logischen Folge von einzelnen Funktionen (Funktionsablauf) und weist einen definierten Anfangspunkt (= Auslöser des Prozesses) sowie einen Endpunkt (= Endzustand) auf.

Definition Geschäftsprozess

Kennzeichen von Geschäftsprozessen sind:

- Orientierung an Zielen
- Zerlegung einer Gesamtaufgabe in Teilaufgaben, Folge von Aktivitäten
- Aufgabenträger (personell und maschinell)
- manuelle oder automatisierte Ausprägung
- Ausrichtung an internen oder externen Kunden
- quer zur Aufbauorganisation
- benötigen Unternehmensressourcen
- benötigen und produzieren Informationsträger

Prozessorientierung
und Qualität werden
zu Schlüsselfaktoren
für das Personal-
management

Für den Personalbereich bedeutet **Prozessoptimierung** die Ausrichtung an den internen Kunden. Prozessorientierung und Qualität werden zu Schlüsselfaktoren für das Personalmanagement. Wichtig ist, dass sich die Leistung der Personalarbeit in Geld ausdrücken lässt, um sie vergleichbar zu machen.

Mit dem Center-Modell sollen Personaldienstleistungen aus einer Hand angeboten werden (**Profit-Service-Center Personal**): Die Personalabteilung ist „Lieferant", die Linienabteilungen sind „Kunden". Es werden „marktgerechte" Verrechnungspreise für die jeweiligen Dienstleistungen der Personalabteilung festgelegt (Kosten-Erlös-Prinzip); die Personalabteilung steht dabei in Konkurrenz zu externen Anbietern.

Beispiel

Ein Beispiel für Prozessoptimierung im Personalbereich ist die Online-Bewerber-Abwicklung über das Internet; hierbei handelt es sich um einen virtualisierten Prozess, das bedeutet, dieser kann weitgehend unabhängig von Raum und Zeit ablaufen.

Man findet heute in den Unternehmen eine Vielzahl „moderner Ansätze" zur Entwicklung der Unternehmensorganisation; einige seien der Vollständigkeit halber noch erwähnt:

- **Centerless Cooperation**:
  Innerhalb einer globalen Konzernstruktur arbeitet die Geschäftsführung („Global Core") als kleine Managementholding an wechselnden Orten des Konzerns und übernimmt dabei insbesondere die strategische Führung des Konzerns.

- **Key-Account-Management**:
  Schlüsselkunden („Key-Accounts") haben einen besonders qualifizierten Ansprechpartner im Unternehmen für ihre sämtlichen Anliegen („Key-Account-Manager").

- **Telearbeitskonzepte**:
  Anordnung der Arbeitsplätze außerhalb eines gemeinsamen Verwaltungsgebäudes (z. B. als Heimarbeitsplatz oder als Satellitenbüro).

- **Virtuelle Unternehmen:**
  Mehrere Unternehmen schließen sich nach außen hin zu einem Netzwerk zusammen, bleiben aber rechtlich und wirtschaftlich selbstständig.

- **Fraktale Fabrik:**
  Selbstständig operierende Unternehmenseinheiten (z. B. spezialisierte Abteilungen innerhalb der Fertigung) arbeiten weitgehend eigenverantwortlich den anderen Bereichen zu; dies führt zu einer ständigen Selbstoptimierung. Die Führung erfolgt über „MBO" (Management by Objectives).

- **Total Quality Management:**
  Alle Aktivitäten des Unternehmens sind darauf ausgerichtet, eine 100%-Qualität zu erzielen, und zwar durch das Einhalten verschiedener Normen zu Qualitätsstandards (z. B. DIN EN ISO 9000er Reihe).

5 DIE PERSONALABTEILUNG IN DER GESAMTORGANISATION DES UNTERNEHMENS

Die Erkenntnisse zu den Vor- und Nachteilen einer Zentralisation bzw. einer Dezentralisation (vgl. Kap. 2.2.2) sollen hier auf den konkreten Fall der Personalabteilung übertragen werden.

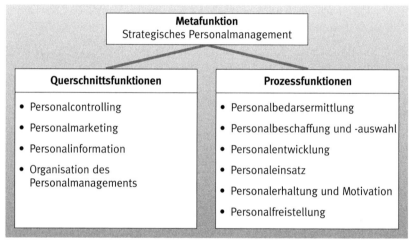

Abb. 5.1: Funktionen des Personalmanagements

5.1 ZENTRALE ORGANISATION DER PERSONALARBEIT

Insbesondere in **größeren Unternehmen** wird die Personalabteilung (Zentralbereich Personal oder in international aufgestellten Unternehmen häufig „Human Resources Management") von einem Personaldirektor geleitet, der Mitglied der Geschäftsführung ist oder unmittelbar einem Mitglied der Unternehmensleitung untersteht (**Geschäftsführer- bzw. Personalleitermodell**). In **kleineren Unternehmen** gibt es dagegen eher Personalverantwortliche/Personalleiter, die teilweise darüber hinaus noch weitere Aufgaben wahrnehmen. In Familienunternehmen wird die Personalarbeit vom Eigentümer bzw. Geschäftsführer selbst erledigt.

Eine Zentralisation kann nach verschiedenen Kriterien erfolgen:
* Verrichtungszentralisation (= funktional)
* Objektzentralisation
* Regionale Zentralisation
* Personelle Zentralisation

Bei der **Verrichtungszentralisation** werden gleichartige personalwirtschaftliche Tätigkeiten in einer Organisationseinheit zusammengefasst:

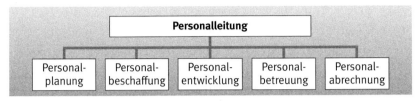

Abb. 5.2: Verrichtungszentralisation

Bei der **Objektzentralisation** werden alle Aufgaben, die sich auf ein Objekt (z. B. Abteilung, Niederlassung) oder auf eine Mitarbeitergruppe beziehen, zusammengefasst:

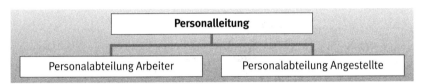

Abb. 5.3: Objektzentralisation

Bei der **regionalen Zentralisation** erfolgt die Abgrenzung für die Zuständigkeit unter geografischen Gesichtspunkten:

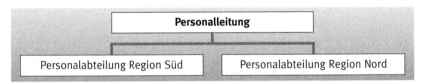

Abb. 5.4: Regionale Zentralisation

Bei der **personellen Zentralisation** werden Zuständigkeiten um eine Person herum gerankt, in Abhängigkeit von deren Fähigkeiten, Erfahrungen oder Vorlieben.

Je nach Vorliegen betrieblicher oder personeller Voraussetzungen kommen verschiedene Organisationsformen in Betracht. Funktionsspezialisten aus der Personalabteilung sind zuständig für spezielle Managementaufgaben in bestimmten Organisationseinheiten größerer Unternehmen (Abteilung/Werk/Geschäftsbereich).

Im **zentralen Referentensystem** übernehmen die Personalreferenten an den Standorten die Funktion der Ansprechpartner vor Ort. Die Personalzentrale bleibt aber weiterhin für die angebotenen Leistungen verantwortlich. Hierdurch ergeben sich folgende **Vorteile**:
- unternehmensweite einheitliche Entscheidungen,
- hohe Leistungsfähigkeit,

- vergleichsweise geringer Koordinations-, Durchsetzungs- und Kontrollaufwand bei bereichsübergreifenden personalwirtschaftlichen Aktivitäten,
- Vermeidung von Doppelarbeiten,
- Nutzung von Synergieeffekten durch den Einsatz von Spezialisten bzw. die Einrichtung von Spezialabteilungen,
- kurze Wege,
- dem Bereichsegoismus wird entgegengearbeitet.

Für die unterstützenden Bereiche des Unternehmens werden nun verstärkt Umstrukturierungsmaßnahmen (Outsourcing, Dezentralisierung) diskutiert, da die von einem zentralen Personalwesen gesteuerte Personalpolitik oft als unflexibel und fortschrittshemmend gilt.

5.2 DEZENTRALE ORGANISATION DER PERSONALARBEIT

Zurzeit lässt sich ein deutlicher Trend hin zur Dezentralisierung der Personalarbeit erkennen. (Führungskräfte- bzw. Referentenmodell). Dieser wurde ausgelöst durch die **mögliche Kostenersparnis bei dieser Organisationsform** und die Einrichtung von Cost- und Profit-Center-Organisationen.

Die Dezentralisierung führt zu einer Stärkung der Kompetenzen an den jeweiligen Standorten bzw. bei den Führungskräften.

Bei dem dezentralen Modell sind die Personalreferenten (**dezentrales Referentensystem**) völlig den jeweiligen Linienvorgesetzten unterstellt. Die zentrale Personalabteilung koordiniert lediglich die Arbeit der dezentralen Referenten und sichert so den Wissenstransfer.

Folgende **Vorteile** können sich ergeben:
- gezielte „Kundenorientierung" in der Personalarbeit,
- Abbau von Schwellenängsten gegenüber der Personalabteilung, da naturgemäß geringere Distanz zwischen Personal- und Fachabteilung,
- individuelle und wirklichkeitsnähere Entscheidungen, flexiblere Anpassung an Veränderungen vor Ort,
- effizientere und kürzere Kommunikationswege, schnellere Entscheidungen,
- eher akzeptierte Entscheidungen,
- geringere Arbeitsstörungen,
- fruchtbarer Wettbewerb zwischen den Parallelabteilungen,
- Kosteneinsparungen.

5.3 INTEGRATION IN DIE GESCHÄFTSBEREICHE

Großunternehmen sind heute zunehmend in eigenständige (mitunter sogar rechtlich selbstständige) strategische Geschäftsbereiche gegliedert. Die Geschäftsbereiche/Sparten haben ein hohes Maß an Eigenverantwortlichkeit. Das gilt dann selbstverständlich auch für die dort zu leistende Personalarbeit.

Unterschieden werden hier beispielsweise:

- das **Holdingmodell**:
  Bei dieser stark strategieorientierten Organisationsform gibt die Holding die personalpolitischen Rahmenbedingungen, die Linienfunktionen sind dann die eigentlichen Entscheidungsträger. Neben der Stärkung der lokalen Autonomie wird eine **Motivation der Mitarbeiter** erreicht.

  Linienfunktionen sind die eigentlichen Entscheidungsträger

- die **Matrixorganisation**:
  Charakteristisch für die Matrixorganisation ist die Gleichwertigkeit sowohl nach dem Verrichtungsprinzip als auch nach dem Objektprinzip sowie Mehrlinienprinzip und Dezentralisation. Es erfolgt eine **Überlagerung der funktionalen** (in diesem Falle der Personalfunktion) **und der objektorientierten Organisationsform**. Die gegenseitigen Interessen müssen ausgeglichen werden; es besteht ein Zwang zur Koordination.

  Zwang zur Koordination

5.4 PERSONALARBEIT DURCH DEN DIREKTEN VORGESETZTEN IN DER FACHABTEILUNG

Personalarbeit hat eigentlich immer arbeitsteilig stattgefunden. Die **Personalabteilung** entwickelte die Instrumente und war für die **grundsätzliche Personalstrategie** verantwortlich, die **Führungskräfte** wandten diese Instrumente im Sinne einer **Umsetzung** der ausformulierten personalpolitischen Grundsätze an.

Im Rahmen der Analyse der **Arbeitsteilung** im Personalmanagement lassen sich grundsätzlich vier Verantwortungsbereiche identifizieren:

Es werden vier Verantwortungsbereiche unterschieden

1) In den ausschließlichen Verantwortungsbereich der **Personalabteilung** fällt z.B. häufig das Sozialwesen, das Arbeitsrecht, die Personalverwaltung und die Einrichtung und Pflege des Personalinformations- und -abrechnungssystems.
2) Der Personaleinsatz, die Arbeitssicherheit und die Ergonomie liegen hingegen meist im Zuständigkeitsbereich der **Linienführungskraft**.
3) Die Personalbeschaffung und -auswahl, die Lohn- und Gehaltsfindung, die Personalentwicklung, die Personalfreistellung und einzelne Aufgaben im Bereich der Mitarbeiter(innen)führung, z.B. Personalbeurteilung, werden von der **Personalabteilung und** vom **Linienmanagement** gemeinsam wahrgenommen.
4) Alle Aufgaben der Unternehmungsvertretung gegenüber externen und internen Anspruchsgruppen (Arbeitnehmervertretung, Arbeitgebervertretung, Berufsverbände etc.) sowie personalwirtschaftliche Aspekte der Unternehmungspolitik werden gemeinsam durch die **Personalabteilung und** die **Unternehmungsleitung** wahrgenommen.

Da die überwiegende Mehrheit der personalwirtschaftlichen Aufgaben ganz oder zumindest teilweise in den Verantwortungsbereich der Personalabteilung fällt, lässt sich – so die herrschende Meinung – **kein eindeutiger Trend zur Rück-**

delegation von personalwirtschaftlichen Aufgaben an das Linienmanagement feststellen.

Aufgaben der Personalabteilung sind beispielsweise:
- Entwicklung eines zeitgemäßen Führungsinstrumentariums,
- Unterstützung der Führungskräfte bei ihren Personalentscheidungen (Inhouse-Consultants, Führungskräftecoaching),
- Rekrutierung, zentrales Personalmarketing,
- Einrichtung und Pflege personalrelevanter Auftritte im Intranet,
- Einrichtung EDV-gestützter Prozesse zur Personalarbeit,
- Entwicklung eines geeigneten Personalentwicklungsangebotes,
- Entwicklung einheitlicher Vergütungssysteme,
- Steuerung personalwirtschaftlicher Projekte.

Führungskräfte mit Personalverantwortung sind für alle Personalmanagementaufgaben mit direktem Mitarbeiterbezug verantwortlich. Solche Aufgaben sind beispielsweise:
- Umsetzung eines kooperativen, partizipativen Führungsstils,

Personalmanagementaufgaben mit direktem Mitarbeiterbezug

- quantitative und qualitative Personalplanung für den eigenen Bereich,
- Optimierung des Mitarbeitereinsatzes,
- Gehaltsgespräche,
- Durchführung der Mitarbeiterbeurteilung und der Potenzialeinschätzung,
- Gewährleistung einer mitarbeiter- und unternehmensorientierten Personalentwicklung,
- Coaching der Mitarbeiter.

Mitwirkung der Führungskräfte unter Federführung der Personalabteilung erfolgt beispielsweise bei
- der Kommunikation mit dem Betriebsrat,
- der Weiterentwicklung des Personalmanagements für das Gesamtunternehmen,
- der Entwicklung zeitgemäßer Instrumente der Personalarbeit,
- der Etablierung des Personalmarketings als Denkhaltung,
- der Personalauswahl- und -einführung,
- der Optimierung der Arbeitsgestaltung.

5.5 OUTSOURCING

Viele Unternehmen arbeiten derzeit an Veränderungsprozessen (vgl. Kap. 4.7). Kürzer werdende Produktlebenszyklen, internationaler Wettbewerb, Internationalisierung der Unternehmen selbst, Preisverfall und die Substitution von Nachfragebereichen – um nur einige zu nennen – stellen erhebliche Anforderungen an das Unternehmen und damit auch an das Personalwesen.

Viele Unternehmen arbeiten an Veränderungsprozessen

Dabei stellt sich vor allem für mittelständische Unternehmen immer häufiger die Frage, ob Teile des Geschäftsprozesses, die nicht zur Kernkompetenz gehören, vielleicht besser ausgelagert werden sollten.

Unter Outsourcing versteht man das **Ausgliedern** (oder den Fremdbezug) **bestimmter Dienstleistungen aus dem Unternehmen.**

Dies geschieht einerseits unter dem Aspekt der **Ergebnisverbesserung** – externe spezialisierte Dienstleister können bestimmte Leistungen kostengünstiger, schneller und u. U. sogar in höherer Qualität (durch ein höheres Maß an Professionalität) erbringen – und andererseits unter dem Aspekt der **Konzentration auf die Kernkompetenzen** des Unternehmens, quasi um einer Verzettelung durch selbstständige Durchführung auch von nebensächlichen Aufgaben vorzubeugen.

 Es sollten möglichst nur solche Funktionen im Unternehmen verbleiben, die einen wesentlichen Beitrag zum Unternehmenserfolg, zu einer Steigerung der Wettbewerbsfähigkeit sowie zur Erhöhung des Unternehmenswertes leisten.

Ausgelagert werden können deshalb alle die Verwaltung unterstützenden **Servicebereiche**, z. B.
- die Klärung von Fragen zu Stellenbewertung und -beschreibung,
- die Pflege des Stellenplans,
- die Abwicklung der Aus- und Fortbildung,
- die Personalauswahl,
- Outplacement,
- das gesamte Abrechnungsverfahren für das Personal bis hin zur
- Pflege der Statistik.

Allerdings muss man auch **mögliche Nachteile** bedenken, so z. B.
- Abhängigkeit von einem externen Dienstleister,
- Know-how-Verlust,
- Kontakt zum externen Arbeitsmarkt bzw. zum Mitarbeiter lockert sich oder geht verloren,
- eigenen Mitarbeitern der Personalabteilung gehen Entwicklungschancen verloren.

6 Entwicklung, Aufgaben und Organisation der Personalabteilung

6.1 Entwicklung und Aufgaben der Personalabteilung

Betreffend die Entwicklung der Personalarbeit lassen sich verschiedene Phasen unterscheiden:

- **Phase bis 1960**: Bis in die 60er Jahre war die Personalarbeit **rein verwaltend** und kaum gestaltend. Aufgabe war schwerpunktmäßig, den Mitarbeiter verwaltungstechnisch zu bearbeiten. Es wurden Personalakten geführt, Urlaubs- und Krankenkarteien gepflegt, Gehaltsabrechnungen durchgeführt, Statistiken erstellt und Meldungen an öffentliche Stellen erstattet. Der Mitarbeiter wurde eher selten als knapper und wertvoller Produktionsfaktor gesehen; Begriffe wie Motivieren, Binden, Entwickeln und Halten gehörten noch nicht zum Sprachgebrauch der Personalfachleute.

Aufgabe war schwerpunktmäßig, den Mitarbeiter verwaltungstechnisch zu bearbeiten

- **Phase ab 1970 bis Mitte der 80er Jahre**: Die 70er Jahre waren durch **Überbeschäftigung** geprägt, d. h., dem weiteren Wachstum der Unternehmen wurden im Wesentlichen Grenzen gesetzt durch den Mangel an Arbeitskräften. Das bedeutete zunehmend, dass Unternehmen aktive Strategien entwickeln mussten, um neue Mitarbeiter zu finden und vorhandene Mitarbeiter zu binden. Die ersten Ansätze von internem und externem Personalmarketing wurden entwickelt. Dazu musste die Personalfunktion zu mehr Eigenständigkeit entwickelt werden und Aspekte der betrieblichen Sozialpolitik und freiwilliger zusätzlicher Leistungen mit Motivations- und Bindungswirkung gewannen an Bedeutung. Ein zweites bedeutendes Phänomen dieser Zeit war die **Implementierung von Gesetzen, die die Arbeitnehmerpositionen stärkten** (z. B. Lohnfortzahlungsgesetz 1969, Kündigungsschutzgesetz 1969, Betriebsverfassungsgesetz 1972), und eine zunehmend arbeitnehmerfreundliche Rechtsprechung. Diese Entwicklung forderte von Seiten der Unternehmen, dass man insbesondere bei Auswahl und Einstellung sehr sorgfältig vorgehen und Leistung und Verhalten der Mitarbeiter nachhaltig beobachten, registrieren und beeinflussen musste, um keine Nachteile wie z. B. unnötige Kündigungsschutzklagen und Abfindungszahlungen zu erleiden. Dazu musste eine intensive und fundierte Personalarbeit geleistet und entsprechende Kompetenzen aufgebaut werden.

Erste Ansätze von internem und externem Personalmarketing

- **Phase bis Ende der 90er Jahre**: Die Zeit von Mitte der 80er bis Ende der 90er Jahre ist von zwei Entwicklungen beeinflusst:
  - Zum einen treten Wertschöpfungs- und Kostengesichtspunkte in den Vordergrund. Wie kein anderes Land ist **Deutschland geprägt von hohen Personalnebenkosten**, die je nach Branche zwischen 65 % und 100 % bezogen auf den Bruttolohn liegen. In vielen Unternehmen ist der Personal-

Wertschöpfungs- und Kostengesichtspunkte treten in den Vordergrund

kostenblock die größte und unflexibelste Kostengröße. Überlegungen und Strategien, den teuren Produktionsfaktor „Mitarbeiter" möglichst effizient und effektiv zu nutzen, treten in den Vordergrund. Die Teilfunktion Personalcontrolling tritt aus ihrem Schattendasein und gewinnt rasant an Bedeutung. Die Gesamtsituation erfordert es auch, dem Mitarbeiter die Möglichkeiten zu eröffnen, selbstständig zu handeln, zu entscheiden, zu verantworten und mitzudenken, ihn als kompetenten Leistungsträger und Mitunternehmer zu sehen.

– Zum anderen ist diese Dekade gekennzeichnet durch einen **gespaltenen Arbeitsmarkt**: Auf der einen Seite gibt es eine hohe Arbeitslosigkeit, auf der anderen Seite herrscht Mangel an gut und richtig ausgebildeten, motivierten und flexiblen Mitarbeitern. Das heißt, dass die Unternehmen nach wie vor und durch den Wettbewerbsdruck der Globalisierung eher zu- als abnehmend aktive und aufwendige Strategien der Rekrutierung und des Personalmarketings anwenden müssen, um ihren Bedarf an kompetenten Mitarbeitern stillen zu können.

Einerseits hohe Arbeitslosigkeit, andererseits Mangel an gut und richtig ausgebildeten Mitarbeitern

- **Die aktuelle Situation**: Unternehmen sind offene Systeme und müssen, wenn sie längerfristig bestehen wollen, aktiv auf den Veränderungsdruck von außen reagieren, wenn möglich ihn gar antizipieren. Personalarbeit darf nicht statisch, sondern muss dynamisch im Sinne des **Change Managements** gestaltet und gelebt werden. Insbesondere drei Faktoren zwingen zu einer Weiterentwicklung der personalwirtschaftlichen Strategien:
  - **Technischer Fortschritt**: Die derzeitige Entwicklung des technischen Fortschritts transformiert zumindest in den gut entwickelten Ländern die Industriegesellschaft in eine Informationsgesellschaft, in der die Halbwertszeit des Wissens zunehmend kürzer wird. Daraus resultiert ein ständig zunehmender Bedarf an Fortbildung und Personalentwicklung. Der technische Fortschritt verändert aber auch Abläufe und fordert die Gestaltung neu auftretender Aufgaben und bringt neue Problemfelder, die gelöst werden müssen.
  - **Globalisierung**: Hand in Hand mit der Entwicklung des technischen Fortschrittes gehen die Globalisierung und Internationalisierung, die den Wettbewerbsdruck immens verschärfen. Arbeitsplätze in einem Hochlohnland zu erhalten und zu schaffen bedarf der Kreativität und neuer Wege; Outsourcing und Servicegedanke sind wesentliche Aspekte, ebenso wie Rückbesinnung auf Kernkompetenzen und Anpassen der Personalkosten in Verbindung mit der Produktivität an das internationale Umfeld. Hinderlich dabei ist insbesondere die in Deutschland immer noch bestehende **Regelungsdichte in arbeits- und sozialrechtlicher Hinsicht**, die Nachteile gegenüber der Konkurrenz in der Welt mit sich bringt und nur schwer zu überwinden ist. Die Personalwirtschaft steht hier in hoher Verantwortung, verträgliche Lösungsansätze zu finden und zu implementieren.
  - **Wertewandel**: Die hoch entwickelten Volkswirtschaften durchlaufen seit Jahrzehnten eine Phase des Wertewandels. Dieser Wertewandel führt bei den Mitarbeitern zu deutlich veränderten Ansprüchen und Erwartungen an die Arbeit: Die Mitarbeiter wollen mitgestalten und suchen Selbstbe-

stätigung in der Arbeit. Über die Arbeit werden eigene Ziele verfolgt und persönliche Bedürfnisbefriedigungen angestrebt; Unterordnung und Befehlsempfang, monotone und sinnentleerte Tätigkeit werden zunehmend abgelehnt. Die Bindung ans Unternehmen verliert an Bedeutung, die Wechselbereitschaft wird höher; Freizeit und Familie bekommen einen höheren Stellenwert.

Nicht zuletzt daraus ergeben sich für die Personalarbeit in der ersten Dekade des neuen Jahrhunderts folgende **Anforderungen**:
- Reaktion auf den zunehmenden Kostendruck
- Einsatz von Electronic HR-Technologien (E-Learning, E-Recruiting)
- Gestaltung von Work-Life-Balance
- Weiterentwicklung der eigenen Organisation

Weitere **grundlegende Aufgabenstellungen** der Personalwirtschaft sind vielfältigster Natur:
- Organisationsaufgaben
- Personalplanung
- Personalbeschaffung (also Personalwerbung und -auswahl)
- Aus- und Fortbildung (Personalentwicklung)
- Personalbetreuung
- Personalentlohnung
- Disziplinarwesen
- Sozialwesen
- Betriebliches Vorschlagwesen
- Mitarbeiterführung
- Zusammenarbeit mit der Arbeitnehmervertretung
- Arbeitsschutz und Arbeitsicherheit

6.2 ORGANISATION DER PERSONALABTEILUNG

6.2.1 Personalwirtschaft als Teil der Unternehmensorganisation

Auf welcher **hierarchischen Ebene** der Unternehmensorganisation die Personalwirtschaft angesiedelt ist, ist **Ausdruck der jeweiligen Wertschätzung** ihrer Aufgaben. Dies wiederum hängt maßgeblich vom Entwicklungsstadium des Personalwesens im Unternehmen ab. Aber auch Unternehmensgröße und Branche können Bestimmungsfaktoren sein. Die Konsequenz ist, dass es bis heute keine einheitliche Organisationsstruktur gibt.

Einheitlich, weil zwingend, ist hingegen die Vielzahl von Beziehungen der Personalwirtschaft zu eigentlich allen anderen Bereichen im Unternehmen (unabhängig von der hierarchischen Wertigkeit):
- Bereich Finanzen
- Bereich Beschaffung
- Bereich Produktion
- Bereich Absatz etc.

Es muss ein institutionalisierter Rahmen geschaffen werden, in dem der Mensch zur Erfüllung seiner Arbeitsaufgabe tätig werden kann.

So wird auch der Erkenntnis Rechnung getragen, dass die traditionelle Organisationslehre, die die Arbeitsaufgabe selbst in den Mittelpunkt der Betrachtung stellt, den Menschen als handelndes (dynamisches) Element für das Unternehmen zu stark vernachlässigt.

Diese Polarität – unverzichtbares Prinzip der Ordnung, Festschreibung bestehender Strukturen kontra Mensch – ist in der Praxis häufig konfliktträchtig und bedarf deshalb der Steuerung.

6.2.2 Formalisierte Hilfsmittel der Personalorganisation

Eine geordnete Personalarbeit ist nur in solchen Unternehmen möglich, in denen einerseits eine zweckmäßige Arbeitsteilung und andererseits die dazu notwendigen Regelungen zur Zusammenarbeit grundsätzlich festgelegt sind.

Diese Notwendigkeit einer klaren Regelung der Organisation im Betrieb findet ihren Ausdruck in verschiedenen Plänen:

- **Organisationsplan/Organigramm**: Er stellt die Gliederung des gesamten Betriebes nach Abteilung mit entsprechender Aufgabe- und Zuständigkeitsverteilung dar, hier wird die hierarchische Struktur des Unternehmens durch Beschreiben der Über- bzw. Unterordnungsverhältnisse abgebildet.

  Verschiedene Pläne machen die Zuständigkeiten im Unternehmen transparent

- **Stellenplan**: Hier wird der Organisationsplan bis zur Darstellung jeder einzelnen Stelle hin verfeinert, er wird ergänzt um die genaue Anzahl der Planstellen sowie um deren jeweilige Qualifikationsanforderungen. Darüber hinaus enthält er Angaben über die Wertigkeit gemäß Arbeitbewertung (d. h. entgeltmäßige Einstufung).

- **Stellenbesetzungsplan**: Der Stellenplan wiederum wird um den Namen und evtl. weitere persönliche Daten der tatsächlichen Stelleninhaber ergänzt; hieraus werden z. B. Doppelbesetzungen oder nicht besetzte Vakanzen deutlich. Ergänzt um Vertretungsregelungen, Nachfolgeregelungen u. Ä. wird er zum Vertretungs-, Nachfolge- und sonstigem Plan.

- **Stellenbeschreibungen**: Sie dienen dazu, die Philosophie der Mitverantwortung und Mitentscheidung der Mitarbeiter in die Realität umzusetzen. Die auf eine einzelne Stelle bezogene Aufgaben- und Verantwortungsabgrenzung sowie die Delegation entsprechender Kompetenz nach erfolgter Zielvereinbarung fördert die Selbstverwirklichungsmöglichkeiten für den „mündigen Mitarbeiter", getreu dem Schema: Aufgabe = Kompetenz = Verantwortung. Grundsätzlich beinhaltet eine Stellenbeschreibung:

  Aufgabe = Kompetenz = Verantwortung

  - Bezeichnung der Stelle
  - Ziel der Stelle
  - Aufgaben und Kompetenzen
  - Über-/Unterordnung

- aktive und passive Stellvertretung
- häufig persönliche und fachliche Voraussetzungen des Stelleninhabers

STELLENBESCHREIBUNG	
1. Stellenbezeichnung:	2. Rangstufe:
3. Ziel der Stelle bzw. Kurzbeschreibung des Aufgabengebietes:	
4. Stellenbezeichnung des direkten Vorgesetzten:	5. Der Stelleninhaber erhält zusätzliche fachliche Weisungen von (Stellenbezeichnung, Art und Umfang angeben):
6. Stellenbezeichnungen und Anzahl der direkt unterstellten Mitarbeiter:	7. Der Stelleninhaber gibt zusätzliche fachliche Weisungen an (Stellenbezeichnung, Art und Umfang angeben):
8. Der Stelleninhaber vertritt:	9. Der Stelleninhaber wird vertreten durch:
10. Spezielle Vollmachten und Berechtigungen, die nicht in einer allgemeinen Regelung festgehalten sind:	
11. Beschreibung der vom Stelleninhaber (selbstständig) durchzuführenden Aufgaben:	

Datum	Datum	Datum	Datum
Unterschrift Stelleninhaber	Unterschrift direkter Vorgesetzter	Unterschrift nächsthöherer Vorgesetzter	Unterschrift einführende Stelle (Organisationsabteilung)

Mögliche Änderungsvermerke:

Abb. 6.1: Formular Stellenbescheibung

Auch die folgenden Bereiche sollten geregelt sein:

- **Beurteilungssysteme/-verfahren:** Auf der Grundlage der Stellenbeschreibung muss der Vorgesetzte systematisiert Auskunft geben, wie der Stelleninhaber seine dort aufgelisteten Aufgaben erledigt hat.
- **Arbeitsbewertung:** Definition der Wertigkeit einer Stelle für das Unternehmen anhand summarischer oder analytischer Arbeitsbewertungsverfahren.

6.2.2 Personalwirtschaft als Objekt der Organisation

Ebenso wie für das Gesamtunternehmen trifft für die Personalwirtschaft die Unterscheidung zu in

- **Aufbauorganisation** = Zuordnung und Koordination der Kommunikationswege zwischen Untereinheiten,
- **Ablauforganisation** = Festlegung von Bearbeitungsschritten und -reihenfolgen.

Grundsätzlich lassen sich drei verschiedene Organisationsstrukturen unterscheiden:

- **Personalorientierte Organisationsstruktur:**

Hier erfolgt die Gliederung nach Mitarbeitergruppen. Entscheidendes Kriterium für die Gliederung der Personalabteilung ist der rechtliche Status der Mitarbeitergruppen (gewerbliche Arbeitnehmer, Tarifangestellte, leitende Angestellte):

Diskriminierung einzelner Mitarbeitergruppen möglich

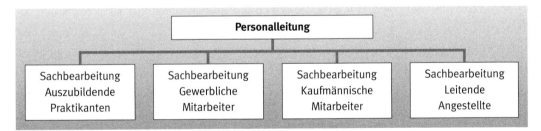

Abb. 6.2: Mitarbeiterorientiertes Organisationsmodell der Personalwirtschaft

Für jede dieser Gruppen wird die gesamte Personalarbeit in einem Unterbereich geleistet.

Dem unzweifelhaften Vorteil einer Spezialisierung der Personalarbeit steht die Gefahr der Diskriminierung einzelner Mitarbeitergruppen gegenüber, weshalb diese Form der Organisation immer seltener wird.

- **Funktionale Organisationsstruktur:**

Hier erfolgt die Gliederung nach Personalfunktionen. Kriterium ist die Einheitlichkeit der Arbeitsaufgabe (Personalbedarfsermittlung, Personalbeschaffung, Personalentwicklung, etc.) gleichartige Sachaufgaben sollen zusammengefasst werden:

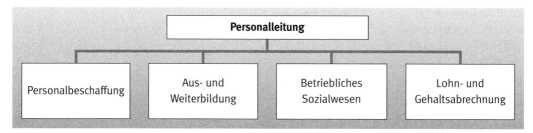

Abb. 6.3: *Funktionsorientiertes Organisationsmodell der Personalwirtschaft*

Hoch spezialisierte Sachbearbeiter sind in ihrem Gebiet für alle Mitarbeiter tätig.

Der hohen Sachkompetenz, der einheitlichen Anwendung von Regelungen, der eindeutigen Aufgabenabgrenzung und der sich daraus ergebenden allgemein hohen Effizienz steht das entscheidende Problem entgegen, dass sich kaum eine persönliche Beziehung zwischen Mitarbeiter und Personalabteilung entwickeln kann, weil immer nur der „Fall" gesehen wird. Außerdem gibt es sowohl Probleme beim Finden geeigneter Spezialisten als auch beim Finden von deren Vertretung wegen Krankheit, Urlaub usw.

Hohe Sachkompetenz, einheitliche Anwendung von Regelungen, eindeutige Aufgabenabgrenzung

- **Divisionale Organisationsstruktur**:

Hier erfolgt die Gliederung nach Organisationseinheiten (geografischen Betriebseinheiten, Abteilungen, Werkshallen etc.):

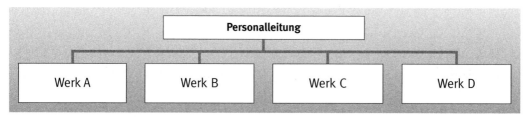

Abb. 6.4: *Divisionales Organisationsmodell der Personalwirtschaft*

Ein Mitarbeiter der Personalabteilung betreut alle Mitarbeiter einer Organisationseinheit vom Eintritt bis zum Austritt.

Für den Mitarbeiter gibt es einen Ansprechpartner, man kennt sich persönlich, außerdem ist eine Vertretung leichter zu ermöglichen. Problematisch ist allerdings, dass sich quasi mehrere „Mini-Personalabteilungen" bilden, die eine Koordination verschiedener Entscheidungen, Einstellungen und Auslegungen seitens der Personalsachbearbeiter erfordern.

„Mini-Personalabteilungen" erfordern eine gute Koordination

Diese in der Praxis recht häufig anzutreffende Form wird meist durch Spezialisten in Stabsabteilungen ergänzt.

In der Praxis findet man eine Fülle von Varianten dazu, jeweils abhängig von z. B. Betriebsgröße, Branche, Zentralisierungsgrad des Unternehmens, Belegschaftsstruktur, Entwicklungsstand der Personalabteilung usw.

Das **Referentensystem** stellt eine sehr weit verbreitete Mischform aus der divisionalen und der funktionalen Zuordnung dar.

Hier ist ein Mitarbeiter – oder eine Mitarbeitergruppe – einerseits zuständig für die gesamte Personalarbeit z. B. eines Standortes und andererseits Spezialist für Einzelaufgaben im Gesamtverbund (z. B. Vorschlagswesen, betriebliche Altersversorgung).

7 PERSONALARBEIT ALS DIENSTLEISTUNGSANGEBOT

7.1 KUNDENORIENTIERTE PERSONALARBEIT

Die betriebliche Personalarbeit stellt seit jeher eine Gratwanderung dar. Es fällt ihr schon immer schwer, ihre Erfolge schlüssig nachzuweisen. Welche Rolle müssen Personaler einnehmen und welche Trends und Herausforderungen zeichnen sich derzeit ab?

Die Merkmale der **traditionellen Personalarbeit** lassen sich anhand von wenigen Beispielen darstellen:

- hohe Belastung der Personalabteilungen durch das operative Tagesgeschäft
- strategische Ausrichtung der Aktivitäten ist oft nur gering
- es herrscht Unklarheit über Vision und Mission
- die Mitarbeiter kennen die Ziele nicht
- die individuellen Ziele, Aktivitäten und Prozesse stehen oftmals nicht im Einklang mit den Unternehmenszielen
- schlechtes Image der Personalabteilung

Merkmale der traditionellen Personalarbeit

Die Diskussionen über die **Rolle des Personalers**, die er **zukünftig** einnehmen soll, werden permanent geführt: Er soll zum einen Verwalter, dann wiederum Kontrolleur sein. Er soll fungieren als Recruiter, Entwickler, Coach und Motivator. Die **Rollenverteilung** ist also **situativ**.

Die Rahmenbedingungen, innerhalb derer sich die Personaler bewegen, sind gegeben einerseits durch das private, andererseits das betriebliche Umfeld. In beiden Bereichen waren und sind die Veränderungen immens. Der Wertewandel, der Trend zu lebenslangem Lernen, die globale Vernetzung, die Komplexität der Prozesse sind nur einige wenige Beispiele, die zeigen, in welchen Veränderungsprozessen sich Organisationen und damit alle Mitarbeiter befinden.

Wertewandel, Trend zu lebenslangem Lernen, globale Vernetzung, Komplexität der Prozesse

Somit ergeben sich ganz neue Anforderungen an die aktuellen und zukünftigen Rollen der Personaler und damit zugleich an das Managen der Personalressourcen:

- Der Personaler muss die Veränderungen der Mitarbeiter, der Organisation, wirtschaftlichen und sozialen Wandel zusammenführen. Er muss eine **Vernetzung** der einzelnen Gruppierungen herstellen.
- Er muss die Akteure begleiten und aus **verschiedenen Perspektiven** agieren.
- Dabei muss er seine Rolle ständig hinterfragen, damit er nicht für andere Interessen instrumentalisiert wird.

→ *Dies gelingt nur, wenn der Personaler ein Selbstverständnis als selbstbewusster Dienstleister entwickelt.*

Als Idealbild eines Personalers ergibt sich:
- er versteht sich als Kulturgestalter und Kompetenzträger
- er entwickelt neue Erfolgsstrategien in Verbindung mit der Unternehmens-strategie (Abteilung Human-Resources-Strategie)
- er bringt die resultierenden Anforderungen an das Personal mit der existie-renden Belegschaft in Einklang, er bringt Konzepte zur Umsetzung der Ver-änderungen
- er managt Beziehungen
- er holt alle in ein „Boot", er schafft den Rahmen

 Mit anderen Worten: Aus dem Verwalter wird ein Gestalter.

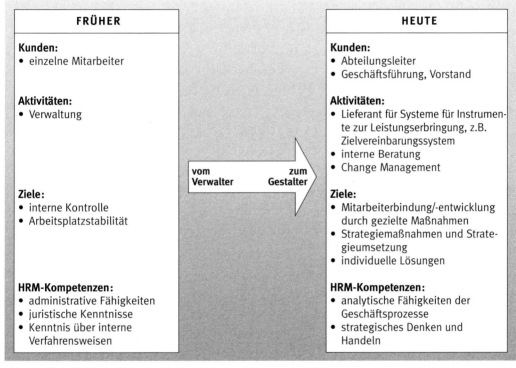

FRÜHER	**HEUTE**
Kunden: • einzelne Mitarbeiter	**Kunden:** • Abteilungsleiter • Geschäftsführung, Vorstand
Aktivitäten: • Verwaltung	**Aktivitäten:** • Lieferant für Systeme für Instrumen-te zur Leistungserbringung, z.B. Zielvereinbarungssystem • interne Beratung • Change Management
Ziele: • interne Kontrolle • Arbeitsplatzstabilität	**Ziele:** • Mitarbeiterbindung/-entwicklung durch gezielte Maßnahmen • Strategiemaßnahmen und Strate-gieumsetzung • individuelle Lösungen
HRM-Kompetenzen: • administrative Fähigkeiten • juristische Kenntnisse • Kenntnis über interne Verfahrensweisen	**HRM-Kompetenzen:** • analytische Fähigkeiten der Geschäftsprozesse • strategisches Denken und Handeln

(Pfeil in der Mitte: vom Verwalter zum Gestalter)

Abb. 7.1: Neue Tätigkeitsfelder des Human-Resources-Management (HRM)

7.2 Die Kunden betrieblicher Personalarbeit

Die zentrale Voraussetzung für gute Qualität im Personalmanagement ist die **Ausrichtung an den Kunden** betrieblicher Personalarbeit.

Die wesentlichen Kunden sind:
- Mitarbeiter/Einzelne
- Teams/Gruppen
- Unternehmensleitung

- Führungskräfte
- Bereiche und Abteilungen

Grad der Kunden-
orientierung lässt sich
messen

Die Erwartungen und Anforderungen dieser Kunden sind unterschiedlich. Der **Grad der Kundenorientierung** lässt sich konkret an den angebotenen Leistungen des Personalbereichs, am Service für die Kunden, an der Wirtschaftlichkeit bzw. an den Preisen für die Leistungen und an der Zufriedenheit der Kunden messen.

Ein gutes Mittel, um Kundenerwartungen und Kundenzufriedenheit zu ermitteln, sind **Kunden- oder Mitarbeiterbefragungen**. Die Ergebnisse ermöglichen einen Einblick in die eigene Rolle.

Beispiel

Um die **Mitarbeiterzufriedenheit** mit der Personalabteilung zu messen, empfiehlt sich z. B. die Frage nach der Zufriedenheit („übertrifft meine Anforderungen" – „entspricht den Anforderungen" – „eher unzufrieden") hinsichtlich folgender Kriterien:

Die verschiedenen
Kundengruppen ha-
ben unterschiedliche,
teils widersprüchliche
Erwartungen an die
Personalabteilung

- persönliche Beratung
- Erreichbarkeit der Personalabteilung (PA)
- fachliche Beratung
- zeitliche Abwicklung Ihrer Anfragen
- Informationsfluss PA – MA
- Einsatz für Ihre Interessen
- Umgangsformen
- vertrauliche Behandlung
- Fortbildungsangebote
- Konfliktlösung

Zudem sollten Anregungen und Verbesserungsvorschläge Platz finden.

Führungskräfte könnten auf einer Skala von 1 (sehr zufrieden) bis 6 (gar nicht zufrieden) beispielsweise folgende Punkte beurteilen:
- Fachliche Kompetenz der PA: rechtliches Know-how, Administration, Personalbeschaffung, Personalentwicklung, Auswertungsmethodik/Statistik etc.
- Qualitative Arbeit: Zuverlässigkeit, Termintreue, Informationspolitik, Akzeptanz der PA, Umsetzung, Kostenbewusstsein, Kreativität, Serviceorientierung etc.
- Soziale Kompetenz: Umgangsform, Vertraulichkeit, Sensibilität, Empathie, Kontaktfähigkeit etc.

Auch hier sollte Raum sein für Anregungen, wie z. B. die Zufriedenheit gesteigert werden könnte.

Zusätzlich sollten im Rahmen von **Leitbildworkshops** Visionen in Verbindung mit eigenem Selbstverständnis, Ziele und Sollvorstellungen erarbeitet und auch kommuniziert werden. Das Ziel sollte die gemeinsame Gestaltung des HR-Services unter Einbeziehung aller bzw. vieler Personaler sein.

Durch diese Workshops besteht zudem die Möglichkeit, dass die Kunden feststellen, dass die verschiedenen Kundengruppen unterschiedliche, teils widersprüchliche Erwartungen an die Personalabteilung haben.

Personalabteilung muss Prioritäten setzen

Hierdurch wird den Beteiligten vielleicht klar, dass nicht alle gleichzeitig bedient werden können, sondern dass für die Unternehmensziele auch **Prioritäten** gesetzt werden müssen.

Der Personaler sollte seine Funktion und Kompetenz wie auch die seiner Kollegen ständig hinterfragen:
- Auf welchen Gebieten kennen wir uns aus?
- Wo haben wir Defizite?
- Wie können wir durch unsere Arbeit zum Unternehmenserfolg beitragen?
- An welchen Kriterien messen wir unsere Leistung?

Nicht zuletzt geht es darum, sich und den Personalbereich gut zu verkaufen und den Kunden einen Mehrwert zu verschaffen.

 Personaler sollten sich deshalb nicht scheuen, eigenes Marketing zu betreiben, z.B. gemäß der Frage „Was haben wir zu bieten, was andere nicht können?"

Es muss sich lohnen, den Personaler anzusprechen, weil er z.B. mit Situationen umgehen kann, mit denen der Vorgesetzte nicht zurechtkommt.

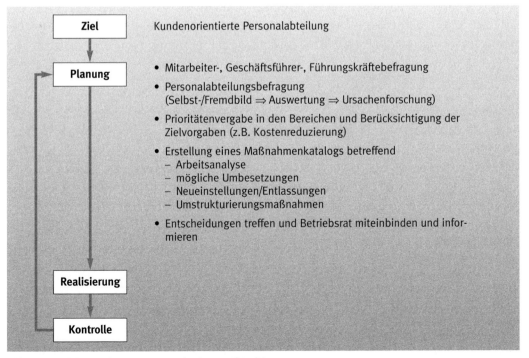

Abb. 7.2: Projekt: Kundenorientierung des Personalbereichs

Neben Leistungen und Service muss auch der **Preis für die Dienstleistungen** stimmen. Die Verfahren der Kostenumlage haben ausgedient. Realistische Kostenansätze (z. B. marktorientierte Preise, verursachungsgerechte Kostenbelastung für die einzelnen Abteilungen) sind gefragt.

Das Erfordernis von Service und Wirtschaftlichkeit betrifft alle personalwirtschaftlichen Aufgabenfelder, die Instrumente des Personalmanagements (Mitarbeiterbeurteilung, Stellenbeschreibung, Zielvereinbarungen usw.) und die organisatorischen Strukturen. Verbesserungen und zielgerichtete Entwicklung der Personalarbeit führen im Endeffekt zu **höherer Qualität**, diese lässt sich ermitteln, belegen und dokumentieren.

Qualitative Ermittlungen sind aufwendiger, gekoppelt mit quantitativen Elementen runden sie die Professionalität ab.

7.3 DIE PERSONALABTEILUNG ALS WERTSCHÖPFUNGSCENTER

In vielen Unternehmen wird die Frage gestellt, welchen Beitrag das Personalmanagement an der Wertschöpfung des Unternehmens leistet. Diese Frage nach der eigenen Leistungsmessung wird nur zögerlich von Personalabteilungen beantwortet. Nur jeder sechste Manager ist überhaupt der Meinung, dass Personalabteilungen Werte schöpfen.

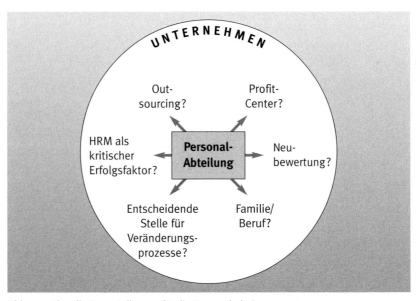

Abb. 7.3: Aktuelle Fragestellungen für die Personalarbeit

In kleineren und mittleren Unternehmen ist es deshalb auch nicht unüblich, dass die **Personalsache zur Chefsache** wird, wenn sich eine eigene Personalabteilung nicht rechnet.

Da Personalmanagement nicht zum Kerngeschäft eines Unternehmens gehört, werden oft nur die notwendigsten operativen Funktionen bereitgestellt.

Eine andere Möglichkeit ist die Errichtung eines **eigenständigen Profit-Centers**, so beispielsweise bei der Jenoptik GmbH verwirklicht, wo der Personalbereich komplett outgesourct wurde und nun als Profit-Center geführt wird.

Der grundsätzliche Gedanke: Die Personalabteilung als **Profit-Center** bzw. Wertschöpfungscenter ist eine **eigenständige Einheit**, die **Verantwortung für Kosten und Erfolg** der von ihr angebotenen Dienstleistungen trägt. Die Leistungen werden **marktgerecht angeboten**, d. h. an den Wünschen der Kunden (z. B. Mitarbeiter, Abteilungen, Führungskräfte, Unternehmensleitung) orientiert und von diesen nachgefragt. Die Verrechnung der Kosten erfolgt zu **Marktpreisen**.

Selbstständige Gesellschaft

Die Personalabteilung steht dabei in Konkurrenz zu externen Anbietern (Unternehmens- und Personalberatungen, freiberufliche Trainer, externe Abrechnungsstellen etc.), die ein großes Angebot personalwirtschaftlicher Dienstleistung anbieten.

Konkurrenz zu externen Anbietern

Die Zufriedenheit mit den Ergebnissen (beispielsweise mit Bildungsmaßnahmen oder Personalbeschaffungsmaßnahmen) wird anschließend vom Kunden direkt oder indirekt an den Anbieter gemeldet. Sollte das Ergebnis schlecht ausfallen, kann sich der Kunde (Mitarbeiter, Abteilungen, Führungskräfte, Unternehmensleitung) auch an externe Anbieter wenden.

Bei einem Profit-Center wird das Personalmanagement analog zu einem Unternehmens aufgestellt und strukturiert. Funktionen wie Geschäftsführung, Buchhaltung sind vorhanden, neu sind hingegen die Funktionen Marketing und Vertrieb.

Bei dieser Neuorganisation sind die Mitarbeiter gefordert, sich auf die teilweise existenziellen Neuerungen einzulassen, sie müssen bereit sein mitzuwirken.

Ein solches **Profit-Center** bietet viele **Vorteile**:
- Es findet ein kontinuierlicher Abgleich zwischen eigenem Aufwand und der Leistungsbewertung durch den Kunden statt. Dadurch werden die **Kosten transparent** gemacht.
- Durch die Kostentransparenz und Dienstleistungsverträge lassen sich **Einsparungspotenziale** realisieren, die Wettbewerbsfähigkeit des Unternehmens wird erhöht.
- Solche Dienstleistungen können **auch für externe Unternehmen** erbracht werden.
- Das **Wissen von Personalern** befindet sich **an einer Stelle**, damit steigt die Qualität als Dienstleister in Sachen Personal.
- Der Personaler als Berater und Dienstleister führt zu einem Umdenken bezüglich der eigenen Leistungsbereitschaft. Der Personaler wird von den Kunden als ein reeller Dienstleister gesehen.

Profit-Center erwirtschaftet Gewinne

- Durch intensive Auftraggeber-Beziehung kann das **Dienstleistungsangebot** ständig **verbessert**, erneuert, weiterentwickelt werden.
- Es werden Gewinne erwirtschaftet, dies ist in der ursprünglichen Form der Personalabteilung nicht möglich.
- Die Personalabteilung als Profit-Center ist **flexibler** und kann schnell auf Kundenwünsche reagieren.

7.4 Personalwirtschaftlicher Dienstleistungsprozess

Während die einen Unternehmen Outsourcing betreiben, organisieren sich andere große Unternehmen neu. Das Ziel ist jedoch immer das gleiche: Die Unternehmen wollen sich dem veränderten Marktumfeld anpassen.

Dort wo der Mensch in den Mittelpunkt rückt, wird sehr deutlich, welche Stellung die Personalabteilung im Unternehmen einnehmen muss. Die Mitarbeiter für eine Strategie zu gewinnen heißt, sich auch als Personalverantwortlicher aktiv einzubringen und den Veränderungsprozess mitzugestalten.

Genaue Planung erforderlich

Die Umsetzung eines Dienstleistungsprozesses in einem Unternehmen bedarf der genauen Planung, das bedeutet zunächst **Feststellung der Ist-Situation**, sodann **Festlegung des Zieles und der Inhalte** (z.B. Servicefunktionen auf den Kunden ausrichten oder Umsetzung und Evaluation des Prozesses und Ingangsetzen eines neuen Prozesses).

Beispiel

Feststellung der Ist-Situation:
Um die interne Kundenorientierung zu erhöhen, wird ein Fragebogen erarbeitet, der an verschiedene Personen (Feed-back-Geber) aus dem Umfeld der Personalabteilung (Feed-back-Nehmer) ausgegeben wird, z.B. an ein Mitglied der Geschäftsleitung, an Führungskräfte, an Mitarbeiter des Unternehmens oder externe Partner. Auch das Selbstbild der Personalabteilung wird berücksichtigt.
* Das Ergebnis aus diesem Fragebogen hilft der Personalabteilung, die Stärken und Schwächen zu erkennen und zielgerichtet an ihnen zu arbeiten.
* Es hilft, herauszufinden, wie die Kunden über die Leistungsfähigkeit in verschiedenen Gebieten denken.
* Es vermittelt der Personalabteilung ein Bild, wo die Unterschiede in der Selbst- und in der Fremdwahrnehmung liegen. Die Personalabteilung kann sich damit in Zukunft vielleicht realistischer einschätzen.

Ziele
Ziele einer solchen Befragung sind:
* Erkennen von Kundenbedürfnissen und gewünschten Qualitätsstandards
* Vermittlung des Eindrucks: „Die kümmern sich um alle Kunden."

Inhalte:
Ein solcher Fragebogen sollte die Abfrage nach jetzigen Dienstleistungen (gruppiert nach Wichtigkeit und Wahrnehmung), dem Kundennutzen und der Qualität beinhalten.

Mit der **Einführung** der personalwirtschaftlichen Dienstleistung wird ein **neuer Prozess** in Bewegung gesetzt. Die Kunden können nun über die Leistungen dieser Dienstleistungen befinden, sie können Zufriedenheit, aber auch Unzufriedenheit äußern.

Die Personalabteilung bekommt so ein **Steuerungsinstrument**, mit dem sie die Dienstleistungen messen, verbessern, ändern und neu gestalten kann. Es findet ein ständiger Prozess statt.

Auftragsklärung / Definition des Zieles

Interner Workshop der Personalabteilung, Kick Off (1 Tag)

Vorstellung Konzept / Sensibilisierung der Mitarbeiter / **Situationsanalyse**

Konzeption der Einzelinterviews (Erstellen des Gesprächsleitfadens auf Basis der Ergebnisse aus dem internen Workshop)

Freigabe und **Durchführung der Einzelinterviews** mit Kunden

Auswertung und Präsentation der Einzelinterviews

Entwicklung des Fragebogens (Beratung und Zustimmung BR/GBR)

Durchführung der **Kundenbefragung**

Analyse der Kundenbefragungsergebnisse

Interner Workshop der Personalabteilung (Präsentation der Ergebnisse aus der Kundenbefragung)

Durchführung eines **Kundenworkshops**

Vereinbarung von **konkreten Maßnahmen**

Information an alle Kunden über diese Maßnahme

Begleitung der Personalabteilung bei der **Umsetzung der Maßnahmen**

Evaluation des Prozesses und neuer Prozess

Abb. 7.4: Umsetzung eines Prozesses

7.5 INNOVATIONSMANAGEMENT

Der **technische und soziale Wandel**, der immer rascher voranschreitet, fordert Unternehmen heraus, innovativ zu sein.

Unternehmen, die es über einen längeren Zeitraum versäumen, innovativ zu sein, werden über kurz oder lang vom Markt verschwinden. Unternehmen dagegen, die **Innovationen erfolgreich umsetzen**, erzeugen eine hohe Wertschöpfung und können **überdurchschnittliche Erträge** erzielen.

Unternehmen sind zu Innovationen gezwungen

 Innovation ist die Einführung von etwas Neuem, die praktische Umsetzung von Ideen.

Wir finden Innovationen in allen Bereichen des Unternehmens, z. B. in der Produktion, im Marketing, in der Logistik usw. und natürlich auch im Personalwesen. Innovative Personalführung zieht z. B. bessere Mitarbeiter an und bindet diese langfristig ans Unternehmen (mehr Mitarbeiter in Teilzeit, flexible Arbeitszeitmodelle, Arbeit von zu Hause aus).

Innovationen sind plan- und erlernbar

Innovationen sind plan- und erlernbar. Jede Personalabteilung kann innovativ sein. In **vier Phasen** lässt sich in jeder Personalabteilung der **Innovationsprozess** vorantreiben:
- Ideensammlung (Ideenbörse schaffen)
- Auswahl und Bewertung der Ideen
- Umsetzung der Ideen (Realisierungsphase)
- Einführung im Unternehmen

7.5.1 Ideensammlung

Ideen für neue Produkte und Dienstleistungen können aus dem Unternehmen oder von außen kommen.

Brainstorming, Problemkreisanalyse, Relevanzbaumverfahren und Synektik

Unternehmensintern können **Ideenbörsen** geschaffen werden, die z. B. über das Intranet abgewickelt werden. Die Mitarbeiter sollten in ihrem Denken für neue Innovationen unterstützt werden. Viele Menschen meinen, dass sie nicht kreativ sind – das Personalwesen kann hier geeignete Seminare anbieten, die bei den Mitarbeitern ungeahnte Kreativität freisetzen.

Die bekanntesten **Kreativitätstechniken** sind Brainstorming, Problemkreisanalyse, Relevanzbaumverfahren und Synektik.

Viele Unternehmen praktizieren zur Findung von neuen Ideen auch das **betriebliche Vorschlagswesen** (BVW). Ein BVW-Programm muss leistungsfähig (durch breite Beteiligung aller Mitarbeiter) und wirkungsvoll (durch die Realisierung vieler guter Ideen) sein. Bei der Handhabung kommt es auf folgende Punkte an:
- klare Richtlinien
- schnelle und gerechte Behandlung
- Aufruf am schwarzen Brett, Mitarbeiterzeitung
- Wettbewerb für Beteiligte
- Publikation von Prämierungen

Die **Ziele** eines solchen Programms betreffen die:
- Verbesserung von Arbeitsmethoden
- Vereinfachung von Arbeitsmethoden
- Erlangung größerer Sicherheit
- Verbilligung von Produktion und Verwaltungsvorgängen
- Verbesserung des Umweltschutzes

Ein Verbesserungsvorschlag (VV) ist
1. eine Idee, die auf eine Änderung oder Neuerung im gegenwärtigen Zustand des Unternehmens abzielt,
2. eine freiwillig erbrachte Sonderleistung eines Mitarbeiters außerhalb seiner vom Vorgesetzten übertragenen Aufgaben im Rahmen einer bestehenden Betriebs- oder Dienstvereinbarung,

3. ein eigenständiger Beitrag zu einem erkannten Problem im Unternehmen,
4. eine Gegenüberstellung des Ausgangs-Zustandes (Ist) mit dem konstruktiv dargelegten Verbesserungs-Zustand (Soll),
5. ein Lösungsansatz für ein technisches oder nichttechnisches Problem,
6. eine nicht schutzfähige Erfindung gemäß § 2 des Arbeitnehmererfindungsgesetzes.

Ein VV hat seinen arbeitsrechtlichen Bezugsrahmen im Betriebsverfassungsgesetz (BetrVG) vom 15.01.72 § 87 Abs. 1 Ziff. 12 und § 76.

Das betriebliche Vorschlagswesen sollte als eigene Stabsstelle ohne Weisungsbefugnis und Führungsverantwortung – in kleineren und mittleren Betrieben beim Sekretariat der Geschäftsführung oder des Eigentümers – und innerhalb der Bereiche Dienstleistungen, Patentabteilung, allgemeine Verwaltung, technische Leitung, Personal- und Sozialabteilung organisatorisch eingegliedert werden. Nicht ratsam wäre die Angliederung in der Finanzabteilung, Zeitstudienabteilung oder im Controlling, da an diesen Stellen der Kostenaspekt im Vordergrund steht.

Betriebliches Vorschlagswesen als eigene Stabsstelle ohne Weisungsbefugnis und Führungsverantwortung

Organe des BVW sind:
- **Beauftragter** des BVW: Dieser wird von der Betriebsleitung nominiert; je nach Größe des Betriebes haupt- oder nebenamtlich. Diese Person sollte kontaktfähig sein, hohe fachliche Kompetenz aufweisen, selbstständig arbeiten und entscheiden und Sonderfälle lösen können.
- **Unabhängiger Gutachter**: Dieser wird von der Betriebsleitung berufen. Diese Person sollte ein hohes Maß an Neutralität besitzen, hohe Fachkompetenz aufweisen und diese Tätigkeit ehrenamtlich ausüben.
- **Bewertungskommission**: Diese wird von der Betriebsleitung berufen. Dieser Personenkreis sollte konstant zusammengesetzt sein, je nach Betriebsgröße 5–9 Personen umfassen und hohe Fachkompetenz haben.

Unternehmen gehen auch nach **außen**, um **Ideen** zu **sammeln**:
- Sie vergeben Diplomarbeiten, um neue Denkmodelle zu bekommen,
- sie gehen an Universitäten, Fachhochschulen und Forschungsinstitute, um Kooperationen zu schließen,
- sie suchen externe Berater, die den Innovationsfluss in Gang bringen und die sie bei der Umsetzung unterstützen.

7.5.2 Umsetzung und Einführung der Ideen

Ideen zu sammeln ist mit den o.g. Möglichkeiten nicht schwer, schwieriger ist es, die Auswahl und die Bewertung der Ideen vorzunehmen. Hier müssen Vor- und Nachteile sowohl für das Unternehmen als auch für die Kunden genau gegeneinander abgewogen werden.

Sobald dann die Innovationsstrategie steht, müssen im Unternehmen Strukturen geschaffen werden, die garantieren, dass die Ideen auch umgesetzt werden:

IDEENBLATT

Betriebliches Vorschlagswesen

Kurzfassung

(wird vom BVW ausgefüllt)

Ideengeber bzw. Einreicher versichern, dass es sich im Nachfolgenden um ihre eigene Idee/Vorschlag handelt. Die Abgabe dieses Ideenblattes befreit nicht von der Meldepflicht für eine Diensterfindung (§ 5 ArbEG).

Name:		Vorname:	Personalnummer:
Abteilung:	Kostenstelle:	Telefon:	Datum:
beschäftigt als:		Unterschrift	**Kontierung:**

Idee/Vorschlag betrifft (z. B. Projekt, Prozess, Teilenummer, Benennung):		Einspruch zum VV Nr.:
Maschinennr./Inventarnr./Arbeitsplatz	Betriebsmittelnummer:	Arbeitsvorgang/Arbeitsfolge

Beschreibung des Istzustandes, der Idee, des erkannten Problems:

Lösungsvorschlag und damit verbundene Vorteile/Ergebnisse des Workshops der Mitarbeiterinitiative:

Eingangsdatum:

Der Verbesserungsvorschlag	**Begründung/Erläuterungen/Hinweise:**
☐ wird befürwortet, Weiterbearbeitung durch _____ ☐ ist erfolgt ☐ erfolgt bis _____ ☐ erfolgt nicht (bitte nachstehend begründen) ☐ geht nicht auf diesen VV zurück (der Nachweis über die Priorität ist beizufügen)	

☐ Einsparung ist berechenbar (bitte Zahlen beifügen)
☐ Einsparung ist nicht berechenbar (siehe Tabelle)

Nicht errechenbare/qualitative **Einsparung für ein Jahr** – Sofortrückzahlung über Vorgesetzten/Gutachter

Grad der Verbesserung	**Wirkungsbreite**			
	☐ gering	☐ mittel	☐ groß	☐ sehr groß
☐ merklich	50 €	300 €	500 €	800 €
☐ wesentlich	200 €	400 €	700 €	1.000 €

Einsparung € _____ x 0,1 =   _____ €

plus Zuschlag für besondere Leistung   (____ %)   +   _____ €

abzüglich Abschlag wegen _____   (____ %)   –   _____ €

Gesamtzuzahlung Netto (Prämienschein)   =   _____ €

Nicht errechenbare/qualitative **Einsparung für ein Jahr** – Auszahlung über zentrales BVW

Grad der Verbesserung	**Wirkungsbreite**			
	☐ gering	☐ mittel	☐ groß	☐ sehr groß
☐ beträchtlich	1.100 €	1.300 €	1.400 €	1.600 €
☐ grundlegend	1.200 €	1.500 €	1.800 €	2.000 €

Weiterleitung/Abschluss wurde mit Einreicher besprochen ☐ ja ☐ nein

☐ **Sofortprämie** ☐ **Anerkennung in Höhe von €** _____ **ausbezahlt am** _____

Vorgesetzer/Gutachter:	**Abteilung:**	**Telefon:**	**Unterschrift:**

Strukturen, um zu
garantieren, dass die
Ideen auch umgesetzt
werden

- Innovative Unternehmen stellen ihren funktionalen und hierarchischen Organisationsstrukturen ein Netzwerk an die Seite. Mit diesem Netzwerk werden Innovationen so weit vorangetrieben, bis sie zum Tagesgeschäft werden.
- Organisatorische Veränderungen werden vorgenommen (z. B. wird in der Personalabteilung ein Innovationsbeauftragter eingesetzt).
- Kommunikationsschwierigkeiten zwischen Abteilungen müssen abgebaut werden. Gesprächsrunden und Projektmanagement helfen an dieser Stelle.

Um die Innovation dann im Unternehmen einzuführen, muss ein gutes Marketing sichergestellt sein.

Zwei Innovationsbeispiele:

Beispiel

1) Bei einem amerikanischen IT-Unternehmen werden ca. 100.000 Mitarbeiter aus 24 Landesgesellschaften von einem Call-Center in Porthmouth in 18 Sprachen bezüglich Personalfragen betreut. „Ask HR" hieß das Projekt, das 1998 startete mit dem Ziel, den Personalbereich international auszurichten und natürlich Kosten einzusparen. In 80 % aller Fälle können die Mitarbeiter am Telefon den Anrufenden zu deren Zufriedenheit antworten, als Hilfsmittel nutzen sie das HR-Intranet. Komplexe Fragen werden an Spezialisten weitergegeben, die innerhalb von zwei Tagen reagieren. Damit sind sie schneller als manch „herkömmliche" Personalabteilung. Im vierten Quartal 2001 verzeichnete man 60.000 Anrufe.

2) Bei einem anderen Industrieunternehmen werden die Bewerber anstelle von Bewerbungsgesprächen oder Assessment-Center mit den Personalvertretern der Firma eingeladen, gemeinsam zu kochen. Zum Aperitif stellen sich erst einmal alle Teilnehmer vor, dann präsentiert ein Firmenvertreter das Unternehmen. Beim Salatputzen kommt man sich näher, diskutiert über Firmenstrategie, Studium, Karriere, Weiterbildungsmöglichkeiten und nebenbei bekommt man mit, wie jemand an ein solch komplexes Projekt wie die Zubereitung eines Essens herangeht.

8 PROZESSORGANISATION IN DER PERSONALWIRTSCHAFT

Manchmal hat man in der Betriebswirtschaftlehre den Eindruck, dass neue Begriffsschöpfungen davon ablenken sollen, dass es kaum neue Ansätze zu vermelden gibt und es sich im Grunde genommen um „alten Wein in neuen Schläuchen" handelt.

Diese Vermutung trifft jedoch auf die Begriffe **„Human-Resources-Management"** (z. B. anstelle der früheren „Personalverwaltung") oder **„Prozessmanagement"** (z. B. anstelle der früheren „Ablauforganisation") nicht zu.

Im Gegenteil: Beide Begriffe haben Signalwirkung: Sie symbolisieren eine **neue Art des Denkens** und in der Folge auch eine **neue Art des Vorgehens**.

Beide Begriffe bringen die Erkenntnis zum Ausdruck, dass die Personalarbeit im Unternehmen mehr Verantwortung für den Fortbestand bzw. den Erfolg des Unternehmens übernehmen muss, denn schließlich gilt der Produktionsfaktor Arbeit als ein möglicher strategischer Wettbewerbsvorteil gegenüber Mitbewerbern. Das **Personalwesen** wird zu einem **„Center of Competence"** bezüglich der Arbeits- und Organisationsgestaltung.

Produktionsfaktor Arbeit ist ein möglicher strategischer Wettbewerbsvorteil gegenüber Mitbewerbern

Sicherlich wird die Entwicklung der Kommunikationstechnik ihren Teil dazu beitragen, dass auch im Personalbereich das **Business-Process-Reengineering** – also das radikale Redesign von Unternehmen oder Unternehmensprozessen mit dem Ziel, deutliche Verbesserungen der Kostensituation o. Ä. zu erzielen – zu einer Daueraufgabe wird, als Beispiele seien hier nur Intranet, Internet und E-Collaboration erwähnt.

Mit dem Begriff **Service-Engineering** werden heute alle die konkreten Maßnahmen zusammengefasst, die ergriffen werden, um Abläufe und Strukturen sowie die erforderliche Technik servicekompatibel zu machen. Ziel ist also die Optimierung der Strukturen und Abläufe im Hinblick auf größtmögliche Servicequalität bei geringstmöglichen Kosten.

Servicekompatible Abläufe und Strukturen

8.1 PROZESSGESTALTUNG ALS GANZHEITLICHER ANSATZ

Zunächst einmal gilt es, zu einem einheitlichen Begriffsverständnis des Wortes **„ganzheitlich"** zu kommen.

In vielen Unternehmen findet nach wie vor eine **isolierte Betrachtung einzelner Aufgabenbereiche** statt, ohne dass der Blick auf die Schnittstellen und Zusammenhänge im Unternehmen gerichtet wird. In den einzelnen Bereichen existieren dann häufig

• eigene DV-Applikationen,
• nur lokal optimierte Prozessabläufe,
• eigene Standards,

- eine eigene Kommunikation mit unternehmensinternen und -externen „Kunden" und Partnern,
- unstrukturierte Papier-Dokumentationen,
- sogar bereichsintern eine unzureichende Integration der DV-Systeme,
- ein uneinheitlich gestalteter Datenaustausch zwischen den verschiedenen Bereichen.

Effiziente Methoden
zur Prozessgestaltung
oft gar nicht möglich

Dieses nicht abgestimmte Vorgehen führt zwangsweise zu **überflüssigen Tätigkeiten** und **stark sequenziellen Prozessen**, wobei zudem eine Vielzahl von Routinearbeiten, die heute bereits von DV-Systemen übernommen werden könnten, noch von Hand durchgeführt werden.

Der technische Stand der etablierten Systemlösungen lässt den Einsatz effizienter Methoden zur Prozessgestaltung oft überhaupt nicht zu, da die hierfür notwendige ganzheitliche Sichtweise bei den betroffenen Menschen nur unzureichend ausgebildet ist. Die negativen Folgen sind:

- **hoher Zeitbedarf** (Liege- und Durchlaufzeiten, Transportwege, zu viele Verantwortliche, Doppelarbeiten, „Schattenorganisation", viele Schnittstellen, hoher Koordinationsbedarf: permanente Abstimmungsgespräche, hohe Regelungsdichte, Formular- und Verfahrensvielfalt) und
- **unnötige Kosten** (insbes. hohe Gemeinkosten) sowie
- **mangelnde Transparenz** (durch z.B. Abteilungsegoismus, Informationsverluste wegen fehlender Dokumentation).

 Der ganzheitliche Ansatz stellt dagegen ab auf die stimmige Gestaltung verschiedener Handlungsbereiche.

So sollen
- Strukturen (Bereiche, Teams, Entgeltsysteme, Arbeitszeitmodelle etc.),
- Werkzeuge (Aufgaben-/Zielsysteme, Planungstafeln etc.),
- Methoden (Qualitätszirkel, KVP, BVW etc.),
- Führung (Führungsstile, Führungskonzepte etc.) und
- Soft Facts (Unternehmenskultur, Qualifikation etc.)

sich jeweils ergänzen und in ihren Auswirkungen wechselseitig unterstützen.

Dadurch sollen Stärken gefestigt bzw. ausgebaut, Schwächen eliminiert und Elemente kombiniert werden. Konkret bedeutet das beispielsweise:

weg von der ...	hin zu der ...
• Funktionsorientierung	• Prozessorientierung
• Zentralisation	• Dezentralisation
• Fremdsteuerung	• Selbststeuerung
• Bestandsoptimierung	• Just-in-time-Fertigung

Abb. 8.1: Aspekte des ganzheitlichen Ansatzes

Prozessmanagement
ist kein Projekt,
sondern ein Konzept

Prozessmanagement ist folglich kein Projekt, sondern ein **Konzept**. Entstanden sind diese prozessorientierten integrierten Managementsysteme (PIMS) aus den Industrienormen ISO 9001 und ISO 14001.

Unter einem **Prozess** (lat., pro: vorwärts, cedere: gehen, schreiten) versteht man
- eine **logische Folge zusammenhängender Aktivitäten** (parallel oder sequen-
  ziell) zur Erstellung einer Leistung oder zur Veränderung eines Objektes nach
  definierten Regeln (= Transformation),
- unter Einsatz erforderlicher Ressourcen,
- innerhalb einer **definierten Zeitspanne** (= Durchlaufzeit),
- losgelöst von anderen vor-, neben- oder nachgeordneten Vorgängen,
- mit einem **definierten Anfang** (= Input, Auslöser)
- und einem **definierten Ende** (= Output, Ergebnis, Wert), folglich eine inhaltlich abgeschlossene Vorgangskette,
- und dem **Hauptziel** der Wertschöpfung bzw. der **Ergebnisverbesserung**
  (die nicht wertschöpfenden Teilvorgänge sollen identifiziert und eliminiert
  werden).

Nicht wertschöpfende Teilvorgänge identifi- zieren und eliminieren

Aus mehreren Prozessen (Auftragsannahme = messbare Eingabe, Auftragsaus-
führung = messbare Wertschöpfung und Ergebnisübergabe = messbare Ausga-
be entsteht eine **Prozesskette** bzw. Funktionskette. Die Prozesse verlaufen ohne Beachtung von Bereichs- oder Abteilungsgrenzen durch das gesamte
Unternehmen.

Prozesse lassen sich nach unterschiedlichen Gesichtspunkten systematisieren:

... nach dem **Detaillierungsgrad** (Prozesshierarchie):
- **Geschäftsprozesse** sind Schlüsselprozesse, die hauptsächlich zur Kunden-
  zufriedenheit oder Mitarbeiterorientierung beitragen. Typische Geschäfts-
  prozesse in einem Industrieunternehmen sind:
  - Auftragsbearbeitung vom Angebot bis zur Auslieferung
  - Beschaffung von Roh-, Hilfs- und Betriebsstoffen
  - Produktion von der Vorfertigung bis zur Endmontage
  - Materialfluss vom Lieferanten bis zum Kunden
  - Produktentwicklung von der Produktidee bis zum Produktionsbeginn
- **Hauptprozesse** sind lückenlose Tätigkeitsabfolgen innerhalb eines Ge-
  schäftsprozesses; sie dienen der Be- und Verarbeitung von Werkstoffen,
  Halbzeugen und Zulieferteilen mit dem Ziel, die hauptsächlichen, den Unter-
  nehmenscharakter prägenden Produkte zu erzeugen. Beispiele sind in den
  meisten Unternehmen zu finden:
  - Auftragsabwicklungsprozess
  - Beschwerdeabwicklungsprozess
  - Wartungs- und Instandhaltungsprozess
  - Produktionsprozess
  - Beschaffungsprozess
  - Produktentwicklungsprozess
  - Liquiditätssicherungsprozess
  - Finanzplanungsprozess
  - Qualitätsplanungsprozess
  - Personalentwicklungsprozess
  - Zielplanungsprozess

Unterteilung in Geschäfts-, Haupt- und Teilprozesse

- Marktdatengewinnungsprozess
- Logistikprozess

- **Teilprozesse** sind lückenlose Tätigkeitsabfolgen innerhalb eines Hauptprozesses und führen letztlich zu einer Aufgabe (= elementare Tätigkeit).

Die Bearbeitung von Geschäftsprozessen wird als **Workflow** (Arbeitsorganisation, (Verwaltung der) Arbeitsabläufe) bezeichnet. **Workflow-Management-Systeme** sind DV-Systeme, die sich für die Koordination und die Bearbeitung von komplexen und häufig in ähnlicher Form wiederkehrenden Aufgaben eignen, an denen unterschiedliche Personen mitwirken. Workflow-Management-Systeme ermöglichen eine formale Beschreibung von Prozessen, sodass diese (teil-)automatisiert durchgeführt werden können.

„work" (Arbeit; arbeiten) und „flow" (Fluss; fließen)

Weitere Systematisierungsarten von Prozessen:

... nach der **Komplexität,**
welche man an der Anzahl der zu verknüpfenden Elementaraufgaben und an Anzahl und Verschiedenartigkeit der Beziehungen zwischen den Elementen festmachen kann.

... nach der **Determiniertheit,**
die sich ergibt nach dem Ausmaß, in dem der Prozess bekannt ist und die zur Aufgabenerfüllung erforderlichen Informationen zuverlässig vorhanden sind.

... nach der **Wiederholungshäufigkeit,**
gemessen an der Anzahl der gleichartigen Vorgänge, die pro Zeiteinheit anfallen.

... nach der **Konstanz,**
die ausdrückt, ob die Tätigkeit in immer gleicher Form und mit gleichen Anforderungen vonstatten geht oder variiert.

... nach dem **Prozessgegenstand:**

Materielle Prozesse oder Informationsprozesse

- **Materielle Prozesse** beziehen sich auf die Bearbeitung von tatsächlich existierenden Objekten wie z. B. Produkt, Personalakte, Kunde.
- **Informationsprozesse** beziehen sich auf die Verarbeitung von Informationen, z. B. Aufnahme, Veränderung, Speicherung, Weitergabe.

... nach der **Art der Tätigkeit:**
- Management-/Leitungsprozesse: Wahrnehmung von Führungsaufgaben
- operative Prozesse: Wahrnehmung von Ausführungsaufgaben

... nach dem **Marktbezug:**
- **Primärprozesse** (= Kernprozesse): auf die Erfüllung der Kernaufgaben ausgerichtete echte Wertschöpfungsprozesse bzw. -tätigkeiten, wie z. B. Einkauf, Produktion etc.
- **Sekundärprozesse** (= Unterstützungsprozesse): dienen nur mittelbar der Wertschöpfung, z. B. Buchhaltung, Personalabrechnung, Kantinenwesen etc.
- **Innovationsprozesse**: erfolgen innerhalb von Forschung und Entwicklung, aber auch innerhalb von OE und KVP

Kennzeichen eines Prozesses ist das Vorhandensein von

- **Inputgrößen:**
  - Mittel/Ressourcen/Energien/Methoden
  - Ergebnisse vorgelagerter Prozesse
  - Informationen
  - Ziele
- **Steuerungsgrößen** während des Prozessablaufes bzw. Transformationsprozesses
  - Arbeitsvorgaben (z. B. Wartezeiten, Transportzeiten u. Ä.)
  - Losgrößen
  - Wartungsintervalle
  - Prozesszellen
- **Ausgangsgrößen:**
  - Haupt- und Nebenprodukte (z. B. Stückzahl)
  - Informationen
  - Ergebnisse in Form von z. B. Wertschöpfung, Qualität, Kundenzufriedenheit, Kosten

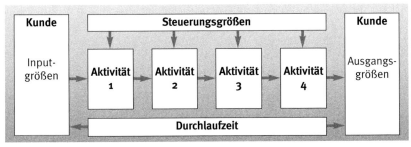

Abb. 8.2: Prozesskette

Die Aktivitäten verlaufen nicht zwingend geradlinig, sondern es können auch Verzweigungen auftreten; einzelne Aktivitäten können wiederholt oder mehrfach durchlaufen werden.

Das Wort **„Gestaltung"** (innerhalb des ganzheitlichen Ansatzes) bezeichnet also einen **pro-aktiven** (nicht reaktiven) Vorgang zu einer Neuentwicklung bzw. Veränderung. Zur Verbesserung der **Business-Process-Performance** in Managementkonzepten existieren verschiedene Ansätze:

Gestaltung ist ein pro-aktiver Vorgang

- prozessorientierte Ansätze
- qualitätsorientierte Ansätze
- kostenorientierte Ansätze

 Von Prozessmanagement spricht man also, wenn sich wiederholende Vorgänge untersucht und verbessert werden.

Dabei versteht man die Arbeit im Unternehmen als Kombination von Prozessen, die dem Kunden einen Mehrwert liefern. Weitere Schwerpunkte bei diesem Vorgehen:

- die Beachtung von Qualität, Effizienz und Effektivität,
- die Einbeziehung aller Mitarbeiter auf allen Hierarchieebenen,
- die Kontrollierbarkeit und
- die Anpassungsfähigkeit der Prozesse bei sich ändernden Kundenanforderungen.

 Ziel des Prozessmanagements ist es, sowohl schneller als auch besser (betrifft Qualität, Sicherheit, Flexibilität, Motivation, Nutzen-/Servicequalität) als auch billiger (betrifft Produktivität und Wirtschaftlichkeit, Ertragssteigerung, optimalen Ressourceneinsatz) zu sein.

8.2 MODELLE UND METHODEN DER PROZESSGESTALTUNG

Zur Gestaltung von Geschäftsprozessen existiert am Markt eine Vielzahl von (im Grunde genommen inhaltlich identischen) Modellen und Methoden. Sie unterscheiden sich insbesondere durch die Anzahl der zu vollziehenden Schritte.

8.2.1 Sechs-Stufen-Modell zur Prozessgestaltung

Das „klassische" Sechs-Stufen-Modell der Prozessgestaltung besteht aus:
1. Phase: Festlegung der erfolgskritischen Prozesse
2. Phase: Ermittlung der Ist-Abläufe
3. Phase: Schwachstellenanalyse
4. Phase: Festlegung von Prozesskennzahlen
5. Phase: Prozessoptimierung
6. Phase: Fortschrittskontrolle

In der Beratungspraxis hat sich daraus die folgende Vorgehensweise entwickelt:

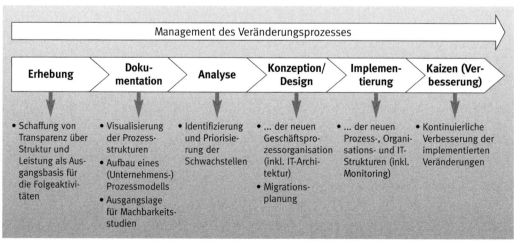

Abb. 8.3: Modifiziertes Sechs-Stufen-Modell der Prozessgestaltung (Quelle: www.norcom.de: Norcom Technology AG, Markus G. Walther, Frankfurt am Main)

Voraussetzung für eine optimierte Prozessgestaltung ist eine vollständige und realistische **Bestandsaufnahme** (bestehend aus Erhebung und Dokumentation) **der aktuellen Prozesse**.

Folgende **Erhebungstechniken** sind gebräuchlich:

Voraussetzung ist eine vollständige und realistische Bestandsaufnahme

- Interview
- Fragebogen
- Dauerbeobachtung oder Multimomentaufnahme
- Selbstbeobachtung und -aufschreibung
- Laufzetteltechnik
- Dokumentauswertung

Die **Dokumentation** der Prozesse erfolgt ebenfalls mit Hilfe des aus der Gestaltung der Ablauforganisation bereits bekannten Werkzeugkastens. Als **Techniken** finden Anwendung:

- Listen (= Tabellen mit Kopf)
- Ablaufdiagramme (auch „Service Blueprint" genannt)
- Vorgangskettendiagramm, Aufgabefolgeplan
- Prozesslandkarte
- Galloway Chart (Kommunikationsbeziehungen: Häufigkeit und Intensität)
- Blockschaltbilder, bestehend aus den Elementen Tätigkeit, Stellen, Aufgaben
- Datenflussplan („Service Mapping"), Programmablaufplan nach DIN 66 001
- Entscheidungstabelle

Unter **Analyse** versteht man die Ordnung des erhobenen Materials nach bestimmten Kriterien und dessen Auswertung. Die Organisationslehre setzt folgende **Analysetechniken** ein:

- ABC-Analyse
- Mengen-, Zeit-, Kostenanalyse
- Analyse der Prozessqualität
- Prozess-Nutzen-Portfolio
- Prozess-Kraftfeld-Analyse
- Prozess-Informationsfluss-Analyse
- Prozess-Datenfluss-Analyse
- Prozess-Verlust-Analyse
- Analyse von Prozesskennzahlen u.v.m.

Eng damit verbunden ist die Würdigung mit Hilfe folgender Techniken:

- systematische Problemanalyse (SWOT-Analyse)
- Ursachenforschung
- Checklisten, Prüffragenkataloge
- Mängelsystematiken
- Szenarioanalyse
- Risikoanalyse
- Benchmarking, Branchenvergleiche
- Problem-Bubble-Chart
- Ishikawa (= Diagramm zur Visualisierung eines Problemlösungsprozesses)

Zur **Entwicklung eines Konzeptes** bzw. eines Designs werden Techniken des Lösungsentwurfes, insbesondere Kreativitätstechniken zur Ideenfindung angewendet, wie z. B.:

- Brainstorming
- Brainwriting – Methode 6–3–5
- morphologischer Kasten
- Synektik
- Attribut-Listing u.v.m.

Die entwickelten Ideen müssen dann auf ihre Sinnhaftigkeit und Umsetzbarkeit hin überprüft werden mittels verschiedener **Bewertungstechniken**:

- verbale Bewertung
- Nutzwertanalyse
- Kosten-Wirksamkeits-Analyse
- statische und dynamische Investitionsrechnung etc.

Zusätzlich muss geplant werden, wie das ausgewählte Konzept in die Realität übertragen wird.

Hinzufügen von Funktionen in eine vorhandene Anwendung

Das Wort **Implementierung** kommt ursprünglich aus dem EDV-Bereich, man versteht darunter das Einsetzen von Software, Hardware o. Ä. in ein bestehendes Computersystem, also das **Hinzufügen von Funktionen** in eine schon vorhandene Anwendung, im übertragenen Sinn also die Veränderung einer bestehenden Organisation.

Unter **Monitoring** versteht man i. w. S. das „Überwachen" eines Vorgangs oder Prozesses mittels eines technischen Hilfsmittels.

Heute hat man erkannt, dass die **Notwendigkeit der Veränderung permanent** gegeben ist. Bestehende Regelungen müssen laufend dahingehend überprüft werden, ob sie noch zweckmäßig und zielführend sind.

Sind bestehende Regelungen noch zweckmäßig und zielführend?

Unternehmen müssen sich kontinuierlich den Veränderungen anpassen und damit ihre Gesamtleistung verbessern. Die **Instrumente** dazu sind **Kaizen** (jap., Kai = Veränderung, Wandel; Zen = zum Besseren, im positiven Sinn) und **KVP** (= kontinuierlicher Verbesserungsprozess).

In Geschäftsprozessen, die starken Veränderungen unterliegen, muss gewährleistet sein, dass eine **kontinuierliche Anpassung** der festgeschriebenen Abläufe an die tatsächlich durchgeführten Arbeitsabläufe erfolgt.

Hierdurch besteht die Chance, aus den jeweils durchgeführten und bearbeiteten Abläufen Hinweise auf Optimierungspotenziale zu erhalten.

8.2.2   Vier-Phasen-Modell zur Prozessgestaltung

Ausgangspunkt für die Gestaltungsmaßnahmen ist die **Bestandsaufnahme aller Prozesse im Unternehmen**.

Die vier Phasen beinhalten dann Folgendes:

1. Phase: **Prozessdefinition**
- Analyse der SGE
- Identifizierung der (Kern-)Prozesse und deren Definition
- Festlegung des Detaillierungsgrades

2. Phase: **Prozessstrukturierung**
- Gesamtprozess in Teilprozesse zerlegen
- zeitlichen Ablauf der Teilprozesse festlegen
- Definition der Schnittstellen
- Messgrößen festlegen (Controllingmaßstäbe)
- Prozessverantwortlichen benennen

Höherer Detaillierungsgrad bei den Kernprozessen

3. Phase: **Prozessdurchführung**
- Freigabe des Prozesses
- laufendes Controlling des Personal-Prozesses

4. Phase: **Prozessverbesserung**
- Überprüfung der Prozesse
- Benchmarks
- Evaluation der Prozesseinführung

Bei den Kernprozessen wird man natürlich einen höheren Detaillierungsgrad anstreben als bei den Nebenprozessen.

8.2.3 Drei-Stufen-Modell zur Prozessgestaltung

Das Drei-Stufen-Modell besteht aus:

1. **Prozessanalyse** bzw. Ist-Aufnahme:
- Prozesse erheben
- Prozesse auf Plausibilität prüfen
- Prozesse dokumentieren
- Verbesserungspotenziale identifizieren

2. **Prozessverbesserung** bzw. Soll-Konzept:
- neue Prozesse erarbeiten
- neue Prozesse erproben
- neue Prozesse einführen
- Prozessziele bekannt geben

3. **Prozessmanagement** bzw. Prozessoptimierung:
- Benchmarks bzw. Kennzahlen ermitteln
- Prozesse realisieren
- Prozesse optimieren
- Prozesscontrolling durchführen

Unter **Identifikation** versteht man hier das Herausarbeiten und Abgrenzen des zu betrachtenden Prozesses. Als **Analyse** bezeichnet man das methodische Zergliedern (hier: eines Gesamtprozesses) nach bestimmten Merkmalen (in Teilprozesse).

Herausarbeiten und Abgrenzen des zu betrachtenden Prozesses

Die Identifikation kann auf drei verschiedene Arten erfolgen:

- Sie kann situativ erfolgen, wenn alle Prozesse im Unternehmen „individuell" und „einzigartig" sind,
- eine andere Möglichkeit ist die Bearbeitung idealtypischer Prozesse
- und es gibt die problembezogene Identifikation, bei der jeweils ein aktuelles Prozessproblem ausgewählt wird.

Die eigentliche Verbesserung erfolgt durch die systematische Anwendung von sachlogischen, lokalen, quantitativen und/oder temporären Gestaltungselementen zur **Änderung der Beziehungen der einzelnen Prozesselemente** im Hinblick auf das angestrebte Prozessziel. Der visualisierte Ist-Prozess wird durch Modifikation zum Soll-Prozess.

Bei der **Prozessimplementierung** und -optimierung geht es um das konkrete Überleiten eines erdachten Konzeptes in Veränderungshandlungen. Dieses kann **evolutionär** (= kontinuierlicher Wandel des Veränderungsprozesses) oder **revolutionär** (= radikale Veränderung, häufig unter dem Eindruck einer Unternehmenskrise) erfolgen.

Die Verknüpfung der Prozesse führt jeweils zu einer Schnitt- bzw. Nahtstelle. Diese Schnittstellen verursachen Transport-, Liege-, Übergabe- und Einarbeitungszeiten. Unter **Schnittstellen** im informationstechnischen Sinn versteht man (nach DIN 44 300) den Übergang an der Grenze zwischen zwei gleichartigen Einheiten mit vereinbarten Regeln für die Übergabe von Daten und Signalen.

Aus organisationstechnischer Sicht stellen sie die **verbindenden Teile eines Systems** dar. Schnittstellen sind – wo immer es geht – zu vermeiden oder zumindest zu reduzieren bzw. zu überbrücken.

Zur Veranschaulichung werden sie in Form von **Schnittstellenmatrizen** oder Netzwerken abgebildet. Natürlich gibt es am Markt längst einschlägige Software, um Prozesse effizient zu modellieren und zu dokumentieren.

8.3 Management von Prozessveränderungen

Die im letzten Kapitel dargestellten Modelle geben bereits Auskunft über die zeitliche Abfolge der verschiedenen Schritte zur Neu- oder Umgestaltung eines Prozesses. In diesem Kapitel wird nun dargestellt, worauf zu achten ist, damit sich dieser Veränderungsprozess gesteuert und unter **Vermeidung** bzw. Reduzierung **unnötiger Konflikte** vollziehen kann.

Von einem Prozess sind verschiedene Personen(-gruppen) betroffen, nämlich Prozessverantwortliche, Prozessdurchführende und Prozessbetroffene (z. B. interne/externe Kunden, Lieferanten etc.).

Veränderungsvorhaben mit einmaligem oder erstmaligem Charakter werden in Form von Projekten realisiert. Folglich finden wir hier die gleichen Projektbeteiligten wie auch im „klassischen" Projektmanagement:

Beteiligte	Aufgaben/Zuständigkeiten
Auftraggeber	der „Kunde", also derjenige, der bezahlt
Lenkungsausschuss	Entscheidergremium für das Projekt
Projektleiter (Leader)	Prozessverantwortlicher, der die Projektgruppe koordiniert und repräsentiert
Projektmitarbeiter/-gruppe (Reengineering-Team)	Mitarbeiter aus den betroffenen Abteilungen oder der Organisationsabteilung, die die einzelnen Arbeitspakete ausführen

Abb. 8.4: Projektbeteiligte und ihre Aufgaben

Erfahrungsgemäß kommt es bei Veränderungsprozessen immer wieder zu **Konflikten**. Ursache für entstehende Widerstände ist Angst vor dem Unbekannten oder vor einem drohenden Arbeitsplatzverlust. Diese Angst entsteht häufig deshalb, weil Betroffene nicht rechtzeitig zu Beteiligten gemacht werden.

Durch Angst entstehen Konflikte

Zur Konfliktvermeidung empfiehlt sich die Einhaltung einiger einfacher **Regeln**:
- Allen Betroffenen und Beteiligten sollten zu Beginn die **Ziele erklärt** werden.
- Es sollten auch die Personen einbezogen werden, die den gegenwärtigen Zustand geformt haben, um die **Ausgangslage** eindeutig zu klären.
- Die Betroffenen sollten während des Umgestaltungsprozesses den **Lösungsweg** mindestens verfolgen können (Forderung nach **Transparenz**).
- Alle Betroffenen sollten **in den Lernprozess einbezogen** werden. Dazu eignen sich auf Gruppenebene z. B. Workshops, Info-Veranstaltungen, „gruppendynamische Trainings", Qualitätszirkel und Lernstattgruppen. Auf der Individualebene findet Coaching, Prozessberatung oder auch MbO Anwendung.
- Unnötige Veränderungen vermeiden, **Gutes** muss **bewahrt** werden.

Workshops, Info-Veranstaltungen, gruppendynamische Trainings, Qualitätszirkel, Lernstattgruppen

Als **Einführungsstrategien** werden die Top-down-Strategie, die Bottum-up-Strategie, die bipolare Strategie, die Keil-Strategie und die Multiple-Nucleus-Strategie unterschieden.

Ebenfalls wichtig für das erfolgreiche Prozessmanagement: **Prozesse müssen präzise beschrieben werden**.

Beispiel

Prozessaufgabe:	Gestaltung des 1. Arbeitstages für einen neuen Mitarbeiter
Prozessanstoß:	Erscheinen des Mitarbeiters am Morgen seines ersten Arbeitstages am Werkstor
Prozessquelle:	Einstellung eines neuen Mitarbeiters
Anfangsaktivität:	Ausstellen eines Passierscheines, damit der neue Mitarbeiter auf das Werksgelände darf und sich zur Personalabteilung begeben kann
Abschlusstätigkeit:	Mitarbeiter verlässt am Abend seinen Arbeitsplatz und stempelt sich aus

((Forts.))

Hauptaktivitäten	Wer?	Wann?	Womit?
Begrüßung	Personalabteilung	Direkt nach dem Eintreffen	Blumenstrauß
verwaltungstechnische Eintrittsformalitäten	Lohnbüro	im Anschluss an Begrüßung	
Sicherheitsbelehrung	Personalabteilung, Sicherheitsbeauftragter	im Laufe des Vormittags	Dia-Vortrag im Schulungsraum
Vorstellung in der Abteilung	Abteilungsleitung	im Laufe des Vormittags	
Vorstellung in Nachbarabt.	Betriebspate	im Laufe des Tages	Organisationshandbuch
Begrüßung ...	Betriebsrat ...	im Laufe des Tages ...	...

Prozessziele:	• Mitarbeiter hat die notwendigen Informationen, um selbstständig am 2. Arbeitstag seine Arbeit aufzunehmen • Mitarbeiter fühlt sich gut in den Kreis der Kollegen aufgenommen

Eine solche Prozessbeschreibung könnte auch noch Angaben enthalten zu möglichen Störungen und wie damit umzugehen ist.

Sind alle Prozesse im erforderlichen Detaillierungsgrad beschrieben, steht einer qualitativ hochwertigen Personalarbeit nichts mehr im Wege. Diese allerdings gilt es, langfristig sicherzustellen.

Natürlich gibt es inzwischen eine ganze Reihe einschlägiger Softwaretools, die diese Organisationsarbeit unterstützt. Beispielhaft soll hier SAP R/3$^®$ angedeutet werden:

Definitionswerkzeuge	Laufzeitsystem	Informationssystem
Workflow-Definition (Workflow-Editor): Implementierung von Workflow-Abläufen	Workflow-Manager: Workflow-Steuerung und -Koordination	Integrierter Eingangskorb: Benutzerschnittstelle, Verwaltung der Worklist und der Mail-Dokumente eines Benutzers
Aufgaben-Definition	Workitem-Manager: Abwicklung der Ausführung einzelner Arbeitsschritte (Wortkitems), Zuordnung zu Bearbeitern, Terminüberwachung, Protokollierung	Retrieval
Objekttyp-Definition		
Rollen-Definition		Analyse
flexible Ereigniserzeugung	Ereignis-Manager	Statistik

Abb. 8.5: Komponenten des R/3$^®$-Business-Workflow (© SAP AG)

8.4 QUALITÄTSMESSUNG

Nachfolgend erhalten Sie einen Überblick über aktuelle Managementkonzepte und ihren Bezug zum prozessorientierten **integrierten Managementsystem** (IMS). Die Gestaltung eines solchen IMS ist immer mehr als die gleichzeitige Umsetzung verschiedener Normen und Standards, hier geht es um die Integration von Prozessmanagement, Innovationsmanagement, Beziehungsmanagement und die Gestaltung der Wertschöpfungskette. Dies setzt allerdings bei allen Beteiligten die **Fähigkeit zu systemischem Denken** voraus.

Integration von Prozess-, Innovations- und Beziehungsmanagement

8.4.1 Qualitätsmanagment nach ISO 9001
Das Qualitätsmanagement nach ISO 9001 ist das wohl am weitesten verbreitete Managementsystem. Dies liegt einerseits daran, dass mit dieser Norm eine **weltweit gültige zertifizierbare Norm** vorliegt, andererseits daran, dass der **Qualitätsgedanke als fundamentaler Erfolgsfaktor** eines Unternehmens verstanden wurde.

Ziel des Qualitätsmanagements ist es, dauerhaft sicherzustellen, dass
- die gelieferten Produkte/Leistungen den Ansprüchen der Kunden genügen,
- definierte Qualitätsstandards erreicht werden, ohne dass dem Unternehmen nicht kalkulierte Kosten entstehen,
- gültige Gesetze, Richtlinien und Normen (insbesondere im Hinblick auf die Produktsicherheit) eingehalten werden,
- das Unternehmen ständig fehlerfreie Produkte bereitstellen kann.

Gültige Gesetze, Richtlinien und Normen sollen eingehalten werden

Die **„Revision 2000"** definiert eine neue Grundstruktur mit folgenden Verbesserungen:
- prozessorientierte Struktur der Norm,
- Konsistenz mit der ISO 9004,
- verbesserte Kompatibilität zu anderen Managementsystemen (insbesondere dem Umweltmanagementsystem nach ISO 14001),
- Erleichterung der Anwendung auch für kleine und mittlere Unternehmen,
- Anpassungsfähigkeit an die jeweilige Unternehmenssituation,
- Integration der ISO 9002 und 9003 in die neue ISO 9001.

Die vorgesehene Prozessorientierung passt zum Konzept der Prozessintegration, das bereits einen großen Teil der Anforderungen der neuen ISO 9001 abdeckt.

8.4.2 Das Excellence-Modell der EFQM
Das EFQM-Modell (EFQM = European Foundation for Quality Management) für Excellence ist als unverbindliche Rahmenstruktur definiert, innerhalb derer sich Branchen und Unternehmen ihre spezifischen Konzepte auf dem Weg zum „exzellenten" Unternehmen suchen sollen. Dieses Modell setzt die Grundsätze des Total Quality Managements (TQM) um.

Das EFQM-Modell setzt die Grundsätze des TQM um

Ein Kriterienkatalog macht es möglich, Unternehmen auf Stärken und mögliche Verbesserungspotenziale hin zu überprüfen und daraus Vorschläge zur Qualitätssteigerung abzuleiten.

Die EFQM setzt dabei auf eine interne Selbstbewertung und nicht auf die Begutachtung durch externe Zertifizierer.

Die Grundaussage des EFQM-Modells für Excellence lautet: „Exzellente Ergebnisse im Hinblick auf Leistung, Kunden, Mitarbeiter und Gesellschaft werden durch Führung erzielt, die Politik und Strategie mit Hilfe der Mitarbeiter, Partnerschaften und Ressourcen sowie der Prozesse umsetzt." (Deutsches EFQM-Center: Excellence einführen, 2003)

8.4.3 Die Balanced Scorecard

Die Balanced Scorecard stellt ein modernes System für ein erweitertes, strategisches Controlling dar. Sie bezieht sowohl harte, leicht quantifizierbare Mess- und Steuerungsgrößen ein als auch immaterielle und weiche Größen. Dabei kombiniert sie Ziel-, Planungs- und Controllingaspekte: Aus **Visionen** werden **Strategien** hergeleitet, aus Strategien **Ziele** und Planungsansätze, ausgedrückt durch ein Kennzahlen- und Messgrößensystem, das den Realisierungserfolg objektiv erkennbar werden lässt.

Modernes System für ein erweitertes, strategisches Controlling

Gerade für die Personalwirtschaft bietet die Balanced Scorecard die Möglichkeit zu mehr Transparenz durch das Aufzeigen von Maßgrößen, an denen die Personalarbeit ausgerichtet werden kann.

Charakteristisch für die Balanced Scorecard ist die Betrachtungsweise aus verschiedenen Sichten, die ein ganzheitliches Handeln ermöglicht.

Es existieren folgende vier Grundperspektiven:
- Die **finanzwirtschaftliche Perspektive**: Sie ermöglicht die Erkenntnis, ob die Realisierung der Personalziele zu einer Ergebnisverbesserung beiträgt.
- Die **Kundenperspektive**: Sie ist darauf gerichtet, Ziele, Kennzahlen und Maßnahmen zu erarbeiten, die transparent machen, mit welchem Erfolgsgrad das Personalwesen seine Kunden zufrieden stellt.
- Die **interne Prozessperspektive**: Sie betrachtet die Prozesse innerhalb der Personalwirtschaft und prüft, wie diese Prozesse zu gestalten sind, damit sie von der Kosten- und Ergebnisseite her möglichst effizient ablaufen.
- Die **Lern- und Entwicklungsperspektive**: Sie charakterisiert die qualifikatorische Infrastruktur, die erforderlich ist, um langfristig wettbewerbsfähig zu bleiben. Die Ziele und Kennzahlen dieser Perspektive zielen auf die Fähigkeiten und das Potenzial der Mitarbeiter ab.

Es existieren vier Grundperspektiven

Für alle vier Perspektiven sind aus den Zielen **Kennzahlen und Planungsgrößen** herzuleiten, so z. B.
- für die finanzwirtschaftliche Perspektive:
  - Entwicklung der Personalkostenstruktur
  - Personalkosten pro Mitarbeiter
  - Produktivität pro Mitarbeiter
- für die Kundenperspektive:
  - Fluktuationsraten
  - Absentismusraten
  - Zufriedenheit der Servicenehmer

- für die interne Prozessperspektive: Optimierungsgrößen für die einzelnen Prozesse, z. B.
  - Dauer der Rekrutierung
  - Kosten von Freisetzungen
- für die Lern- und Entwicklungsperspektive:
  - Zufriedenheit der Mitarbeiter mit Personalentwicklungsmaßnahmen
  - Entwicklung der Qualifikation der Mitarbeiter

Die erfolgreiche Einführung eines integrierten Managementsystem im Personalwesen erfordert insbesondere die lückenlose und aktuelle Dokumentation der Arbeitsplatzanforderungen in Arbeits- und Funktionsbeschreibungen, die zudem den Informationsfluss und die Einarbeitung neuer Mitarbeiter erleichtern.

8.4.4 Prozesscontrolling

Das Prozesscontrolling stellt eine Ausprägung des Controllings (= betriebswirtschaftliches Instrument zur Unternehmensplanung und Steuerung) dar, bei dem auf der Basis der Prozesskostenrechnung so genannte Wertketten bzw. Wertschöpfungsketten gestaltet werden.

Teilprozesse werden als eigenständige Kalkulationsobjekte betrachtet hinsichtlich der Entscheidung „Eigenfertigung oder Fremdbezug". Auf der Basis von Prozesskennzahlen werden Prozesse bewertet, überwacht und verbessert. Außerdem werden laufend Prozessinformationen zur Verfügung gestellt.

Instrumente des Prozesscontrollings sind das Target Costing, das Conjoint Measurement und die Portfolioanalyse. Typische bzw. übliche Portfoliodimensionen eines Prozesses sind der Prozessvorteil, das Marktwachstum, die Mengenausprägung der Kostentreiber, zeitliche Nachfragefrequenzen, internes Marktwachstum und externer Marktbezug sowie Reifegrad eines Produktes.

Target Costing, Conjoint Measurement und Portfolioanalyse

8.4.5 Qualitätsaudits

Ein Qualitätsaudit ist eine **systematische und unabhängige Untersuchung**, mit der geprüft wird, ob Qualität in Produkten, Prozessen und Systemen gegeben ist. In Abhängigkeit von der Zielsetzung werden z. B. folgende Auditarten unterschieden:
- Systemaudit,
- Produktaudit und
- Prozessaudit.

Beim **Systemaudit** wird in regelmäßigen Abständen (z. B. einmal jährlich) das gesamte Qualitätsmanagementsystem intern auditiert, also von der Geschäftsführung bis zum Herstellprozess. Nach erfolgreichem Abschluss des externen Systemaudits (Zertifizierungsaudit) erhält das Unternehmen ein entsprechendes Zertifikat.

Beim **Produktaudit** wird ebenfalls regelmäßig (z. B. einmal pro Monat) das Produkt hinsichtlich Vorgabenerfüllung überprüft. So wird z. B. das Produkt vermessen, ob alle Maße und Toleranzen den Vorgaben entsprechen oder ob alle anderen Produkteigenschaften, die seitens des Kunden oder intern festgelegt sind, eingehalten werden.

Prozessaudits beziehen sich auf qualitätswichtige Verfahren in der Produktion und der Messung. Das Prozessaudit macht Aussagen über die Fähigkeit von Prozessen bei der Planung und Herstellung von Produkten und der Dienstleistungserbringung. Hier werden ein oder mehrere Prozesse in regelmäßigen Abschnitten (z. B. alle 6 Monate) auditiert.

Beispiel

- Fertigungsprozess „Drehen"
- Fertigungsprozess „Montieren"
- Geschäftsprozess „Personalbeschaffung"
- Geschäftsprozess „Lieferantenbewertung"

Wesentliche Bestandteile eines Prozessaudits sind die Eingrenzung und die Gliederung von Prozessen. Dabei geht es hauptsächlich um die Schnittstellenerfassung nach innen und nach außen und um Zuordnung zum jeweiligen **Process-Owner**. Dieser ist verantwortlich für die
- Prozessbeschreibung,
- Prozessanweisungen,
- Arbeits- und Prüfanweisungen,
- Arbeits- und Prüfpläne,
- Prozesslenkung und -verbesserung.

Ein Businessprozess sollte dann beispielsweise aufgrund folgender Kriterien beurteilt werden:
- **Prozessqualität**, gemessen an den Ergebnissen Produktqualität (z. B. Fehlerhäufigkeit, Ausschussquote) und Geschäftspräzision (z. B. Termin- und Vertragstreue)
- **Wirtschaftlichkeit**, gemessen an der Produktivität, Rentabilität, geschaffene Werte etc.
- **Effektivität**, gemessen an der Kundenzufriedenheit, dem Wertschöpfungsbeitrag und der Anzahl der am Prozess beteiligten Organisationseinheiten
- **Effizienz** der eingesetzten Ressourcen (z. B. Kapazitätsauslastung) und des Prozesses (z. B. Durchlaufzeiten, Liegezeiten)

Zielsetzung der Audits ist es
- Schwachstellen aufzuzeigen,
- Verbesserungsmaßnahmen zu veranlassen,
- die Wirksamkeit der Verbesserungsmaßnahmen zu überwachen.

Die Audits werden von qualifizierten, vom auditierten Objekt unabhängigen Personen (**Auditoren**) durchgeführt. Sie können intern, also durch Mitarbeiter des Unternehmens, oder extern durch Dritte durchgeführt werden.

Entsprechen Qualitätsprozesse gewissen (selbst oder fremd gesetzten) Anforderungen, wird angenommen, dass Qualitätsergebnisse gewährleistet sind. Im Rahmen selbst gesetzter Anforderungen ist die Zertifizierung von Unternehmen nach der Qualitätsnormenreihe zu nennen. Im Rahmen fremdgesetzter Anforderungen ist die Qualifizierung für Qualitätsauszeichnungen zu nennen.

Audits werden von qualifizierten, vom auditierten Objekt unabhängigen Personen durchgeführt

9 PROJEKTMANAGEMENT IN DER PERSONALWIRTSCHAFT

9.1 GRUNDLAGEN EINES PROJEKTMANAGEMENTS

Die **DIN 69 901** stellt die wesentlichen Grundbegriffe des Projektmanagements zusammen. Eine Orientierung an den allgemein gültigen DIN-Begriffen ist deshalb sinnvoll, weil immer mehr Projekte unternehmensübergreifend durchgeführt werden.

Definition Projekt
Nach DIN 69 901 ist ein **Projekt** ein Vorhaben, das im Wesentlichen durch Einmaligkeit der Bedingungen in ihrer Gesamtheit gekennzeichnet ist, wie z. B.
- Zielvorgabe,
- zeitliche, finanzielle, personelle oder andere Begrenzungen,
- Abgrenzungen gegenüber anderen Vorhaben und
- projektspezifische Organisation.

Definition
Management
Management bezeichnet einen eindeutigen Prozess, bestehend aus
- Planung,
- Überwachung und
- Steuerung eines Projekts,

welcher über die Beeinflussung von Menschen zur Formulierung und Erreichung von Zielen führt.

Aus beiden Begriffsdefinitionen folgt:

Projektmanagement ist die Gesamtheit von Führungsaufgaben, -organisation, -techniken und -mitteln zur Durchführung eines Projekts.

Als **Merkmale eines Projekt** gelten darüber hinaus:
- Vorliegen einer komplexen Aufgabe
- Vorliegen einer nicht alltäglichen, einmaligen, neuartigen Aufgabe
- Vorliegen einer zeitlich begrenzten Aufgabe
- Teamarbeit für die Aufgabenbearbeitung erforderlich
- ressort- bzw. bereichsübergreifende Zusammenarbeit erforderlich (interdisziplinärer Querschnittscharakter)
- in der Regel hohes Risiko
- eigenständige Projektorganisation
- Benennung eines verantwortlichen Projektleiters

In Anlehnung an den Problemlösungszyklus bedeutet **Projektmanagement** u. a.
- Ausgangssituation analysieren und dokumentieren
- Ziele und Messgrößen festlegen

- Aufgabenstellung unterstrukturieren bzw. detaillieren
- Vorgehen festlegen
- Projektschritte visualisieren
- Aufgaben verteilen
- Soll-Ist-Vergleiche durchführen
- Personal auswählen
- Teammitglieder motivieren
- für das Projekt werben
- über das Projekt informieren u.v.m.

Ein effizientes Projektmanagement koordiniert fachübergreifend die Prozesse der Planung, Steuerung und Kontrolle der Projekte und sichert auf diese Weise die planmäßige Erfüllung der gestellten Aufgabe. Dabei werden folgende Teilbereiche unterschieden:

Projektmanagement sichert die planmäßige Erfüllung der gestellten Aufgabe

- Das **funktionelle Projektmanagement** definiert Projektgegenstand, Projektziele, Projektaufgaben sowie die Projektorganisation.
- Das **institutionelle Projektmanagement** erfüllt die projektinterne Aufbauorganisation mit Leben, indem Aufgaben und Verantwortungen an Einzelne oder Teams vergeben werden.
- Das **personelle Projektmanagement** verantwortet die Bereitstellung der erforderlichen Mitarbeiterkapazitäten.

Grundsätzlich lassen sich zwei Gruppen von Projekten unterscheiden:
- **Strategische Projekte**: Sie haben für das Unternehmen eine große Bedeutung, weil sie das Unternehmen langfristig ausrichten und viele Ressourcen binden (Budget, Mann-Tage, viele Funktionsbereiche betreffend, lange Laufzeit). Solche Projekte sind Instrumente der Unternehmensentwicklung und sichern die Umsetzung der Unternehmensstrategie bzw. sogar die Existenz. Typische Beispiele sind: EFQM, Wissensmanagement, Vorbereitung strategischer Allianzen oder Verschmelzung von Unternehmensteilen nach Fusionen. Für die Personalarbeit sind das z.B. Projekte zur Einrichtung einer eigenen Berufsausbildung, zur (De-)Zentralisation von Personalverantwortung oder zur Veränderung von Vergütungssystemen. Strategische Projekte sind heute üblicherweise prozessorientiert.

Strategische Projekte richten das Unternehmen langfristig aus

- **Operative Projekte** hingegen haben kurz- bzw. mittelfristigen Charakter und lösen ein konkret anstehendes Problem. Beispiele: Senkung der Fluktuation, Einrichtung von Telearbeitsplätzen, Durchführung eines Assessment-Centers zur Sichtung der Nachwuchsführungskräfte etc.

Operative Projekte lösen ein konkret anstehendes Problem

Es gibt aber noch **weitere Projekt-Unterscheidungskriterien**:
- nach dem **Inhalt** des Projektes: Investitionsprojekte, F&E-Projekte, Organisationsprojekte, EDV-Projekte etc.
- nach der **Stellung des Auftraggebers**: interne/externe Projekte
- nach dem **Grad der Wiederholung bzw. Gleichartigkeit**: Pionier-/Routineprojekte
- nach **Branchen**

Hauptziel des Projektmanagements ist neben **Qualitätsverbesserung** und **Termintreue** die **Kostenbegrenzung**, und zwar durch

- Zusammenarbeit bzw. Information aller Beteiligten,
- Delegieren von unternehmerischer Verantwortung, insbesondere auf den Projektleiter,
- Anpassung der Aufbau- und Ablauforganisation an die speziellen Erfordernisse und Eigenarten eines Projekts.

Für das **Scheitern von Projekten** gibt es viele Gründe. Häufig genannt werden in dem Zusammenhang:

Gründe für das Scheitern von Projekten

- Ist-Situation wird ungenügend analysiert
- Ziele sind unklar definiert
- Lieblingslösungen statt objektiver Alternativensuche
- Projektverantwortlichkeiten ungenügend abgestimmt
- qualifiziertes und ausreichendes Personal fehlt
- Probleme werden ignoriert und ausgesessen
- Risiken werden unterschätzt
- Improvisation statt systematischer Organisation
- Fehler aus vergangenen Projekten werden wiederholt

Abhängig von der Art des Projektes haben sich verschiedene typische Abläufe herauskristallisiert. Die folgenden Ausführungen orientieren sich aus Umfangsgründen jedoch an einem bestehenden **Standardprojektmodell**, welches aus **vier Hauptphasen** besteht, das sind:

- Zielvereinbarungsphase
- Projektplanungsphase
- Problemlösungsphase
- Projektabschlussphase

Begleitet werden diese Phasen durch das Projektcontrolling und die Dokumentation der Ergebnisse bzw. der Absicherung des Wissenstransfers.

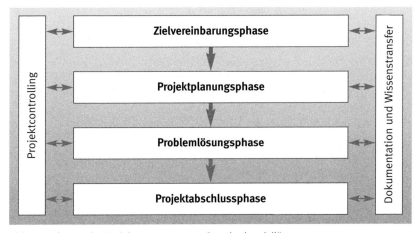

Abb. 9.1: Phasen des Projektmanagements „Standardmodell"

9.2 ZIELVEREINBARUNGSPHASE

9.2.1 Zielvereinbarungsworkshop

Die Grundlage für die Zielvereinbarungsphase bildet eine **Projektidee**, die meist noch recht allgemein und unpräzise ist. Diese gilt es in konkrete Handlungsanweisungen zu übersetzen.

Projektidee ist meist noch recht allgemein und unpräzise

Dazu muss zunächst das **Projektthema** fachlich und inhaltlich genau **definiert** werden, es muss geklärt werden, worum es eigentlich geht.

Danach ist das **Projektziel** festzulegen. DIN 69 901 definiert das Projektziel als ein „nachzuweisendes Ergebnis und vorgegebene Realisierungsbedingungen der Gesamtaufgabe eines Projektes".
   Wichtig ist dabei die Festlegung von Zielgrößen und messbaren Erfolgsfaktoren. Dies stellt sicher, dass der Projekterfolg in der Abschlussphase überhaupt quantitativ bewertet werden kann.

Das Projektziel
* muss **eindeutig** und **allgemein verständlich** formuliert sein,
* muss **realistisch** und mit den vorgegebenen Randbedingungen erreichbar sein,
* darf den Lösungsweg nicht vorschreiben.

Messbare Erfolgsfaktoren müssen festgelegt werden

Wegen der zentralen Bedeutung des Projektzieles finden sich in der Literatur viele weitere Anforderungen an die Zieldefinition eines Projektes.

Abhängig von der Art des Projektes kann hierbei bereits auch eine Grobfassung des **Pflichtenheftes** (Lastenheft) entstehen. Dieses würde dann in der später folgenden Projektplanung weiter detailliert. Die Praxis zeigt immer wieder, dass zu Beginn eines Projektes vielfach nur sehr allgemeine Vorstellungen darüber bestehen, wie das Ergebnis des Projektes und mögliche technische Rahmenbedingungen tatsächlich aussehen sollen, denn das erforderliche Wissen entsteht erst mit Fortschreiten des Projektes. Manchmal ist das Pflichtenheft dann auch erst mit dem Projektabschluss endgültig fertig gestellt.

Erforderliches Detailwissen entsteht erst mit Fortschreiten des Projektes

Danach kann der **Projektablauf** festgelegt werden. Dazu werden die übergeordneten Projektziele in Teilziele zergliedert und die ersten Arbeitspakete definiert.
   Die DIN 69 905 definiert **Projektziel** als die „Gesamtheit von Einzelzielen, die durch das Projekt erreicht werden sollen (...)" und erlaubt somit die Strukturierung und Priorisierung von Detailzielen zu einem Zielstrukturplan.
   Ein **Arbeitspaket** ist gemäß DIN 69 901 der „Teil des Projektes, der (...) nicht weiter aufgegliedert ist".

Der Erfolg eines Projektes wird von **drei Zielbereichen** bestimmt:
* **Leistungsziele** (Qualität und Quantität): Ziele und Vorgänge des Projektes sowie die zum Abschließen dieser Ziele und Vorgänge erforderliche Arbeit

- **Kostenziele**: Projektkostenrahmen basierend auf den Ressourcen (Personal, Sachmittel und Materialien), die zum Ausführen der Vorgänge erforderlich sind
- **Terminziele**: Zeit bis zum Abschluss des Projektes gemäß dem Projektterminplan

Aus dem Zielvereinbarungsworkshop ergibt sich Klarheit über das Anforderungsprofil für die zu beteiligenden Projektmitarbeiter.

 Diese Erkenntnisse bilden die Grundlage für die Zusammensetzung der Projektorgane.

9.2.2 Projektorganbildung

Ein Projekt besteht immer wenigstens aus einem Steuerkreis (= **Lenkungsausschuss**), einem **Projektleiter** und einem **Projektteam**. Insbesondere bei größeren Projekten werden zusätzlich **Koordinatoren** eingesetzt und noch externe **Berater** hinzugezogen sowie interne **Fach- bzw. Machtpromoter** benannt.

Neutrale Moderatoren unterstützen bei Besprechungen

Bewährt hat sich auch der Einsatz von neutralen Moderatoren oder Projektbegleitern, die das Team bei Problemlösungen und alle Beteiligten bei der Durchführung konflikträchtiger Besprechungen unterstützen.

Projekte müssen mit der bestehenden Aufbauorganisation verzahnt werden. Dazu gibt es verschiedene Möglichkeiten:

- **Reine Projektorganisation**

Alle an der Durchführung eines Projekts beteiligten Mitarbeiter sind in einer eigenen Organisationseinheit zusammengefasst. Die Verantwortlichkeiten (was, wann, wer, wie, womit) sind geklärt:

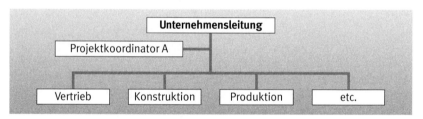

Abb. 9.2: Reine Projektorganisation

Vorteile	Nachteile
• Linienautorität des Projektleiters • schnelle Reaktion bei Störungen • starkes Bedürfnis, auftretende Störungen zu meistern • hohe Identifikation jedes Einzelnen mit dem Projekt	• Schwierigkeiten bei der Personalrekrutierung • fachliche Weiterbildung der Mitarbeiter erforderlich • Zurückbehalten von Mitarbeitern und Betriebsmitteln

Abb. 9.3: Vor- und Nachteile der reinen Projektorganisation

- **Matrix-Projektorganisation**

Projektleitung und Linieninstanzen teilen sich Verantwortung und Kompetenzen. Die Projektleitung beantwortet die Fragen „Was?" und „Wann?", die
Linieninstanzen die Fragen „Wer?", „Wie?", „Wo?" und „Womit?".

Diese Organisationsform ist in der Praxis am weitesten verbreitet, insbesondere in Klein- und Mittelbetrieben und insbesondere natürlich bei operativen
Projekten.

Vorteile	Nachteile
• Projektleiter und Linienvorgesetzter fühlen sich für Projekt verantwortlich, da beider Interessen gewahrt bleiben • „fachtechnischer Heimathafen" der Mitarbeiter • flexibler Personaleinsatz möglich • nicht immer nur Einsatz desselben Mitarbeiters • Weitergabe von Spezialwissen und Erfahrungen • Kontinuität der fachlichen Weiterbildung • Geborgenheitsgefühl für Mitarbeiter, da nicht aus Stammabteilung herausgelöst	• großer Aufwand für Kompetenzabgrenzung • Gefahr von Kompetenzkonflikten • Verunsicherung der Projektmitarbeiter (Mehr-fachunterstellung) • hohe Anforderungen an Qualifikation und Kom-munikation

Abb. 9.4: Vor- und Nachteile der Matrix-Projektorganisation

- **Stabs- oder Einflussprojektorganisation**

Bei dieser Variante wird das Projekt als Stab in die ursprüngliche Aufbauorganisation integriert; der Projektleiter hat keine Entscheidungskompetenzen und
Weisungsbefugnisse gegenüber anderen Stellen im Unternehmen.

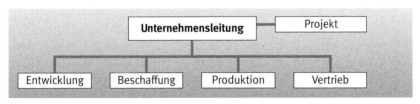

Abb. 9.5: Stabs- oder Einflussprojektorganisation

Vorteile	Nachteile
• unproblematische Einführung, da gegebene Organisationsstrukturen nicht grundsätzlich verändert werden • keine Reintegrationsprobleme für die Projekt-mitarbeiter, da sie in ihrer Stammfunktion ver-bleiben • Entscheidungskompetenzen bleiben bei den Linienvorgesetzten („Prinzip der Einheit der Auftragserteilung")	• Anweisungen an Projektmitarbeiter nur über „Umwege" möglich • Motivation der Beteiligten geringer, da keine wirkliche Entscheidungskompetenz • Gefahr der Überlastung der Projektmitarbeiter, da Projekt meistens Zusatzaufgabe

Abb. 9.6: Vor- und Nachteile der Stabs- oder Einflussprojektorganisation

An Ende des Zielvereinbarungsworkshops steht der schriftlich fixierte Projektauftrag. Dieser besteht aus

- der Projektorganisation (namentlich benannt),
- den operationalisierten Projektzielen,
- dem grob erarbeiteten Projektablauf (inkl. Arbeits-, Termin-, Kostenplan).

Er bildet den dokumentierten Abschluss der Zielvereinbarungsphase.

9.2.3 Bedeutung des Projektleiters für den Erfolg des Projektes

Dem Projektleiter kommt eine Schlüsselfunktion innerhalb des Projektmanagements zu. Er stellt das Bindeglied dar zwischen dem Projektteam und der „Außenwelt", also z.B. gegenüber dem Auftraggeber, dem Lenkungsausschuss oder den betroffenen Abteilungsbereichen im Unternehmen. Zu seinen **Aufgaben** gehören insbesondere:

Projektleiter hat Schlüsselfunktion innerhalb des Projektmanagements

- **Projekte organisieren**
  - projektspezifische Organisation einrichten
  - Planen von Projektteams und Rekrutieren des Projektpersonals
  - Arbeitsmittel auswählen
  - Standards und Konventionen festlegen
  - Regelungen zum Informations- und Datenfluss
  - Projektablauf strukturieren
  - Auswählen und Anpassen eines projektspezifischen Vorgehensmodells
  - Pläne erstellen und verantwortlich umsetzen, insbesondere Projekt-, Kosten- und Einsatzmittelpläne
  - Qualifizierungsprozesse der Projektmitarbeiter/innen konzipieren und organisieren
- **Projekte überwachen**
  - Personaleinsatz- und Hilfsmittelplanung erstellen und fortschreiben
  - Arbeitspakete beauftragen, verfolgen und abnehmen
  - Überwachen und Steuern des Projektablaufes unter Berücksichtigung definierter Prioritäten und Meilensteine
  - Aufgaben des Konfigurations- und Claimmanagements wahrnehmen
  - Qualitätssicherung durchführen
  - Risiken erkennen und begrenzen
- **Projekte abschließen und auflösen**
  - Projektnachkalkulationen durchführen
  - Abschlussberichte erstellen
  - Projektorganisation auflösen
  - Akzeptanz des Projektes bzw. seiner Ergebnisse sichern
- **Mitarbeiter/innen führen**
  - Führen und Motivieren der Mitarbeiter/innen
  - Kooperation und Kommunikation fördern
  - Konfliktlösungsstrategien anwenden
  - Mitwirken bei Stellenbesetzungen und laufenden Beurteilungen
  - für Qualifizierung und Ausbildung sorgen (Qualifizierungsbedarf feststellen)
  - Qualifizierungsmaßnahmen einleiten und unterstützen
  - Prozesse moderieren

Um diesen Aufgaben gerecht werden zu können, werden an die Projektleitung auch besonders hohe **Anforderungen** gestellt:

- Teamfähigkeit
- Extrovertiertheit: Mitarbeiter bei Erfolg loben und sich für deren Leistungen begeistern
- Durchsetzungsvermögen
- Frustrationstoleranz: Misserfolge ertragen, in Stresssituationen nicht mutlos werden
- zielorientiert arbeiten mit Ausdauer und Beständigkeit
- vernetzt denken: Erkennen komplexer Zusammenhänge
- handlungsorientiert arbeiten: Mut, Risikobereitschaft, Entscheidungswille, Eigenmotivation, Tatendrang, sucht in Problemsituationen nach einer Lösung und nicht nach dem Schuldigen
- zukunftsorientiert denken: agieren statt reagieren
- betriebswirtschaftliches Wissen, Gespür für wirtschaftliche Chancen und Risiken
- Selbstvertrauen: Zuversicht und eigene Stärken und Schwächen kennen und akzeptieren
- Fähigkeit zur Selbstdarstellung: sich gut verkaufen können und wollen
- Urteilsfähigkeit: Stärken und Schwächen der Projektmitarbeiter erkennen und entsprechend einsetzen, eigenes Verhalten kritisch beurteilen und aus Fehlern lernen

Es bestehen hohe Anforderungen an die Projektleitung

9.3 PROJEKTPLANUNGSPHASE

 Ein Projekt ist nur so gut wie seine Planung.

Nach der Auftragserteilung wird der Projektleiter das Projekt in sechs detaillierten Teilschritten planen:

- Projektstrukturplanung (Was ist zu tun?)
- Aufwandsschätzung (Mit welchen Mitteln? Wie lange dauert es?)
- Ablaufplanung (In welcher Reihenfolge?)
- Personal(einsatz)planung (Mit welchen Ressourcen?)
- Kostenplanung (Zu welchen Kosten?)
- Risikoanalyse (Wie verlässlich?)

9.3.1 Projektstrukturplanung

Die entscheidende Frage lautet: Was ist im Projekt alles zu tun?

Nach DIN 69 901 ist der Projektstrukturplan (PSP) lediglich die „Darstellung der Projektstruktur". Die DIN kennt dabei die Darstellung nach Aufbau, Ablauf, Grundbedingungen und sonstigen Gesichtspunkten. Somit zählen sowohl **Balkenplan** als auch **Netzplan** zu den Projektstrukturplänen.

Weitere Darstellungsformen sind das **Organigramm** oder die **Listendarstellung** mit Nummerierung und Einrückungen, zunehmend auch die **Mind-Map**.

Unabhängig von der Darstellung hat der Projektstrukturplan folgende **Aufgaben**:

- Vorgabe einer Struktur für alle Projektmanagementaufgaben
- vollständige Darstellung des Projektgegenstands
- Definition des Projektziels bzw. Überprüfung der Zieldefinition

Aufgaben des
Projektstrukturplans

- Bestimmung aller zum Projekt gehörenden Arbeitspakete (= Kostenträger)
- Ordnen und Strukturieren der Arbeitspakete in einer geeigneten Systematik (= Kostenträgerstruktur)
- Schaffung von Transparenz für alle Projektbeteiligten (Stakeholder)
- Aufstellen der Gliederung für alle Projektdokumente (Pflichtenheft, Berichte usw.)

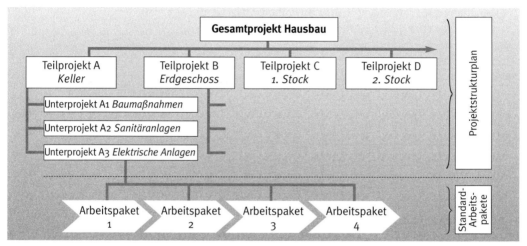

Abb. 9.7: Projektstrukturplan

Die Erstellung eines für alle verbindlichen Projektstrukturplans gleich zu Anfang des Projekts dient der **Effizienzsteigerung bei Planung, Durchführung und Abschluss des Projekts**, denn alle Elemente (Ressourcen, Vorgänge, Risiken, Berichte, Kosten, Ergebnisse usw.) sind in die gleiche Systematik eingeordnet.

Projektstrukturplan ist für alle verbindlich

Die Elemente des Projektstrukturplans erhalten eindeutige Bezeichnungen, den so genannten **Projektstrukturplan-Code** (PSP-Code).

9.3.2 Aufwandsschätzung

Die entscheidende Frage lautet: Wie viel Aufwand ist zur Erbringung von Arbeitsergebnissen notwendig?

Hier werden die **Arbeitsumfänge** der einzelnen Arbeitspakete abgeschätzt, ausgedrückt in Personen-Tagen. Es erfolgt bereits eine grobe Festlegung der Personaleinsätze, wodurch sich der Zeitbedarf pro Arbeitspaket ableitet.

Besondere Beachtung kommt hierbei den **Engpässen** zu, die z. B. durch fixe Termine oder nur begrenzt zur Verfügung stehende Ressourcen entstehen. (Welche Ressourcen sind ohne Überlastung eingeplant?)

 Der Aufwand bildet die Grundlage für das Budget.

9.3.3 Ablaufplanung

Die entscheidende Frage lautet: In welcher Reihenfolge müssen die Arbeitspakete abgearbeitet werden?

Hier wird der Fahrplan für die spätere Projektsteuerung festgelegt. Die Arbeitspakete werden in eine zwingende bzw. sinnvolle Reihenfolge gebracht (= Vorgangsfolgen), der kritische Pfad und mögliche Pufferzeiten werden identifiziert.

9.3.4 Personal(einsatz)planung

Die entscheidende Frage lautet: Welche personellen Ressourcen stehen zur Verfügung und für welches Arbeitspaket setze ich sie sinnvollerweise ein?

Hier ist bereits eine frühzeitige Absprache mit den Fachabteilungen erforderlich, weil diese i.d.R. die Mitarbeiter(kapazitäten) für die Abarbeitung der Arbeitspakete zur Verfügung stellen müssen.

9.3.5 Kostenplanung

Die entscheidende Frage lautet: Welche Kosten verursachen die einzelnen Arbeitspakete?

Die Kostenplanung gliedert sich in die **Kostenartenplanung** (z.B. Personalkosten, Lizenzgebühren, Materialkosten etc.) und deren **Zuordnung zu den einzelnen Arbeitspaketen**, wodurch auch klar wird, wann diese Kosten jeweils entstehen (und wann ggf. Zahlungen anfallen / Liquiditätsplanung).

Je innovativer ein Projekt ist, desto eher wird man auf (Experten-)Schätzungen angewiesen sein und desto problematischer ist natürlich die Planung. Sind stattdessen im Unternehmen bereits ähnliche Projekte gelaufen oder kann man auf einschlägige Kostendatenbanken zurückgreifen (z.B. in der Baubranche), so steht die Planung auf solideren Beinen.

Dass neben diesen quantitativen Planungsinhalten auch qualitative Gesichtspunkte bedacht werden müssen (z.B. „Wie haben Entscheidungsprozesse abzulaufen?" oder: „Welche Personalentwicklungschancen bieten sich für die Teammitglieder?"), sei nur der Vollständigkeit halber erwähnt, eine ausführliche Darstellung würde aber den Rahmen dieses Buches sprengen.

9.3.6 Risikoanalyse

Die entscheidende Frage lautet: Wo sind im Projekt mögliche Risiken und Schwierigkeiten versteckt?

Hier gilt es, mögliche Schwachstellen bereits im Vorfeld aufzudecken und vorbeugende bzw. korrigierende Maßnahmen (= Notfallpläne) zu erarbeiten. Dabei sind folgende **Arten von Risiken** zu unterscheiden:
- **technische Risiken**, z.B. Betriebsmittel, Material (Qualität und Menge)
- **wirtschaftliche Risiken**, z.B. Finanzierung, Liquidität
- **politische Risiken** im Unternehmensumfeld, aber auch unternehmensintern
- **Risikofaktor Mensch**, z.B. Verfügbarkeit und Qualifikation der eingesetzten Teammitglieder

Balkendiagramm (Gantt-Diagramm)

Das Balkendiagramm zeichnet sich durch seine Einfachheit und leichte Verständlichkeit aus. Es zeigt optisch an, welcher Vorgang oder welche Tätigkeit wann beginnen und enden soll, es handelt sich also um eine **zeitorientierte Darstellung**.

Aufgebaut wird es als rechteckiges Koordinatensystem, in dem die Abszisse (x-Achse) als Zeitmaßstab und die Ordinaten (y-Achse) für die Aufzeichnung der Vorgänge oder Stellen in abgestimmter Reihenfolge dienen. Der **Zeitverbrauch der einzelnen Arbeitsgänge** wird durch die **Länge der Balken** ausgewiesen. Dadurch kann man die Dauer des Gesamtprojekts und den geplanten Fertigstellungstermin ablesen. Teilaufgaben, die gleichzeitig ausgeführt werden können, werden durch parallel verlaufende Balken gezeigt. Ein **Soll-Ist-Vergleich ist jederzeit möglich**. Der Nachteil eines Balkendiagramms besteht darin, dass **keine Aussage über Abhängigkeiten und Zeitreserven** gemacht werden kann. Auch eine Kostenplanung ist nicht möglich.

Elemente des Balkendiagramms sind
- Vorgangsliste,
- horizontale Zeitachse für Zeiteinheiten (Minuten, Stunden, Tage, Wochen, Monate, Jahre),
- ein Balken pro Vorgang, dessen Länge die Dauer und dessen Lage zur Zeitachse die Lage des Vorgangs im Gesamtablauf angibt.

Vorgang	Zeitachse in Tagen														
	1	2	3	4	5	6	7	8	9	10	11	12	13	14	15
A	▓	▓	▓	▓											
B	▓	▓													
C					▓	▓	▓	▓							
D									▓	▓	▓	▓			
E										▓	▓	▓	▓	▓	▓

Abb. 9.8: Balkendiagramm

Netzplantechnik

Die Netzplantechnik ist ein **Verfahren zur Planung, Steuerung und Kontrolle von komplexen Projekten**. Der Netzplan bietet die Möglichkeit einer sowohl **zeit- als auch funktionsorientierten Darstellung**. Er zeigt die einzelnen Tätigkeiten in ihrer Abfolge und in ihren gegenseitigen Abhängigkeiten.

Die Netzplantechnik umfasst:
- **Erfassung von Daten**: Vorgangsliste, Vorgangsdauer, zur Verfügung stehende Betriebsmittel, Termine, Kopplung an andere Projekte usw.
- **Strukturanalyse**: Feststellen von Anordnungsbeziehungen, denen Beginn oder Ende verschiedener Vorgänge unterliegen.
- **Zeitanalyse**: Es handelt sich hier um die Auswertung der Strukturanalyse. Es werden Zeitpunkte berechnet, zu denen Kontrollereignisse stattfinden und Vorgänge beginnen oder abgeschlossen sein können/müssen.
- **Kapazitätsanalyse**: Es kann sich hier nur um eine Beschreibung der Auslastung handeln oder auch um eine optimierende Reihenfolgeplanung bei beschränkten Ressourcen.
- **Kostenanalyse**: Ebenso wie bei der Kapazitätsanalyse kann der Kostennachweis beschreibend erfolgen. Es ist jedoch auch möglich, eine die Kosten berücksichtigende Planung durchzuführen.

Die Netzpläne wurden u.a. entwickelt, weil es in der Praxis häufig nicht auf den kontinuierlichen Ablauf ankommt, sondern auf die **Einhaltung von Anfangs- und Endterminen**. Nach den folgenden Schritten wird üblicherweise geplant:

- Ermittlung der Vorgangsdauer
- Bestimmung der frühesten Lage
- Bestimmung der spätesten Lage
- Ermittlung der Zeitreserve

Jene Reserve, die im Vorgang verschoben werden kann, ohne den Projekttermin (Endtermin) zu verschieben, nennt man **„Gesamtpufferzeit"**. Jene Reserve, die im Vorgang verschoben werden kann, ohne einen Nachfolgevorgang zu verschieben, nennt man **„freier Puffer"**.

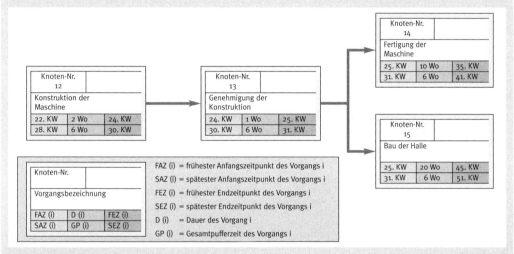

Abb. 9.9: Netzplan

Mit einem Netzplan werden verschiedene **Ziele** verfolgt:

- Ermittlung der Projektdauer
- Bestimmung der Anfangs- und Endtermine (-bedingungen) der einzelnen Vorgänge
- Ermittlung der Pufferzeiten (= Zeitreserven)
- Feststellung des kritischen Weges (das ist der Weg, bei dem es aufgrund von Verzögerungen bei einzelnen Arbeitspaketen auch zur Verschiebung des Fertigstellungstermins kommt, d.h., es gibt keine Pufferzeiten)

Es werden hauptsächlich folgende **Netzplantechniken** unterschieden:

- Programme Evaluation and Review Technique (PERT)
- Methode des kritischen Wegs (Critical Path Method=CPM)
- Precedence Diagramming Method (PDM)
- Metra Potential Methode (MPM)
- Graphical Evaluation and Review Technique (GERT)

Wichtig ist die Festlegung von **Meilensteinen**. Darunter versteht man Zeitpunkte, an denen nach Abschluss von Schlüsselereignissen regelmäßige Erfolgskontrollen und Berichterstattung (z.B. gegenüber dem Lenkungsausschuss oder dem „Auftraggeber") stattfinden und Grundsatzentscheidungen zu (neuen) Weichenstellungen getroffen werden müssen. (Welches sind wichtige Ereignisse im Projektverlauf?)

Ist die Projektplanung abgeschlossen, erfolgt in der Regel eine Genehmigung des Termin- und Kostenrahmens durch den Auftraggeber.

9.4 PROBLEMLÖSUNGSPHASE

Den offiziellen Start des Projektes symbolisiert das **Kick-off-Meeting**. Dieses Ritual schafft bei allen Beteiligten ein gemeinsames Bewusstsein, eine Projektidentifikation.

Kick-off-Meeting schafft Projektidentifikation

Durch die Anwesenheit auch von Schlüsselmitarbeitern aus dem gehobenen Management wird für alle Mitarbeiter im Unternehmen sichtbar, dass das Projekt „Rückendeckung" von oberster Stelle hat, was im Projektverlauf mögliche Behinderungen von vornherein reduziert. Neben diesem psychologischen Aspekt werden hier aber auch bereits Informationen zum Projektziel, zum Ablauf, zu den Beteiligten, zu den Rahmenbedingungen etc. weitergegeben.

9.4.1 Projektsteuerung

Typische Aufgaben der Projektsteuerung sind
- konkrete Delegation von Aufgaben und Zuordnung zu den Projektmitarbeitern,
- Einleiten, Anordnen und Durchsetzen von Umsetzungsmaßnahmen,
- Auswählen bzw. Vereinbaren von Methoden und Werkzeugen,
- Mitarbeiterführung,
- Repräsentanz nach Außen,
- Koordination innerhalb des Projektes etc.

Die einzelnen Mitarbeiter oder die zusammengestellten Projektteams bearbeiten die ihnen übertragenen Arbeitspakte weitgehend selbstständig.

In regelmäßigen **Projektstatusmeetings** werden die erarbeiteten Lösungsalternativen bewertet und die Zwischenergebnisse hinsichtlich der Qualität, des Mitteleinsatzes und möglicher Widersprüchlichkeiten überprüft. Außerdem werden neue Arbeitspakete an die Projektmitarbeiter vergeben.

Zwischenpräsentationen zu klar definierten Zeitpunkten

Die erstellten Protokolle sichern die bis dahin entwickelten Erkenntnisse (= Lerneffekte) und bilden die Grundlage für **Zwischenpräsentationen** gegenüber dem Lenkungsausschuss oder dem Auftraggeber sowie für die Projektabschlussdokumentation. Derartige Präsentationen erfolgen zu klar definierten Zeitpunkten (immer dann, wenn ein Meilenstein erreicht ist) und haben den Charakter einer Phasenbilanz.

9.4.2 Projektcontrolling
Das Projektcontrolling wacht über Erfolg oder Misserfolg des Projektmanagements.

Es unterscheidet sich vom klassischen periodenorientierten Controlling dadurch, dass es immer einen **spezifischen Objektbezug** hat, nämlich das jeweilige Projekt.

Nach DIN 69 901 versteht man unter Projektcontrolling die Sicherung der Erreichung des Projektzieles durch

- **Soll-Ist-Vergleich**: Feststellung der Abweichungen, Bewertung der Konsequenzen und Vorschlagen von Korrekturmaßnahmen,
- Mitwirkung bei der **Maßnahmenplanung** und
- **Kontrolle** ihrer Durchführung.

Ganz konkret bedeutet dies, dass das Controlling den Projektmanager bei der Wahrnehmung seiner Aufgaben unterstützt, nämlich bei der

- Planung des Projektes durch **Informationsbeschaffung und -aufbereitung**,
- Steuerung durch Datenerfassung und Aufbereitung in Form geeigneter **Kennzahlen**,
- Kontrolle durch Soll-Ist-Vergleiche und **Abweichungsanalyse** hinsichtlich der erreichten Ergebnisse in sachlicher, zeitlicher und qualitativer Hinsicht und hinsichtlich der eingesetzten Ressourcen, z.B. in Form von Personal- und Fremdmitteleinsatz.

Kontrolle durch Soll-Ist-Vergleiche

9.4.3 Projektberichtswesen

Die Projektverantwortlichen müssen regelmäßig über den Stand des Projektablaufes unterrichtet sein.

Das Berichtswesen (= **Reporting**) basiert im Wesentlichen auf einer Reihe von Formularen, die die jeweilige Ist-Situation der einzelnen Arbeitspakete darstellen. Weitere Methoden zur Gewinnung und Erfassung projektrelevanter Daten bieten das Interview (einzeln oder im Rahmen von Workshops), die Beobachtung und die Trend-Analyse.

Projektverantwortliche müssen über den Projektablauf unterrichtet sein

Diese entstandenen Uraufschreibungen (Projekttagebücher) werden ausgewertet und zu aussagefähigen Reports verdichtet oder den Entscheidern im Rahmen von **Meilensteinpräsentationen**, **Projektstatusbesprechungen** oder **Projektmonatsberichten** vorgestellt.

Zur Unterstützung des Berichts- und Dokumentationssystems ist es sinnvoll, bereits zu Beginn des Projektes eine Projektbibliothek einzurichten, u.a. auch mit dem Zweck der Vereinheitlichung von Begriffen und Bezeichnungen.

Projektsonderberichte informieren über bereits eingetretene Ausnahmesituationen oder absehbare Planabweichungen. Hierzu gehört natürlich auch der am Projektende entstehende **Abschlussbericht**.

Wichtig ist auch eine rechtzeitige, regelmäßige und angemessene Information

- des **Betriebsrates** (soweit dieser nicht bereits durch einen Vertreter im Lenkungsausschuss oder durch die Einbeziehung im Rahmen mitbestimmungspflichtiger Sachverhalte informiert ist)
- und der **Belegschaft**, z.B. im Rahmen von Betriebsversammlungen, durch Intranet, Aushänge am „schwarzen Brett" oder Artikel in der Mitarbeiterzeitschrift.

Dieses beugt der Gerüchtebildung vor und reduziert Widerstände.

9.5 PROJEKTABSCHLUSSPHASE

Ebenso wie ein Projekt einen „offiziellen" Starttermin durch das Kick-off-Meeting bekommt, sollte auch ein offizieller Termin für den Abschluss festgelegt werden. Dies ist meist der Termin der **Projektabschlusspräsentation**, verbunden mit der **„Abnahme" durch den Auftraggeber**.

Alle formulierten Ziele und Erfolgsfaktoren werden „bilanziert"

Alle in der Zielvereinbarungsphase formulierten Ziele und Erfolgsfaktoren werden hier aufgegriffen und zusammen mit dem Projektergebnis „bilanziert".

Es wird ein **Abnahmeprotokoll** angefertigt, in dem eventuell bestehende Mängel und Vereinbarungen über nötige Nachbesserungen oder die Festlegung von Minderungen (z. B. Nachlässen in der Bezahlung) festgehalten werden. Speziell in IT-Projekten bildet zudem die **Testphase** einen festen Bestandteil der Abschluss- bzw. Nachbereitungsphase.

Im Projekt entstandenes Know-how in andere Projekte übertragen

Daneben sollte eine **Projektabschlussbesprechung im Team** stattfinden. Hier wird der Prozess der gemeinsamen Projektarbeit reflektiert (z. B. bezüglich der eingesetzten Methoden, der Form der Zusammenarbeit u. Ä.) und es werden Schlüsse für nachfolgende gemeinsame Projekte gezogen. So ist es möglich, das im Projekt entstandene Know-how in das Unternehmen und in andere Projekte zu übertragen.

Alle relevanten Vorgänge und Ergebnisse werden in einem **Abschlussbericht** bzw. **Projekthandbuch** dokumentiert und archiviert.

Das Projekthandbuch, z. B. für Bauprojekte, beinhaltet die aktuelle Dokumentation der jeweils vorliegenden Pläne, Berechnungen und Beschreibungen. Es bildet damit die **aktuelle Dokumentation des Projektleiters für den Auftraggeber** und besteht üblicherweise aus:

* dem Organisationshandbuch,
* dem Nutzerbedarfsprogramm,
* einer Liste der vorhandenen und noch zu erstellenden Planungsunterlagen,
* einem Überblick über den Stand sowie die weitere Entwicklung sämtlicher Genehmigungsverfahren,
* einer Zusammenstellung der Flächen und Kubaturen nach DIN 277 (Berechnung von Grundflächen und Rauminhalten),
* Qualitätsbeschreibungen durch Erläuterungsberichte zur Planung, die Projekt- und Baubeschreibung und ggf. das Gebäude- und Raumbuch der jeweils aktuellen Kostenermittlung mit zugehörigem Erläuterungsbericht,
* dem Maßnahmen- und Entscheidungskatalog,
* Projektänderungs- und -ergänzungsliste: deren Gründe und Konsequenzen,
* einer Liste der maßgeblichen Entscheidungen mit den jeweiligen Konsequenzen für Qualitäten, Quantitäten, Kosten und Termine unter Einbeziehung der jeweiligen Trends bis zum Projektende.

Selbstverständlich sind auch Verträge, Bestellungen, Rechnungen, Kostenpläne usw. aus buchhalterischen und steuerlichen Gründen zu archivieren.

Daneben können Schulungskonzepte und Unterlagen, Videofilme u. Ä. entstanden sein, die zwecks späterer Nutzung ebenfalls aufbewahrenswert sind.

Zum Schluss müssen die bestehenden Projektstrukturen abgewickelt und die Sachmittel einer angemessenen Verwertung zugeführt werden.

Das **Projektteam löst sich auf** und die Projektmitarbeiter scheiden aus – so sie nur für das Projekt mittels eines Zeitvertrages eingestellt waren – oder gehen in ihre ursprüngliche Linienfunktion wieder zurück, so sie für das Projekt „ausgeliehen" waren.

9.6 MANAGEMENT DER PROJEKTRESSOURCEN

Die Durchführung von Projekten erfordert immer den Einsatz von Ressourcen:
- Personal (= menschliche Arbeitsleitung)
- technische Betriebsmittel
- Roh-, Hilfs- und Betriebsstoffe
- Finanzen
- Know-how (Wissen, Informationen)

9.6.1 Einsatz der Ressource Mensch
Mitarbeit in Projekten stellt für die Mitarbeiter immer ein **Job-Enlargement** dar, besser noch ein **Job-Enrichment**. Sie bietet reichlich Möglichkeit für die persönliche Weiterentwicklung und -bildung in Bezug auf die Fach- und Methodenkompetenz, insbesondere aber in Bezug auf seine Sozialkompetenz.

Projektarbeit könnte für einzelne Mitarbeiter sogar zum integrierten Bestandteil einer persönlichen Karriereplanung werden.

Projektarbeit als Bestandteil der persönlichen Karriereplanung

Bei der reinen Projektorganisation ist der Projektleiter automatisch der Linien- bzw. Disziplinarvorgesetzte des Teammitarbeiters. Bei den anderen Formen ist der Projektleiter lediglich Fachvorgesetzter. Er sollte in jedem Fall aber bei der regelmäßigen **Mitarbeiterbeurteilung** hinzugezogen werden, denn gerade durch Mitwirkung bei Projekten können sich Mitarbeiter durch besondere Leistungen besonders gut bewähren.

Engagement und Zusatzleistung des Mitarbeiters sollte ebenfalls in die **Entgeltfindung** mit einfließen.

Die **Aufteilung der Personalkosten** auf die Stammabteilung und die verschiedenen Projekte, in denen der Mitarbeiter eingesetzt wird, geschieht über vom Mitarbeiter zu erstellende Berichte (siehe Projekttagebuch) oder über eine elektronische Zeiterfassung.

Eng mit dem Menschen verbunden ist natürlich der Einsatz der Ressource Know-how.

9.6.2 Einsatz der Ressource Betriebsmittel
Wie aufwendig der Einsatz technischer Hilfsmittel innerhalb von Projekten ist, hängt natürlich von der Branche und der Art des Projektes ab. Bauprojekte

werden einen großen Aufwand erfordern, Organisationsprojekte einen eher kleinen.

 Beim Einsatz der Betriebsmittel sind sowohl technische (Eignung zur Problemlösung) als auch wirtschaftliche Überlegungen (Verlässlichkeit der Kostenschätzung) anzustellen.

Üblich ist inzwischen der Einsatz von **Projektmanagement-Software**. Diese unterstützt den Projektleiter insbesondere während des Planungs- und Controllingprozesses, allerdings in Grenzen:

Projektmanagement-Software leistet gute Dienste ...	Projektmanagement-Software übernimmt nicht ...
• bei der Verwaltung umfangreicher Datenmengen • beim Arbeiten mit Standardplänen • bei der Berechnung, Änderung und Pflege von Netzplänen • bei der Optimierung der Projektpläne, z.B. nach Ressourcen • bei der Analyse von Ist-Daten durch das Projektcontrolling • bei der Simulation möglicher Auswirkungen von Steuerungsmaßnahmen • bei der Erfahrungssicherung wichtiger Projektdaten • bei der Veranschaulichung von Projektstrukturen und von logischen Anordnungsbeziehungen zwischen Projekttätigkeiten • beim Austausch von Informationen zwischen den Projektbeteiligten • im Hinblick auf das Ausfindigmachen projektspezifischer Risiken (z.B. durch Earned-Value- und Meilensteintrend-Analysen)	• die Zieldefinition in Projekten • den Aufbau einer geeigneten Projektorganisation • die gedankliche Vorarbeit bei der Projektstrukturierung • die Aufwandsschätzung für die einzelnen Arbeitspakete • die Bestimmung notwendiger Anordnungsbeziehungen

Abb. 9.10: Vor- und Nachteile von Projektmanagement-Software

9.6.3 Einsatz der Ressource Finanzmittel

Einerseits stellt das Budget in der Praxis meist den Engpass dar und limitiert dadurch den Einsatz der anderen Ressourcen, andererseits kann aber erst dann ein solides Budget erstellt werden, wenn Klarheit über die benötigten Mitarbeiterkapazitäten und die erforderlichen Betriebsmittel herrscht.

Auf jeden Fall muss bereits in einer sehr frühen Phase Klarheit über den Kapitalbedarf herrschen und deshalb eine zunächst eher grobe, später dann eine detaillierte Finanzplanung erstellt werden.

Ein Finanzplan könnte etwa folgende Struktur haben:

Projekt:			Laufzeit:	
Zeitraum (Woche/Monat)	Phase/ Arbeitspaket	Auszahlung	Einzahlungen	Finanzmittelbedarf/ -überschuss

Abb. 9.11: Struktur eines Finanzplans

10 Informationstechnologie im Personalbereich

10.1 Internet und Intranet verändern die Personalarbeit

Laut Fraunhofer IAO haben die **wissensintensiven Dienstleistungen** – also solche Dienstleistungstätigkeiten, die mit der Verarbeitung und Übermittlung von Informationen in Zusammenhang stehen – stark zugenommen:

	1970	2000
Anteil der Beschäftigen, die Produktions- und Montagetätigkeiten ausüben	40%	22%
Anteil der Beschäftigen, die Dienstleistungstätigkeiten ausüben	52%	75%
Davon Anteil der Beschäftigen, die wissensintensive Dienstleistungstätigkeiten ausüben:	29%	55%

Abb. 10.1: Produktions- versus Dienstleistungstätigkeiten 1970 und 2000
(Quelle: Fraunhofer IAO, IAT Universität Stuttgart)

Das **Human-Capital-Management** stellt den Mitarbeiter und sein Wissen in den Mittelpunkt, wie beispielsweise Mitarbeiter-Kommunikation via Internet, Online-Recruiting, E-Learning und Wissensmanagement. Es wird bestimmt durch den Wandel zur Informations- und Wissensgesellschaft. Unternehmen können sich heute im zunehmenden globalen Wettbewerb nicht mehr dauerhaft auf die preislichen und technischen Vorteile ihres Produktangebotes verlassen.

Informations- und Wissensgesellschaft

Der immer schnellere gesellschaftliche, industrielle und organisatorische Wandel und die immer stärkere Verschiebung der unternehmensbezogenen Alleinstellungsmerkmale in Richtung des Mitarbeiters mit seinem Wissen stellen neue Herausforderungen an das Personalmanagement.

Die Summe des **Mitarbeiterwissens** ist das Gesamtwissen eines Unternehmens und somit ein nicht kopierbares **Alleinstellungsmerkmal im globalen Wettbewerb**.

Bei der Erschließung neuer Wertschöpfungspotenziale werden deshalb die Faktoren Wissen und Information für immer mehr Unternehmen neben den klassischen Produktionsfaktoren Arbeit und Kapital zur wichtigsten Handlungsressource.

Potenziale fördern und Mitarbeiter motivieren

Durch diesen Wandel hin zu einer Informations- und Wissensgesellschaft nimmt der individuelle **Wunsch nach Selbstentfaltung** gerade auch am Arbeitsplatz zu. Das bietet den Unternehmen mit Unterstützung von modernster Technologie neue Möglichkeiten, die bisher im Verborgenen gebliebenen Potenziale zu fördern und die Mitarbeiter zu höchster Arbeitsleistung und Lernbereitschaft zu motivieren.

 Denn ein gut ausgebildeter Mitarbeiter ist für eine hohe Wertschöpfung unerlässlich.

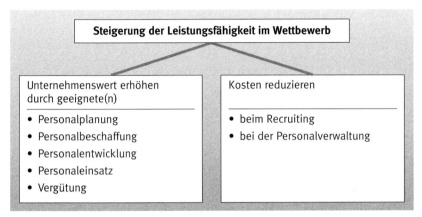

Abb. 10.2: Alternativen der Leistungsfähigkeitssteigerung

Das Ziel lautet: Bei angespannter wirtschaftlicher Lage mit geringeren oder gleich bleibenden Einnahmen den Unternehmensgewinn (Marge) steigern.

Das kann das Personalmanagement erreichen, indem einige Maßnahmen durchgeführt und einige Vorgänge optimiert werden:

Bei angespannter wirtschaftlicher Lage den Unternehmensgewinn steigern

- Planung der Personalstrategien
- Festlegung des optimalen Personal-Mix
- Mitarbeiterentwicklungsprogramm
- optimale Personaleinsatzplanung
- Vergütungsoptimierung
- Reduzierung der Kosten bzw. Zeit bei Einstellungen
- Reduzierung der Personalverwaltungskosten

Um Human-Capital-Management im Unternehmen umzusetzen, muss das Unternehmen bestimmten Anforderungen genügen:

- **Nicht die Technologie bestimmt die Organisation, sondern die Organisation bestimmt die Technologie**
  Denn: Eine Datenbank wird nie persönliche Gespräche ersetzen, d.h., es ergeben sich Anforderungen an die Organisation, welche viel tiefer gehen, alt Bewährtes auch in Frage stellen müssen, eine neue „Landkarte" im Unternehmen schreiben – die Organisation lernt.

- **Moderne Technologie ermöglicht die prozessübergreifende Zusammenarbeit im Unternehmen**
  Die Basis für schnelle und effiziente Zusammenarbeit im Unternehmen ist das Internet. Es ermöglicht eine prozessübergreifende Zusammenarbeit:

Dezentrales
Personalmanagement
wird durch das
Internet erst möglich

Denn erst Technologien wie HTML, XML oder Web Services erlauben eine flexible und nahtlose Integration von Mitarbeitern, Partnern, Kunden und Lieferanten in die Geschäftsprozesse eines Unternehmens. Dezentrales Personalmanagement wird durch das **Internet** erst möglich: Zugriff immer und überall, wo man mit einem Browser und mit mobilen Endgeräten auf das System zugreifen kann.

Durch die offene Integration der Unternehmensanwendungen mittels vordefinierter Integrationspunkte auf Basis moderner Standardtechnologien kann die Zusammenarbeit zwischen den an Geschäftsprozessen beteiligten Anwendern in einem dynamischen Netzwerk mit klaren Kommunikationskanälen gestaltet werden.

Mitarbeiter mit
seinem Wissen und
Potenzial rückt weiter
in den Mittelpunkt

HCM-Systeme unterstützen sowohl die erfolgreiche Ausrichtung von Mitarbeitern an den Unternehmenszielen als auch deren gezielten Einsatz, Entwicklung und Förderung.

Der Mitarbeiter mit seinem Wissen und Potenzial rückt damit für die Personalabteilung noch mehr in den Mittelpunkt. Durch den 360-Grad-Blick messen Unternehmen beispielsweise den Erfolg ihrer Mitarbeiter bezogen auf die Unternehmensziele. So lassen sich frühzeitig Abweichungen erkennen und es kann durch geeignete Maßnahmen gegengesteuert werden.

Aus der strategischen Ausrichtung eines Unternehmens (Ziele und Kultur) ergeben sich die **Anforderungen an ein HCM-System**, das die erfolgreiche Strategieumsetzung als Werkzeug unterstützt. Beispielhaft soll hier das **HCM-System von PeopleSoft** skizziert werden. Dieses System baut auf **drei Stufen** auf: Verwaltung, Einbindung und Ausrichtung:

• Die erste Stufe – **Verwaltung** – beinhaltet wie bisher die **Erfassung, Verteilung sowie Ablage von Stammdaten**, aber bereits hier wird der Mitarbeiter mit seinem Wissen stärker in den Mittelpunkt gestellt.

Die Basis ist ein alle personalrelevanten Prozesse umfassendes Kompetenzmanagement. Ziel ist es, die Leistungsfähigkeit zu erhöhen. Es werden die personalrelevanten Geschäftsregeln im System definiert. Dies ermöglicht die Standardisierung von Reports und erleichtert damit eine zeitaktuelle Bereitstellung von Auswertungen und Berichten.

• Die zweite Stufe – **Einbindung** – fokussiert die **flexible, dynamische und systemübergreifende Integration von Prozessen und Beteiligten** (wie Mitarbeiter, Kunden, Partner und Lieferanten).

Die Integration eines Rollen-, Sicherheits- sowie Workflowkonzeptes steuert den Zugriff auf Daten und Prozesse und verbindet die im Prozessablauf notwendigen „Kompetenzen". Ziele:

– Ein Ziel ist die Verlagerung von administrativen Aufgaben an den Ort der Entstehung und mehr Mitverantwortung jedes Einzelnen bei seiner persönlichen Entwicklung im Unternehmen.

– Ein weiteres Ziel ist der Aufbau eines Kommunikations- und Wissensmanagements als ganzheitliches Konzept auf technischer und organisatorischer Ebene.

- Die dritte Stufe – **Ausrichtung** – unterstützt die **strategische Planung** wie die Bedarfsermittlung von zukünftigen Mitarbeitern und Kompetenzen, Zielplanung und Leistungsüberprüfung bis auf Mitarbeiterebene in Übereinstimmung mit den Unternehmenszielen.
  Die Effektivität der Wettbewerbsfähigkeit der angewandten HR-Arbeit wird konkret messbar, mit dem Ziel der Stärkung der Wettbewerbsfähigkeit und Verbesserung des Geschäftsergebnisses. Im HRMS-Warehouse werden Organisationsdaten durch das Verbinden von HR, Finanzwesen sowie Benchmarks konsolidiert und für analytische Auswertungen bereitgestellt.

Internet und Intranet tragen dazu bei, dass sich die Halbwertzeit des Wissens verkürzt. Das **Wissen der Menschheit verdoppelt sich** zurzeit etwa **alle vier Jahre**. Es ist daher sicherzustellen, dass das für den Ablauf des Betriebes notwendige Wissen unabhängig von Personen in den Netzen zur Verfügung steht. Der Personalchef als Chef aller Mitarbeiter gehört der Vergangenheit an.

Internet und Intranet tragen dazu bei, dass sich die Halbwertzeit des Wissens verkürzt

Veränderungen ergeben sich insbesondere in den Bereichen von Personalbeschaffung, Mitarbeiterbildung, Stammdatenpflege, Zeitwirtschaft, Bescheinigungswesen und Dienstreisenmanagement.

Internet und Intranet bieten ein großes Potenzial im Bereich der Weiterbildung. Verschiedene Lernmöglichkeiten führen hier zu enormen Zeit- und Kostenersparnissen. Virtuelle Lernzentren verhelfen beim Sparen der Reisekosten. Außerdem hat der Mitarbeiter eine geringere Abwesenheitszeit am Arbeitsplatz.

10.2 EMPLOYEE SELF SERVICE – DELEGATION VON PERSONALARBEIT AN MITARBEITER, MANAGER UND BEWERBER

Wörtlich übersetzt heißt Employee Self Service „Mitarbeiter-Selbstbedienung". Die Idee ist, dass die Mitarbeiter, Manager sowie auch externe Stellen einen Teil der **personenbezogenen Daten selbst verwalten und pflegen**. Dazu gehört auch, dass Informationen selbstständig aus dem Internet und Intranet abgerufen werden.

Beim Employee Self Service wird hauptsächlich die Datenerfassung an den Mitarbeiter delegiert, denn hier liegt die höchste Kompetenz vor.

Beispiel

Der Mitarbeiter kann beispielsweise eine geänderte Adresse direkt per Bildschirmformular erfassen anstatt zunächst ein Papierformular auszufüllen und dieses an die Personalabteilung weiterzuleiten, damit diese die Daten dann elektronisch erfasst und verfügbar macht.

Durch ein solches System wird die Personalabteilung enorm entlastet. Durch eine einfache Handhabung ist die Schulung des Personals in geringem Umfang – wenn überhaupt – notwendig.

Des Weiteren können die Mitarbeiter per Internet jederzeit und überall Informationen des Unternehmens (z. B. Schulungsangebote, Stellenausschreibungen oder Sozialleistungen betreffend) – auch von zu Hause aus – abrufen.

Merkmale des Employee Self Service (ESS) sind also:
- Nutzung von Internet- bzw. Intranet-Technik
- Transaktionen (Anmeldung zu einem Seminar) und Ausdruck von Formularen und Bescheinigungen sind möglich
- einfache Bedienung, umfangreiche Hilfestellung durch das System
- Kopplung mit dem vorhandenen Personalabrechnungs- und Personalinformationssystem

Die **Anwendungsmöglichkeiten** des Employee Self Service im Personalbereich sind vielfältig.

Im **Bereich der Personalbetreuung** wäre beispielsweise Folgendes denkbar: Die Mitarbeiter können ihre Zeitdaten – Beginn/Ende der Arbeitszeit und Urlaubsantrag – erfassen. So werden weder spezielle Zeiterfassungsgeräte noch Formulare und Belege benötigt. Urlaubs- und Mehrarbeitsgenehmigung kann auf elektronischem Weg erfolgen, und zwar durch Weiterleitung des Vorgangs per Workflow und elektronische Unterschrift. Die Druckmöglichkeit von Arbeitszeitkonten und Personaleinsatzplänen erspart den zentralen Ausdruck und Versand von Listen. Das Personal kann die Zeitkonten selbst überprüfen und korrigieren.

Der Vorteil besteht darin, dass Zeiterfassungsgeräte und kodierte Ausweise nicht mehr benötigt werden. Die Erfassung von An- und Abwesenheiten erfolgt vom Arbeitsplatz des Mitarbeiters aus und das Unternehmen benötigt keine Beauftragten mehr, um die Fehlzeiten einzupflegen.

Ein Nachteil ist, dass – je nach System – keine minutengenauen Zeiten erhoben werden. Für dieses Verfahren ist das Vertrauen zu den Mitarbeitern Voraussetzung.

Auch im **Bereich der Personalbeschaffung** kann das ESS viele Vorteile schaffen. Die Auswahl und Einstellung neuer Mitarbeiter ist für die Personalabteilungen mit viel Verwaltungsaufwand verbunden. Durch die Informationstechnik kann die Personalbeschaffung automatisiert werden. Die Vorselektion der Bewerber kann durch ein Programm vorgenommen werden. Weitere Kosten können eingespart werden durch die Verlagerung von Erfassungsarbeit auf die Bewerber.

Die Anwendungsmöglichkeiten des ESS auf einen Blick:
- dezentraler Änderungsdienst durch die Mitarbeiter, z. B. Mitteilung einer Namens- oder Adressänderung, Telefonnummer, Raumnummer, Gebäude etc.
- Anmeldung zu Seminaren oder Reisen
- Genehmigung von Reisen oder Mehrarbeit
- Information über die Firma, Arbeitgeberleistungen, interne Stellenausschreibungen, Personalentwicklungsmaßnahmen, die Personal- und Unternehmenspolitik etc.

- Einsicht in das Kostenstellenverzeichnis, Vertrags- und Gehaltsdaten, Verdienstabrechnung, Urlaubskonto etc.
- Kommunikation von Personaleinsatzwünschen, Büromaterialbedarf etc.

Bei den derzeitigen ESS-Lösungen steht noch die **Reduzierung der Verwaltungskosten** im Mittelpunkt. Die ESS-Lösungen der Zukunft werden eine **wichtige Komponente eines Wissensmanagements-Systems** darstellen. Das Wissen der Mitarbeiter und das Organisationswissen eines Unternehmens sind Erfolgsfaktoren für die Unternehmen. Im Mittelpunkt steht dann die Beschaffung von neuem Wissen, die Vernetzung von vorhandenem Wissen und der Transfer von Wissen von außen in das Unternehmen.

Beschaffung von neuem Wissen, Vernetzung von vorhandenem Wissen, Transfer von Wissen in das Unternehmen

10.3   DATENSCHUTZ UND DATENSICHERHEIT

Der Datenschutz ist trotz der gigantischen Informationsautobahnen im Internet und Intranet nach wie vor kaum ein öffentliches Thema. Das Paragraphendickicht hier ist sehr undurchsichtig. Es gibt auf Bundes- und Europaebene unzählige Gesetze, Verordnungen und Richtlinien.

Ziel des Datenschutzes ist es, die Privatsphäre des Mitarbeiters zu schützen, d.h. die Mitarbeiterdaten vertraulich zu behandeln und jeden Missbrauch mit diesen Daten zu unterbinden. Die Verpflichtung ergibt sich bereits aus Artikel 1 (**Schutz der Menschenwürde**) und Artikel 2 (**Schutz der freien Entfaltung der Persönlichkeit**) des Grundgesetzes.

Konkret bedeutet das für ein Unternehmen: Nur bestimmte Personen dürfen Zugriff auf die Personaldaten bekommen. Es muss verhindert werden, dass Unbefugte Veränderungen oder Löschungen personenbedingter Daten vornehmen können.

Eingeschränkter Zugriff auf Personaldaten

 Aus diesem Grund muss immer nachvollziehbar sein, wohin welche Daten übermittelt werden und wann und von wem personenbedingte Daten in das System eingegeben wurden.

Um das im Unternehmen zu gewährleisten, ist bei der automatisierten Datenverarbeitung ein **Datenschutzbeauftragter** zu bestellen, wenn:
- mehr als vier Beschäftigte personenbezogene Daten erheben, verarbeiten oder nutzen oder
- besondere personenbezogene Daten verarbeitet werden, die der Vorabkontrolle unterliegen, oder
- es sich um eine gewerbsmäßige Übermittlung personenbezogener Daten handelt.

Eine der Grundforderungen des **Bundesdatenschutzgesetzes** (BDSG) liegt in der Bestellung eines betrieblichen Datenschutzbeauftragten, der die Einhaltung der Forderungen des BDSG im Unternehmen sicherzustellen hat. Dieser zwingenden Forderung des BDSG sind bislang nur wenige Unternehmen nachgekommen.

Durch die Novellierung des BDSG mit seinen **verschärften Bußgeld- und Strafvorschriften** wird ein Verstoß nun stärker geahndet. Bei einer Kontrolle der Aufsichtsbehörde wird besonders auf die Existenz eines Datenschutzbeauftragen, auf die Qualifikation und die dem Datenschutzbeauftragen zur Verfügung stehende Zeit für seine Tätigkeit geachtet.

Die **Aufgaben des Datenschutzbeauftragen** im Überblick:

Datenschutzbeauftragter, Betriebsrat und Personalabteilung achten auf die Einhaltung der gesetzlichen Vorschriften, Richtlinien, Verordnungen und Betriebsvereinbarungen

- Sicherstellung der Einhaltung der gesetzlichen Vorschriften
- Wahrung der Rechte der Betroffenen
- Überwachung der ordnungsgemäßen Anwendung von DV-Programmen
- Erarbeiten von Richtlinien
- Mitarbeiterinformation und Schulung
- Beratung der Unternehmensleitung
- Durchführung der Vorabkontrolle
- Führung des Verfahrensregisters

Der Datenschutzbeauftragte achtet also zusammen mit dem Betriebsrat und der Personalabteilung auf die Einhaltung der gesetzlichen Vorschriften, Richtlinien, Verordnungen und Betriebsvereinbarungen.

Das Bundesdatenschutzgesetz verpflichtet zudem den Arbeitgeber bei entsprechendem Antrag seitens der Mitarbeiter, alle personenbezogenen Daten auszudrucken.

10.4 RECHTE, GRENZEN UND GESTALTUNGSMÖGLICHKEITEN DER MITBESTIMMUNG

Auf Arbeitnehmer- und Arbeitgeberseite gibt es beim Thema „Benutzung von Internet/Intranet" Interessengegensätze, die berücksichtigt werden müssen.

Arbeitnehmer wollen	Arbeitgeber wollen
• umfassenden Zugang zu den neuen Medien	• Beachtung betriebswirtschaftlicher Aspekte
• Gleichbehandlung	• Sicherung der Arbeitskraft
• Zulässigkeit von Privatnutzung	• Möglichkeiten der Kontrolle
• Ausschluss von Verhaltens- und Leistungskontrollen	• Auswertungen des Verhaltens

Abb. 10.3: Mögliche Interessengegensätze von Arbeitnehmern und Arbeitgebern

Der Arbeitgeber kann Nutzungsgrad und Nutzungstiefe der Informationstechnologie vorgeben, er legt das Maß der Privatnutzung fest (gelegentlich / zeitlich begrenzt / immer / nie).

Er darf jedoch Inhalte bei dienstlicher Nutzung nur in bestimmten Fällen, bei privater Nutzung gar nicht und bei Vermischung von dienstlicher und privater Nutzung nur in definierten Ausnahmefällen kontrollieren.

Der Gesetzgeber geht davon aus, dass die freie Entfaltung der Persönlichkeit unter anderem durch Technisierung etc. in besonderem Maß gefährdet ist. Die Kontrolle von Menschen soll deshalb nur durch Menschen, nicht aber durch Maschinen erfolgen.

Seit einem Urteil des Bundesarbeitsgerichts von 1985 ist klar, dass alle computergestützten Systeme **mitbestimmungspflichtige** „technische Kontrolleinrichtungen" im Sinne des § 87 Abs. 1 Nr. 6 BetrVG sind. Dabei ist es „nicht entscheidend, ob eine Überwachung auch tatsächlich stattfindet, es genügt, dass sie möglich ist". Technische Kontrolleinrichtungen sind mitbestimmungspflichtig

Es ist also das Ziel des Mitbestimmungsverfahrens, eine Vereinbarung mit dem Arbeitgeber zu treffen, die die Möglichkeit zur Überwachung Einzelner technisch und organisatorisch ausschließt.

 Computertechnologie darf nur dann betrieblich genutzt werden, wenn der Arbeitnehmerdatenschutz sichergestellt und die Entfaltung der Persönlichkeit gewährleistet ist sowie Eingriffe in die Persönlichkeitssphäre der Beschäftigten nicht möglich sind.

Der rechtliche Rahmen ist für Arbeitnehmer, Betriebsräte und auch für Arbeitgeber nicht leicht zu durchschauen, denn ein spezifisches Arbeitnehmerdatenschutzgesetz steht immer noch aus. Damit bleibt nur der Rückgriff auf **allgemeine gesetzliche Normen zum Datenschutz** und deren Ausfüllung durch die Rechtsprechung.

Unterschieden werden:

- **Individualrecht**
  - allgemeines Persönlichkeitsrecht, Recht auf informationelle Selbstbestimmung (Artikel 1 und 2 GG)
  - Bundesdatenschutzgesetz
  - im Einzelfall datenschutzrechtliche Spezialnormen

- **Kollektivrecht**
  - § 80 Abs. 1 BetrVG: Der Betriebsrat hat darüber zu wachen, dass die zugunsten der Arbeitnehmer geltenden Gesetze, Verordnungen, Unfallverhütungsvorschriften, Tarifverträge, Betriebsvereinbarungen durchgeführt werden.
  - § 87 Abs. 6 BetrVG: Der Betriebsrat hat bei der Einführung und Anwendung von technischen Einrichtungen, die dazu bestimmt sind, das Verhalten oder die Leistung der Arbeitnehmer zu überwachen, mitzubestimmen.
  - § 87 Abs. 1 Nr. 7 BetrVG i. V. m. der BildscharbV
  - § 94 BetrVG bei Erhebung per Personalfragebogen
  - allgemeine Mitwirkungsrechte gem. § 80 Abs. 1 BetrVG

Die Aktivitäten des Gesetzgebers zum Arbeitnehmer-Datenschutzgesetz sind – obwohl eigentlich längst zugesagt – sehr verhalten. Der Datenschutz steht nicht im Mittelpunkt des politischen Interesses, deshalb ist das Ende der Entwicklung weiter offen.

Teil II
Personalarbeit aufgrund rechtlicher Bestimmungen durchführen

11 GRUNDLAGEN DER ENTGELTPOLITIK

11.1 PROZESS- UND HILFSMITTEL ZUR ENTGELTFINDUNG

Die Entgeltpolitik ist ein sehr sensibles Handlungsfeld. In keinem anderen Bereich der Personalwirtschaft zeigt sich die Unterschiedlichkeit der Interessen von Arbeitgebern und Arbeitnehmern so deutlich wie bei den Entgeltthemen:

Verschiedene Formen und Systeme der Entgeltbestimmung

Die Arbeitgeber haben ein starkes Interesse daran, die **Personalkosten gering** zu halten, die Arbeitnehmer dagegen möchten für ihre Arbeitskraft ein **möglichst hohes Entgelt** erzielen.

Aus diesem Wissen heraus haben sich in der Praxis verschiedene Formen und Systeme der Entgeltbestimmung durchgesetzt.

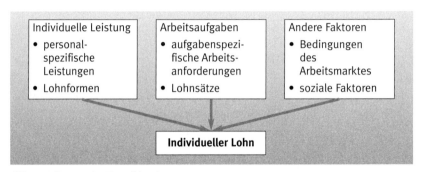

Abb. 11.1: Formen der Entgeltbestimmung

Die Abbildung zeigt, dass bei der Differenzierung des Entgeltes sowohl die sich aus der Arbeitsaufgabe ergebenden aufgabenspezifischen Anforderungen als auch die individuellen Leistungen zu berücksichtigen sind. In der Praxis haben weitere Faktoren Einfluss auf die Entgeltbestimmung, beispielsweise soziale Faktoren wie Alter und Dauer der Betriebszugehörigkeit oder auch der Familienstand, Anzahl der Kinder.

Lohnsatzdifferenzierung, Äquivalenz von Lohn und Leistung sowie die Sozialgerechtigkeit stellen in der Praxis Hilfsmittel dar, die einzeln oder kombiniert dazu beitragen sollen, die Entlohnung gerecht zu gestalten.

Die Möglichkeiten, eine **relative Lohngerechtigkeit** zu erlangen, lassen sich auch folgendermaßen gliedern:
- anforderungsbezogene,
- qualifikationsbezogene,
- leistungsbezogene,
- marktbezogene,
- sozialbezogene,
- partizipationsbezogene Entgeltgestaltung.

Die anforderungsbezogene sowie die leistungsbezogene Entgeltgestaltung sollen im Folgenden ausführlicher betrachtet werden.

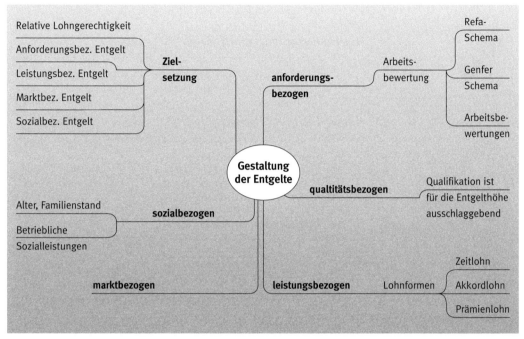

Abb. 11.2: Gestaltung der Entgelte

11.1.1 Arbeitsbewertung

11.1.1.1 Aufgaben der Arbeitsbewertung
Die Arbeitsbewertung stellt den **Arbeitsplatz und seine Anforderungen** in den Mittelpunkt.

Es wird nicht die persönliche Leistung der Mitarbeiter bewertet und auch nicht die Frage gestellt, wie der einzelne Mitarbeiter mit den Anforderungen fertig wird, sondern es geht um die Beantwortung folgender Fragen (vgl. Albert 2002, S. 115):

Leistung des Mitarbeiters ist nicht relevant

- Mit welchen Anforderungen wird der Mitarbeiter konfrontiert?
- Wie hoch ist der Schwierigkeitsgrad einer Arbeit im Verhältnis zu einer anderen?

 Ziel der Arbeitsbewertung ist es, anforderungs- und belastungsgerechte Entgeltdifferenzierungen festzulegen.

Praktisch bedeutet das, dass die Arbeitsbewertung unter Berücksichtigung der ausgesuchten Bewertungsmerkmale ermittelt, ob die Tätigkeit einer Stenotypistin inhaltlich genau so einzustufen ist wie die Tätigkeit einer Buchhalterin. Ist das nicht so, wird ermittelt, wie groß der relative gehaltliche Abstand beider Tätigkeiten zu sein hat.

Die Grundlage für die Arbeitsbewertung ist die **Arbeitsanalyse**. Die Arbeitsanalyse beinhaltet zwei Aspekte:

- Arbeitsuntersuchung und
- Arbeitsbeschreibung.

Bei der **Arbeitsuntersuchung** wird zunächst festgelegt, ob die Arbeitsplatzbewertung überhaupt gemacht werden soll. Erst dann wird der Ablauf in Teilschritte zerlegt, um zu klären, welche Arbeiten anfallen. Diese Arbeiten erfolgen meist durch Befragungen oder durch einfaches Beobachten.

11.1.1.2 Verfahren der Arbeitsbewertung
In der Praxis haben sich zwei Verfahren der Arbeitsbewertung etabliert:

- die summarische und
- die analytische Arbeitsbewertung.

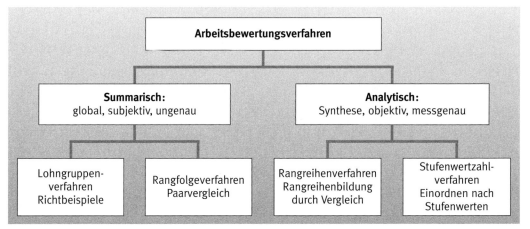

Abb. 11.3: Arbeitsbewertungsverfahren (Quelle: Danne/Heider-Knabe, S. 86)

Tätigkeit als Ganzes

Bei der **summarischen Arbeitsbewertung** wird die Tätigkeit als Ganzes bewertet und mit den Anforderungen anderer Tätigkeiten verglichen.

Der Vorteil dieses Verfahrens liegt in der vergleichsweisen einfachen Handhabbarkeit und Verständlichkeit. Die Gefahr besteht allerdings darin, dass der Einfluss einzelner Schwierigkeits- und Belastungsmerkmale auf den Gesamtwert des Arbeitsplatzes leicht überschätzt werden kann, was zu großen Verfälschungen führen kann.

Einzelne
Anforderungsarten
einer Tätigkeit

Bei der **analytischen Arbeitsbewertung** erfolgt keine Beurteilung der Tätigkeit als Ganzes, hier werden einzelne Anforderungsarten einer Tätigkeit bewertet.

Einen möglichen Anforderungskatalog liefert das **Genfer Schema**, welches die Anforderungsmerkmale wie folgt differenziert:

- **geistige Anforderungen**: z. B. Fachkenntnisse, Ausbildung, Erfahrung
- **körperliche Anforderungen**: z. B. Geschicklichkeit, muskelmäßige Belastung
- **Verantwortung**: z. B. für Arbeitsablauf, Produkte, Sicherheit
- **Arbeitsbedingungen**: z. B. Schmutz, Lärm, Temperatur

Analytische Verfahren haben gegenüber den summarischen Verfahren den Vorteil, dass sie nachvollziehbarer sind und so die Möglichkeit einer sachlichen Beweisführung gegenüber dem Mitarbeiter bezüglich seiner Einstufung besteht. Nachteilig ist, dass diese Verfahren relativ kompliziert und zeitaufwändig sind.

Das **Rangfolgeverfahren** ist die einfachste Form der summarischen Arbeitsbewertung und folgt dem **Prinzip der Reihung**.

Es werden alle Tätigkeiten des Unternehmens bzw. Organisationseinheit (z. B. Abteilung) miteinander verglichen und in eine Reihenfolge entsprechend ihres Schwierigkeitgrades gebracht. Dies geschieht dadurch, dass alle Tätigkeiten paarweise gegenübergestellt, miteinander verglichen und in einer Matrix dargestellt werden. Bei diesem Vergleich bekommt jeweils die Tätigkeit einen Punkt, die im direkten Vergleich mit der anderen Tätigkeit als schwieriger eingestuft wird.

<aside>Alle Tätigkeiten werden paarweise gegenübergestellt</aside>

Aus der Summe der Punkte ergibt sich die Rangfolge, die jedoch keine Abstände erkennen lässt. Entsprechend der Rangfolge erfolgt die Lohngruppenzuordnung.

Vorteile	Nachteile
• einfache Durchführung • kostengünstig • leicht nachvollziehbar für den Mitarbeiter	• keine Gewichtung einzelner Anforderungsarten • keine Berücksichtigung der Rangabstände

Abb. 11.4: Vor- und Nachteile des Rangfolgeverfahrens

Fazit: Dieses Verfahren ist für kleinere Unternehmen und Organisationseinheiten geeignet.

Das **Lohngruppenverfahren** folgt dem **Prinzip der Stufung**. Hier legt man die unterschiedlichen Anforderungsgrade durch einen Vergleich der zu bewertenden Tätigkeit mit vorgegebenen Beispielen, denen bereits Lohngruppen zugeordnet sind, fest.

<aside>Ist-Stellenbeschreibungen mit Soll-Stellenbeschreibungen vergleichen</aside>

Es werden **Ist-Stellenbeschreibungen** mit **Soll-Stellenbeschreibungen** verglichen. Basis dieses Verfahrens sind **Richtbeispiele**, die als Richtbeispielkataloge Bestandteile vieler Tarifverträge sind.

Beispiel

Gruppe	Lohngruppen-Definition	Lohnschlüssel
4	Arbeiten, die ein Anlernen von 6 Wochen erfordern	90 %
5	Arbeiten, die ein Anlernen von 4 Monaten erfordern	95 %
6	Arbeiten, die eine abgeschl. Anlernausbildung in einem anerkannten Anlernberuf oder eine gleichwertige Ausbildung erfordern	100 % *

*= Ecklohn nach Tarifvertrag   *((Forts.))*

| 7 | Arbeiten, deren Ausführung ein Können voraussetzt, das durch eine entsprechende ordnungsgemäße Berufslehre (Facharbeiten) erreicht wird | 108 % |

Vorteile	Nachteile
• einfache Durchführung • kostengünstig • leicht verständlich	• Gefahr der Schematisierung des Bewertungsvorganges • mangelnde Berücksichtigung individueller Gegebenheiten der Stelle • mangelnde Berücksichtigung technischer und organisatorischer Veränderungen

Abb. 11.5: Vor- und Nachteile des Lohngruppenverfahrens

Fazit: Dieses Verfahren ist nur für Tätigkeiten in der Fertigung geeignet, also dort, wo sich beispielsweise im Hinblick auf Verantwortung oder Organisationsformen wenig ändert.

Das **Rangreihenverfahren** ist eine Form der **analytischen Arbeitsbewertung** und folgt dem **Prinzip der Reihung**.

Durch Paarvergleich werden so viele Rangreihen gebildet, wie Anforderungsarten bewertet werden müssen

Es handelt sich um eine Weiterentwicklung des summarischen Rangfolgeverfahrens: Durch Paarvergleich werden so viele Rangreihen gebildet, wie Anforderungsarten bewertet werden müssen, z. B. eine für Fachkönnen, für Verantwortung etc. Die Einordnung der Anforderungsart in die Rangreihe erfolgt dann durch den Vergleich einer Stelle mit jeder andere Stellen. Die einzelnen Rangreihenplätze werden gewichtet und bepunktet und zu einem Arbeitswert zusammengefasst.

Beispiel

Rangreihe für das Anforderungsmerkmal „Fachkönnen"

100	Hauptabteilungsleiter(in) Finanzen
90	Abteilungsleiter(in) Personal
70	Gruppenleiter(in) Soziales
50	Assistent(in) der Geschäftsleitung
30	Stenotypist(in)

Vorteile	Nachteile
• hohes Maß an Genauigkeit • hohes Maß an Objektivität und Gerechtigkeit	• für die Gewichtung der einzelnen Anforderungsarten zueinander fehlt eine wissenschaftlich objektive Begründung

Abb. 11.6: Vor- und Nachteile des Rangreihenverfahrens

Fazit: Dieses Verfahren ist geeignet für die Bewertung einer kleineren Zahl vergleichbarer Stellen.

Das **Stufenwertzahlverfahren** als zweites analytisches Verfahren folgt dem **Prinzip der Stufung**.

Es ist ein verfeinertes Rangreihenverfahren. Hier erfolgt die Bewertung nicht mehr durch einen direkten Vergleich der Tätigkeiten. Es werden für die Anforderungsarten Stufenwerte für die möglichen Ausprägungen definiert und für jede Tätigkeit dann separat festgestellt, in welchem Umfang sie das Einzelkriterium erfüllt.

Um den Bewertungsprozess zu erleichtern und zu objektivieren, sind die **Stufenausprägungen** präzise zu beschreiben. Die Stufen können allgemein oder merkmalsbezogen beschrieben werden.

Den Stufenwerten sind Wertzahlen zugeordnet, die es erlauben, den festgestellten Anforderungsgrad in Zahlen auszudrücken und die Punktzahlen je Anforderungsart – auch Teilarbeitswerte genannt – zu einem Gesamtarbeitswert zu addieren. Dieser wird mit dem Geldfaktor multipliziert.

Die Stufen können allgemein oder merkmalsbezogen beschrieben werden

---

Beispiel

Stufe	Beschreibung der Tätigkeit	Wertzahl
1	Die Tätigkeit erfordert ausreichende Kenntnisse in einer Fremdsprache. Dies erfordert die Fähigkeit, einfachere fremdsprachliche Texte zu lesen, einfachen Schriftwechsel zu führen, allgemeine Auskünfte zu erteilen.	7
2	Die Tätigkeit erfordert gute Kenntnisse in einer Fremdsprache. Dies erfordert die Fähigkeit, einen schwierigeren Schriftwechsel zu führen, Texte mittlerer Schwierigkeit zu übersetzen, Fachliteratur und Publikationen der Unternehmensleitung zu lesen und auszuwerten sowie das Sachgebiet betreffende Unterhaltungen zu führen.	28

Vorteile	Nachteile
• die Objektivität ist gegenüber den anderen Arbeitsbewertungsverfahren am ehesten gegeben	• es ist etwas unübersichtlich

Abb. 11.7: Vor- und Nachteile des Stufenwerverfahrens

Fazit: Dieses Verfahren wird aufgrund seiner Objektivität in der Praxis sehr häufig verwendet.

Folgende Phasen der Arbeitsbewertung lassen sich unterscheiden:

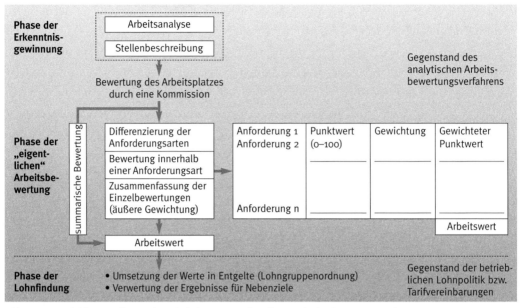

Abb. 11.8: Durchführungsphasen der Arbeitsbewertung (Quelle: Hopfenbeck 2002, S. 418)

11.1.2 Entgeltformen

Es werden verschiedene Entgeltformen unterschieden:

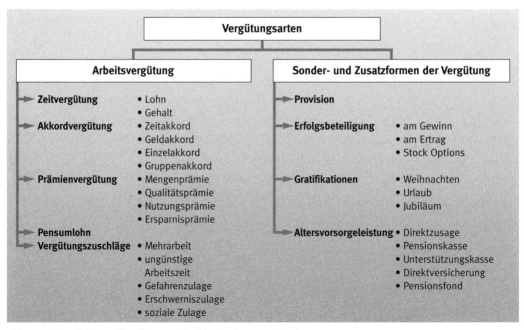

Abb. 11.9: Entgeltformen (Quelle: Danne/Heider-Knabe 2003, S. 81)

Die Berücksichtigung des Grundsatzes der Äquivalenz von Lohn und Leistung wird durch die Wahl der Entgeltform beeinflusst.

Auf drei Erscheinungsformen der Vergütung soll im Folgenden näher eingegangen werden.

11.1.2.1 Zeitlohn

Bei **reinen Zeitlöhnen ohne Leistungskomponente** erfolgt die Vergütung mit einem vereinbarten Lohnsatz in Form eines Stunden-, Monats- oder Jahreslohnes nach geleisteter Arbeitszeit; dabei besteht kein direkter Zusammenhang zwischen Lohn und erbrachter Leistung.

Vergütung nach geleisteter Arbeitszeit

Da ein Anreiz zur Mehrleistung nicht automatisch gegeben ist, müssen die Mitarbeiter einer gewissen **Kontrolle** unterworfen werden, damit sie konstant ein **gewünschtes Leistungsverhalten** zeigen. In einer tolerierten Bandbreite steht beim Zeitlohn eine immer gleiche Entlohnung schwankenden und unterschiedlichen Leistungsgraden gegenüber.

Trotz dieser Einschränkungen werden ca. 50 % aller Arbeitnehmer im Zeitlohn vergütet. **Eingesetzt** wird er vorwiegend, wenn

- der Mitarbeiter das Leistungsverhalten nicht beeinflussen kann,
- ein hoher Qualitätsstandard sichergestellt werden muss,
- die Arbeitsabläufe nicht im Vorhinein sicher bestimmbar sind,
- die Arbeiten gefährlich sind,
- Leistungslohn gesetzlich verboten ist,
- die organisatorische und abrechnungstechnische Infrastruktur für Leistungslöhne fehlt.

Vorteile	Nachteile
• Schonung von Mensch und Betriebsmitteln	• Risiko der Minderleistung liegt allein beim Unternehmen
• einfache abrechnungstechnische Handhabbarkeit	• Unzufriedenheit bei leistungsstärkeren Mitarbeitern, deren Leistungsstärke kein Pendant im Lohn findet
• Planbarkeit der Entgelthöhe für den Mitarbeiter	

Abb. 11.10: Vor- und Nachteile des Zeitlohns

Um eine individuelle Leistungsunterscheidung berücksichtigen zu können, kann dem Arbeitnehmer zusätzlich zu seinem Zeitlohn eine **Zulage** gezahlt werden. Wer eine Zulage erhält und wie hoch diese ist, wird durch eine Beurteilung festgelegt.

11.1.2.2 Akkordlohn

Der Akkordlohn ist die traditionelle Leistungslohnform. Mitarbeiter, die im Akkord arbeiten, erhalten eine **Vergütung entsprechend ihrer erbrachten**, quantitativ messbaren **Leistung**, d. h., nicht die Arbeitszeit, sondern die Arbeitsmenge bestimmt die Lohnhöhe; die Lohnstückkosten sind konstant.

Die Arbeitsmenge bestimmt die Lohnhöhe

Voraussetzungen für eine Akkordentlohnung sind:

Die Lohnstückkosten sind konstant

- die Akkordfähigkeit
- die Akkordreife
- die Beeinflussbarkeit

Die **Akkordfähigkeit** ist gegeben, wenn der Arbeitsablauf regelmäßig wiederkehrend und bekannt ist.

Die **Akkordreife** ist gegeben, wenn der Ablauf ausgetestet ist und keine Mängel mehr aufweist.

Die **Beeinflussbarkeit** ist gegeben, wenn der Mitarbeiter die Leistungsmenge beeinflussen kann, er also seine Arbeitsgeschwindigkeit steuern kann.

Der **Akkordlohnsatz** setzt sich zusammen aus einem **Grundlohn** und einem **prozentualen Akkordzuschlag**, der bei 10 bis 25 % liegt.

Auf die Minute umgerechnet ergibt sich der Minutenfaktor

Beides zusammen ergibt den **Akkordrichtsatz**, der für den Mitarbeiter bei Normalleistung den Stundenlohn darstellt; auf die Minute umgerechnet führt der Akkordrichtsatz zum **Minutenfaktor**.

Wenn man Mitarbeiter anhand ihrer erbrachten Leistung entlohnen will, muss man im Vorfeld festlegen, welche Leistung als **Durchschnittsleistung** erwartet werden kann. Entscheidend für die Akzeptanz ist deshalb die angemessene Festlegung der Vorgabezeit bzw. der Normalleistung.

 Die Normalleistung ist die Arbeitsleistung, die ein eingearbeiteter gesunder Mitarbeiter als Dauerleistung erbringen kann.

Die ihr zugrunde liegende **Vorgabezeit** je Leistungseinheit kann ermittelt werden durch Zeitnahmen nach Refa, mit Hilfe von Systemen vorbestimmter Zeiten oder aufgrund von Schätzungen oder Vergangenheitswerten.

Akkordlohn gibt es in zwei Ausprägungsformen:

Zwei Ausprägungsformen des Akkordlohnes

- Beim **Zeitakkord** ergibt sich der effektive Stundenlohn aus der Multiplikation der bearbeiteten Leistungseinheiten mit der dafür festgelegten Vorgabezeit und dem Minutenfaktor.
- Beim **Geldakkord** wird jede Leistungseinheit mit einem Geldsatz bewertet (der sich letztlich aus der Vorgabezeit und dem Minutenfaktor ergibt); der Stundenlohn ergibt sich aus der Zahl der Leistungseinheiten multipliziert mit dem Geldsatz.

Beispiel

Tariflicher Mindestlohn	12 €
+ Akkordzuschlag 25 %	3 €
= Akkordrichtsatz bzw. Grundlohn	15 €

Normalleistung je Stunde:	12 Stück
Geleistete Stückzahl:	14 Stück

1) **Zeitakkord:**   Menge · Minutenfaktor · Vorgabezeit

$$\text{Minutenfaktor} = \frac{\text{Akkordrichtsatz}}{60 \text{ Minuten}}$$

$$\text{Vorgabezeit} = \frac{60 \text{ Minuten}}{\text{Normalleistung je Stunde}}$$

Als Zeitakkord ergibt sich: 14 · 0,25 · 5 = 17,50 €

2) **Geldakkord**   = Menge · Stücklohnsatz

$$\text{mit Stücklohnsatz} = \frac{\text{Akkordrichtsatz}}{\text{Normalleistung je Stunde}}$$

$$= \frac{15}{12} = 1,25 \text{ €}$$

Als Geldakkord ergibt sich: 14 · 1,25 € = 17,50 €

Vom Ergebnis her kommen beide Verfahren zu **gleichen Lohnwerten**. Der Zeitakkord ist der in der Praxis geläufigere.

Zeitakkord ist in der Praxis geläufiger

Die **strenge Leistungsbezogenheit** liegt darin, dass – egal wie der wirkliche Zeitverbrauch pro Leistungseinheit ist – der Mitarbeiter als Vergütung immer die Vorgabezeit multipliziert mit dem Minutenfaktor erhält: Arbeitet er schneller als die Normalleistung, so erhält er mehr Vorgabeminuten gutgeschrieben und bezahlt, als er Zeitminuten verbraucht hat, und begründet damit einen Mehrverdienst. Heute überwiegen Akkordlöhne mit Mindestlohngarantie, um das **Risiko der Minderleistung** für den Mitarbeiter zu begrenzen.

Vorteile	Nachteile
• Leistungsgerechtigkeit	• Gefahr permanenter Überforderung
• Anreiz zur Mehrleistung	• Gefahr der möglichen Minderung der Qualität
• Risikoverteilung von Minderleistungen auf beide Seiten	• umfangreiche Datenerfassung und -abrechnung

Abb. 11.11: Vor- und Nachteile der Akkordentlohnung

Die Akkordentlohnung wird heute zunehmend von anderen Leistungslohnformen verdrängt. Gründe dafür sind die zunehmende Automatisierung, die die Arbeitsgeschwindigkeiten determiniert, und der Wunsch, nicht nur quantitative Leistungsmerkmale in die Bezahlung einfließen zu lassen.

Akkordentlohnung wird verdrängt

11.1.2.3 Prämienlohn

Prämienlöhne stehen zwischen Zeitlohn mit Zulagen und Akkordlohn mit Mindestlohngarantie. Mithilfe von Prämienlöhnen können der Entlohnung auch qualitative Merkmale zugrunde gelegt werden.

Inwieweit die erreichten Leistungssteigerungen oder Einsparungen dem Mitarbeiter zugute kommen, hängt vom gewählten **Prämienverlauf** ab, der linear,

Mithilfe von Prämienlöhnen können auch qualitative Merkmale einfließen

progressiv oder degressiv ausgestaltet sein kann. Prämien werden an einzelne Arbeitnehmer oder auch an Gruppen vergütet.

Prämienlöhne lassen sich unterscheiden in:

- Qualitätsprämien
- Sorgfaltsprämien
- Ersparnisprämien
- Terminprämien
- Innovationsprämien etc.

Kommen bei einem Arbeitnehmer mehrere Einflussgrößen in Betracht, kann eine Verbundprämie berechnet werden. Zur Berechnung dieser Prämie kann ein Punktesystem erstellt werden, das die unterschiedliche Gewichtung der einzelnen Einflussgrößen berücksichtigt.

Vorteile	Nachteile
• Anreiz für die Arbeitnehmer • verschiedene Einflussgrößen können kombiniert werden • Qualität der Arbeit kann belohnt werden	• fehlendes allgemein gültiges Schema für die Leistung und die methodischen Anforderungen (z.B. Genauigkeit, Akzeptanz) • aufwändige Berechnung

Abb. 11.12: Vor- und Nachteile der Prämienentlohnung

Neben den genannten Lohnformen sind zudem verschiedene Arten eines Beteiligungslohnes möglich. Manche Unternehmen beteiligen ihre Arbeitnehmer beispielsweise am Jahreserfolg. Diese Form von Beteiligung kann als jährliche Auszahlung in Form einer „Arbeitnehmerdividende" oder als „Investivlohn" erfolgen, der zu einer Teilhaberschaft der Arbeitnehmer führt und gleichzeitig die Eigenkapitalfinanzierung der Unternehmung stärkt.

11.1.3 Freiwillige Sozialleistungen

Obwohl in Deutschland die **Personalzusatzkosten** (das sind sämtliche Personalkosten, die neben dem reinen Arbeitsentgelt für den Arbeitgeber anfallen) fast 80 % betragen und damit **sehr hoch** sind, werden teilweise freiwillige Sozialleistungen von den Unternehmen gezahlt. Diese sind zwar inzwischen rückläufig, werden aber heute noch vielen Mitarbeitern gewährt.

In welcher Form und wie hoch diese freiwilligen Leistungen gezahlt werden, steht allein im Ermessen des jeweiligen Unternehmens. Bei den gesetzlich und tariflich bedingten Leistungen haben die Unternehmen hingegen keinen Einfluss.

Freiwillige Sozialleistungen werden mit dem Ziel eingesetzt,

- die Motivation bei den Arbeitnehmern zu erhöhen und infolgedessen auch die Leistungskurve,
- die Fluktuation bei den Arbeitnehmern gering zu halten,

- den Arbeitnehmern vom Unternehmen Anerkennung zu zollen,
- das Betriebsklima positiv zu beeinflussen,
- ein positives Unternehmensimage (und zwar nach außen und nach innen) zu untermauern.

Formen freiwilliger Sozialleistungen sind z. B.:

- Abschlussgratifikationen
- Altersentgelt/-lohn
- Anerkennungsgeschenk
- Baudarlehen
- Belegschaftsaktien
- Betriebsausflug
- Betriebssport
- Bücherei
- Dienstwagen
- Dienstwohnung
- Dolmetscher
- Essengeld
- Firmenaktien
- Firmenjubiläum
- Gewinnbeteiligung
- Kaffeeküche
- Kantine
- kulturelle Förderung
- Parkplatz
- zusätzliche Pausen
- Schutzkleidung
- Sprachkurse
- Trennungsentschädigungen
- Weihnachtsfeier
- Werkzeitschrift
- etc.

Abb. 11.13: Beispiele für freiwillige Sozialleistungen

11.1.4 Mitarbeiterbeteiligungen

Mittlerweile setzt sich das Modell der Mitarbeiterbeteiligung auch in kleinen und mittleren Unternehmen durch, denn es bringt sowohl für die Unternehmen als auch für die Mitarbeiter Vorteile mit sich.

Mitarbeiter zu Mitinhabern des Betriebes machen und am Gewinn beteiligen

Nach neuesten Untersuchungen des Instituts für Arbeitsmarkt- und Berufsforschung (IAB) in Nürnberg praktizieren deutschlandweit bereits 32.000 Betriebe individuelle Modelle der Kapitalbeteiligung.

Die **Ziele**, die mit einer Mitarbeiterbeteiligung verfolgt werden, lassen sich unterscheiden in personalwirtschaftliche, finanzwirtschaftliche und andere Ziele:

- **personalwirtschaftliche Ziele**
  - Identifikation mit dem Unternehmen
  - gesteigerte Motivation
  - Reduzierung der Mitarbeiterfluktuation
  - Stärkung des unternehmerischen Denkens
  - gesteigerte Kundenorientierung
  - erhöhtes Kostenbewusstsein
  - Altersvorsorge

- **finanzwirtschaftliche Ziele**
  - Flexibilisierung der Personalkosten
  - Vergrößerung der Eigenkapitalbasis
  - bankenunabhängiges Fremdkapital/Liquidität
  - Nutzung steuerlicher Vorteile

- **andere Ziele**
  - Nutzung von Wachstumschancen
  - Aufbau eines Nachfolgers
  - soziales Engagement

Grundsätzlich sind zwei Formen der Mitarbeiterbeteiligung zu unterscheiden, und zwar die immaterielle und materielle Beteiligung. Bei der **immateriellen Beteiligung** werden den Mitarbeitern Beteiligungsrechte in Form von Delegation und Konsultation eingeräumt.

Von größerer Bedeutung in unserem Zusammenhang ist die **materielle Beteiligung,** auf die im Folgenden näher eingegangen wird. Grundsätzlich tritt sie entweder als Erfolgsbeteiligung oder als Kapitalbeteiligung auf.

11.1.4.1 Erfolgsbeteiligung
Bei der Erfolgsbeteiligung erhalten die Mitarbeiter eine über das Arbeitsentgelt hinausgehende Zahlung, die vom Unternehmensgewinn oder vom Gewinn einzelner Bereiche abhängt.

Unterschieden werden:
- **Umsatzbeteiligung**: bei Überschreiten einer Mindestumsatzgröße erhalten die Mitarbeiter eine Umsatzbeteiligung
- **Gewinnbeteiligung**: die Mitarbeiter erhalten einen bestimmten Anteil vom Jahresgewinn
- **Leistungsbeteiligung**: die Mitarbeiter werden bei Überschreiten einer Produktivitätskennziffer mit einer Leistungsbeteiligung belohnt

Die **Gewinnbeteiligung** wird in den Unternehmen **am häufigsten** vereinbart. Nach Abzug einer angemessenen Eigenkapitalverzinsung und einer Risikoprämie wird der verteilbare Gewinn ermittelt. Die prozentuale Verteilung liegt im Ermessen des Unternehmens, sie kann entweder nach Köpfen oder aber auch nach Betriebszugehörigkeit oder Höhe des Entgelts erfolgen.

Die Erfolgsbeteiligung ist wie **Lohneinkommen** zu behandeln und ist sowohl steuer- als auch sozialversicherungspflichtig. Für die Unternehmen stellen Erfolgsbeteiligungen **Betriebsausgaben** dar.

11.1.4.2 Kapitalbeteiligung
Auch hier werden verschiedene Formen unterschieden:
- **Fremdkapitalbeteiligung**
  - Mitarbeiterdarlehen
  - Schuldverschreibung
- **Eigenkapitalbeteiligung**
  - Belegschaftsaktien
  - GmbH-/KG-Anteile
  - Genossenschaftsanteile
  - betriebliche Investmentfonds
  - Arbeitnehmerstiftungen
  - Mitarbeiterunternehmen

- **Mischform**
  - stille Beteiligung
  - Genussrechte

Bei der **Fremdkapitalbeteiligung** gibt es **keine Informations- und Mitwirkungs-rechte**, bei der **Eigenkapitalbeteiligung** sind diese in **umfassender** Form vor-handen.

Unternehmen bevorzugen häufig die Eigenkapitalbeteiligung, da sie mit vollen gesellschaftsrechtlichen Mitgliedsrechten ausgestattet ist.

Mischformen werden betriebswirtschaftlich dem Eigenkapital zugerechnet, stellen aber bilanziell Fremdkapital dar. Das hat für die Unternehmen den Vor-teil, dass sie die Kreditwürdigkeit gegenüber Banken erhöhen, die Ausschüt-tungen aus den Beteiligungen aber Betriebsausgaben darstellen und somit vom zu versteuernden Gewinn abgezogen werden können.

Mischformen sind betriebswirtschaftlich Eigenkapital, bilan-ziell Fremdkapital

11.1.4.3 Kriterien für die Wahl der Mitarbeiterbeteiligung

Für das Unternehmen ist die richtige Wahl der Beteiligungsform entscheidend. Sie hängt von verschiedenen **Einflussfaktoren** ab:

- Rechtsform des Unternehmens
- Informations- und Mitgestaltungsrechte
- Kapitalanteil und Kapitalrisiko
- Erfolgsbeteiligung
- Verzinsung des Kapitals

Die richtige Wahl der Beteiligungsform ist entscheidend

Während der Vorbereitung sind viele Fragen zu klären. Die folgende Checkliste gibt einen Überblick über anstehende Fragen:

Checkliste

1. **Kreis der Beteiligten**
   Wer soll beteiligt werden: die gesamte Belegschaft oder ausgewählte Gruppen, beispielsweise nach Dauer der Betriebszugehörigkeit?

2. **Mittelaufbringung**
   Woher kommt das Geld, das die Beschäftigen ins Unternehmen stecken: Sind es Teile des Ein-kommens – etwa Weihnachtsgeld, Urlaubsgeld oder vermögenswirksame Leistungen?

3. **Erfolgsbeteiligung**
   In welcher Form werden die Beschäftigen beteiligt: am Kapital des Unternehmens oder am Be-triebsergebnis oder wird beides verknüpft?

4. **Kapitalentlohnung**
   Woran wird die Verzinsung gekoppelt: an den Gewinn oder an den Umsatz des Unternehmens?

5. **Absicherung des Mitarbeiterkapitals**
   Wird eine Versicherung für den Konkursfall abgeschlossen?   *((Forts.))*

---

6. **Rechte der Beteiligten**
   Gibt es umfassende Informationen zur Aufklärung der Mitarbeiter über betriebliche Abläufe und Entscheidungen?

7. **Zeithorizont/Befristung**
   Soll es sich bei der Beteiligungsmöglichkeit um eine einmalige Aktion, um eine wiederholte Aktion oder um ein dauerhaftes Programm handeln?

8. **Verwendung des Kapitalertrags**
   Soll der Kapitalertrag vollständig ausgeschüttet werden oder komplett im Unternehmen verbleiben?

9. **Kapitalverfügbarkeit**
   Was geschieht, wenn ein Beschäftigter aus dem Unternehmen ausscheidet?

10. **Beteiligungsangebot**
    Werden die Beschäftigten an der Gestaltung der Geschäftspolitik beteiligt?

11. **Vertragsform**
    Wird die Mitarbeiterbeteiligung in einzelvertraglichen Vereinbarungen oder in einer Betriebsvereinbarung geregelt?

12. **Staatliche Förderung**
    Welche Varianten der staatlichen Förderung können Betriebe für ihre Beschäftigen in Anspruch nehmen?

Abb. 11.14: Checkliste zur Einführung einer Mitarbeiterbeteiligung (Quelle: Magazin Mitbestimmung 3/2001, S. 27)

11.1.4.4 Chancen und Risiken von Mitarbeiterbeteiligungen

Hält man sich die Zielsetzung der Mitarbeiterbeteiligungen vor Augen, so ist schnell ersichtlich, wo Chancen und Risiken liegen.

Die wesentliche **Chance** für die Mitarbeiter ist die Erzielung von zusätzlichem Einkommen. Die Beschäftigten können je nach Form der Mitarbeiterbeteiligung am positiven Ertragsergebnis teilhaben. Sie können Vermögen bilden und/oder für das Alter vorsorgen. Sie können Kursgewinne erzielen.

Das wesentliche **Risiko** liegt darin, dass Unternehmen Mitarbeiterbeteiligungen bewusst als Instrument einer flexibleren Entgeltstruktur einsetzen. Dies hat zur Folge, dass unternehmerische Risiken auf die Mitarbeiter verlagert werden. Es drohen dem Mitarbeiter also die Beteiligung an Verlusten, Kurssenkungen, Kapitalverlust im Konkursfall.

Mitarbeiterbeteiligungen beinhalten sowohl Chancen als auch Risiken

Beispiel

Ein Hersteller von Technik für Fahrzeugkühlung und Klimatisierung beteiligt seine Mitarbeiter über eine stille Beteiligung. Pro Jahr können die Mitarbeiter 308 Euro in ihrer Firma anlegen. Der Betrag wird von der Firma zur Verfügung gestellt.

Die stillen Gesellschafter sind auch am Verlust beteiligt. Vertreten werden die Mitarbeiter (stille Gesellschafter) gegenüber dem Unternehmen durch einen dreiköpfigen Gesellschafterausschuss, der die gesetzlichen Kontrollrechte wahrnimmt.

11.2 NEUERE WEGE DER VERGÜTUNG

Das Ansinnen der Personalpolitik ist: Betroffene sollen zu Beteiligten werden; aus den Arbeitnehmern sollen Mitunternehmer werden, die in der Lage und bereit sind, unternehmerisch zu denken und zu handeln.

Um dieses leistungs- und qualitätsbezogene sowie unternehmerische Verhalten der Beschäftigten zu fördern, sollten Unternehmen **Möglichkeiten der flexibleren Entgeltpolitik** finden.

Das könnte auch in anderen Unternehmensbereichen Vorteile mit sich bringen, denken Sie z.B. an:
- Reduzierung der Durchlaufzeiten
- erhöhte Termintreue
- optimierte Anlagennutzung
- Reduzierung der Nacharbeit in der Fertigung
- Reduzierung von Ausschuss und Fehlerraten
- Umwandlung eines Teils der Fixkosten in variable Kosten (reizvoll, da es so wesentlich einfacher wird, die Personalkosten an die Entwicklung des Betriebes anzupassen)

So kann ein Unternehmen Weichen stellen, um auch in schlechteren Zeiten (Konjunktur- oder Strukturprobleme) zu „überleben".

Arbeitgeber haben aus diesem Grund bereits vorgeschlagen, die Entgeltbestandteile **Urlaubs- und Weihnachtsgeld erfolgsabhängig** zu bezahlen. Das kann dann für die Arbeitnehmer bedeuten, dass bei guter Ertragslage die Sonderzahlungen bis auf 150% gesteigert und bei schlechter Ertragslage bis auf 50% vermindert werden.

Unternehmen können frühzeitig Weichen stellen, um auch in schwierigen Zeiten zu überleben

Einige flexible Entgeltmodelle werden im Folgenden näher vorgestellt.

11.2.1 Cafeteria-Systeme
Diese Entgeltform ist eine aus den USA stammende Vergütungsform und ist seit Beginn der 80er Jahre auch in Deutschland bekannt.

Bei den Cafeteria-Modellen können die Mitarbeiter innerhalb eines vorgegebenen Budgets zwischen verschiedenen Entgeltbestandteilen (auch Sozialleistungen) wählen. Sie können sich ein Leistungspaket zusammenstellen, das ihren individuellen Bedürfnissen entspricht.

Typische Leistungen stammen aus folgenden Sparten:
- Lohn und Gehalt
- Firmenwagen

- Direktversicherungen
- Verpflegung
- Aus-/Weiterbildung
- Sport
- zusätzlicher Urlaub
- Soziales
- Wohnen/Umzug
- Kinderbetreuungsservice etc.

Die **Vorteile** des Cafeteria-Systems für das **Unternehmen**:
- erhöhte Leistungsmotivation bei den Mitarbeitern
- stärkere Bindung der Mitarbeiter an das Unternehmen
- jährliche Aufwendungen werden steuer- und kalkulierbarer
- Vergütungsbestandteile werden transparenter
- Nutzung von günstigen Gruppenkonditionen möglich

Vorteile ergeben sich sowohl für die Unternehmen als auch für die Mitarbeiter

Für die **Mitarbeiter** ergeben sich folgende **Vorteile**:
- individuelle, bedarfsgerechte Vergütung
- jährliche Anpassung von Art und Höhe der Vergütungsbestandteile möglich
- steuerliche Attraktivität der Vergütungsform

Diesen Vorteilen steht ein **hoher Verwaltungsaufwand** gegenüber. Außerdem engt das deutsche Steuerrecht die Unternehmen in Deutschland stark ein, sodass dieses System noch wenig verbreitet ist und momentan hauptsächlich Führungskräften in den Unternehmen angeboten wird.

11.2.2 Variable Vergütung

Eine lange Tradition haben variable Vergütungssysteme beim Außendienst und auch bei der Bezahlung von Führungskräften. Neueren Datums ist die Entwicklung, die variable Vergütung auf einen großen Teil der Belegschaft auszuweiten.

Das Entgelt bei einer variablen Vergütung setzt sich aus zwei Komponenten zusammen: **einem fixen und einem variablen Vergütungsbestandteil**. Der variable Vergütungsbestandteil ist der leistungsorientierte Teil der Bezahlung, dessen Höhe vom Ausmaß der individuellen Leistungserbringung abhängig ist.

 Je mehr Umsatz der Mitarbeiter tätigt, desto höher ist sein Einkommen.

Lineare, progressive oder degressive Umsatzprovision

Das Unternehmen entscheidet hierbei, ob die Umsatzprovision linear, progressiv oder degressiv gestaltet ist.

Voraussetzung für variable Vergütungssysteme ist, dass die **Leistung** der Mitarbeiter in verschiedenen Zeitabständen, in der Regel einmal im Jahr, **bewertet** wird. Hierfür werden in den Unternehmen mit den Mitarbeitern **Zielvereinbarungsgespräche** geführt.

In diesen Zielvereinbarungsgesprächen legen Vorgesetzter und Mitarbeiter zu Beginn einer Bewertungsperiode **Ziele** für den Mitarbeiter fest. Diese vereinbarten Ziele sind die Grundlage, um nach einem bestimmten Zeitraum die **Leistung einschätzen** zu können.

Leistungsmessung anhand der vereinbarten Ziele

Die Leistung kann sich auf unterschiedliche Kriterien beziehen:

Zielart	Bemessungskriterium
Marktorientierte Ziele	• Erhöhung des Auftragsvolumens • Erhöhung der Kundenzufriedenheit
Betriebswirtschaftliche Ziele	• Senkung der Kosten • Erhöhung der Rendite
Produktivitätsbezogene Ziele	• Erhöhung der Ausbringungsmenge • Verringerung der Durchlaufzeiten
Produktorientierte Ziele	• Verbesserung der Qualitätsstandards • Erhöhung der Anzahl der Verbesserungsvorschläge
Mitarbeiterbezogene Ziele	• Rückgang der Fehlzeiten • Qualitätsbereitschaft • die Objektivität ist gegenüber den anderen Arbeitsbewertungsverfahren am ehesten gegeben • es ist etwas unübersichtlich

Abb. 11.15.: Bemessungskriterien für eine leistungsorientierte Bezahlung

Hat der Mitarbeiter die vereinbarten **Ziele erreicht**, so hat er Anspruch auf einen **leistungsbezogenen Vergütungsbestandteil**, die so genannte Tantieme. Wie hoch diese Tantieme ausfällt, hängt konkret von der Anzahl der erreichten Ziele ab.

Höhe der Tantieme ist abhängig von der Zielerreichung

„So sind die Führungskräfte heute in die Lage versetzt, diejenigen wirklich anzuspornen, die bereit sind, mit ihrer Leistung stärker zum Erfolg der Bank beizutragen als andere. Gute Leistungen werden gut, außerordentliche Leistungen außerordentlich gut honoriert. Wer allerdings hinter den Erwartungen zurückbleibt, muss auch einmal finanzielle Einbußen hinnehmen." (Jetter/Skrotzki 2000, S. 195)

In vielen Unternehmen sind die in den Zielvereinbarungsgesprächen zwischen Vorgesetztem und Mitarbeiter abstimmten Ziele aus den Unternehmenszielen abgeleitet. Dieses Führungskonzept kennt man auch unter dem Namen **„Management by Objectives"** (MBO – vgl. hierzu Kap. 25).

Hier werden von der Unternehmensführung die Rahmenziele und strategischen Pläne festgelegt und diese werden dann auf die untergeordneten Organisationseinheiten, wie z.B. Hauptabteilungen, Abteilungen, Gruppen, letztendlich bis zum einzelnen Mitarbeiter „heruntergebrochen".

Im Folgenden ist eine Betriebsvereinbarung für Management by Objectives (MBO) als Beispiel für die Praxis dargestellt:

Betriebsvereinbarung

Zwischen der Geschäftsführung und dem Gesamtbetriebsrat (GBR) wird folgende Betriebsvereinbarung zur Einführung des Management by Objectives (MBO) geschlossen:

1. Geltungsbereich
Diese Betriebsvereinbarung gilt für alle Mitarbeiter(innen), die dem BetrVG unterliegen.

2. Phasen des MBO-Konzeptes
MBO wird in zwei Phasen eingeführt.
- Phase 1: MBO wird für die Führungsebenen Geschäftsführung, Bereichs-, Abteilungs-, und Gruppenleiter sowie für Mitarbeiter innerhalb der Fachlaufbahnen eingeführt. Diese Führungsebenen werden im MBO-Feinkonzept, das Anhang dieser Betriebsvereinbarung ist, als Ebenen 0–3 bezeichnet.
- Phase 2: In der Phase 2 soll der Anwendungsbereich des MBO auf alle Mitarbeiter ausgedehnt werden.

3. Zeitplan der Einführung
Der MBO-Prozess wird im Jahre XX mit der Phase 1 gestartet. Der GBR erteilt seine Zustimmung zur Einführung des MBO zunächst beschränkt auf die Phase 1 und befristet bis zum 31.12.XX.
Geschäftsführung und GBR sind sich darüber einig, dass zur Fortführung des MBO nach dem Jahre XX bzw. zur Ausdehnung des MBO gemäß Phase 2 die erneute Zustimmung des GBR erforderlich ist.

4. Erfolgsvoraussetzungen für MBO
Geschäftsführung und GBR sind sich einig, dass die erfolgreiche Realisierung des MBO davon abhängig ist, dass den Mitarbeitern hierfür die erforderlichen Rahmenbedingungen zur Verfügung stehen. Das bedeutet, dass MBO nicht nur „technisch" eingeführt wird, sondern u.a. auch
- ein zu MBO passender Führungsstil entwickelt wird,
- die Handlungsspielräume der Mitarbeiter deutlich erweitert werden,
- der Informationsfluss (auch auf technischer Basis) verbessert wird,
- das Kommunikationsverhalten gefördert wird,
- den MBO-Prozess unterstützende Strukturen geschaffen werden (flache Hierarchien, Delegation von Verantwortung und Kompetenzen ect.).

5. Team
Der durch die Mitarbeiterbefragungen nochmals bestätigten Tatsache, dass das „Einzelkämpfertum" in unserer Firma weit verbreitet ist, soll im Rahmen der MBO-Einführung entgegengewirkt werden. Zur Förderung des Teamgedankens soll deshalb in jeder Zielvereinbarung mindestens ein Ziel teambezogen sein.

6. Ziele
- Zielstufen: Für die Einführungsphase vereinbaren Geschäftsführung und GBR folgende Zielstufen:
  - Überschritten: > 109 %
  - Erreicht: 90–109%
  - Teilweise erreicht   70–89 %
  - Unterschritten   < 70 %

Nach erfolgreichem Abschluss der Einführungsphase kann bei Zustimmung von Geschäftsführung und GBR das vierstufige Zielerreichungsmodell zu einem fünfstufigen Zielerreichungsmodell ausgebaut werden.

((Forts.))

- Zielgewichtung: Die Ziele werden von Vorgesetzten und MitarbeiterInnen nach folgenden Stufen gewichtet: hoch – mittel – niedrig

- Zielanpassung: Während der Einführungsphase bleibt eine Korrektur der vereinbarten Ziele nicht auf den Ausnahmefall begrenzt. Jede Zielkorrektur bedarf einer schriftlichen Dokumentation.

- Vorgehen bei Uneinigkeit zwischen Vorgesetztem und Mitarbeiter im Zielvereinbarungs-, Status- und Zielerreichungsgespräch: Sofern Unstimmigkeiten zwischen Vorgesetztem und Mitarbeiter im Zielvereinbarungs-, Status- und Zielerreichungsgespräch nicht beigelegt werden können, ist ein Moderationsversuch unter Beteiligung eines Mitglieds der Personalabteilung und eines Betriebsratsmitglieds zu unternehmen, welche auch der Coachinggruppe angehören können. Ziel dieses Moderationsversuches ist, zwischen den beiden Standpunkten zu vermitteln und einen für beide Seiten tragfähigen Kompromiss auszuhandeln. Jede Uneinigkeit ist schriftlich der Personalabteilung, der Coachinggruppe und dem örtlichen Betriebsrat zu melden.

7. Coachinggruppe

Zur Betreuung der Mitarbeiter bei der Einführung des MBO wird eine Coachinggruppe gebildet. Sie wird die Mitarbeiter bei Schwierigkeiten im Umgang mit MBO unterstützen und beraten. Die Coachinggruppe hat ferner die Aufgabe, den MBO-Prozess aktiv zu begleiten und der MBO-Arbeitsgruppe durch Informationen und Ratschläge bei der weiteren Planung und Steuerung des MBO-Prozesses behilflich zu sein. Die Coachinggruppe setzt sich aus vier Mitgliedern zusammen, wovon zwei durch die Geschäftsführung und zwei durch den GBR bestimmt werden.

8. Umgang mit den MBO-Dokumenten Zielvereinbarungsbogen, Dokumentation des Statusgespräches und Zielerreichungsbogen

Die Dokumente Zielvereinbarungsbogen, Dokumentation des Statusgespräches und Zielerreichungsbogen verbleiben bei den Gesprächspartnern und werden weder in der Personalakte abgelegt noch an andere bzw. höhere Vorgesetzte weitergegeben. Das Zielerreichungsergebnis ist weder unmittelbar noch mittelbar Grundlage
- zur Bemessung leistungs- oder erfolgsorientierter Gehaltsbestandteile oder Prämien,
- von Beförderungs-, Versetzungs- oder Kündigungsentscheidungen.
Der Vorgesetzte hat die anfallenden Dokumente verschlossen an einem sicheren Ort aufzubewahren und darf sie nicht Dritten zur Verfügung stellen oder ihnen Einsicht gewähren. Die Dokumente sind nach vier Jahren zu vernichten. Die Mitarbeiter können die über sie vom Vorgesetzten im Rahmen des MBO-Prozesses gesammelten Dokumente jederzeit einsehen.

9. Weitere Regelungen

Bestandteil dieser Betriebsvereinbarung ist das MBO-Feinkonzept in seiner Fassung vom XX.

Abb. 11.16: Beispielhafte Betriebsvereinbarung

Eine Betriebsvereinbarung muss immer den betrieblichen Besonderheiten Rechnung tragen, deshalb ist es nicht zu empfehlen, diese Vereinbarung ohne intensive Prüfung zu übernehmen.

Der Vorstoß der Unternehmen, immer häufiger variable Vergütungssysteme einzuführen, ruft bei den Mitarbeitern ein zweigeteiltes Echo hervor:
- Jüngere Mitarbeiter finden die leistungsorientierten Vergütungen eher positiv,
- die Älteren unter den Mitarbeitern haben eher Vorbehalte dagegen.

In der nachstehenden Tabelle sind die Vor- und Nachteile der variablen Vergütung einander gegenübergestellt:

Vorteile	Nachteile
• leistungsgesrechte Bezahlung • Einkommensverbesserung • höhere Arbeitszufriedenheit des Einzelnen	• steigender Konkurrenzdruck • Neid und Missgunst • verschlechtertes Betriebsklima • Gefahr der Selbstausbeutung • Risikoabwälzung auf den Arbeitnehmer

Abb. 11.17: Vor- und Nachteile der variablen Vergütung

11.2.3 Deferred Compensation – Variante der betrieblichen Altersversorgung

Mit der zunehmenden Notwendigkeit, Eigenvorsorge für das Alter zu betreiben, gewinnen Formen der Deferred Compensation an Bedeutung in der betrieblichen Entgeltpolitik. Die Formen der **betrieblichen Altersvorsorge** sind vielfältig und gehen von der Direktzusage über Pensions- und Unterstützungskassen sowie Pensionsfonds bis zu Direktversicherungen.

Bei der Deferred Compensation wird ein Teil der Gesamtvergütung nicht sofort ausgezahlt – und damit nicht sofort versteuert –, sondern erst zum Eintritt in den Ruhestand. Die Besteuerung erfolgt erst zu diesem Zeitpunkt und damit in verringertem Umfang.

Ein Teil der Gesamtvergütung wird nicht sofort ausgezahlt, sondern erst zum Eintritt in den Ruhestand

Aufgrund des verminderten steuerpflichtigen Unternehmensertrags ergeben sich für das Unternehmen durch so genannte **Innenliquiditätseffekte** zusätzliche Möglichkeiten finanzieller und personeller Art, und zwar ohne zusätzliche Kostenbelastung.

Bei gleichem Aufwand des Unternehmens wird ein höherer Nettogesamtvergütungsbetrag erreicht.

Die Unternehmen nutzen hier den Umstand, dass die Gewährung von Deferred Compensation als betriebliche Altersversorgung im Unterschied zu Gehalt, Bonus und Tantieme **nicht publizitätspflichtig** ist, sie geht lediglich ein in die Summe der ausgewiesenen Pensionsrückstellungen, verhilft jedoch dem Unternehmen zu zusätzlicher Innenliquidität.

In der Regel werden die erworbenen Ansprüche des Mitarbeiters vom Arbeitgeber gewährt
• beim Eintritt in das Ruhestand,
• im Falle der Invalidität vor dem Erreichen des Rentenalters,
• im Todesfall für die Hinterbliebenen.

Möchte ein Unternehmen Deferred Compensation einführen, so muss es im Vorfeld die folgenden Fragen klären:

Wichtige Aspekte, die berücksichtigt werden müssen

• Welcher **Personenkreis** soll in das Modell aufgenommen werden (z.B. Lebens- bzw. Dienstalter, Funktion)?
• Welche **Vergütungselemente** sind umwandelbar (z.B. feststehendes Gehalt, variable Entgeltbestandteile, Gehaltserhöhungen)?

- Welche **vertraglichen Rahmenbedingungen** sind zu schaffen (z. B. Mitnahme-anspruch, Altersgrenze)?
- Welche **Leistungsarten** kommen in Betracht (z. B. mit/ohne Hinterbliebenen-versorgung)?
- Wie sollen die **Leistungen finanziert** werden (z. B. Rückstellungsbildung, Unterstützungskasse)?
- Wer übernimmt im Falle der **Insolvenz** des Unternehmens die Zahlung?
- Welche **Auszahlungsformen** (z. B. Kapital, Rente) sollen praktiziert werden?

Vorteil für die Mitarbeiter kann die mildere steuerliche Progression zum Zeit-punkt der Auszahlung, z. B. im Ruhestand sein. Daneben wird der so genannte Bruttozinseffekt veranschlagt. Während der Aufschubzeit wird der jeweils noch versteuerte Betrag zinsbringend angelegt.

Nachteile ergeben sich bei den Mitarbeitern, deren Gehalt die Beitrags-bemessungsgrenze für die gesetzliche Sozialversicherung unterschreitet. Es können dadurch Nachteile für den Anspruch auf die gesetzliche Rente ent-stehen, weil Deferred Compensation kein beitragspflichtiges Entgelt für die Sozialversicherung darstellt.

Deferred Compensa-tion stellt kein beitragspflichtiges Entgelt für die Sozial-versicherung dar

Es ist zu empfehlen, **Regelungen für den Fall eines Firmenaustritts** zu treffen. Die bis dahin aufgelaufene Summe könnte im Unternehmen stehen bleiben, jährlich weiter angepasst und dann ausgezahlt werden, wenn der Mitarbeiter berufs- oder erwerbsunfähig wird, in den Ruhestand tritt oder stirbt.

 Bei Deferred Compensation ist es notwendig, genaue Berechnungs-modelle für die verschiedenen Mitarbeiterfälle im Unternehmen zu betrachten.

11.2.4 Einführung von variablen Entgeltsystemen

Einige Beispiele variabler Einkommenssysteme wurden nun vorgestellt. Generell muss man sagen, es gibt wenige Modelle, die eins zu eins auf einen Betrieb übertragbar sind. Jedes Unternehmen hat spezifische Gegebenheiten, die bei der Einführung von solchen Systemen individuelle Vorgehensweisen erfordern.

Individuelle Vorgehensweisen erforderlich

Außerdem stellt die Einführung eines neuen Entgeltsystems ein umfang-reiches Projekt dar. Es sollte im Unternehmen zur „Chefsache" erklärt werden und demnach nur von Unternehmensleitung und Betriebsrat gemeinsam ange-gangen werden.

Leider zeigt die Erfahrung, dass häufig Fehler bei der Einführung gemacht werden, die dann nicht den gewünschten Erfolg für das Unternehmen und die Mitarbeiter bringen, z. B.:
- keine oder schlechte Informationspolitik im Unternehmen
- Mitarbeiter und Betriebsräte werden nicht in den Prozess einbezogen
- unzureichende und fehlende Motivation bzw. Fähigkeit von Vorgesetzen
- Konzept wird unternehmensweit umgesetzt, ohne dass vorher ein Pilot-projekt zur Erfahrungssammlung konzipiert wurde

Wird das neue System ausschließlich unter dem Blickwinkel „Personalkosten senken" im Unternehmen eingeführt, werden das die Mitarbeiter schnell erkennen. Schlechtes Betriebsklima und mangelnde Motivation werden das Entgeltsystem scheitern lassen.

→ *Das neue variable Entgeltsystem sollte ständig kontrolliert und veränderten Gegebenheiten angepasst werden.*

Die Bildung eines Ausschusses (Arbeitgeber und Betriebsrat), der das Projekt ständig begleitet, ist empfehlenswert. So können auch auftretende Konfliktfälle schnell gelöst werden, bevor sie größeren Schaden anrichten.

Betriebsvereinbarung, damit Mitarbeiter Ansprüche geltend machen können

Wünschenswert ist, dass im Unternehmen Betriebsvereinbarungen zu dem Thema „Entgeltsystem" getroffen werden, da die Mitarbeiter ansonsten keinen individuellen Anspruch geltend machen können.

Die folgenden Inhaltspunkte einer Betriebsvereinbarung wurden hauptsächlich der Fachzeitschrift „Arbeitsrecht im Betrieb" (2/94, S. 101) entnommen und lassen sich selbstverständlich noch ergänzen:

Checkliste

Arbeitszeit
- Sind die Ziele innerhalb der gesetzlichen Arbeitszeit möglich?
- Sind bei der Zielvereinbarung Erholzeiten, Abwesenheitszeiten, Verwaltungszeiten etc. berücksichtigt?
- Führt das neue System über Arbeitsintensivierung zum Abbau von Arbeitsplätzen?
- Werden Dauer und/oder Lage der Arbeitszeiten beeinflusst?

Einkommen
- Wie hoch ist der leistungsabhängige Anteil des gesamten Einkommens im Vergleich zum Tarifgehalt?
- Wie stark schwankt der leistungsbezogene Einkommensanteil?
- Wie wird „Minderleistung" (verschuldete/unverschuldete) geregelt?
- Wie werden Ausfallzeiten geregelt?
- Werden Tariferhöhungen angerechnet?
- Werden Sozialleistungen in variable Einkommen gewandelt?

Einkommensgerechtigkeit
- Wer erhält Leistungsvergütungen im Unternehmen?
- Werden individuelle Leistungsschwankungen berücksichtigt?
- Wie ist die Verteilung der Leistungsvergütungen bei Leistungsbeurteilungen geregelt?
- Werden Besitzstände gewahrt?

Gesundheit
- Wurden die persönlichen Leistungsvoraussetzungen berücksichtigt?
- Wurde ein finanzieller Anreiz zu sozial und gesundheitlich schädlicher Mehrleistung geschaffen?
- Kommen die Beschäftigten nur bei Höchstleistungen auf einen nennenswerten Mehrverdienst?
- Werden Pausen eingehalten?   *((Forts.))*

Leistung
- Ist die Leistung messbar oder nur subjektiv beurteilbar?
- Ist die Beurteilung der Leistung nachvollziehbar?
- Wie wird die Basisleistung ermittelt?
- Sind Erfahrungswerte vom Vorjahr vorhanden?

Mitbestimmung
- Hat der Betriebsrat die Bezugsgrundlagen überprüft?
- Wie werden Streitigkeiten geregelt?
- Werden die Leistungsgrößen überprüft und angepasst?
- Ist das Entgeltsystem transparent? Können die Mitarbeiter ihre Vergütung selbst errechnen?

Abb. 11.18: Checkliste zur Betriebsvereinbarung (vgl. Arbeitsrecht im Betrieb, 2/94, S. 101)

11.3 MITBESTIMMUNG UND MITWIRKUNGSMÖGLICHKEITEN DES BETRIEBSRATES

Grundsätzlich hat der Arbeitgeber die Entscheidung zu treffen, ob ein variables Vergütungssystem eingeführt wird oder nicht. Auch die Festlegung des Entgelttopfes sowie die Festlegung des Zieles, das mit der Einführung des Systems verfolgt wird, und die Bestimmung des beteiligten Personenkreise ist Sache des Arbeitgebers.

Mitspracherecht der Arbeitnehmer

Es stellt sich die Frage, welche Möglichkeiten das deutsche Betriebsverfassungsgesetz für die Arbeitnehmer bietet, die Entwicklungen zu beeinflussen, um zu einer beide Seiten (Arbeitgeber und Arbeitnehmer) befriedigenden Lösung zu kommen.

Dem **Betriebsrat** steht für variable Entgeltsysteme ein **umfassendes Mitbestimmungsrecht** zu. Hier finden die §§ 87 Abs. 1 Nr. 10/11 Anwendung:

Gemäß **§ 87 Abs. Nr. 10 BetrVG** hat der Betriebsrat, soweit eine gesetzliche oder tarifliche Regelung nicht besteht, in folgenden Angelegenheiten mitzubestimmen:

> *„Fragen der betrieblichen Lohngestaltung, insbesondere die Aufstellung der Entlohnungsgrundsätze und die Einführung und Anwendung von neuen Entlohnungsmethoden sowie deren Änderung." (§ 87 Abs. Nr. 10 BetrVG)*

Durch dieses umfangreiche Mitbestimmungsrecht soll für Arbeitnehmer sichergestellt werden, dass sie vor einseitig am Interesse des Unternehmens orientierten oder willkürlichen Lohngestaltungen geschützt werden. Es geht also um die **innerbetriebliche Lohngerechtigkeit**.

Unter „Lohn" ist das Arbeitsentgelt zu verstehen, und zwar im weitesten Sinne. Es fallen darunter alle Leistungen des Arbeitgebers mit Entgeltcharakter, hierzu zählen also auch außer- und übertarifliche Zulagen, wie z. B. Prämien für Außendienstmitarbeiter, Leistungsprämien und Gratifikationen etc.

Alle Leistungen des Arbeitgebers mit Entgeltcharakter

Es kommt nicht darauf an, ob es sich um Geld- oder Sachleistungen handelt. Ebenso wenig kommt es darauf an, für welchen Zeitraum die Zahlungen erbracht werden. Auch Einmalzahlungen können dem Mitbestimmungsrecht unterliegen.

Gemäß **§ 87 Abs. 1 Nr. 11 BetrVG** hat der Betriebsrat, soweit eine gesetzliche oder tarifliche Regelung nicht besteht, in folgenden Angelegenheiten mitzubestimmen:

 „Festsetzung der Akkord- und Prämiensätze und vergleichbarer leistungsbezogener Entgelte, einschließlich der Geldfaktoren."
(§ 87 Abs. 1 Nr. 11 BetrVG)

§ 87 Abs. 1 Nr. 10 BetrVG bezieht sich weder unmittelbar noch mittelbar auf die Bestimmung der Lohnhöhe. Das Mitbestimmungsrecht erfasst jedoch die Festlegung aller Bezugsgrößen, die für die Ermittlung und Berechnung des leistungsbezogenen Entgelts von Bedeutung sind.

Damit erhält der Betriebsrat die Möglichkeit, zwar nicht im Einzelfall, aber zumindest generell über Entgeltsätze die Lohnhöhe mitzubestimmen.

Betriebsrat kann zwar nicht im Einzelfall, aber generell über Entgeltsätze die Lohnhöhe mitbestimmen

Im Zusammenhang mit der Einführung und Anwendung von leistungs- und erfolgsorientierten Vergütungssystemen können **weitere Beteiligungsrechte** ausgelöst werden:

- § 77 BetrVG: Durchführung gemeinsamer Betriebsvereinbarungen
- § 80 Abs. 2 BetrVG: Einsicht in Entgeltlisten
- § 80 Abs. 3 BetrVG: Hinzuziehung von Sachverständigen
- § 82 BetrVG: Anhörungs- und Erörterungsrecht des Arbeitnehmers zur Gestaltung von Arbeitsplatz und -ablauf, zur Beurteilung seiner Leistungen
- § 84 BetrVG: Recht auf formelle Beschwerde beim Arbeitgeber
- § 85 BetrVG: Recht auf formelle Beschwerde beim Betriebsrat
- § 87 BetrVG: Lage der Arbeitszeit
- § 92 BetrVG: Personalplanung
- § 94 BetrVG: Personalfragebogen, Beurteilungsgrundsätze
- § 37 Abs. 2 BetrVG: Vergütung des Betriebsrates

12 SOZIALVERSICHERUNG ANWENDEN

12.1 DIE SOZIALVERSICHERUNG

Die deutsche Sozialversicherung ist in Etappen entstanden. Der Beginn geht auf einen Anstoß Bismarcks zurück. Mit der kaiserlichen Botschaft Wilhelms I. vom 17. November 1881 wurde der Aufbau der Arbeiterversicherung eingeleitet: Die Arbeiter sollten gegen Krankheit, Unfall, Invalidität und materielle Not im Alter versichert werden; sie sollten einen Rechtsanspruch auf die Leistungen haben und die Versicherung sollte auf der Grundlage der Selbstverwaltung durchgeführt werden.

Sozialversicherung hat immer mehr an Bedeutung gewonnen

Seitdem hat die Sozialversicherung an Bedeutung gewonnen, es wurden immer weitere Versicherungsarten entwickelt, z. B.:
- 1883: Krankenversicherung
- 1884: Unfallversicherung
- 1889: Rentenversicherung der Arbeiter
- 1911: Rentenversicherung der Angestellten
- 1923: Knappschaftsversicherung
- 1927: Arbeitslosenversicherung
- 1994: Pflegeversicherung

Heute werden **jährlich ca. 680 Milliarden Euro** in die Sozialversicherung investiert. Sie gliedert sich in fünf Versicherungszweige:
- Krankenversicherung,
- Unfallversicherung,
- Arbeitslosenversicherung,
- Rentenversicherung
- und Pflegeversicherung.

Diese Versicherungszweige sind selbstständig und voneinander völlig unabhängig. Sie haben alle spezifische Aufgaben, die von Versicherungsträgern wie Krankenkassen, Berufsgenossenschaften, Bundesagentur für Arbeit etc. erledigt werden. Zusammen betrachtet bilden sie jedoch ein soziales Netz, in dem alles miteinander zusammenhängt.

Versicherungszweige sind selbstständig und voneinander unabhängig

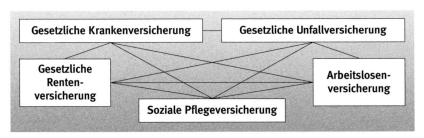

Abb. 12.1: Das soziale Netz

Die einzelnen Versicherungen im Überblick:

- **Krankenversicherung** für die Gesundheit:
  Die Krankenversicherung ist nach regionalen und betrieblichen Gesichtspunkten gegliedert. Die Krankenkassen stellen Leistungen, z.B. bei Krankheit, Mutterschaft etc. bereit.

- **Unfallversicherung** für Arbeitsunfälle:
  Es gibt viele Versicherungsträger, z.B. die Berufsgenossenschaften (BG). Diese sind jeweils für bestimmte Wirtschaftszweige zuständig, z.B. Einzelhandels-BG, Verwaltungs-BG. Sie stellen Leistungen bei Arbeitsunfällen bereit.

- **Rentenversicherung** für den Ruhestand:
  Es gibt eine Rentenversicherung der Angestellten, sie wird von der Bundesversicherungsanstalt für Angestellte (BfA) in Berlin ausgeführt. Zusätzlich gibt es eine Rentenversicherung für Arbeiter, hier ist die Landesversicherungsanstalt für Arbeiter (LVA) zuständig. Diese Anstalten arbeiten auf regionaler Ebene. Sie stellen ebenfalls eine Vielzahl von Leistungen zur Verfügung, z.B. Kur, Rente etc.

- **Arbeitslosenversicherung** für erwerbslose Zeiten:
  Die Arbeitslosenversicherung ist eine Aufgabe der Bundesagentur für Arbeit. Ihr Sitz ist in Nürnberg. Sie wird in den Ländern durch Regionaldirektionen und auf der örtlichen Ebene durch „Agenturen für Arbeit" vertreten. Diese Agenturen stellen Leistungen, wie z.B. Berufsberatung, Arbeitsvermittlung etc. bereit.

- **Pflegeversicherung** für die Pflege:
  Durch die Pflegeversicherung wird eine Vielzahl von Menschen gegen das Risiko der Pflegebedürftigkeit abgesichert. Die Pflegekassen setzen diese Aufgabe um. Sie wurden aus ökonomischen Gründen bei der Krankenkasse eingerichtet. Dennoch stellt diese Versicherung einen eigenen Versicherungszweig dar.

12.2 SELBSTVERWALTUNG UND IHRE ORGANE

Die Sozialversicherung wird auf der Grundlage der **Selbstverwaltung** geführt. Das bedeutet: Die Selbstverwaltung wird durch die mit gewählten Vertretern der Versicherten und der Arbeitgeber besetzten Organe (Vertreterversammlung und Vorstand) und deren Ausschüsse sowie in Widerspruchs- und Rentenausschüssen ausgeübt.

Die Versicherten und Arbeitgeber haben in den Selbstverwaltungsorganen je die Hälfte der Sitze. Es wird daher auch gerne von **„paritätischer Selbstverwaltung"** gesprochen. Die Selbstverwaltung der Ersatzkassen besteht jedoch nur aus Vertretern der Versicherten.

Bei den **Kranken- und Pflegekassen** übernimmt ein **Verwaltungsrat** das „Zepter". Dieser besteht aus bis zu 30 ehrenamtlichen Mitgliedern, die paritätisch von Versicherten und von den Arbeitgebern gewählt werden. Der Verwaltungsrat ist ein legislatives Organ und entscheidet z.B. über die Höhe des Beitrages oder stellt den Haushaltsplan auf.

Der Verwaltungsrat bestellt zudem einen **hauptamtlichen Vorstand**, der exekutiv arbeitet. Er besteht in der Regel aus bis zu zwei, bei einer Kassengröße von mehr als einer halben Million Mitgliedern aus höchstens drei Personen. Der Vorstand verwaltet die Kasse und vertritt sie gerichtlich und außergerichtlich. Die Arbeit wird vom Verwaltungsrat überwacht.

Der Vorstand vertritt die Kasse gerichtlich und außergerichtlich

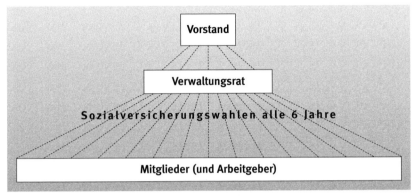

Abb. 12.2: Organe der Krankenkassen

12.3 KRANKENVERSICHERUNG

12.3.1 Wer wird versichert?

Alle Arbeiter, Angestellten und Auszubildenden sind in der Krankenversicherung **pflichtversichert**, solange ihr Arbeitsentgelt die Versicherungspflichtgrenze nicht übersteigt. Unter bestimmten Voraussetzungen sind auch Rentner, Arbeitslose und Studierende pflichtversichert.

Pflichtgrenze ist identisch mit der Beitragsbemessungsgrenze

Liegen Arbeitnehmer mit ihrem Verdienst über der Versicherungspflichtgrenze, sind diese krankenversicherungsfrei. Diese Pflichtgrenze ist identisch mit der Beitragsbemessungsgrenze.

Die Beitragsbemessungsgrenze in der Krankenversicherung liegt 2004 bei 41.850 € p.a. bzw. 3.487,50 € monatlich. Bis zu dieser Höhe werden maximale Beiträge in der gesetzlichen Krankenversicherung berechnet.

 Die Beitragsbemessungsgrenze entsprach bis 2002 der Krankenversicherungspflichtgrenze, seit 2003 sind beide Werte unterschiedlich.

Die Krankenversicherungspflichtgrenze (Jahresarbeitsentgeltgrenze) lag für Arbeitnehmer, die zum 31.12.2002 **gesetzlich** versichert waren, bei 46.350 € p.a. bzw. 3.862 € monatlich.

Gesetzlich versicherte Arbeitnehmer mit einem Bruttojahreseinkommen über der Versicherungspflichtgrenze können in die **private Krankenversicherung** wechseln, und zwar erstmalig zum Ende des Kalenderjahres, in welchem die Pflichtgrenze überschritten wird.

Für Selbstständige,
Freiberufler und
Beamte hat die
Versicherungspflicht-
grenze keine
Auswirkungen

Die Krankenversicherungspflichtgrenze (Jahresarbeitsentgeltgrenze) lag für Personen, die zum 31.12.2002 bereits **privat** versichert waren, bei 41.850 € p. a. bzw. 3.487,50 € monatlich.

Für Selbstständige, Freiberufler und Beamte hat die Versicherungspflichtgrenze keine Auswirkungen. Ein Wechsel in die Privatkrankenkasse ist unabhängig vom Einkommen möglich.

12.3.2 Aufgaben und Leistungen der Krankenversicherung

Die Aufgabe der Krankenversicherung besteht darin, die Gesundheit zu erhalten, wiederherzustellen oder zu verbessern, so steht es im Sozialgesetzbuch.

Die **Leistungen der Krankenversicherung** haben ihre Grundlage im fünften Buch des Sozialgesetzbuches. Solche Leistungen sind beispielsweise:

* ärztliche Behandlung
* Arznei- und Verbandmittel
* Empfängnisverhütung
* Früherkennung von Krankheiten
* Haushaltshilfe
* Krankengeld
* Krankengeld bei Erkrankung eines Kindes
* Leistungen zur Rehabilitation
* Schwangerschafts- und Mutterschaftsleistungen einschließlich Mutterschaftsgeld
* zahnärztliche Behandlung

Krankengeld wird
gezahlt, wenn der
Versicherte krank und
deshalb arbeits-
unfähig ist

Auf die wichtige Leistung des **Krankengeldes** wird an dieser Stelle etwas näher eingegangen. Krankengeld wird gezahlt, wenn der Versicherte krank und deshalb arbeitsunfähig ist. Für die ersten sechs Wochen wird den Arbeitnehmern in der Regel das Entgelt vom Betrieb weitergezahlt.

Danach übernimmt die Krankenkasse. Sie zahlt als Krankengeld **70% des durch Arbeitsunfähigkeit entgangenen regelmäßigen Arbeitsentgelts**, soweit es der Beitragsberechnung unterliegt, höchstens jedoch 90% des entgangenen Nettoarbeitsentgelts.

Anspruch auf Krankengeld besteht **ohne zeitliche Begrenzung**, für den Fall der Arbeitsunfähigkeit wegen derselben Krankheit jedoch für längstens 78 Wochen innerhalb von je drei Jahren, gerechnet vom Tage des Beginns der Arbeitsunfähigkeit an. Bei Hinzutreten einer weiteren Krankheit während der Arbeitsunfähigkeit wird die Leistungsdauer nicht verlängert. Vom Krankengeld werden noch Beiträge zur Renten-, Arbeitslosen- und Pflegeversicherung abgezogen.

Während der ersten vier Wochen einer Beschäftigung muss der Arbeitgeber keine Entgeltfortzahlung leisten. Wenn in dieser „Wartezeit" Arbeitsunfähigkeit eintritt, zahlt die Krankenkasse in der Regel Krankengeld. Bei fortdauernder Arbeitsunfähigkeit beginnt die Entgeltfortzahlung mit der fünften Woche der Beschäftigung.

12.4 Unfallversicherung

12.4.1 Wer wird versichert?

In der Unfallversicherung sind alle Arbeitnehmer und Auszubildenden versichert, und zwar unabhängig davon, wie hoch das Arbeitsentgelt und die Dauer des Arbeitsverhältnisses ist. Der Versicherungsschutz gilt auch für geringfügig oder kurzfristig Beschäftigte.

Freiberufler und Selbstständige sowie Unternehmer können sich privat versichern.

Versicherungsschutz gilt auch für geringfügig oder kurzfristig Beschäftigte

12.4.2 Aufgaben und Leistungen der Unfallversicherung

Aufgabe der Unfallversicherung ist es, Unfälle zu verhüten. Diese Aufgabe wird in enger Zusammenarbeit mit den Betrieben erfüllt.

Die **Leistungen** im Überblick:
- Verhütung von Arbeitsunfällen, Berufskrankheiten
- Heilbehandlung durch Unfallärzte
- berufliche Rehabilitation
- Sterbegeld
- Hinterbliebenenrente

12.5 Arbeitslosenversicherung

12.5.1 Wer wird versichert?

Grundsätzlich werden in der Arbeitslosenversicherung alle Arbeitnehmer, auch Auszubildende pflichtversichert. Selbstständige und Beamte unterliegen nicht der Versicherungspflicht. Es ist nicht möglich, sich freiwillig in der Arbeitslosenversicherung zu versichern.

Es ist nicht möglich, sich freiwillig in der Arbeitslosenversicherung zu versichern

12.5.2 Aufgaben und Leistungen der Arbeitslosenversicherung

Die Aufgaben sind vielschichtig. Ziel ist es, die Arbeitslosigkeit zu verhindern, bei Arbeitslosigkeit den Menschen Arbeitsplätze zu vermitteln und sie finanziell abzusichern.

Die Leistungen im Überblick:
- Arbeitsvermittlung
- Berufsberatung
- berufliche Qualifizierung
- Arbeitslosengeld

12.6 Rentenversicherung

12.6.1 Wer wird versichert?

In der Rentenversicherung sind alle Arbeitnehmer pflichtversichert, und zwar unabhängig von der Höhe des Verdienstes. Das Gleiche gilt für Auszubildende,

Wehr- und Zivildienstleistende. Von den Selbstständigen sind nur bestimmte Gruppierungen pflichtversichert.

 Es ist möglich, dass sich Selbstständige freiwillig in der Rentenversicherung versichern.

12.6.2 Aufgaben und Leistungen der Rentenversicherung

Bei Bedarf Rehabilitationsmaßnahmen

Die Aufgabe der Rentenversicherung ist es, den Menschen auch im Ruhestand annähernd ihren **Lebensstandard** zu **erhalten**.

Ein weiteres Ziel ist es, die **Arbeitskraft** zu **erhalten**. Es können bei Bedarf Rehabilitationsmaßnahmen in Anspruch genommen werden.

Die Leistungen im Überblick:
• Altersrenten
• Hinterbliebenenrenten
• Renten wegen Berufs- und Erwerbsunfähigkeit
• Rehabilitationsmaßnahmen

Die **Rentenhöhe** ist grundsätzlich davon abhängig, wie lange und in welcher Höhe der Versicherte Beiträge in die gesetzliche Rentenversicherung eingezahlt hat.

12.7 PFLEGEVERSICHERUNG

12.7.1 Wer wird versichert?

Alle Bundesbürger werden Mitglieder der Pflegeversicherung, wenn sie der gesetzlichen Krankenversicherung angehören.

Personen, die privat krankenversichert sind, müssen sich auch privat pflegeversichern.

12.7.2 Aufgaben und Leistungen der Pflegeversicherung

Selbstversorgungsfähigkeit erhalten oder reaktivieren

Die Aufgabe der Pflegeversicherung ist es, pflegebedürftige Menschen zu unterstützen. Das bedeutet konkret, es wird versucht, die vorhandene **Selbstversorgungsfähigkeit** zu erhalten und sie, wenn diese verloren gegangen ist, zu reaktivieren. Die Pflege kann sowohl zu Hause als auch stationär erfolgen.

Die Leistungen im Überblick:
• Pflegegeld
• häusliche Pflegehilfe
• Tages- und Nachtpflege
• Pflegekurse für Angehörige und ehrenamtliche Pflegepersonen

Welche Leistungen die Pflegebedürftigen erhalten, richtet sich nach der **Hilfsbedürftigkeit**. Um diese festlegen zu können, gibt es **drei Pflegestufen**. Der medizinische Dienst der jeweiligen Krankenversicherung stellt fest, ob und in welchem Umfang der Einzelne pflegebedürftig ist.

12.8 DIE VERSICHERUNGSPFLICHT

Grundsätzlich sind Arbeitnehmer versicherungspflichtig. Die Versicherungspflicht tritt ein, sobald der Arbeitnehmer einer Beschäftigung nachgeht, für die er **Arbeitsentgelt** erhält. Voraussetzung: Zwischen Arbeitnehmer und Arbeitgeber muss ein **abhängiges Beschäftigungsverhältnis** bestehen. Bei freier Mitarbeit oder selbstständiger Tätigkeit besteht deshalb keine Versicherungspflicht.

Keine Versicherungspflicht bei freier Mitarbeit oder selbstständiger Tätigkeit

 Der Versicherungsschutz für den abhängig beschäftigen Arbeitnehmer besteht auch dann, wenn der Arbeitgeber seiner Verpflichtung, den Arbeitnehmer anzumelden und die Beiträge für ihn zu bezahlen, nicht nachkommt.

Die Sozialversicherung unterscheidet seit jeher zwischen Angestellten und Arbeitern. Heute findet man allerdings in vielen Branchen nur noch den Begriff des **Arbeitnehmers**. Ein Beispiel für diese Entwicklung ist die Krankenversicherung: Die Versicherungspflichtgrenze gilt seit 1989 und die freie Kassenwahl seit 1996 für alle Arbeitnehmer.

Die Angestellten nehmen in der Rentenversicherung noch eine Sonderstellung ein, weil sie einer eigenständigen Rentenversicherung (Bundesversicherungsanstalt für Arbeit) angehören.

Entscheidend für die Differenzierung zwischen Angestellten und Arbeitern ist die **Art der Tätigkeit**. Angaben hierzu liefert das Gesetz, ein Berufsgruppenkatalog und Tarifverträge. Wenn die Tätigkeit eines Arbeitnehmers beispielsweise überwiegend durch geistige, leitende oder beaufsichtigende Tätigkeit geprägt ist, wird der Arbeitnehmer als Angestellter geführt. Bei Berufen, in denen gemischte Tätigkeiten verrichtet werden, ist entscheidend, welche Tätigkeit das Gesamtbild des Arbeitsverhältnisses prägt, und zwar bezogen auf Qualität und Quantität.

Beispiel

Das Bundessozialgericht hat sich mit dem Berufsbild von Maurerpolier, Masseur, Schwimmmeister und Verkaufsfahrer befasst und kam zu dem Ergebnis, dass alle Tätigkeiten, obwohl sie gemischt sind, Angestelltenberufe darstellen.

Es gibt Arbeitnehmer, die **versicherungsfrei** sind. Wer versicherungsfrei ist, muss keine Beiträge zahlen und bekommt auch keine Leistungen. Diese Arbeitnehmer werden vom Betrieb nicht angemeldet, mit Ausnahme der geringfügig Beschäftigten.

Versicherungsfreiheit bedeutet:
- keine Beiträge
- keine Meldungen
- keine Leistungen

Folgende **Arbeitnehmergruppen** sind **versicherungsfrei**:
- höher verdienende Arbeitnehmer sind krankenversicherungsfrei;
- geringfügig Beschäftigte sind versicherungsfrei;

Versicherungsfreiheit:

• höher Verdienende
• geringfügig Beschäftigte
• Studierende
• Beamte
• Sonstige

• Aushilfsarbeit ist versicherungsfrei, wenn sie nicht berufsmäßig ausgeübt wird und wenn sie auf längstens zwei Monate oder 50 Arbeitstage befristet ist;

• Beamte sind versicherungsfrei;

• Schüler, Bezieher der vollen Erwerbsminderungsrente, ältere Arbeitnehmer ab 65 Jahren etc. sind arbeitslosenversicherungsfrei;

• Studierende sind in der Kranken-, Pflege- und Arbeitslosenversicherung in einem Studentenjob versicherungsfrei, wenn sie nicht mehr als 20 Stunden in der Woche arbeiten. In der Rentenversicherung besteht Versicherungspflicht.

Bei den höher Verdienenden wird die Beitragsbemessungsgrenze bei 75 % zur Rentenversicherung gezogen. Wer mit seinem Verdienst über der Grenze liegt, ist krankenversicherungsfrei. Die Pflichtgrenze passt sich den jährlichen Entgeltentwicklungen an und ändert sich jedes Jahr.

12.9 DAS ARBEITSENTGELT

Das Arbeitsentgelt stellt in der Sozialversicherung eine wichtige Größe dar. Nach ihm richtet sich sowohl die Höhe der Beiträge, die Arbeitnehmer und Arbeitgeber für die Sozialversicherung zahlen müssen, als auch die Höhe von Arbeitslosengeld, Rente oder Krankengeld.

Beim Arbeitsentgelt wird zwischen laufendem und einmalig gezahltem Arbeitsentgelt unterschieden:

• Das **laufende Arbeitsentgelt** wird dem Arbeitnehmer für die Arbeit in einem bestimmten Abrechnungzeitraum gezahlt, hierzu gehören auch Zuschläge, Zuschüsse und Zulagen, die zusätzlich zu den laufenden Bezügen gezahlt werden (z. B. Überstundenzuschläge).
  Unerheblich ist, ob diese monatlich oder in einem anderem Abstand gezahlt werden.

• Das **einmalig gezahlte Entgelt** wird aus einem bestimmten Anlass gezahlt, wie Weihnachten, Jubiläum, Urlaub etc. Diese Zuwendungen sind in der Sozialversicherung beitragspflichtig.

Um das **Jahresarbeitsentgelt** zu **berechnen**, müssen alle Bezüge des laufenden Jahres berücksichtigt werden, also sowohl das laufende Monatsentgelt als auch alle einmaligen Sonderzahlungen (Weihnachtsgeld etc.). Es werden immer die **Bezüge der nächsten 12 Monate** berechnet.

Die Formel lautet:

Monatsentgelt · 12 + einmalige Sonderzahlungen = Jahresentgelt

Die **unregelmäßigen Bezüge**, die **Familienzuschläge** sowie die Bezüge, die im Sinne von Sozialversicherung **kein Arbeitsentgelt** darstellen, werden **nicht mitgerechnet**.

Das Jahresentgelt wird zu Beginn der Beschäftigung und dann bei jeder Gehalts-änderung ermittelt.

Monatsverdienst:	2.900,00 €
Familienzuschläge	125,00 €
Überstundenpauschale	200,00 €
Weihnachtsgeld	1.450,00 €
Urlaubsgeld	725,00 €

Jahresarbeitsentgelt:

Monatsverdienst · 12	=	34.800,00 €
Überstundenpauschale · 12	=	2.400,00 €
Weihnachtsgeld		1.450,00 €
Urlaubsgeld		725,00 €
		39.375,00 €

Hiervon berechnet sich dann die Höhe von KV, PV, RV und ALV.

Wird die Pflichtgrenze eines Arbeitnehmers bereits bei Beschäftigungsbeginn überschritten, ist dieser von Beginn an versicherungsfrei. Wird sie während der Beschäftigungsdauer überschritten, wird der Arbeitnehmer erst ab 1. Januar des nächsten Jahres versicherungsfrei, sofern sein Gehalt die neue Grenze übersteigt.

12.10 DIE BEITRÄGE

Die **Sozialversicherung** wird **durch Beiträge finanziert**. Die Aufwendungen zur gesetzlichen Renten-, Arbeitslosen-, Kranken- und Pflegeversicherung tragen Arbeitgeber und Arbeitnehmer je zur Hälfte. Die Aufwendungen der **gesetzlichen Unfallversicherung** trägt der **Arbeitgeber** allein.

Beitragszahlungen:
• Arbeitnehmer 1/2
• Arbeitgeber 1/2

Die **Beitragshöhe** in der Kranken-, Pflege-, Renten- und Arbeitslosenversicherung berechnet sich als bestimmter **Prozentsatz vom Entgelt**. Hier gilt also der Grundsatz: Wer mehr verdient, zahlt auch mehr – allerdings nur bis zur Beitragsbemessungsgrenze. Diese wird jährlich an die Einkommensentwicklung angepasst.

 Die Beitragssätze in der Pflege-, Renten- und Arbeitslosenversicherung werden bundeseinheitlich per Gesetz festgelegt.

Die jeweils aktuelle Höhe dieser Beitragssätze erfahren Sie von Ihrer Krankenkasse.

In der **gesetzlichen Krankenversicherung** sind die **Beitragssätze nicht einheitlich**. Sie richten sich bei jeder einzelnen Kasse – hierzu gehören allgemeine

Ortskrankenkassen (AOK), Ersatzkassen (EK), Innungskrankenkassen (IKK) und Betriebskrankenkassen (BKK) – nach dem Kreis der Versicherten, der Inanspruchnahme durch die Versicherten und deren durchschnittlichem Grundlohn sowie der Inanspruchnahme oder den Zahlungen aus dem unter allen Krankenkassen durchzuführenden **Risikostrukturausgleich**.

12.11 Die Meldungen

Alle **wichtigen Veränderungen,** die einen Arbeitnehmer betreffen, wie Betriebswechsel, Ausscheiden aus dem Berufsleben, Arbeitsunterbrechungen, **müssen gemeldet werden.** Diese Meldungen benötigen die Versicherungsträger, um handlungsfähig zu sein.

Die Meldungen werden vom Betrieb ausgefüllt und bei der Krankenkasse eingereicht. Die Krankenkasse gibt die Meldungen an die Versicherungsträger weiter.

Der Arbeitnehmer bekommt vom **Rentenversicherungsträger** eine **Versicherungsnummer**, die in seinem gesamten Versicherungsleben Gültigkeit hat. Sie besteht aus 11 Ziffern und einem Buchstaben und ist folgendermaßen aufgebaut:

1–2:	Bereichsnummer der Vergabeanstalt
3–8:	Geburtsdatum des Versicherten
9:	Anfangsbuchstabe des Geburtsnamens
10–11:	Seriennummer
12:	Prüfziffer

Jeder Arbeitnehmer bekommt einen **Sozialversicherungsausweis**. Dieser Ausweis wird vom Rentenversicherungsträger ausgestellt und weist nur wenige persönliche Daten, wie Versicherungsnummer, Familienname und Vorname auf. Der Arbeitnehmer muss den Ausweis jeweils zu Beginn einer Beschäftigung dem Arbeitgeber vorlegen.

Der Sozialversicherungsausweis gilt als **Instrument zur Bekämpfung der Schwarzarbeit**. Deshalb müssen Arbeitnehmer in davon besonders betroffenen Branchen – Gaststätten, Baugewerbe – diesen täglich mit sich tragen.

Die Meldung erfolgt jeweils auf einem Formular namens „**Meldung zur Sozialversicherung**", welches die Betriebe von den Krankenkassen erhalten. Hier werden verschiedene **Informationen verschlüsselt** eingetragen, z. B. die Staatsangehörigkeit, der Abgabegrund, Angaben zur Tätigkeit, die Personengruppe und die Beitragsgruppe.

Das Formular wird dreifach ausgefertigt: Eine Ausfertigung erhält die Krankenkasse, eine der Arbeitgeber und eine der Arbeitnehmer.

Wenn ein Arbeitnehmer seine Tätigkeit in einem Betrieb beginnt, so ist dessen **Anmeldung innerhalb von zwei Wochen** bei der Krankenkasse einzureichen.

Am Ende eines Kalenderjahres werden die **Jahresmeldungen** für alle Arbeitnehmer eines Betriebes gefertigt. Hierin bescheinigt der Betrieb das beitrags-

Die Meldungen werden vom Betrieb an die Krankenkasse und von dort an die Versicherungsträger gegeben

Anmeldung innerhalb von zwei Wochen

pflichtige Bruttoentgelt und die Beschäftigungszeit im abgelaufenen Kalenderjahr. Die Rentenversicherung fertigt anhand dieser Jahresmeldungen ein **Rentenkonto für jeden einzelnen Beschäftigten** an. Das ist die Basis für die späteren Rentenberechnungen.

Rentenkonto als Basis für die späteren Rentenberechnungen

 Die Einreichungsfrist für die Jahresmeldungen des Vorjahrs endet am 15. April des Folgejahres.

Scheiden Arbeitnehmer aus dem Betrieb aus, so müssen diese innerhalb von sechs Wochen nach Ende der Beschäftigung abgemeldet werden. Da die Abschlussarbeiten für die Personalbüros einen großen Arbeitsaufwand darstellen, ist diese Frist bewusst sehr lang gewählt.

Abmeldung innerhalb von sechs Wochen nach Ende der Beschäftigung

Die **Abmeldung** enthält Angaben über die **Beschäftigungszeit** und das beitragspflichtige **Bruttoentgelt**. Das Formular „Meldung zur Sozialversicherung" wird auch für die Abmeldung von den Betrieben genutzt.

Eine Abmeldung muss auch immer dann vorgenommen werden, wenn
- die Versicherungspflicht endet, z. B. durch unbezahlten Urlaub,
- der Beitragsanteil nur vom Arbeitgeber zu zahlen war,
- das beendete Beschäftigungsverhältnis in einem Versicherungszweig versicherungspflichtig war.

Entscheidend ist: **Alle Angaben** müssen **überschneidungs-** und **widerspruchsfrei** sein.

Wie oben bereits erwähnt, ist es nicht notwendig, dass die Betriebe die Meldungen jeweils bei allen beteiligten Versicherungsträgern einreichen. Die Krankenkasse ist die zentrale Meldestelle und leitet die Meldungen an die übrigen Versicherungsträger wie BfA, LVA, Bundesagentur für Arbeit weiter. Der Betrieb hat also nur mit einer Meldestelle Kontakt.

Krankenkasse als zentrale Meldestelle

Seit 1997 haben die Betriebe die Möglichkeit die **Meldungen** zur Sozialversicherung **auf elektronischem Weg** bei der Krankenkasse einzureichen. Hierzu müssen sie die Zulassung zur Datenübermittlung nach der Datenerfassungs- und Übermittlungsverordnung (DEÜV) haben.

Die Datenfernübertragung bringt den Betrieben etliche Vorteile:
- Einsparung von Portokosten
- Verkürzung der Meldewege
- Verbesserung von Qualität und Sicherung der Daten
- keine Einrichtung besonderer Übertragungswege

12.12 GRUNDZÜGE DER SOZIALGERICHTSBARKEIT

Das Recht der Sozialversicherung ist ein komplexes und kompliziertes Gebiet. Es kommt daher an der ein oder anderen Stelle vor, dass eine Person mit einer Entscheidung des Versicherungsträgers nicht einverstanden ist.

Für solche strittigen Angelegenheiten der Sozialversicherung sind die Sozialgerichte zuständig. Bevor vor einem Sozialgericht einer Klage stattgegeben wird, muss es ein **Widerspruchsverfahren** (Vorverfahren) gegeben haben.

Die **Sozialgerichtsbarkeit** ist nach Sozialgerichtsgesetz (SGG) **dreistufig** aufgebaut:

- In **erster Instanz** entscheiden die **Sozialgerichte** (SG) über alle Streitfragen, für die der Sozialrechtsweg zugelassen ist. Gegen Entscheidungen der Sozialgerichte kann Berufung eingelegt werden.
- Die **zweite Instanz** bilden die **Landessozialgerichte** (LSG). Gegen Entscheidungen der Landessozialgerichte kann Revision vor dem Bundessozialgericht eingelegt werden.
- Die **dritte** bzw. oberste **Instanz** ist das **Bundessozialgericht** (BSG) mit Sitz in Kassel.

Vertretungszwang nur vor dem Bundessozialgericht

Vertretungszwang besteht nur vor dem Bundessozialgericht. Neben **Rechtsanwälten** sind auch **Gewerkschaftsvertreter** und Vertreter von **Arbeitgebervereinigungen** vertretungsberechtig.

Sozialgerichte erheben keine Gerichtskosten für Versicherte, Leistungsempfänger und Behinderte. Körperschaften und Anstalten des öffentlichen Rechts müssen eine Gebühr entrichten.

13 PERSONALBESCHAFFUNG

Die Beschaffung von Mitarbeitern besteht eigentlich aus drei Teilvorgängen:
- **Personalwerbung** (über den Einsatz verschiedener Medien)
- **Personalauswahl** (mittels diverser Sichtungs- und Bewertungsverfahren)
- **Personaleinführung**, bestehend aus der fachlichen Einarbeitung und der sozialen Integration des Mitarbeiters (in der Probezeit)

Aus Gründen der Wettbewerbsfähigkeit ist es heute für ein Unternehmen besonders wichtig, immer die „richtigen" Mitarbeiter vom externen Arbeitsmarkt zu bekommen. Dem Schlagwort vom „War of Talents" begegnet man heute allenthalben auf Kongressen und in Fachartikeln. Deshalb kommt auch dem Personalmarketing wieder eine besondere Bedeutung zu.

13.1 PERSONALMARKETING

Generell kann man Personalmarketing als eine **abgestimmte Kombination von Maßnahmen** beschreiben, die Mitarbeiter veranlassen sollen, in das Unternehmen zu kommen, langfristig zu bleiben und motiviert und engagiert Leistungen für das Unternehmen zu erbringen.

Externes Personalmarketing = werben und auswählen

Aufgabe des **externen Personalmarketings** ist dabei schwerpunktmäßig, die Mitarbeiter zu werben und auszuwählen, Zielsetzung des **internen Personalmarketings**, die Mitarbeiter motiviert zu binden.

Internes Personalmarketing = binden

Personalmarketingaktivitäten begleiten den Mitarbeiter entlang seines kompletten Lebenszyklus im Unternehmen: von der Werbung bis zur Freisetzung. Personalmarketingmaßnahmen sind dementsprechend in alle Teilfunktionen der dort typischerweise eingesetzten Instrumente einzubeziehen und zu integrieren.

Im **externen Personalmarketingbereich** können – neben dem gesamten Prozess der Personalwerbung, von der Gestaltung der Personalsuchanzeige und der Homepage bis zur Ausformung der Auswahlprozesse – als besonders nutzbringende **Aktivitäten** gesehen werden:
- Imagekampagnen und Aufbau einer Unternehmensmarke
- Aktivitäten an Hochschulen, z. B. Präsentation des Unternehmens, Teilnahme an Hochschulmessen, Vergabe von Praktika und Diplomarbeiten, Stellung von Lehrbeauftragten
- Trainee- und Werkstudentenprogramme
- aktive Mitgestaltung von dualen Hochschulstudiengängen
- Schnuppertage und Schülerpraktika

Im **internen Personalmarketingbereich** sind als besonders erfolgversprechende **Maßnahmen** zu sehen:

- motivations- und bindungsfördernde Vergütungssysteme,
- gut kommunizierte Laufbahn- und Karrieremöglichkeiten,
- effizient und zugleich emphatisch gestaltete Integrationsphasen für neue Mitarbeiter,
- regelmäßige partnerschaftlich geführte und konstruktive Beurteilungs- und Mitarbeitergespräche,
- gezielte Coachingangebote,
- individuelle Personalentwicklungspläne.

Ein wichtiges Kriterium für Mitarbeiterzufriedenheit und -motivation stellt ein **hoher Standard von Information und Kommunikation** dar. Hier sollte ein kreatives Personalmarketing auch auf die neuen Medien setzen und eine intranetgestützte Personalhomepage anbieten, die den Mitarbeitern die im Unternehmen vorhandenen Informationen schnell und aktuell zur Verfügung stellt.

Die Instrumente des Personalmarketings können – auch im Sinne eines **Personalmarketing-Mix** – eingeordnet werden in die Aspekte Leistungspolitik, Kommunikationspolitik und Entgeltpolitik und so im Sinne einer Gesamtstrategie eingesetzt werden.

Die **Leistungspolitik** umfasst dabei die inhaltliche Gestaltung der Tätigkeiten, die Karriereplanung und die Personalentwicklungsmaßnahmen; die **Kommunikationspolitik** deckt den Bereich der Außenwirkung von der Stellenanzeige bis zum Bewerberservice ab und die **Entgeltpolitik** und **Sozialleistungspolitik** stehen für die Optimierung des komplexen Bereichs Entgeltformen und -systeme, von der Gestaltung des Stundenlohnes bis zu Formen der Deferred Compensation.

Die Instrumente lassen auch die **Ziele** des Personalmarketings erkennen. Im **internen** Bereich sind es:

- engagierte und weiterbildungsbereite Mitarbeiter,
- Senken und Vermeiden von unerwünschter Fluktuation,
- positives Beeinflussen von Absentismus jeder Art,
- Mitarbeiter zu Botschaftern des Unternehmens machen,
- positives Weiterentwickeln der Unternehmenskultur,
- Unternehmensziele und Mitarbeiterziele zur Deckung bringen.

Externe Personalmarketingziele sind:
- attraktiv sein für leistungsstarke und hoch qualifizierte Bewerber (= **High Potentials**),
- Kommunizieren und Gestalten eines positiven Unternehmensimages.

13.2 PERSONALBESCHAFFUNGSWEGE

Generell kann die Bewerberansprache über den internen und den externen Arbeitsmarkt erfolgen, wobei es oft sinnvoll ist, parallel auf beiden Märkten zu suchen, um ein optimales Angebot an Bewerbern zu erhalten.

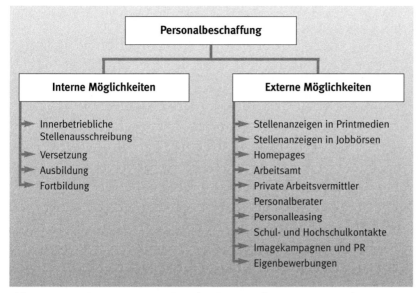

Abb. 13.1: Wege der Personalbeschaffung (Quelle: Danne/Heider-Knabe, S. 32)

Basis für eine erfolgreiche Suche ist das **Anforderungsprofil der Stelle,** welches aufgrund der Personalanforderung aus der Fachabteilung erstellt wird.

Hilfreich beim Erarbeiten eines aussagefähigen Anforderungsprofils sind aktuelle Stellenbeschreibungen, aus denen sich die erforderlichen **Qualifikationsmerkmale** für einen erfolgreichen Stelleninhaber herleiten lassen. Die Daten des Anforderungsprofils sind die Grundlage für die inhaltliche Anzeigen- und Suchtextgestaltung.

Anforderungsprofil anhand aktueller Stellenbeschreibungen

13.2.1 Interne Suche

Hauptzielsetzung der internen Besetzung ist es, Mitarbeitern **Aufstiegsmöglichkeiten** zu eröffnen und sie damit ans Unternehmen zu binden, Fortbildungsbereitschaft zu schaffen und sie zu einem dauerhaft guten Leistungsverhalten zu motivieren.

„Aufstieg geht vor Einstieg"

Aus **langfristiger** Sicht erfolgt interne Stellenbesetzung über **Ausbildungsmaßnahmen**, **mittelfristiger** Bedarf wird durch **Fortbildung** gedeckt und bei **kurzfristig** erforderlicher Besetzung geht man den Weg über direkte **Versetzungen** geeigneter Mitarbeiter, die sich über innerbetriebliche Ausschreibungen beworben haben.

Bei der Entscheidung innerbetrieblich auszuschreiben hat das Unternehmen den **Betriebsrat** einzubeziehen. Dieser hat nach § 93 BetrVG die Option, innerbetriebliche Ausschreibungen zu verlangen. Es gibt zwar keinen generellen rechtlichen Vorrang für interne Bewerber, aber ohne die Durchführung einer vom Betriebsrat verlangten innerbetrieblichen Ausschreibung kann dieser die Zustimmung zu einer Einstellung nach § 99 BetrVG erfolgreich verweigern.

Um über den Verfahrensablauf einer innerbetrieblichen Ausschreibung einen dauerhaften Konsens mit dem Betriebsrat zu erzielen und für die Mitarbeiter ein transparentes Verfahren zu ermöglichen, empfiehlt sich der **Abschluss einer Betriebsvereinbarung**.

Diese sollte folgende Punkte regeln:

Inhalte einer
Betriebsvereinbarung

- Abgrenzung der intern auszuschreibenden Stellen
- Festlegen der grundsätzlichen Bewerbungsbedingungen, z.B. Mindestbetriebszugehörigkeit, Sperrfristen nach Fortbildungsmaßnahmen
- Festlegen des Auswahlmodus zwischen internen und externen Bewerbern (Bestenauswahl oder Bonus für interne Bewerber)
- Ablauf des Bewerbungsprozesses
- Ablauf des Versetzungsprozesses (Fristen, Vetomöglichkeiten des abgebenden Vorgesetzten)
- Art der Gestaltung und Veröffentlichung der Ausschreibung (Werkszeitung, Intranet)

Alternativ wäre auch eine inhaltlich mit dem Betriebsrat abgestimmte **Personalrichtlinie** möglich.

Mögliche Vorteile	Mögliche Nachteile
• Qualifikation und Belastbarkeit der Mitarbeiter	• eingeschränkte Auswahlmöglichkeit
• bessere Aufstiegschancen (Nachwuchskräfte)	• Förderung der Betriebsblindheit
• karrierebewusste Mitarbeiter werden motiviert	• Hemmung neuer Entwicklungen
• Leistungsreserven werden mobilisiert	• Bevorzugung weniger qualifizierter interner Mitarbeiter gegenüber geeigneteren externen Bewerbern
• Zeitersparnis durch schnellere Besetzung	
• geringere Beschaffungskosten	• Mitarbeiter empfinden eine Ablehnung als Misserfolg
• Einarbeitung wird verkürzt und erleichtert	
	• Vorgesetzte loben einen weniger geeigneten bzw. schwächeren Mitarbeiter weg
	• Beförderungsautomatik hemmt Motivation
	• Rivalitäten
	• Personalbedarf wird nur verschoben

Abb. 13.2: Vor- und Nachteile einer internen Stellenbesetzung (Quelle: Danne/Heider-Knabe, S. 33)

Innerbetriebliche Stellenausschreibungen haben überwiegend positive Effekte. Folgende Vor- und Nachteile sind möglich:

Die Auswahl eines internen Bewerbers führt immer zu einer **Versetzung**, deren arbeitsrechtliche und betriebsverfassungsrechtliche Vorgaben zu beachten sind. Wenn in einem Arbeitsvertrag kein einseitiges Versetzungsrecht für den Arbeitgeber geregelt ist, muss ein **Änderungsvertrag** erstellt bzw. eine Änderungskündigung ausgesprochen werden. Der **Betriebsrat** muss dann gemäß §§ 99, 102 BetrVG in das Verfahren einbezogen werden, seine **Zustimmung** zur Versetzung ist einzuholen. Verweigert er diese, kann sie auf Antrag des Arbeitgebers vom Arbeitsgericht ersetzt werden.

Betriebsrat muss
der Versetzung
zustimmen

13.2.2 Externe Suche

Die externe Stellenbesetzung bringt folgende möglichen Vor- und Nachteile mit sich:

Mögliche Vorteile	Mögliche Nachteile
• breite Auswahlmöglichkeit • neue Impulse • Personalbedarf wird abschließend gedeckt	• höhere Kosten • Demotivation der eigenen Mitarbeiter • höhere Risiken, ob Bewerber zum Unternehmen passt • keine Betriebskenntnisse • fluktuationsbefördernd, da man im Unternehmen nicht aufsteigen kann

Abb. 13.3: Vor- und Nachteile einer externen Stellenbesetzung (Quelle: Danne/Heider-Knabe, S. 33)

Für die Suche auf dem externen Arbeitsmarkt gibt es verschiedene Möglichkeiten, deren Wahl im Einzelnen abhängig ist von der **zielgerechten Ansprache der Bewerber** sowie von **Zeit- und Kostenüberlegungen**.

Die Personalsuchanzeige in Zeitungen und Zeitschriften ist – noch – ein Hauptinstrument für die Bewerberansprache, insbesondere im Bereich der einfach und mittel qualifizierten und begrenzt mobilen Bewerber, während im Bereich der gut qualifizierten, flexiblen und mobilen Mitarbeiter die Suche über das Internet mittlerweile quasi zum Standard geworden ist.

Gut qualifizierte, flexible und mobile Mitarbeiter werden über das Internet gesucht

13.2.2.1 Stellenanzeigen

Bei Stellenanzeigen in den Printmedien unterscheidet man Chiffreanzeigen, Wortanzeigen und offene Stellenanzeigen. **Chiffreanzeigen** offenbaren nicht den Namen des suchenden Unternehmens; sie gelten als ungeeignet für eine effektive Suche und werden gerade von qualifizierten Bewerbern negativ beurteilt und gemieden.

Wortanzeigen sind Fließsatzanzeigen, zumeist einspaltig, die als laufender Text konzipiert werden. Sie sind unüblich und ungeeignet für die Besetzung von anspruchsvollen Stellen; ihr Einsatz liegt im Bereich der gering Qualifizierten, von Aushilfsstellen und geringfügiger Beschäftigung.

In **offenen Stellenanzeigen** präsentiert das Unternehmen sich und die angebotene Stelle so, dass Bewerber einen umfassenden Einblick und damit eine ausreichende Entscheidungsgrundlage erhalten, um sich zu bewerben.

Bewerber müssen umfassenden Einblick bekommen

Auf Basis des Anforderungsprofils und der Stellenbeschreibung ist die offene Stellenanzeige inhaltlich und äußerlich so zu gestalten, dass sie die richtigen potenziellen Bewerber anspricht.

Inhaltlich sind folgende Punkte anzusprechen:
• Eigendarstellung des Unternehmens
• Stellenbezeichnung und Eintrittsdatum

- Aufgabenbeschreibung und Kompetenzen
- Anforderungen fachlicher und persönlicher Art an den Bewerber
- besondere Herausforderungen und Entwicklungsmöglichkeiten
- Leistungen des Unternehmens
- Art der Bewerbung mit Kontaktdaten

Wir sind	...	Aussagen über das Unternehmen
Wir haben	...	Beschreibung der vakanten Stelle
Wir suchen	...	Darlegung der gewünschten Bewerber-Eigenschaften
Wir bieten	...	Aussagen über die Unternehmensleistungen
Wir bitten	...	Einzelheiten zur Kontaktierung

Abb. 13.4: Grundinhalte einer Stellenanzeige (Quelle: Danne/Heider-Knabe, S. 35)

Generell ist der beschränkte Platz einer Printanzeige so zu nutzen, dass der Informationsgehalt möglichst hoch ist, d.h., Floskeln und überhöhte Formulierungen sind zu vermeiden, die **Anforderungskriterien** sind zu **operationalisieren**.

Das **Layout** der Anzeige ist so zu gestalten, dass bei den Anzeigenauftritten ein **einheitliches Corporate Design** erkennbar wird und das Erscheinungsbild mit den übrigen Personalmarketing- und Imageaktivitäten übereinstimmt.

Vom Gestalterischen her ist auf eine ansprechende **Headline** zu achten, die dem Leser den Nutzen der Stellenanzeige auf einen Blick präsentiert, in Verbindung mit einem **Eyecatcher**, der den Blick des Lesers über Schlüsselworte oder Abbildungen auf diese Anzeige lenkt. Hilfreich dabei ist die Verwendung von ausgewählten Schrifttypen, der Hausfarbe, Einsatz von Symbolen, Logos und Slogans. Wichtig:

 Je qualifizierter die Zielgruppe der Anzeige, desto ausgeprägter muss die Informationskomponente sein.

Die **„angemessene" Größe der Anzeige** ist abhängig von der Art der Position, der Größe des Unternehmens, dem vergleichbaren Auftreten der Konkurrenz und dem zur Verfügung stehenden Kostenbudget und gelegentlich von der Dringlichkeit des zu deckenden Personalbedarfs.

Für den Erfolg ist auch der **richtige Zeitpunkt** der Insertion und die Wahl des **richtigen Anzeigenträgers** wichtig. Der angemessene Zeitpunkt ergibt sich aus der Rückrechnung vom geplanten Einstellungstermin. Zu berücksichtigen ist dabei neben den für die Art der Position üblichen Kündigungsfristen bzw. bei Berufsanfängern den Prüfungs- und Ausbildungsabschlussterminen die Zeit, die man braucht, um die Bewerbungen zu bearbeiten und die Auswahl durchzuführen. Der Zeitbedarf steigt mit der Höhe der zu besetzenden Position.

Bei der Auswahl des geeigneten Printmediums ist zu entscheiden zwischen regionalen und überregionalen Tageszeitungen und Wochenzeitungen sowie Fachzeitschriften. Die Entscheidung regional oder überregional hängt von der Mobilität der Bewerber ab, d.h., einfach und mittel qualifizierte Bewerber spricht man über regionale Medien an, höhere und hoch qualifizierte Mitarbeiter sucht man überregional und Spezialisten über Fachzeitschriften.

Um für die gewünschte Zielgruppe das richtige Medium auszusuchen, empfiehlt es sich, sich über die Media-Unterlagen generell und die **Leseranalysen** im Besonderen Transparenz über regionale Verteilung und Leserstrukturen zu verschaffen.

Letztlich muss es gelingen, über die Auswahl des richtigen Mediums und Schaltung einer ansprechenden und Aufmerksamkeit weckenden Anzeige zum richtigen Zeitpunkt die potenziellen Mitarbeiter zu einer aussagekräftigen Bewerbung zu animieren.

13.2.2.2 Internet

Als Konkurrenz erwächst der Stellenanzeige in den Printmedien mehr und mehr die Personalsuche über das Internet. Der Grund dafür liegt in der rasch steigenden Zahl der Internetanschlüsse und den vielfältigen Zugangsmöglichkeiten für potenzielle Nutzer (Home-PC, Internetcafé, Arbeitgeber, Hochschule und Schule).

Trotz der stark steigenden Zahl von Job-Angeboten im Internet bleiben zur Zeit noch ganze Tätigkeitsbereiche ausgespart, so findet man kaum gewerbliche Positionen und auch die Ausschreibungen für Top-Managementpositionen sind noch eher gering. Über das Internet werden derzeit tendenziell die jüngere, gut ausgebildete, flexible und mobile Mitarbeiter und der Spezialist gesucht.

Über das Internet werden derzeit tendenziell der jüngere, gut ausgebildete, flexible und mobile Mitarbeiter und der Spezialist gesucht

Die Angebote im Internet werden präsentiert über Jobbörsen und Homepages von Unternehmen, Verlagen und Hochschulen. Die Zahl der Jobbörsen ist mittlerweile groß und unübersichtlich geworden. Bei den professionellen Jobbörsen gibt es
- weltweit anbietende Allrounder,
- regionale,
- branchenbezogene,
- berufsbezogene Spezialanbieter.

Jobbörsen sind elektronische Stellenmärkte ·

Alle bieten neben den reinen Jobangeboten **Zusatzleistungen** an, wie Matching, Bewerberdatenbanken, Praktikanten- und Diplomarbeitsbörsen, Infos rund um die Bewerbung bis hin zur Online-Personalberatung.

Der Erfolg der Suche über Homepages ist im Wesentlichen abhängig
- vom Informationsangebot,
- dem Layout,
- der Auffindbarkeit,
- der sicheren Navigation,
- dem Angebot von interaktiven Tools für die Kontaktaufnahme,

- der zügigen Bearbeitung von Anfragen,
- der Aktualität der Angebote.

Neben den großen Unternehmen, die alle im Netz präsent sind, bedienen sich auch zunehmend mittlere Unternehmen der Personalsuchmöglichkeit über das Internet. Gründe für die **zunehmende Akzeptanz** sind:

Auch mittlere
Unternehmen
suchen zunehmend
über das Internet

- ein positiver Effekt für das Image
- geringere Kosten (ein Auftritt in einer Jobbörse kostet 1/10 einer Anzeige in einer überregionalen Zeitung)
- längere Verfügbarkeit der Angebote (ein bis drei Monate bei Jobbörsen)
- ein höherer Informationsgehalt auch über Links
- maximale Gestaltungsmöglichkeiten
- mehr Suchkomfort für Bewerber
- interaktive Kontakte möglich
- Zeitersparnis im Recruitingprozess
- nicht an Erscheinungstermine gebunden
- nicht räumlich eingeschränkt (weltweiter Zugriff)

Länderspezifische
Ansprache erhöht
den Erfolg

Zum letzten Punkt muss allerdings angemerkt werden, dass wegen **unterschiedlicher rechtlicher und kultureller Normen** international suchende Unternehmen ihre Angebote **länderspezifisch** gestalten, um eine jeweils optimale Ansprache zu erzielen.

Arbeitet das Unternehmen mit Jobbörsen, so gibt es drei Wege, wie Bewerber und Unternehmen zueinander finden können:

- **Matching**, ein Standardangebot der Jobbörsen, bedeutet, dass vorliegende Bewerberdaten und die Anforderungen der Stellenangebote abgeglichen werden. Die passenden Angebote gehen dann per E-Mail an die Bewerber, die dann bei Interesse Kontakt mit dem Unternehmen aufnehmen können. Die Treffgenauigkeit und Kontakthäufigkeit ist abhängig von den gewählten Filterkriterien.

Das Unternehmen
kann die Datenbank-
recherche selbst
durchführen oder über
Searcher durchführen
lassen

- Bei der **Datenbankrecherche** erhält das Unternehmen eine Zugangsberechtigung für die Suche in der Bewerberdatenbank der Jobbörse. Wird das Unternehmen fündig, geht eine E-Mail, die das Interesse des Unternehmens bekundet, an den bis dahin für das Unternehmen anonymen Bewerber, der dann entscheiden kann, ob er Kontakt mit dem Unternehmen aufnehmen will. Diese Datenbankrecherche kann das Unternehmen selbst durchführen, kann sie aber auch als zusätzliche Dienstleistung der Jobbörse über Searcher durchführen lassen.
- Die dritte Möglichkeit ist der Einsatz von **Robots**: Sie sind vergleichbar mit den Internetsuchmaschinen und durchsuchen das Internet nach gewünschten **Kandidatenprofilen**; umgekehrt können auch Bewerber aktiv über Matching und Robots nach für sie geeigneten Stellen suchen.

Beim Einsatz des Internets für die Personalsuche treffen die Unternehmen tendenziell mehr auf aktiv Suchende als auf passiv Abwartende, deren Wechselwünsche noch indifferent sind.

Neben der reinen Akquisition von Bewerbern ermöglichen die Unternehmen auch zunehmend **Online-Bewerbungen** als Komplett- oder Kurzbewerbungen. Auch **virtuelle Vorauswahlverfahren** über elektronische Fragebögen, Spiele bis hin zu Self-Assessments sind zu finden, wobei man allerdings kritisch hinterfragen sollte, wie weit eine überwiegend computergeführte Vorauswahl gehen soll, inwieweit sich durch solche Tools wirklich zuverlässig, sensibel und ganzheitlich beurteilen lässt, ob ein Bewerber geeignet ist.

Im Internet trifft man eher die aktiv Suchenden

13.2.2.3 Bundesagentur für Arbeit

Die Bundesagentur für Arbeit ist hierarchisch organisiert; an der Spitze steht die Zentrale in Nürnberg, ihr zugeordnet sind die jeweiligen **Regionaldirektionen**, die sich dann weiter untergliedern in regionale **„Agenturen für Arbeit"**, die flächendeckend präsent sind.

Das Vermittlungsmonopol der „Arbeitsbehörde", nach dem bis auf die Ausnahmeregelung für Personalberater kein Dritter zwischen Arbeitsuchendem und Stellenanbieter vermitteln durfte und das in dieser strikten Form mit EU-Recht nicht vereinbar war, ist 1994 gefallen.

Hauptaufgabe der Arbeitsagenturen ist die **Arbeitsvermittlung und Berufsberatung**; daneben spielt die Förderung der **Wiedereingliederung** verschiedener Gruppen von Arbeitslosen und Arbeitssuchenden über Zuschuss- und Qualifikationsprogramme eine große Rolle, wobei die Zuschussprogramme für Unternehmen durchaus die Möglichkeit bieten, „preiswert" Mitarbeiter zu rekrutieren.

Hauptaufgabe der Arbeitsagenturen ist die Arbeitsvermittlung und Berufsberatung

Die Arbeitsbehörde arbeitet nach den Prinzipien der **Unentgeltlichkeit und Unparteilichkeit** gegenüber Arbeitssuchenden und Stellenanbietern; außerdem sind ihre Vermittlungsdienste kostenlos.

Der Schwerpunkt der Vermittlung liegt im Vorortbereich bei einfachen und mittleren Qualifikationen. Auf den regionalen Arbeitsmärkten werden Angebot und Nachfrage abgeglichen. Überregional arbeiten die Fachvermittlungsdienste für Hochschulabgänger; die ZAV in Bonn, Zentrum der Führungskräftevermittlung, arbeitet zudem auch international. Daneben bestehen verschiedene überregionale Sondervermittlungsdienste für bestimmte Berufe und Branchen. Für Führungskräfte ist die Agentur für Arbeit nicht das Mittel der ersten Wahl.

Vermittlungsdienste sind kostenlos

Die Bundesagentur für Arbeit ist auch **im Internet präsent** und bietet dort die gemeldeten offenen Stellen an; zudem gibt es jeweils vor Ort einen **Selfservice**, wo sich Suchende über offene Stellen selbst informieren und erste Kontakte mit den Unternehmen aufnehmen können.

13.2.2.4 Private Arbeitsvermittler

Mit der Aufhebung des Vermittlungsmonopols der Bundesagentur für Arbeit können in Deutschland private Arbeitsvermittler auf dem Arbeitsmarkt tätig werden. Um diese Dienstleistung ausüben zu dürfen, ist eine **Erlaubnis der Bundesagentur für Arbeit** erforderlich; diese wird auf Antrag bei Vorliegen der Voraussetzungen erteilt. Im Zuge der geplanten Verschlankung und Vereinfachung der Prozesse bei den Personalserviceagenturen (PSA) soll das Antrags-

Erlaubnis der Arbeitsvermittlung auf Antrag

verfahren durch ein einfaches und unbürokratisches Meldeverfahren ersetzt werden.

Private Arbeitsvermittler dürfen alle Arten von Stellen vermitteln und mit **Bewerberpools** und **Bewerberdatenbanken** arbeiten. Es wird prognostiziert, dass die Bedeutung privater Arbeitsvermittler zunehmen wird durch die Neuregelung der Kostenübernahme für arbeitslose Bewerber. Seit 1.4.2002 erhalten Arbeitslose einen Vermittlungsschein von der Agentur für Arbeit, über den bei erfolgreicher Vermittlung der private Arbeitsvermittler von der Agentur eine Vergütung gestaffelt nach der Dauer der Arbeitslosigkeit erhält; in allen anderen Fällen muss das Unternehmen, das die Dienstleistung in Anspruch nimmt, zahlen.

13.2.2.5 Personalberater

Neben den privaten Arbeitsvermittlern agieren auf dem Arbeitsmarkt die Personalberater, die schon in der Phase des bestehenden Vermittlungsmonopols aufgrund einer Sondervereinbarung mit der Arbeitsbehörde befugt waren, Führungskräfte zu vermitteln. Sie brauchen keine Genehmigung und müssen ihre Tätigkeit nicht anzeigen.

Personalberater dürfen jedoch im Gegensatz zu privaten Arbeitsvermittlern **nur für begrenzte Einzelfälle**, für die ihnen **Suchaufträge** erteilt wurden, Führungsnachwuchs- und Führungskräfte suchen. Sie dürfen **keine Bewerberpools aufbauen**, aus denen heraus sie Bewerber anbieten können.

Die Honorare der Personalberater liegen bei 15 bis 30% eines Jahresgehaltes der vermittelten Führungskraft, je nachdem ob es sich um reine Erfolgshonorare oder um Pauschal- oder Zeithonorare handelt.

Das **Leistungsspektrum** eines Personalberaters ist umfassend:
- Vorschlag und Abstimmung des Anforderungsprofils
- Festlegung der Ansprachewege
- Gestaltung von Inhalt und Layout der Stellenanzeigen
- Auswahl der Medien
- Anzeigenschaltung
- Bewerbervorauswahl über den Einsatz geeigneter eignungsdiagnostischer Instrumente
- Vorstellen des engeren Bewerberkreises beim Klienten
- Endauswahl der Bewerber in Abstimmung oder mit Teilhabe des Klienten
- Unterstützung bei den Vertragsverhandlungen und der Vertragsgestaltung
- Betreuung und ggf. Intervention während der Einführungsphase
- Abwickeln der kompletten Bewerberverwaltung

Personalberater rekrutieren Bewerber passiv über **Personalsuchanzeigen** in Printmedien, Jobbörsen und auf der eigenen Homepage oder aktiv über Direktansprache (**Headhunting**). Beim Headhunting sprechen sie potenzielle Bewerber zumeist telefonisch an, stellen das Stellenangebot vor und bitten um Abgabe der Bewerbung. Headhunting ist im Wesentlichen auf Top-Positionen beschränkt.

Neben dem **Newplacement** bieten Personalberater auch **Outplacement** an, d.h., sie unterstützen die Unternehmen bei der fairen Gestaltung von Freisetzungsprozessen. Im Rahmen dieser Dienstleistung unterstützt der Personalberater den freizusetzenden Mitarbeiter bei der Suche nach einem neuen adäquaten Arbeitsplatz durch Coachingmaßnahmen, Hilfestellung bei Selbstfindungsprozessen, Bewerbertrainings, Stellenangebotsanalysen und dem objektiven Abgleich von Anforderungs- und gegebenem Eignungsprofil.

Personalberater unterstützen Unternehmen bei der fairen Gestaltung von Freisetzungsprozessen

Die Bezahlung hierfür erfolgt im Regelfall durch das Unternehmen, wobei sich der Mitarbeiter über einen Verzicht oder Teilverzicht der Abfindung daran beteiligt.

Outplacement bringt für beide Seiten Nutzen:

Nutzen für den betroffenen Mitarbeiter	Nutzen für das Unternehmen
• bessere Situationsverarbeitung • überlegte Bewerbungsstrategien • umfassendes Feed-back • kompetente Ansprechpartner	• Nachkommen der Fürsorgepflicht bis zuletzt • Entschärfung von Konfliktsituationen und Vermeiden von Arbeitsgerichtsprozessen • Abwenden von Imageschäden und Belastungen des Betriebsklimas

Abb. 13.5: Nutzen von Outplacement

13.2.2.6 Personalleasing – Zeitarbeit
Ein Überbrückungsinstrument, um einen kurzzeitigen und kurzfristigen Personalbedarf zu stillen, ist die Zeitarbeit bzw. das Personalleasing.

Personalleasing bei kurzzeitigem und kurzfristigem Personalbedarf

Das Personalleasing ist eine Sonderform der Personalbeschaffung: Das Unternehmen leiht sich die erforderlichen Mitarbeiter gegen Bezahlung vereinbarter Stundensätze, mit denen alle Personalkosten für den Zeitarbeitnehmereinsatz abgegolten sind, von einem Personalleasingunternehmen aus.

 Im einsetzenden Unternehmen erlangt der Zeitarbeitnehmer keinen Arbeitnehmerstatus.

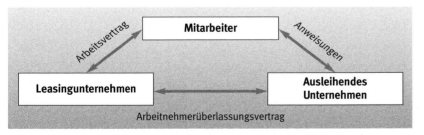

Abb. 13.6: Beziehungsnetz bei der Zeitarbeit (Quelle: Danne/Heider-Knabe, S. 42)

Die Zeitarbeit eignet sich auch als eine relativ risikolose Möglichkeit, neue Mitarbeiter zu erproben: Dies zeigt sich in der Praxis darin, dass ca. 30 % der

Leiharbeitnehmer von den Unternehmen, in denen sie eingesetzt werden, als feste Mitarbeiter übernommen werden.

Eigene Arbeitnehmer
anderen Unternehmen
gegen Stundenentgelt
zur Verfügung stellen

Unternehmenszweck der Zeitarbeitsunternehmen ist es, die eigenen Arbeitnehmer anderen Unternehmen gegen Stundenentgelt zur Verfügung zu stellen. Zum Betreiben eines solchen Unternehmens ist die **Genehmigung der Bundesagentur für Arbeit** erforderlich. Nach einer Karenzzeit ohne Beanstandungen wird die Genehmigung dann unbefristet erteilt. Im Rahmen von Hartz I können Zeitarbeitsunternehmen durch die Arbeitsagentur beauftragt auch die neu geschaffenen **Personalserviceagenturen** betreiben.

Zwischen entleihendem und ausleihendem Unternehmen ist für jeden Einsatz ein **schriftlicher Arbeitnehmerüberlassungsvertrag** abzuschließen. Für die Zeit des Einsatzes haftet zudem das den Zeitarbeitnehmer einsetzende Unternehmen für anfallende Steuer- und Sozialversicherungsbeträge mit.

Basis der Zeitarbeit ist das Arbeitnehmerüberlassungsgesetz, das die rechtlichen Folgen des Einsatzes von Zeitarbeitnehmern regelt, im Sinne von Schutzregelungen für diese Mitarbeiter. Entsprechend Hartz I und III ist die Zeitarbeit ab 2004 von einer Anzahl gesetzlicher Beschränkungen befreit worden; allerdings müssen Zeitarbeitnehmer ab der 7. Woche die gleiche Entlohnung wie die Stammbelegschaft erhalten, es sei denn, ein Tarifvertrag sieht anderes vor. Dies verteuert Zeitarbeit und nimmt einen Teil der Attraktivität dieser Arbeitsform weg.

Trotzdem bleibt Zeitarbeit ein **flexibles Instrument**, um kurzzeitigen Personalbedarf zu decken und Planungsfehler auszugleichen; das einsetzende Unternehmen trägt keine Arbeitgeberrisiken, hat keine Anwerbungskosten und kann seine Personalreserve minimieren.

Mit Inkrafttreten einschlägiger tarifvertraglicher Regelungen entfallen das besondere Befristungsverbot, das Wiedereinstellungsverbot, das Synchronisationsverbot sowie die Beschränkung der Überlassungsdauer.

Leiharbeitnehmer
hat das Recht an
Betriebsversamm-
lungen teilzunehmen

Der Leiharbeitnehmer hat (gem. § 14 AÜG) das Recht, den Betriebsrat des Entleihers aufzusuchen sowie an den Betriebsversammlungen teilzunehmen. Der Betriebsrat des Entleihers ist bei der Beschäftigung von Leiharbeitskräften gem § 99 BetrVG zu beteiligen. Der Leiharbeitnehmer hat ein aktives Wahlrecht im Betrieb des Entleihers gem. § 7 Satz 2 BetrVG.

 Zeitarbeit wird in Zukunft eine zunehmende Rolle auch in Deutschland spielen.

13.2.2.7 Kontaktpflege

Als langfristig angelegtes Personalsuch- und Personalmarketinginstrument sei noch auf Schul- und Hochschulkontakte hingewiesen, die als PR-Maßnahme und zur Imagepflege dienen, um das Unternehmen für potenzielle zukünftige Bewerber schon rechtzeitig bekannt und interessant zu machen. Dazu gehören auch Aktivitäten wie Angebote von Praktika und Diplomarbeiten, Auszeichnungen und Stipendien sowie Absolventen-Workshops und Referenten- und Lehrbeauftragteneinsatz an den Hochschulen.

13.3 PERSONALAUSWAHL

Die Aufgabe der Personalauswahl ist die Feststellung des Eignungspotenzials der Bewerber und der **Abgleich von Solleignung und Isteignung** mit dem Ziel, den Bewerber zu identifizieren, der den Anforderungen der zu besetzenden Position von der fachlichen und sozialen Kompetenz her bestmöglich gerecht wird.

Richtlinien über die personelle Auswahl unterliegen dem Mitbestimmungsrecht des Betriebsrates. In Betrieben mit mehr als 500 Arbeitnehmern kann der Betriebsrat diese sogar verlangen (§ 95 BetrVG).

13.3.1 Dokumentenanalyse

Bei interessierter, positiver Reaktion auf eine Personalwerbemaßnahme übersenden die Angesprochenen ihre Bewerbungsunterlagen. Dem voraus geht häufig zunächst ein telefonischer Kontakt, über den der potenzielle Bewerber erste Basisauskünfte einholen und prüfen kann, ob die Stelle für ihn interessant ist. Durch diese Vorabinformationen kann die Zahl der unbrauchbaren Bewerbungen und der daraus entstehende Aufwand reduziert werden.

Eine komplette **Bewerbungsunterlage** ist eine erste wesentliche Quelle, um **Informationen** über den Bewerber zu erhalten. Da Bewerbungsunterlagen nur die „Papierform" des Bewerbers darstellen, lassen sie nur eine erste grobe, aber keine dezidierte Beurteilung zu und sind deshalb als ein **Instrument der Negativauswahl** zu handhaben. Sie ermöglichen eine Klassifizierung nach

Bewerbungsunterlagen lassen eine erste Klassifizierung in gute, brauchbare und ungeeignete Bewerber zu

- **A-Kandidaten**: Offensichtlich gute Bewerber, die die gestellten Anforderungen offensichtlich weitgehend erfüllen und die näher evaluiert und deshalb eingeladen werden sollten.
- **B-Kandidaten**: Noch in etwa geeignete Bewerber, auf die man ggf. in einer zweiten Gesprächsrunde zurückgreifen kann.
- **C-Kandidaten**: Ungeeignete Bewerber für die ausgeschriebene Position, denen sofort abgesagt werden kann.

Zu einer vollständigen und aussagefähigen Bewerbungsunterlage gehören:

- ein informatives Bewerbungsanschreiben
- ein vollständiger Lebenslauf
- Kopien aller Ausbildungs- und Arbeitszeugnisse
- ein angemessenes Lichtbild
- Referenzliste oder Referenzen

Das **äußere Erscheinungsbild** sollte insgesamt **ansprechend** sein, d. h. **sauber**, ordentlich und **vollständig**, denn eigentlich ist die Bewerbung die erste Arbeit, die ein Interessent für seinen möglichen neuen Arbeitgeber erledigt.

13.3.1.1 *Bewerbungsanschreiben*

Dem Bewerbungsanschreiben, das maschinegeschrieben und nicht länger als eine DIN-A4-Seite sein sollte und von Papierwahl und Layout einem Geschäftsbrief zu entsprechen hat, kommt eine besondere Bedeutung zu: Es ist das Entree und das einzige Schriftstück der Bewerbungsunterlage, das vom Bewerber **individuell erstellt** und formuliert wird.

Anschreiben sollte eine DIN-A4-Seite nicht überschreiten

Es gibt durch Stil und Argumentationsart **erste Auskunft über Persönlichkeits-merkmale**. Der Schreibstil lässt erkennen, wie sich der Bewerber einschätzt, wie sein Selbstbild ist und wie er von anderen wahrgenommen werden möchte. Die gedankliche Ordnung und die Klarheit des Ausdrucks geben Hinweise auf Persönlichkeitsstrukturen und Arbeitsstil.

Typische **Beurteilungsmerkmale** sind:
- der **Ausdruck**: verbal oder substantivisch, d.h. ungezwungen oder distanziert, aktiv oder passiv, d.h. handelnd oder abwartend
- der **Satzbau**: einfach oder verschachtelt, d.h. unkompliziert oder unbeholfen und umständlich
- der **Wortumfang**: groß oder gering, d.h. vielseitig und aufgeschlossen oder einseitig und unbeweglich

Die Kunst liegt darin, nicht Einzelmerkmale zu interpretieren, sondern ein Gesamtbild zu generieren.

Dieses Gesamtbild darf jedoch im Verhältnis zu den Aussagen der übrigen Bestandteile der Bewerbungsunterlagen auch nicht überbewertet werden. **Inhaltlich** muss Folgendes enthalten sein:
- der Grund der Bewerbung
- die Darlegung der derzeitigen Situation bzw. Tätigkeit des Bewerbers
- zusammengefasste Hinweise zur Qualifikation und zu besonderen Kenntnissen
- der frühestmögliche Eintrittstermin
- ggf. Aussagen zum Ist- oder Solleinkommen

13.3.1.2 Lichtbild
Lichtbilder führen zu einem **ersten visuellen Eindruck** beim Betrachter und gehören standardmäßig ab mittleren Positionen zu einer vollständigen Bewerberpräsentation. Für die Bewerberselektion haben sie nur eine geringe Bedeutung und sie sollten auch für die Entscheidung, eine Bewerbung weiterzuverfolgen oder nicht, eher nicht zu Rate gezogen werden, da die Gefahr von Fehlinterpretationen aufgrund ungünstiger Bilder zu groß ist.

Lichtbilder erlauben **beschränkte Aussagen** über Kleidung, Auftreten und Äußeres und geben damit Hinweise, inwieweit der Bewerber die Bedeutung und das Umfeld der ausgeschriebenen Stelle richtig einschätzt. Sie sagen im Grunde genommen oft mehr über die Qualifikation des Fotografen aus als über die des Bewerbers.

Um einen möglichst guten ersten Eindruck beim Betrachter zu hinterlassen, ist Bewerbern anzuraten, spezielle Bewerbungsfotos von erfahrenen Fotografen machen zu lassen.

13.3.1.3 Lebenslauf
Der Lebenslauf soll in übersichtlicher und gut auswertbarer Form den ausbildungs- und berufsmäßigen Weg des Bewerbers **vollständig** und **lückenlos** darstellen. Standard ist heute der maschinegeschriebene tabellarische Lebenslauf; handschriftliche Lebensläufe werden z.T. noch erwartet bei Bewerbungen um

Ausbildungsplätze und soweit man eine Unterlage für ein grafologisches Gutachten haben möchte. Lebensläufe können – wie in Deutschland Standard – **vorwärts aufgebaut** werden, also beginnend mit der ersten Ausbildungsstation, oder rückwärts – wie z. B. in anglo-amerikanischen Ländern üblich – beginnend mit der derzeit aktuellen beruflichen Station.

Ausbildungs- und berufsmäßiger Weg des Bewerbers

Ein vollständiger Lebenslauf beinhaltet
* die persönlichen Daten, also Namen, Adresse, Telefonnummer
* E-Mail-Adresse, Geburtsdatum und Familienstand;
* die schulischen und beruflichen Ausbildungen einschließlich Hochschulausbildung;
* die beruflichen Tätigkeiten;
* durchgeführte Fortbildungsmaßnahmen;
* ggf. Angaben zu Hobbys und Freizeitgestaltung.

Die **Lebenslaufanalyse** ist ein wichtiges Instrument der Dokumentenanalyse zur Bewerberauslese. Sie muss systematisch und sorgfältig erfolgen und bildet die Basis für die zu führenden Vorstellungsgespräche. Im Einzelnen ist der Lebenslauf unter folgenden Gesichtspunkten zu beurteilen:
* **Zeitfolgenanalyse**: Hier geht es um zeitliche Kontinuität, zeitliche Lücken und das Übereinstimmen der zeitlichen Angaben mit den Daten der Zeugnisse und sonstigen Unterlagen. Deshalb erwartet man auch bei der Darstellung der einzelnen Lebenslaufpositionen, dass der Bewerber die Verweildauern vollständig mit Tag/Monat/Jahr angibt.

Suche nach zeitlichen Lücken

* **Ausbildungsanalyse**: Hier geht es um die Länge und Folgerichtigkeit der Ausbildungsphasen, um einen Wechsel von Ausbildungszielen und Ausbildungseinrichtungen, um erkennbares Durchhaltevermögen und Leistungsorientierung. Diesen Teil des Lebenslaufes betrachtet man umso detaillierter, je jünger der Bewerber ist und damit je aktueller die Ausbildungszeit.

Prüfen des Ausbildungsverlaufs

* **Positionsanalyse**: Bei berufserfahrenen Bewerbern ist dies der Kernpunkt der Lebenslaufanalyse. Hier geht es um Erkenntnisse über Häufigkeit des Wechsels, Verweildauern, Berufs-, Branchen- oder Aufgabenwechsel mit der Zielrichtung, Aufstieg, Abstieg und Seitwärtsbewegungen erkennen zu können. Wie solche Feststellungen zu bewerten sind, hängt u. a. ab vom Alter des Bewerbers, von der Branche, in der er tätig ist, und von seinem Berufsfeld. Insgesamt wird geprüft, ob ein folgerichtiger und zielführender beruflicher Weg zu erkennen ist.

Laufbahnuntersuchung

Zudem ist es auch – vorsichtig – möglich, anhand des Lebenslaufes **Rückschlüsse auf besondere Eigenschaften** des Bewerbers zu ziehen, z. B. auf Selbstständigkeit, Mobilität, Initiative und Selbstsicherheit, angezeigt durch Auslandsaufenthalte oder private Aktivitäten wie Engagement im Sportverein oder Mitarbeit in Schul- und Hochschulgremien.

13.3.1.4 Zeugnisse
Zeugnisse geben Auskunft über in der Vergangenheit erbrachte Leistungen und gezeigtes Verhalten. Zur Beurteilung eines Bewerbers können Aussagen aus

Zeugnissen dann herangezogen werden, wenn man die These akzeptiert, dass man diese **Vergangenheitswerte** in die Zukunft **extrapolieren** kann.

Je weiter die Schulzeit zurückliegt, umso geringer ist die Bedeutung von Schulzeugnissen

Die **Bedeutung von Schulzeugnissen** für die Beurteilung eines Bewerbers ist umso unwichtiger, je weiter die Schulzeit zurückliegt. Relativ am größten ist sie noch bei der Auswahl von Auszubildenden, wobei die Diagnosemöglichkeiten eingeschränkt werden durch folgende Faktoren:

- Gleiche Leistungen werden oft von Schule zu Schule und von Lehrer zu Lehrer ungleich beurteilt;
- bei Jugendlichen kann man nur erheblich eingeschränkter als bei Erwachsenen von einem in der Vergangenheit gezeigten Verhalten auf die Zukunft schließen, da ihre Persönlichkeitsentwicklung noch nicht abgeschlossen ist und sie auch noch kein festes Zielsystem entwickelt haben.

Aus Noten in den einzelnen Fächern lassen sich aber **Aussagen zu Neigungen** und Talenten herleiten, wie z. B.:

- Mathematik: logisches Denkvermögen
- Musische Fächer: Kreativität und Phantasie
- Sport: Einsatzfreude
- Deutsch: Argumentationsfähigkeit

Grundsätzlich ist jedoch festzuhalten, dass bisher **keine deutliche Korrelation** zwischen Schulleistungen und Berufserfolg nachgewiesen werden konnte.

Bei der **Beurteilung von Hochschulzeugnissen** wird je nach Einsatzgebiet auf sehr unterschiedliche Dinge Wert gelegt, immer aber spielt die **Länge des Studiums** in Verbindung mit den **erreichten Noten in relevanten Fächern** eine große Rolle.

Soziale Kompetenz hat an Bedeutung gewonnen

Bei Hochschulabgängern hat die Frage nach dem Vorhandensein **überfachlicher Qualifikationen** im Sinne von sozialer Kompetenz eine zunehmende Bedeutung gewonnen, die aber nur ansatzweise über Aussagen in den Zeugnissen zu erkennen sind (Mitarbeit in Projekten, praxisorientierte Diplomarbeiten, Auslandssemester).

Ein Arbeitgeber ist nach § 630 BGB verpflichtet, seinem Mitarbeiter auf Wunsch jederzeit ein **Zwischenzeugnis** und bei Ausscheiden ein **Abschlusszeugnis** zu erstellen. Der Mitarbeiter hat dabei – so die laufende Rechtsprechung – auch nach nur sehr kurzer Beschäftigungsdauer ein Recht auf ein **qualifiziertes Arbeitszeugnis** mit Leistungs-, Führungs- und Verhaltensbeurteilung.

Ein ordnungsgemäßes **Zeugnis** muss die folgenden **Komponenten** aufweisen:

Ein qualifiziertes Arbeitszeugnis enthält eine Leistungs-, Führungs- und Verhaltensbeurteilung

- Angaben zur Person
- Dauer der Beschäftigung
- Aufgaben- und Laufbahnbeschreibung
- Leistungs- und Führungsbeurteilung
- Verhaltensbeurteilung
- Austrittsgrund und Schlussformel

Gemäß der Rechtsprechung muss ein Arbeitszeugnis **wohlwollend** und **unvoreingenommen** formuliert sein, um dem Mitarbeiter das weitere berufliche Fortkommen nicht zu erschweren, soll aber auch **wahrheitsgemäß** sein, damit ein zukünftiger Arbeitgeber beurteilen kann, wen er einstellt.

Um diese Gratwanderung bewältigen zu können, hat sich eine **Zeugnissprache** entwickelt, mit der auch negative Aussagen positiv dargestellt werden können, insbesondere im Bereich der Leistungsbeurteilung. Übliche Formulierungen in diesem Bereich lauten

Zeugnissprache: ein deutsches Phänomen

- **Sehr gut**:   Stets zu unserer vollsten Zufriedenheit
- **Gut**:   Stets zu unserer vollen Zufriedenheit
- **Befriedigend**:   Zu unserer vollen Zufriedenheit
- **Ausreichend**:   Zu unserer Zufriedenheit
- **Mangelhaft**:   Im Großen und Ganzen zu unserer Zufriedenheit

Der **Ausscheidungsgrund** verbirgt sich hinter den folgenden Formulierungen:
- **Arbeitgeberseitige Kündigung**: „Das Arbeitsverhältnis endet am ...“
- **Aufhebungsvertrag**: „Der Mitarbeiter verlässt uns in gegenseitigem Einvernehmen.“
- **Arbeitnehmerseitige Kündigung**, vom Arbeitgeber bedauert: „Zu unserem großen Bedauern verlässt uns unser Mitarbeiter, wir wünschen ihm für die Zukunft alles Gute und weiterhin viel Erfolg.“

Weitere Techniken der Zeugnissprache sind:
- das vielsagende, beredte Schweigen
- die Überbetonung von Nebensächlichem
- schroffe Kürze
- Andeutungen durch interpretierbare Begriffe

 Arbeitszeugnisse bedürfen also der sorgfältigen Interpretation, um ihren wahren Aussagegehalt erkennen zu können.

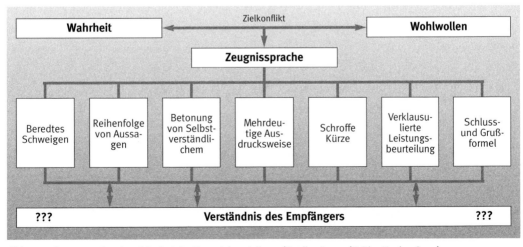

Abb. 13.7: Interpretationsbereiche bei der Zeugnisbeurteilung (Quelle: Danne/Heider-Knabe, S. 49)

13.3.1.5 Referenzen

Referenzen sind Beurteilungen Dritter, die den Bewerber aus seinem beruflichen oder persönlichen Umfeld kennen, sie liefern **zusätzliche Informationen** über den Bewerber. Soweit es sich bei den Referenzgebern um Personen handelt, die vom Bewerber benannt werden, ist der Wert der Referenz eingeschränkt zu beurteilen, da der Bewerber sicherlich nur solche Referenzgeber angibt, die ihm wohl gesonnen sind.

Die wertvollsten Referenzen sind die früherer Arbeitgeber

Die **Qualität eines Referenzgebers** hängt davon ab, wie lange er den Bewerber kennt und aus welchem Bereich der Referenzgeber kommt. Die wertvollsten Referenzen sind die früherer Arbeitgeber.

Von Zeugnissen unterscheiden sich Referenzen dadurch, dass die gewählten **Formulierungen freier und deutlicher** gewählt werden können; auch sie müssen der Wahrheit entsprechen, es dürfen aber auch ungünstige Tatbestände, die nicht ins Zeugnis aufgenommen werden dürfen, erwähnt und erläutert werden.

Üblich ist das Einholen von Referenzen als zusätzliche Information bei der Besetzung von höheren Stellen, bei denen es auch stark auf die Persönlichkeit des Bewerbers ankommt.

13.3.1.6 Personalfragebogen

Nach Eingang der Bewerbungsunterlagen bekommen Bewerber mit der Zugangsbestätigung zunehmend einen Personalfragebogen mit der Bitte, diesen ausgefüllt zurückzugeben zugesandt. Damit soll sichergestellt werden, dass man von jedem Bewerber die **gleichen Basisinformationen** erhält; dies hilft bei einer ersten raschen und systematischen Auswertung der Bewerbungsunterlagen.

Ihr Einsatz ist **mitbestimmungspflichtig**, der Betriebrat hat gem. § 94 BetrVG mit zu entscheiden bei der Frage, ob überhaupt mit einem Fragebogen gearbeitet werden soll, welche Fragen im Einzelnen in den Fragebogen aufgenommen werden sollen und für welche Zwecke die Antworten verwertet werden dürfen.

Lügen ist bei rechtlich unzulässigen Fragen erlaubt

Zudem sind bezüglich des Fragerechtes **arbeitsrechtliche Vorgaben** einzuhalten. Auf rechtlich unzulässige Fragen darf der Bewerber ohne Folgen falsche Antworten geben. Bei der Entscheidung der Zulässigkeit von Fragen ist abzuwägen, was höher zu bewerten ist: das Interesse des Arbeitgebers an zusätzlichen Informationen, um eine möglichst sichere Entscheidungsbasis zu haben, oder das Recht des Bewerbers auf Wahrung seiner Privatsphäre und seiner Persönlichkeitsrechte.

13.3.2 Eignungsdiagnostische Verfahren

Die Analyse der Bewerbungsunterlagen führt zu einer ersten Vorauswahl. Die Bewerber, die diese Hürde genommen haben, werden dann weiteren eignungsdiagnostischen Verfahren unterworfen.

13.3.2.1 Vorstellungsgespräch

Das Vorstellungsgespräch gehört zu den **klassischen Instrumenten** der Eignungsfeststellung.

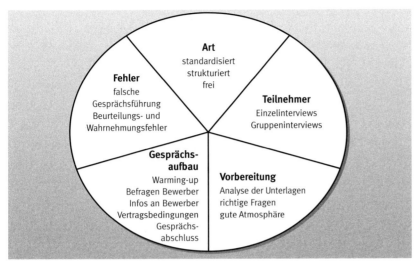

13.8: Facetten des Vorstellungsgesprächs (Quelle: Danne/Heider-Knabe, S. 50)

Effiziente Vorstellungsgespräche müssen organisatorisch und inhaltlich **sorgfältig vorbereitet** werden. Für einen reibungslosen Ablauf ist im Vorfeld zu klären, wer von Unternehmensseite an den Gesprächen mit welcher Funktion teilnehmen soll und wie der zeitliche Ablauf im Detail gestaltet werden soll.

Als zusätzlicher Filter und zur Effizienzsteigerung der doch recht aufwendigen Interviewphase findet das vorgeschaltete Telefoninterview zunehmend Eingang in den Beurteilungsprozess.

Der **Zeitbedarf** für die einzelnen Interviews ist von verschiedenen Faktoren abhängig. Zum einen wird er beeinflusst von der zu besetzenden Position: Je komplexer die Tätigkeit, je mehr es auf die Persönlichkeit des Bewerbers ankommt, desto mehr Zeit ist einzuplanen. Zum anderen bestimmt auch die Art der Interviewführung den Zeitbedarf.

Vorstellungsgespräche können von der **Grundgestaltung** her als freie, strukturierte und standardisierte Interviews geführt werden:

- **Freie Interviews** sind Gespräche, bei denen der Gesprächsverlauf nach einem vorgeplanten Einstieg aus der sich jeweils ergebenden Gesprächssituation weiter entwickelt wird. Solche Interviews sind sehr **flexibel**, aber auch **zeitaufwändig** und aufwändig in der Auswertung und brauchen sehr geschulte Interviewer; sie werden im Regelfall nur bei sehr hoch angesiedelten Positionen angewendet.

- **Strukturierte Interviews** werden anhand eines vorher erstellten **Leitfadens** geführt, der alle Kernthemen und Hauptfragen beinhaltet, es aber dem Interviewer trotzdem in gewissem Rahmen ermöglicht, flexibel auf die Antworten und das Verhalten des Bewerbers einzugehen. Strukturierte Interviews haben einen **mittleren Zeitbedarf**, die Auswertung kann durch die gegebene Vorstrukturierung zügig erfolgen und die Gesprächsergebnisse sind **gut vergleichbar**. Strukturierte Interviews werden am häufigsten bei Vorstellungsgesprächen eingesetzt.

Vorstellungsgespräch: eignungsdiagnostisches Standardverfahren

Drei Arten der Interviewgestaltung: frei, strukturiert, standardisiert

- **Standardisierte Interviews** sind quasi Fragebögen, anhand derer der Bewerber abgefragt wird. Der Gesprächsinhalt und Ablauf ist über die Einzelfragen genau vorgegeben. Ein solches Interview ist **unflexibel** und **starr** und in der Personalauswahl eher nicht brauchbar.

Weiter ist zu entscheiden, ob die Vorstellungsgespräche als **Einzelinterview** (ein Interviewer) oder als **Gruppeninterview** (mehrere Interviewer) gestaltet werden sollen. Als gute Lösung hat sich das von zwei Interviewern – einem Personalfachmann und dem späteren Fachvorgesetzten – gleichzeitig oder hintereinander geführte Gespräch herauskristallisiert.

Eine intensive
Vorbereitung
determiniert den
Erfolg

Die inhaltliche Vorbereitung hängt auch von den Zielsetzungen ab, die man mit dem Gespräch verfolgt. Die typischsten **Zielsetzungen** sind:
- erste persönliche Kontakte knüpfen,
- persönliche verbale und nonverbale Eindrücke gewinnen,
- zusätzliche Informationen über den Bewerber gewinnen,
- Motive, Werthaltungen und Zielsetzungen des Bewerbers eruieren,
- dem Bewerber Informationen über das Unternehmen und die Stelle vermitteln,
- offene Fragen des Bewerbers beantworten.

Im Einzelnen erfordert die Vorbereitung:
- intensives Durcharbeiten der Bewerbungsunterlagen und Identifizieren der offenen Punkte;
- Vorbereiten der Fragen unter Beachtung einer angemessenen Fragetechnik;
- Vorbereiten der Unterlagen über das Unternehmen und die Stelle, um dem Bewerber Auskünfte geben zu können;
- ggf. Vorbereiten einer Betriebsbesichtigung;
- Festlegung der Rollenverteilung zwischen den Interviewern.

Außerdem sind folgende **Nebenbedingungen** zu erfüllen, um ein erfolgreiches Gespräch sicherzustellen:
- genügend Zeit einplanen,
- eine ruhige, hektikfreie Atmosphäre gewährleisten,
- Ungestörtheit sicherstellen,
- geeignete freundliche Räume wählen,
- sich für eine partnerschaftliche, gleichberechtigte Sitzordnung entscheiden,
- die Gesprächsergebnisse protokollieren, um sie später umfassend resümieren zu können, oder geeignete Beurteilungsbögen verwenden.

 Insgesamt ist das Vorstellungsgespräch freundlich, sachlich und verbindlich zu führen, um Hemmungen und Befangenheit des Bewerbers rasch abzubauen, damit er sich authentisch präsentieren kann.

Zum Erfolg des Gespräches trägt auch der **Aufbau** bei. Bewährt hat sich folgende Vorgehensweise:
- Gesprächseröffnung über Begrüßung und Vorstellung der Gesprächspartner
- Informationen über das Unternehmen und die zu besetzende Position geben

- Befragen des Bewerbers
  - zu seinen Bewerbungsmotiven
  - zum bildungsmäßigen und beruflichen Werdegang
  - zum persönlichen Hintergrund
  - zu seinen Zielen
  - zu seinen Stärken und Schwächen
  - zu unklaren Positionen in der Bewerbungsunterlage
- Besprechen der Vertragsbedingungen
- Gesprächsabschluss

Die Fragen des Arbeitgebers dürfen sich aber nur auf Sachverhalte beziehen, die für die angestrebte Position von Bedeutung sind. Daraus leiten sich zwei arbeitsrechtlich unterschiedlich zu bewertende Fragearten ab:

- **Arbeitsrechtlich zulässige Fragen**, die vom Bewerber wahrheitsgemäß zu beantworten sind:
  - **beruflicher Werdegang**: uneingeschränktes Fragerecht;
  - **frühere Einkommenshöhe**: nur wenn es sich bei der neuen um eine der bisherigen Tätigkeit vergleichbare Aufgabe handelt (strittig);
  - **Schwerbehinderung**: uneingeschränktes Fragerecht;
  - **chronische Krankheiten**: nur, wenn daran bei dem Unternehmen ein berechtigtes Interesse besteht (erlaubt: Frage nach HIV-Erkrankung);
  - **Schwangerschaft**: ausnahmsweise zulässig, wenn die Frage nach der Schwangerschaft objektiv dem gesundheitlichen Schutz der Bewerberin und des ungeborenen Kindes dient; davon ist immer dann auszugehen, wenn der zu besetzende Arbeitsplatz dem Katalog der Beschäftigungsverbote nach § 4 Mutterschutzgesetz (z. B. Umgang mit Blut und Serum in einem Labor) unterliegt; wenn die Bewerberin von vornherein für den Arbeitsplatz nicht geeignet ist (z. B. Mannequin, Tänzerin); wenn von vornherein eine Tätigkeit z. B. in einem befristeten Arbeitsverhältnis wegen gleich eintretender Mutterschutzfristen, Erziehungsurlaub usw. nicht möglich ist; *[Randbemerkung: Arbeitsrechtlich zulässige Fragen]*
  - **Vermögensverhältnisse**: zulässig bei Mitarbeitern höherer Hierarchieebenen und in besonderen Vertrauenspositionen, die Umgang mit erheblichen Geldbeträgen haben und bei z. B. hohen Schulden in Versuchung geraten könnten, zu stehlen oder für Bestechungen empfänglich zu sein;
  - **einschlägige Vorstrafen** (die getilgt oder verjährt sind);
  - **gegenwärtige Pfändungen**.

 Antwortet hier der Bewerber wissentlich unwahr oder unvollständig, so kann dies zur Anfechtung des Arbeitsvertrages durch den Arbeitgeber führen, u. U. auch zur Nichtigkeit des Arbeitsvertrages und zu Schadensersatzansprüchen.

- **Arbeitsrechtlich unzulässige Fragen**, die der Bewerber wissentlich unrichtig beantworten darf, ohne dass das arbeitsrechtliche Konsequenzen hat:
  - **Krankheiten generell**, ohne Bezug zur Tätigkeit (gilt auch für HIV-Infektion, da nicht jede Infektion auch zu einer Erkrankung führt!);

- **Freizeitverhalten**, Trinkgewohnheiten, Abstammung und Herkunft, intime Beziehungen, Neigungen, Heiratsabsichten und Kinderwunsch;
- **Vermögensverhältnisse** allgemein;
- **Parteizugehörigkeit** (Ausnahme: Tendenzbetrieb);
- Zugehörigkeit zu **Glaubensgemeinschaften** (Ausnahme: Tendenzbetrieb);
- Vorstrafen allgemein;
- **Gewerkschaftszugehörigkeit** (Ausnahme: wenn Arbeitgeber eine Gewerkschaft ist, strittige Ausnahme: wenn unmittelbar ein Arbeitskampf bevorsteht).

Bei Sachverhalten, die einen erheblichen Einfluss auf die Arbeitsaufnahme und deren Bewältigung haben können, unterliegt der Bewerber sogar einer **Offenbarungspflicht**, d.h., er muss den Arbeitgeber auf diese sogar ungefragt aufmerksam machen.

Gerade Fragen, deren Antworten Hinweise auf die **Soft Skills** des Bewerbers geben, haben an Bedeutung gewonnen. Zum Standard gehören deshalb die Fragen nach Stärken und Schwächen, größtem Erfolg und Misserfolg sowie dem schönsten und schlimmsten Erlebnis.

Mit diesem Fragenkreis möchte man das Maß einer **realistischen und abgewogenen Selbsteinschätzung** des Bewerbers erkennen können: Man erwartet Antworten mit gesundem Selbstbewusstsein, keine Überheblichkeit, aber auch keine Selbstzweifel, wobei zu einer differenzierten Selbstdarstellung auch Schwächen gehören, die sich z.T. auch aus den Stärken ergeben: Wer ein hohes Organisationstalent hat, hat z.B. oft nur ein geringes Improvisationstalent.

In vielen Fällen wird nach Abschluss der Vorstellungsgespräche die Auswahlentscheidung gefällt. Um zu einer nachvollziehbaren Entscheidung zu kommen, ist der Prozess zu objektivieren, indem man systematisch Punkt für Punkt die **Ist-Eignung mit der Soll-Eignung des Anforderungsprofils vergleicht**.

Dazu sind die Anforderungskriterien in **Muss- und Kann-Kriterien** zu differenzieren, zu gewichten und bezüglich erreichbarer Ausprägungsgrade zu skalieren, sodass man dann in Form der Nutzwertanalyse eine Gesamtbetrachtung vornehmen kann.

Grundsätzlich ist auch dem Tatbestand Rechnung zu tragen, dass auch bei erfahrenen Interviewern Fehler in der Gesprächsführung und in der Beurteilung, die das Ergebnis beeinflussen, nicht ganz vermieden werden können. Solche typischen **Fehler der Gesprächsführung** sind:
- mangelnde Vorbereitung und schlechte Fragetechnik,
- zu großer Gesprächsanteil beim Interviewer,
- Interviewer bleibt gegenüber dem Bewerber nicht neutral,
- Änderung des Bewertungsmaßstabes.

Zu den klassischen **Beurteilungsfehlern** gehören
- Überbewerten des ersten Eindrucks,
- Überstrahlungseffekt,

- Sympathiefehler,
- Erwartungsenttäuschung,
- Vorurteile.

Solche Fehler lassen sich auf ein unvermeidbares Mindestmaß reduzieren durch sorgfältige Auswahl der Interviewer, die gut geschult und erfahren sein sollen.

13.3.2.2 Eignungstests

Eignungstests werden eingesetzt, um Merkmale zu erforschen, die man weder aus den Unterlagen noch im Gespräch sicher feststellen kann. Der Einsatz von Tests bedarf der Zustimmung des Betriebsrates nach § 94 BetrVG in Verbindung mit § 95 BetrVG. Als **Testarten** unterscheidet man im Wesentlichen:

- **Leistungstests**, mit denen der Grad der fachlichen Eignung festgestellt werden soll. Testgegenstand sind z. B. Geschicklichkeit, Reaktionsgeschwindigkeit, Konzentrationsfähigkeit, Rechenfähigkeit, Umgang mit Sprache.
- **Intelligenztests**, die die verschiedenen Intelligenzfaktoren, wie z. B. Denkvermögen, Urteilsvermögen, Kombinationsvermögen, und bei jüngeren Menschen das Intelligenzalter identifizieren sollen.
- **Persönlichkeitstests**, die Auskunft über Einstellungen, Werte und Motive geben sollen.

Eignungstests müssen von Fachleuten erstellt werden und den **Grundanforderungen** entsprechen:
- **Trennschärfe** (gute Kandidaten müssen besser abschneiden als schlechte)
- **Objektivität** (die Auswertungsergebnisse müssen bei jedem Auswerter gleich sein)
- **Validität** (der Test muss die Eigenschaften messen, die er zu messen vorgibt)
- **Zuverlässigkeit** (der Test muss geeicht und erprobt sein)

Tests werden im Regelfall als Testbatterien eingesetzt, um **mehrdimensionale Aussagen** zu gewinnen.

Das isolierte Einsetzen von Eignungstests ist heute eher unüblich, da diese verfahrensspezifische Mängel haben, die heute nicht mehr toleriert werden:
- Sie sind trainierbar,
- sie beleuchten nur Einzelfacetten und geben kein geschlossenes Gesamtbild,
- die Ergebnisse werden durch die Prüfungssituation verzerrt
- und als heute ausschlaggebender Mangel: Mithilfe von Tests erfährt man zu wenig über den zunehmend wichtigen Merkmalsbereich der sozialen Kompetenz.

13.3.2.3 Assessment-Center

Die Kritik an den klassischen Testverfahren hat zur Entwicklung der Assessment-Center geführt. Ein Assessment-Center ist ein eignungsdiagnostisches Verfahren zur qualifizierten **Feststellung von Verhaltensweisen und Verhaltensdefiziten,** das von mehreren Beobachtern gleichzeitig für mehrere Teilnehmer in Bezug auf vorher definierte Anforderungsmerkmale angewandt wird.

Ein Assessment-Center ist eine **Kombination von Gesprächen, Tests und Arbeitsproben**; beurteilt werden soll:

ACs lassen Verhaltensweisen und Verhaltensdefizite erkennen

- die **soziale Kompetenz**: kooperieren, integrieren, Führung und Verantwortung übernehmen, eigene Interessen überzeugend vertreten
- die **Problemlösungskompetenz**: Selbstorganisation, analytisch-logisches Vorgehen, Entscheiden und Umsetzen
- die **Präsentationskompetenz**: adressantengerechte Ansprache, gute didaktische Aufbereitung, verständliche Aussprache

Assessment-Center sind **zeit- und kostenaufwändig** und bedürfen der geschulten **Fachleute** für ihre Entwicklung und Anwendung. Die Aufgaben müssen auf die jeweiligen relevanten Anforderungsprofile abgestimmt werden. Die Beobachter müssen für ihre Beobachtungs- und Beurteilungsaufgaben gut geschult werden.

Die Ergebnisse der Assessment-Center gelten als sehr valide

Assessment-Center dauern **ein bis drei Tage**; die Bewerber werden zu **Gruppen von 9 bis 15 Personen** zusammengefasst. Die Ergebnisse der Assessment-Center gelten als sehr valide; ihre Akzeptanz bei Bewerbern ist hoch.

Assessment-Center enthalten folgende Items:
- **Postkorbübung**, zur Feststellung von Organisationstalent, Belastbarkeit, Entscheidungsfähigkeit, Delegationsfähigkeit und Sorgfalt,
- **geführte und führerlose Gruppendiskussionen**, um Argumentations-, Durchsetzungs-, Kooperations-, Überzeugungs- und Führungsfähigkeit abschätzen zu können,
- **Rollenspiele** als Einzel- und Gruppenübung zur Identifizierung von Kreativität, Kommunikationsfähigkeit, Stressresistenz, Selbstwahrnehmung, Einfühlungsvermögen und Flexibilität,
- **Fallbearbeitungen und Planspiele**, um die Potenziale im Bereich der Arbeitstechniken, der Zusammenarbeit, der Problemlösungs-, Analyse- und Synthesefähigkeit zu erkennen,
- **Eignungstests**, um Persönlichkeits- und Leistungsprofile erstellen zu können,
- und zunehmend **computersimulierte Szenarien** mit Aufgaben der Kontrolle und Steuerung komplexer dynamischer Systeme und Prozesse, die gekennzeichnet sind durch hohe Komplexität, starke Vernetztheit und hohe Intransparenz der Variablen. Festgestellt werden soll die Fähigkeit zur Zieloptimierung, das Informations- und Entscheidungsverhalten, Reaktionen auf Störfaktoren und Misserfolge.

Wichtig für die Akzeptanz: differenziertes Feed-back

Da die Bewerber bei allen Übungen von **mehreren Beobachtern** beobachtet und beurteilt werden, entsteht in der Summe der Eindrücke und Bewertungen ein ausgewogenes Bild. Nach Abschluss erhalten die Kandidaten ein **differenziertes Feed-back**.

Untersuchungen haben ergeben, dass die Validität und damit die Treffsicherheit bei der Identifikation der richtigen Bewerber durch Assessment-Center deutlich höher ist als bei anderen Verfahren; dies wiegt den größeren Aufwand auf.

13.3.2.4 Grafologische Gutachten und biografische Fragebögen

Grafologische Gutachten und biografische Fragebögen sind Außenseiterverfahren.

Mithilfe **grafologischer Gutachten** werden Bewegungs-, Raum- und Formmerkmale der Schrift ausgedeutet. Verfechter der Grafologie führen dazu aus, dass, wenn die Handschrift durch die Individualität geprägt ist und diese Ausdruck der Persönlichkeit ist, man dann auch aus der Handschrift auf Persönlichkeitsmerkmale der zugehörigen Person schließen kann. Grafologen leiten aus der Handschrift also Aussagen über Persönlichkeitsbild, Leistungsbild und Leistungsstörungen her.

Voraussetzung ist das Vorliegen eines ausreichend langen handgeschriebenen Schriftstückes, das unter normalen Schreibbedingungen zustande gekommen ist. Zudem muss der Schreibende die volle Schreibreife haben.

 Der Bewerber muss einer solchen Auswertung ausdrücklich zustimmen bzw. zugestimmt haben!

Ein **biografischer Fragebogen** ist ein standardisiertes Instrument zur systematischen Gewinnung und Auswertung von sozio-demografischen Daten, Einstellungen, beruflichen und persönlichen Erfahrungen und Interessen. Biografische Fragebögen enthalten bis zu mehreren hundert Fragen aus allen Lebensbereichen.

Dass man von den Antworten auf eine berufliche Eignung schließen kann, basiert auf der Annahme, dass aus vorausgegangenen Erfahrungen und Aktivitäten auf zukünftiges Verhalten geschlossen werden kann. Dies geschieht im Vergleich des Antwortverhaltens des Probanden mit dem von erfolgreichen und weniger erfolgreichen Testgruppenpersonen (**Extremgruppenvergleich**).

Grafologische Gutachten und biografische Fragebögen sind Außenseiterverfahren

Rückschluss von vergangener Gesamtentwicklung auf zukünftige berufliche Entwicklung

13.4 EINFÜHRUNGSPHASE

Ziel einer aktiv begleiteten Einführungsphase ist die **volle Integration** des neuen Mitarbeiters. Nur dann ist er voll arbeitsfähig und nur dann wird aus einem guten Bewerber auch ein guter Mitarbeiter. Angestrebt werden muss
- die **funktionale Integration**, d. h., die Arbeitsinhalte sind internalisiert, die Arbeitsabläufe durchschaut und die Leistungen den Anforderungen angepasst,
- und eine **soziale Integration**, d. h., der neue Mitarbeiter ist ein funktionierender Bestandteil der Organisation geworden, er hat sich in das soziale Gefüge eingeordnet, seine Handlungen und Einstellungen entsprechen dem Leitbild des Unternehmens und er hat eine starke positive Bindung an das Unternehmen entwickelt, kurz: Er zeigt **Commitment**.

Die ersten Tage entscheiden über den Erfolg

Generell ist die Einführungsphase für den neuen Mitarbeiter geprägt durch Nervosität und Unsicherheit. Die ersten Tage sind entscheidend für die Grundeinstellung zum Unternehmen: Er vergleicht die **gewonnenen Eindrücke** mit den **Erwartungen**, mit denen er gekommen ist, und es ist wichtig, von Unternehmensseite dazu beizutragen, dass sie **möglichst kongruent** sind.

Eine sinnvolle und **erfolgversprechende Integrationsphase** lässt sich in folgende Stufen gliedern:

- **Vorbereitungsphase**: Es ist sicherzustellen, dass der Arbeitsplatz vorbereitet wird und alle Arbeitsmittel, Werkzeuge, Zugangsberechtigungen und Ausweise da sind.

  Im Vorfeld sind auch die Kollegen über die Person und das Einsatzfeld des neuen Mitarbeiters zu informieren, um Gerüchte und Unsicherheiten zu vermeiden und eine Atmosphäre positiver Aufnahmebereitschaft zu schaffen. Es empfiehlt sich auch, in diesem Stadium bereits den **Paten** auszuwählen, der dem neuen Mitarbeiter zur Seite gestellt wird. Aufgabe des Paten ist es, den neuen Mitarbeiter

  - mit seiner Arbeitsumgebung vertraut zu machen,
  - bei der Kontaktaufnahme zu anderen Mitarbeitern zu unterstützen,
  - mit den geschriebenen und ungeschriebenen Regeln vertraut zu machen,
  - zu betreuen und ihm bei fachlichen und persönlichen Problemen zur Seite zu stehen.

Pate ist Ansprechpartner und Katalysator

- **Erster Arbeitstag**: Für den neuen Mitarbeiter ist der erste Arbeitstag ein sehr wichtiger Tag, mit dem er sich im Vorfeld viel beschäftigt und auf den er sich eingestellt hat.

  Deshalb sollte sich der Vorgesetzte an diesem Tag Zeit für seinen neuen Mitarbeiter nehmen. Er muss ihn den Kollegen vorstellen und sollte mit ihm einen **Betriebs- oder zumindest Abteilungsrundgang** machen. Sehr wichtig ist das zu führende **Einführungsgespräch**, mit welchem dem neuen Mitarbeiter eine erste Orientierung gegeben wird; dazu gehört noch einmal die Erläuterung seines Aufgabenfeldes und die Durchsprache des Einarbeitungsplanes.

Einführungsgespräch und Einarbeitungsplan sind unverzichtbar

- **Einarbeitungsphase**: Es ist eine systematische Einarbeitung des neuen Mitarbeiters zu gewährleisten. Hilfsmittel dazu sind

  - **Einarbeitungsplan**: Er untergliedert sich in einen Stoffplan (was), einen Zeitplan (wann) und einen Methodenplan (wie).
  - **Einführungsschriften**: Sie geben dem neuen Mitarbeiter Informationen über das Unternehmen, die Führungsgrundsätze, die Arbeitszeitgestaltung, Fortbildungsmöglichkeiten etc. und helfen, das Gesamtsystem von Regelungen zu verstehen.
  - **Einführungsseminare**: Ihr Ziel ist es, den neuen Mitarbeitern in kompakter Form alle notwendigen Informationen zu geben und sie bekannt zu machen mit den anderen „Neuen"; außerdem können damit Inhabitationsrituale verbunden werden, die helfen, eine schnelle Identifikation mit der neuen Umwelt zu schaffen.
  - **Regelmäßige Orientierungsgespräche** mit dem Vorgesetzten, Feed-back und Anerkennung geben, konstruktive Kritik üben und bei Problemen frühzeitig Hilfe anbieten.

Die Einführungsphase endet im Regelfall mit der **Probezeitabschlussbeurteilung**.

13.5   DER ARBEITSVERTRAG – ABSCHLUSS UND INHALT

Der Einsatz von Betriebsmitteln und auch von menschlicher Arbeitskraft soll und muss im Unternehmen effektiv und wirtschaftlich, aber auch zur Zufriedenheit der Mitarbeiter erfolgen. Als eines der **Gestaltungsmittel für den Einsatz von Arbeitskraft** bietet sich der Personalwirtschaft die Art des abgeschlossenen **Arbeitsvertrages** an. Durch die richtige Wahl der Arbeitsvertragsgestaltung kann ein effizienter Personaleinsatz ermöglicht werden.

Bevor aber überhaupt ein Arbeitsverhältnis geschlossen wird, sollte sehr genau geprüft werden, ob nicht andere Beschäftigungstypen zur Lösung der Aufgabenstellungen besser beitragen können (z. B. Leiharbeit, freie Mitarbeit oder Handelsvertreter).

Der zwischen Arbeitgeber und Arbeitnehmer abgeschlossene Arbeitsvertrag begründet ein Arbeitsverhältnis und gestaltet dessen Inhalt. Der Arbeitnehmer ist danach vor allem zur Arbeitsleistung und der Arbeitgeber zur Entgeltzahlung verpflichtet.

Der Arbeitsvertrag ist ein schuldrechtlicher, gegenseitiger Vertrag (§ 611 BGB), der durch zwei übereinstimmende Willenserklärungen von AG und AN zustande kommt (§§ 145 ff. BGB). Der Arbeitnehmer verpflichtet sich zur Leistung von Arbeit nach den Weisungen des Arbeitgebers. Er ist verpflichtet sich in die vom Arbeitgeber festgelegte Arbeitsorganisation einzufügen. Durch den Arbeitsvertrag unterwirft sich der Arbeitnehmer weitgehend der Gestaltungsbefugnis des Arbeitgebers, der danach im Rahmen der geltenden Vorschriften Zeit, Art und Ort der Arbeitsleistung bestimmt. Kraft dieses **Direktionsrechts** oder Weisungsrechts konkretisiert der Arbeitgeber die durch den Arbeitsvertrag freilich nicht in allen Einzelheiten festgelegten Arbeitsbedingungen und -umstände.

AG hat Direktionsrecht, d.h. Leitungsbefugnis hinsichtlich der vom AN zu erbringenden Arbeitsleistung

Das **Direktionsrecht wird begrenzt** durch die Arbeitsschutzgesetze, Tarifverträge, Betriebsvereinbarungen und durch den Arbeitsvertrag. Der Arbeitnehmer hat seine Arbeitsleistung nach § 613 BGB in Person zu erbringen und kann sich nicht vertreten lassen. Der Anspruch des Arbeitgebers auf Arbeitsleistung ist vor dem Arbeitsgericht einklagbar, das Urteil ist aber nicht vollstreckbar (Verbot der Zwangsarbeit, vgl. § 888 ZPO).

Für den Arbeitsvertrag gilt grundsätzlich das **Prinzip der Vertragsfreiheit**. Diese Vertragsfreiheit hat drei Inhalte:
* die Abschlussfreiheit,
* die Formfreiheit und
* die Gestaltungsfreiheit.

Der **Grundsatz der Abschlussfreiheit** bedeutet, dass jedermann von Rechts wegen frei ist, einen Arbeitsvertrag abzuschließen oder nicht. Für alle Deutschen ist die freie Wahl des Arbeitsplatzes in Artikel 12 GG als Grundrecht garantiert.

Freie Wahl des Arbeitsplatzes

Grundsätzlich ist auch der Arbeitgeber auf Grund der in Artikel 12 GG garantierten Berufsfreiheit in der Entscheidung frei, ob und mit wem er einen

Arbeitsvertrag abschließen will. Er hat danach ein **Einstellungs- und Auswahl-ermessen** und kann daher Bewerber aus sachlichen Gründen (z. B. fehlende Eignung oder Erfahrung) und selbst aus unsachlichen Gründen (z. B. Haartracht, Piercing, Tätowierung) ablehnen.

Die Abschlussfreiheit des Arbeitgebers ist aber durch **Sonderregelungen** (Ver- oder Gebote) mehrfach eingeschränkt, z. B.:

Abschlussfreiheit des AG ist durch Sonderregelungen eingeschränkt

- Die **Mitbestimmung des Betriebsrats** nach § 99 BetrVG sorgt dafür, dass der Arbeitgeber bei der Auswahl von Einzustellenden nicht willkürlich verfährt. Dies gilt insbesondere für die Einstellung von Betriebsärzten und Fachkräften für die Arbeitssicherheit sowie für Personen der betrieblichen Berufsausbildung, da in diesen Fällen außer der Zustimmung zur Einstellung auch die Zustimmung zur Berufung durch den Betriebsrat erforderlich ist (§ 98 BetrVG und § 9 ASiG).
- Beschäftigt der Arbeitgeber nicht die vorgeschriebene Zahl von **Schwerbehinderten**, muss eine Ausgleichsabgabe entrichtet werden. Die Ausgleichsabgabe ist gestaffelt und beträgt gem. § 77 SGB IX z. B. 105 €, wenn die Beschäftigungsquote zwischen 3 % und unter 5 % liegt, 180 €, wenn sie zwischen 2 % und unter 3 % liegt und 260 €, wenn sie unter 2 % beträgt.
- In Niedersachsen, Nordrhein-Westfalen und im Saarland sind Inhaber von Bergmannsversorgungsscheinen bevorzugt einzustellen.
- Der Abschluss des Arbeitsvertrages darf nicht mit der Begründung abgelehnt werden, dass der Bewerber eine Frau oder ein Mann ist. Das **Verbot der Geschlechtsdiskriminierung** erfährt nur wenige Ausnahmen, z. B. Schauspieler, Sänger, Tänzer, Mannequin, Dressman, Models, katholische Pfarrer, Mitarbeiterinnen in Frauenhäusern.
- Im öffentlichen Dienst hat der Bewerber einen Anspruch auf ermessensfehlerfreie Entscheidung. Da nach Artikel 33 GG jeder Deutsche nach seiner Eignung, Befähigung und fachlichen Leistung gleichen Zugang zu jedem öffentlichen Amt hat, kann sich das Ermessen der Einstellungsbehörde daher auf „Null" reduzieren.
- Verbote bzw. Beschränkungen für **ausländische Arbeitnehmer** aus Nicht-EU-Ländern.
- Verbote für **Kinder** (§§ 5 ff. JArbSchG) und Jugendliche (§§ 7 ff., 22 ff. JArbSchG, 120e GewO).

Der **Grundsatz der Formfreiheit** bedeutet, dass für den Abschluss des Arbeitsvertrages grundsätzlich keine Formvorschriften bestehen, der Vertrag folglich schriftlich, mündlich und sogar schlüssig (= konkludent) abgeschlossen werden kann.

Für den Abschluss des Arbeitsvertrages bestehen grundsätzlich keine Formvorschriften

Ordnet das Gesetz ausnahmsweise Schriftform an (vgl. § 4 BBiG), so muss der Vertrag von beiden Parteien eigenhändig unterschrieben werden, andernfalls ist er nichtig (§ 125 BGB).

Ergibt sich das Schriftformgebot aus einem Tarifvertrag, wird entgegen der Auslegungsregel des § 125 S. 2 BGB im Zweifel keine konstitutive, sondern nur eine deklaratorische Klausel vorliegen. Verstöße hätten sonst die Nichtigkeit des Arbeitsvertrages zur Folge; dies würde dem Schutzgedanken des Arbeitsrechts widersprechen.

Seit Juli 1995 muss jeder AG spätestens einen Monat nach dem vereinbarten Beginn des Arbeitsverhältnisses die wesentlichen Arbeitsbedingungen schriftlich festhalten, die Niederschrift unterzeichnen und dem AN aushändigen (§ 2 I NachwG). Diese Regelung gilt nicht für vorübergehende Aushilfen von höchstens einem Monat (§ 1 NachwG).

Wesentliche Arbeitsbedingungen schriftlich festhalten und unterzeichnen

Das (deklaratorische) Schriftformerfordernis hat keine Auswirkungen auf die Wirksamkeit des Arbeitsverhältnisses.

Die **Niederschrift** oder der Arbeitsvertrag muss mindestens enthalten:
- Name und Anschrift der Vertragsparteien,
- Zeitpunkt des Beginns des Arbeitsverhältnisses,
- bei befristeten Arbeitsverhältnissen deren vorhersehbare Dauer,
- Arbeitsort oder ggf. der Hinweis, dass der Arbeitnehmer an verschiedenen Orten beschäftigt werden kann,
- Bezeichnung oder allgemeine Beschreibung der zu leistenden Tätigkeit,
- Zusammensetzung und Höhe des Arbeitsentgelts einschließlich Zuschläge, Zulagen, Prämien und Sonderzahlungen sowie andere Bestandteile des Arbeitsentgelts und deren Fälligkeit,
- vereinbarte Arbeitszeit,
- Dauer des jährlichen Erholungsurlaubs,
- Fristen für die Kündigung des Arbeitsverhältnisses,
- ein in allgemeiner Form gehaltener Hinweis auf die Tarifverträge, Betriebs- und Dienstvereinbarungen, die auf das Arbeitsverhältnis anzuwenden sind.

Seit Mai 2000 bedarf nach § 623 BGB die Beendigung von Arbeitsverhältnissen durch Kündigung oder Auflösungsvertrag zu ihrer Wirksamkeit der Schriftform; dies gilt nach § 14 IV TzBfG auch für die Befristung eines Arbeitsvertrages. Ziel ist es, die Rechtssicherheit zu erhöhen und damit die Arbeitsgerichte zu entlasten.

Kündigung bedarf der Schriftform

Im Rahmen der Vertragsfreiheit wären Arbeitsvertragsparteien eigentlich frei in der Frage, welche Arbeitsbedingungen (Entgelt, Arbeitszeit, Entgeltfortzahlung, Urlaub) sie vereinbaren.

 Zum Schutz der Arbeitnehmer vor wirtschaftlichen Nachteilen und gesundheitlichen Gefahren wurde die Gestaltungsfreiheit jedoch durch Gesetze, Tarifverträge und Betriebsvereinbarungen stark eingeschränkt.

Sinn und Zweck des Arbeitsrechts ist es, die Gestaltungsfreiheit zum Schutz der Arbeitnehmer einzugrenzen. Arbeitsrecht ist Arbeitnehmerschutzrecht.

Arbeitsrecht ist Arbeitnehmerschutzrecht

In der Praxis beruhen heute die Arbeitsverhältnisse auf **weitgehend „inhaltsleeren" Arbeitsverträgen**. Die einzelnen Arbeitsbedingungen werden nicht individuell ausgehandelt, vielmehr verweisen die Verträge zumeist auf arbeitsvertragliche Einheitsregelungen, Tarifverträge oder Betriebsvereinbarungen.

Das Gesetz zur Modernisierung des Schuldrechts, am 1.1.2002 in Kraft getreten, hat insbesondere das allgemeine Recht der Leistungsstörungen sowie das Verjährungsrecht umgestaltet.

Nach § 310 IV BGB (i. V.m. §§ 305 ff. und 307 ff. BGB) unterliegen Arbeitsverträge (nicht aber Tarifverträge oder Betriebsvereinbarungen) jetzt zudem der **AGB-rechtlichen Inhaltskontrolle**, deren Reichweite zur Zeit schwer vorauszuahnen ist.

14 DIE VERWALTUNG IM PERSONALWESEN

Die Personalverwaltung umfasst nicht nur routinemäßige Verwaltungsaufgaben, sondern ist **Ausgangspunkt für die gesamte Personalarbeit**. Insoweit kommt ihr überragende Bedeutung im betrieblichen Alltag zu.

Personalverwaltung mit großer Bedeutung

Für die Durchführung der verschiedenen Aufgaben innerhalb der Personalverwaltung gibt es unterschiedliche Auslöser:
- **gesetzliche** und behördliche **Veranlassungen**
- Erfordernisse aufgrund von **Tarifverträgen** und Betriebsvereinbarungen
- Anforderungen durch Verbände, **Sozialversicherungsträger** usw.

Außerdem müssen die Bedürfnisse der Mitarbeiter ebenso berücksichtigt werden wie die des Managements, der Personalleitung, der Abteilungsleitungen usw.

Durch gesetzliche, tarifvertragliche und andere Vorgaben ist die Personalverwaltung nur in einem eingeschränkten Rahmen durch das Unternehmen selbst gestaltbar.

Die **wichtigsten Aufgabenbereiche** der Personalverwaltung sind:
- Meldewesen
- Personaleinsatzplanung
- Entgeltabrechnung
- Sozialverwaltung
- Personaldatenverwaltung
- Personalstatistik
- Personalcontrolling

14.1 ALLGEMEINE PERSONALARBEIT

Unter den Begriff der allgemeinen Personalarbeit fallen alle Tätigkeiten bezogen auf Einstellungen, Beförderungen, Versetzungen, Entlassungen und Personalbetreuung.

Mitarbeiter sind umfassend zu **unterrichten** und sachgerecht zu **beraten. Informationsaufgaben** bestehen auch gegenüber dem Management. Diese können sich auf einzelne Mitarbeiter, Mitarbeitergruppen oder die gesamte Belegschaft beziehen. Ferner bestehen **Überwachungsaufgaben**, die immer mehr an Gewicht gewinnen: Arbeitszeiterfassung, Urlaubsregelungen, Krankenstand etc. Auch die **Zusammenarbeit** mit dem Betriebsrat, der Schwerbehindertenvertretung und der Jugend- und Auszubildendenvertretung zählt zur allgemeinen Personalarbeit.

14.1.1 Meldewesen

Personalabteilung
muss viele Daten
weitergeben

Der Personalabteilung obliegt die Aufgabe, eine Vielzahl von Daten zu melden, und zwar an interne und externe Stellen. **Interne Stellen** sind:

- Vorgesetzte (Ablauf der Probezeit, Jubiläen, Geburtstage, Versetzungen)
- Schwerbehindertenvertreter (Ein- oder Austritte, Veranstaltungen, Besuche)
- Betriebsrat (Mitarbeiterzahl, Veränderungen im Unternehmen, Veranstaltungen, Besuche)
- Mitarbeiter (Sonderzahlungen, Arbeitszeitänderungen, Firmenfeste, Messen)

Externe Stellen sind beispielsweise Arbeitsamt, Kammern (IHK, Handwerkskammer, Anwaltskammer, Ärztekammer etc.), Berufsgenossenschaft, Finanzamt, Krankenkasse und Rentenversicherungsträger.

14.1.2 Softwareunterstützte Personalverwaltung

Im gesamten Personalbereich und besonders in der Personalverwaltung fallen viele **administrative** und **abrechnungstechnische Aufgaben** an. Der Einsatz eines modernen DV-Systems ist deshalb heute ein wichtiger Bestandteil der Personalarbeit.

Viele Software-Unternehmen bieten inzwischen Komplettlösungen für alle Bereiche der Personalwirtschaft als Standardsoftware an. Marktführer ist die SAP AG, Walldorf mit ihrer HR-Software. Außerdem werden auch die Internet- und Intranet-Technologien die Personalarbeit weiter stark beeinflussen.

14.1.3 Personaleinsatzplanung

Richtige Mitarbeiter
in richtiger Anzahl
zur richtigen Zeit am
richtigen Ort

Ziel der Einsatzplanung ist es, die richtigen Mitarbeiter in der richtigen Anzahl zur richtigen Zeit am richtigen Ort einzuplanen. Dabei müssen unternehmerische und mitarbeiterorientierte Ziele berücksichtigt werden.

Durch die Vermeidung von Leerzeiten, Ausgleich von Beschäftigungsspitzen und Reduktion von unnötiger Mehrarbeit werden die Personalkosten deutlich gesenkt.

14.2 ENTGELTABRECHNUNG

Die **Schwerpunktaufgaben** innerhalb der Entgeltabrechnung sind:
- Ermittlung und Auszahlung des an die Mitarbeiter zu entrichtenden Arbeitsentgelts
- Einbehaltung und Abführung der steuerlichen Arbeitnehmerabgaben
- Erhebung, Abführung und Nachweis der steuerlichen und arbeitsvertraglichen Arbeitnehmeraufwendungen
- Verbuchung und Verrechnung der Arbeitsentgelte
- Ausstellung und Bescheinigung über Leistungen und Abzüge (Kindergeld, Wohnungsgeld etc.) für verschiedene steuerliche und versicherungsrechtliche oder soziale Zwecke

Die **Entgeltansprüche** gründen sich aus verschiedenen Rechtsgrundlagen wie beispielsweise:

- **Einkommensteuergesetz** (EstG) – Hinweis: Ein Lohnsteuergesetz gibt es nicht, da die Lohnsteuer keine selbstständige Steuer ist.
- **Arbeitsgesetzen**, z. B.
  - Arbeitszeitgesetz (regelt Arbeitszeit der Arbeitnehmer, Ruhepausen, Nacht- und Schichtarbeit)
  - Lohnfortzahlungsgesetz (regelt die Entgeltfortzahlung, Höhe des fortzuzahlenden Entgelts)
  - Kündigungsschutzgesetz (regelt Kündigungsfristen, Höhe von Abfindungen, Kündigungsschutz)

Neben den gesetzlichen Grundlagen regeln auch Verträge die Entgelthöhe:
- **Tarifverträge**, also kollektive Arbeitsverträge zwischen Arbeitgeberverbänden und Gewerkschaften, die verschiedene Entgeltregelungen (z. B. bezüglich Grundgehalt, Zuschläge für Nachtarbeit, Weihnachtsgeld, Urlaubsgeld, andere Sonderzahlungen) beinhalten.
- **Betriebsvereinbarungen**, d. h. Vereinbarungen zwischen Arbeitgeber und Betriebsrat – hier werden Schichtzulagen, Jahresprämien, Fahrtkostenzuschüsse, Weihnachtsgratifikationen etc. geregelt.
- **Arbeitsvertrag**, also der individuelle Vertrag zwischen Arbeitgeber und Arbeitnehmer. Abweichende Regelungen zu Tarifverträgen und Betriebsvereinbarungen sind hauptsächlich in Bezug auf außertarifliches Entgelt zu finden.

14.2.1 Das Lohn-/Gehaltskonto

Das vereinbarte Entgelt spiegelt den Bruttoverdienst des Arbeitnehmers wider. Der Arbeitgeber ist verpflichtet, die aufgrund des Bruttoentgelts anfallenden **Steuer- und Sozialabgaben einzubehalten** und an das Finanzamt bzw. Versicherungsanstalt **abzuführen**.

 Der Arbeitgeber ist verpflichtet, für jeden Arbeitnehmer ein Lohn-/Gehaltskonto zu führen.

Wie ein Lohn-/Gehaltskonto zu führen ist und welche Inhalte hier zu finden sein müssen, ist in § 41 EStG geregelt. Die folgenden **Angaben** müssen z. B. enthalten sein:
- persönliche Daten des Arbeitnehmers
- die Daten der Lohnsteuerkarte und des Versicherungsnachweises
- Angaben zur Krankenversicherung
- besondere Daten des Arbeitnehmers, z. B. vermögenswirksame Leistungen
- Bruttoentgelt und zusätzliche Vergütungen
- einbehaltene Lohn-, Kirchensteuer und Solidaritätszuschlag
- einbehaltene Kranken-, Pflege-, Renten- und Arbeitslosenversicherung
- Summe der Abzüge und das Nettoentgelt
- eventuelle Verrechnungen – Rückzahlungen – Vorschüsse
- auszuzahlender Betrag

Zwei **Musterabrechnungen** sollen der Verdeutlichung dienen:

Abrechnung der Brutto-Netto-Bezüge   Juni 2003

Pers.-Nr.	Abteilung	Kostenstelle	Eintritt	Austritt	St.Kl.	Kinder	Konfession	Steuertabelle	Freibetr. mtl.	Freibetr. jährl.
3			01.06.2003		5	0.0	ev	Allgemeine	0,00	0,00

Betriebsstätte	Name der Krankenkasse	KK %	Versicherungs-Nr.	Pers.Gruppe	Tätigkeit	GV	MFB	
Hauptsitz	DAK München	13,80		101	99144	nein	nein	

SV-Tage	KV	RV	AV	PV	St-Tage	SV-AG Anteil
monatlich	30	30	30	30	30	518,75
kumuliert	30	30	30	30	30	**518,75
BGR	1	2	1	1		

Urlaub Vorjahr	0,00	Urlaub - monatlich genommen	0,00
Urlaubsanspruch	0,00	Resturlaub	0,00

Musterfirma

Frau

Anita Muster

Karwendelstr. 3

85276 Pfaffenhofen

Lohnart	Bezeichnung	bezahlte Menge	Faktor	%-Zuschlag	St*	SV*	Betrag
2	Gehalt				L	L	2.500,00 EUR

	Gesamt-Brutto
	2.500,00 EUR

Steuer / Sozialversicherung

Steuer - Brutto	Lohnsteuer	Kirchensteuer	SolZ		Steuerrechtl. Abzüge
2.500,00 EUR	819,58 EUR	65,56 EUR	45,07 EUR		
2.500,00 EUR	819,58 EUR	65,56 EUR	45,07 EUR		930,21 EUR

KV / PV-Brutto	RV / AV-Brutto	KV - Beitrag	PV - Beitrag	RV - Beitrag	AV - Beitrag	SV - rechtl. Abzüge
2.500,00 EUR	2.500,00 EUR	172,50 EUR	21,25 EUR	243,75 EUR	81,25 EUR	
2.500,00 EUR	2.500,00 EUR	172,50 EUR	21,25 EUR	243,75 EUR	81,25 EUR	518,75 EUR

	Netto - Verdienst
	1.051,04 EUR

Aufgelaufene Jahreswerte		Nr.	Netto - Bezüge / Netto - Abzüge
Gesamt - Brutto	Steuer - Brutto		
2.500,00 EUR	2.500,00 EUR		
Lohnsteuer	Kirchensteuer		
819,58 EUR	65,56 EUR		
SolZ			
45,07 EUR			
KV / PV - Brutto	RV / AV - Brutto		
2.500,00 EUR	2.500,00 EUR		
KV - Beitrag	PV - Beitrag		
172,50 EUR	21,25 EUR		
RV - Beitrag	AV - Beitrag		
243,75 EUR	81,25 EUR		

Summe Netto Be-/Abzüge
0,00 EUR

VWL - Gesamt *	Direktversicherung **	Bank: Volksbank Pfaffenhofen
0,00 EUR	0,00 EUR	BLZ: 72191600
Auszahlung **		Kto.-Nr.: 712346
1.051,04 EUR		

Auszahlung
1.051,04 EUR

** In diesen Werten sind keine Vorträge enthalten
* A=Abfindung, B=SV-Beiträge werden vom Arbeitgeber entrichtet, E=Einmalbezug, F=Steuerfrei, L=Laufender Bezug, M=Mehrjährige Versteuerung, P=Pauschale Versteuerung, S=Sonstiger Bezug, V=Vorjahr

Lexware lohn + gehalt 7.00   18.12.2003

Abb. 14.1: Muster-Lohnabrechnung 1 (Quelle: www.lexware.de)

14.2.2 Ermittlung der Brutto- und Nettoentgelte

Der Arbeitgeber ist also verpflichtet, vom Bruttogehalt die steuer- und sozialversicherungsrechtlichen Abgaben einzubehalten; der **Arbeitnehmer** bekommt lediglich das **Nettogehalt** ausgezahlt (d. h. Bruttogehalt – Abgaben = Auszahlungsbetrag).

Abrechnung der Brutto-Netto-Bezüge Juni 2003

Pers.-Nr.	Abteilung	Kostenstelle	Eintritt	Austritt	St.Kl.	Kinder	Konfession	Steuertabelle	Freibetr. mtl.	Freibetr. jährl.
4			01.06.2003		3	2.0	rk	Allgemeine	0,00	0,00

Betriebsstätte	Name der Krankenkasse	KK %	Versicherungs-Nr.	Pers.Gruppe	Tätigkeit	GV	MFB
Hauptsitz	DAK München	13,80		101	99146	nein	nein

SV-Tage	KV	RV	AV	PV	St-Tage	SV-AG Anteil
monatlich	30	30	30	30	30	897,89
kumuliert	30	30	30	30	30	**897,89
BGR	1	2	1	1		

Urlaub Vorjahr	0,00	Urlaub - monatlich genommen	0,00
Urlaubsanspruch	0,00	Resturlaub	0,00

Musterfirma

Herrn
Andreas Tester
Maienweg 5

85296 Rohrbach

Lohnart	Bezeichnung	bezahlte Menge	Faktor	%-Zuschlag	St*	SV*	Betrag
2	Gehalt				L	L	4.500,00 EUR
9011	Dienstwagen				L	L	350,00 EUR

Gesamt-Brutto
4.850,00 EUR

Steuer / Sozialversicherung

Steuer - Brutto	Lohnsteuer	Kirchensteuer	SolZ	Steuerrechtl. Abzüge
4.850,00 EUR	876,00 EUR	45,94 EUR	31,58 EUR	
4.850,00 EUR	876,00 EUR	45,94 EUR	31,58 EUR	953,52 EUR

KV / PV-Brutto	RV / AV-Brutto	KV - Beitrag	PV - Beitrag	RV - Beitrag	AV - Beitrag	SV - rechtl. Abzüge
3.450,00 EUR	4.850,00 EUR	238,05 EUR	29,33 EUR	472,88 EUR	157,63 EUR	
3.450,00 EUR	4.850,00 EUR	238,05 EUR	29,33 EUR	472,88 EUR	157,63 EUR	897,89 EUR

Netto - Verdienst
2.998,59 EUR

Aufgelaufene Jahreswerte		Nr.	Netto - Bezüge / Netto - Abzüge	
Gesamt - Brutto	Steuer - Brutto	9011	Dienstwagen	-350,00 EUR
4.850,00 EUR	4.850,00 EUR			
Lohnsteuer	Kirchensteuer			
876,00 EUR	45,94 EUR			
SolZ				
31,58 EUR				
KV / PV - Brutto	RV / AV - Brutto			
3.450,00 EUR	4.850,00 EUR			
KV - Beitrag	PV - Beitrag			
238,05 EUR	29,33 EUR			
RV - Beitrag	AV - Beitrag			
472,88 EUR	157,63 EUR			
VWL - Gesamt*	Direktversicherung **			Summe Netto Be-/Abzüge
0,00 EUR	0,00 EUR		Bank: Sparkasse Pfaffenhofen	-350,00 EUR
Auszahlung **			BLZ: 72151650	Auszahlung
2.648,59 EUR			Kto.-Nr.: 797583	2.648,59 EUR

** In diesen Werten sind keine Vorträge enthalten
* A=Abfindung, B=SV-Beiträge werden vom Arbeitgeber entrichtet, E=Einmalbezug, F=Steuerfrei, L=Laufender Bezug, M=Mehrjährige Versteuerung, P=Pauschale Versteuerung, S=Sonstiger Bezug, V=Vorjahr

Lexware lohn + gehalt 7.00   18.12.2003

Abb. 14.2: Muster-Lohnabrechnung 2 (Quelle: www.lexware.de)

Es werden **drei Bereiche der Personalkosten** unterschieden:
- Der erste Bereich sind die **Löhne und Gehälter**. Dazu gehören das Grundgehalt, Gratifikationen (Provisionen, Tantiemen, Urlaubsgeld), Vergütungen
für Überstunden, Sachbezüge, Zuschüsse zu den vermögenswirksamen
Leistungen usw.

- Zu den **gesetzlichen Aufwendungen** gehören der Arbeitgeberanteil zur gesetzlichen Kranken-, Pflege-, Renten- und Arbeitslosenversicherung sowie die Beiträge zur Berufsgenossenschaft.
- Zu den **freiwilligen sozialen Aufwendungen** gehören freiwillige Zuschüsse zu den Fahrtkosten und Essensgeld, Arbeitskleidung etc.

Beispiel

Zur Ermittlung des Brutto- und Nettoentgeltes liegen folgende Ausgangsdaten vor:

Bruttogehalt	2.000,00 €
abzüglich Steuerabzugsbeträge:	
• Lohnsteuer	– 298,00 €
• Kirchensteuer	– 26,82 €
• Solidaritätszuschlag	– 16,39 €
abzüglich Sozialversicherungsbeiträge:	
• Krankenversicherung	– 130,00 €
• Pflegeversicherung	– 17,00 €
• Rentenversicherung	– 191,00 €
• Arbeitslosenversicherung	– 65,00 €
auszuzahlender **Nettobetrag** (Entgelt)	1.255,79 €

Für das **Unternehmen** ergeben sich also folgende **Zahlungsverpflichtungen**:

• Auszahlung des Nettoentgelts	1.255,79 €
• Zahlung der Steuerabzugsbeiträge an das Finanzamt	341,21 €
• Zahlung der Sozialversicherungsbeiträge (**Arbeitnehmeranteil**) an die Krankenkasse	403,00 €
• Zahlung der Sozialversicherungsbeiträge (**Arbeitgeberanteil**) an die Krankenkasse	403,00 €
Gesamtaufwand:	2.403,00 €

14.2.2.1 Die Lohnsteuer

Lohnsteuer ist keine selbstständige Steuer

Die Lohnsteuer ist keine selbstständige Steuer. Sie ist eine **Erhebungsform der Einkommensteuer**. Die Einnahmen der Arbeitnehmer gehören zu den Einkünften aus nichtselbstständiger Arbeit und unterliegen der Einkommensteuer.

Das Besondere bei den Einkünften aus nichtselbstständiger Arbeit ist, dass die Einkommensteuer bei der Auszahlung der Einnahmen vom Arbeitgeber einbehalten und an das Finanzamt abgeführt werden muss.

Bemessungsgrundlage ist das lohnsteuerpflichtige Entgelt

Die **Bemessungsgrundlage** ist das lohnsteuerpflichtige Entgelt. Aus einer amtlichen Lohnsteuertabelle kann der Arbeitgeber die einzubehaltende Lohnsteuer entnehmen. Es werden Jahres-, Monats-, Wochen- und Tageslohnsteuertabellen unterschieden. In diesen Tabellen sind auch der Solidaritätszuschlag und die Kirchensteuer aufgeführt.

Mit Wirkung zum 01.01.2004 gab es bei der **Lohnsteuer** folgende wichtige **Änderungen**:

- Senkung des **Eingangssteuersatzes** von 19,9 % auf 16 %
- Senkung des **Spitzensteuersatzes** von 48,5 % auf 45 %
- Anhebung des **Grundfreibetrags** von 7.235 € auf 7.664 €
- Anhebung des Grenzbetrags, bis zu dem volljährige Kinder eigene Einkünfte und Bezüge haben dürfen, um beim Kindergeld berücksichtigt zu werden, von 7.188 € auf 7.680 €
- Verringerung des **Haushaltsfreibetrags** von 2.340 € auf 1.308 €
- Durch das Steueränderungsgesetz 2003 wird eine elektronische Lohnsteuerbescheinigung eingeführt.
- Durch das Haushaltsbegleitgesetz 2004 wird die **Entfernungspauschale** auf 0,30 € je Entfernungskilometer reduziert.
- Durch das Haushaltsbegleitgesetz 2004 werden außerdem folgende **Freibeträge und Freigrenzen** gekürzt:
  - Freibeträge für Entlassungsabfindungen von bisher 8.181 €, 10.226 € und 12.271 € auf 7.200 €, 9.000 € und 11.000 €
  - der Rabattfreibetrag von bisher 1.224 € auf 1.080 €
  - die Freigrenze von Sachbezügen von bisher 50 € auf 44 €
  - der Freibetrag für Heirats- und Geburtsbeihilfen von bisher 358 € auf 315 €
  - der Arbeitnehmer-Pauschbetrag von bisher 1.044 € auf 920 €
  - der Freibetrag für Vermögensbeteiligungen von 154 € auf 135 €

14.2.2.2 Die Kirchensteuer

Die Kirchensteuer wird von den Finanzämtern festgesetzt und erhoben. Diese wird vom Arbeitgeber mit der Lohnsteuer an das Finanzamt abgeführt.

Die **Bemessungsgrundlage** ist die veranlagte Einkommensteuer bzw. die Lohnsteuer, abzüglich der Kinderfreibeträge. Die Kirchensteuersätze betragen derzeit 9 %, in manchen Bundesländern auch 8 %.

Die Kirchensteuer wird von den Finanzämtern festgesetzt und erhoben

14.2.2.3 Der Solidaritätszuschlag

Der Solidaritätszuschlag wird auch unter Berücksichtigung der Kinderfreibeträge von den Finanzämtern festgesetzt und erhoben.

Die **Bemessungsgrundlage** ist die veranlagte Lohn- bzw. Einkommensteuer. Der Steuersatz beträgt derzeit 5,5 %.

14.2.2.4 Die Sozialversicherung

Der Sozialversicherungsbeitrag setzt sich zusammen aus den Beträgen für Krankenversicherung, Pflegeversicherung, Rentenversicherung und Arbeitslosenversicherung.

Sozialversicherung umfasst Kranken-, Pflege-, Renten- und Arbeitslosenversicherung

 Die Sozialversicherung trägt zur Hälfte der Arbeitnehmer und zur Hälfte der Arbeitgeber.

Die Höhe der Bemessungsgrundlage und die Beitragssätze ändert sich in der Regel jährlich.

14.2.2.5 Kurzfristige und geringfügige Beschäftigung

Seit dem 1. April 2003 gelten neue Regelungen für die kurzfristige und geringfügige Beschäftigung.

• Kurzfristige Beschäftigung

Wenn das Beschäftigungsverhältnis auf **längstens zwei Monate am Stück oder 50 Arbeitstage im Jahr** begrenzt ist, spricht man von einer kurzfristigen Beschäftigung. Hier sind keine Sozialversicherungsbeiträge abzuführen.

Für eine kurzfristige Beschäftigung sind keine Sozialversicherungsbeiträge abzuführen

Die Beschäftigung muss entweder vertraglich oder nach der Art des Beschäftigungsverhältnisses begrenzt (z. B. Oktoberfest, Ernte) angelegt sein und darf nicht berufsmäßig ausgeübt werden.

Die Lohnsteuer kann mit 25 % pauschaliert werden, wenn die kurzfristige Beschäftigung 18 zusammenhängende Arbeitstage nicht übersteigt. Der Arbeitslohn darf durchschnittlich je Arbeitstag 62,00 € und je Arbeitsstunde 12,00 € nicht überschreiten. Neben der Lohnsteuer ist die Kirchensteuer mit 7 % und der Solidaritätszuschlag mit 5,5 % abzuführen.

 Die kurzfristige Beschäftigung kann mit 20 % pauschaliert werden, wenn die Grenzen der geringfügigen Beschäftigung nicht überschritten werden.

• Geringfügige Beschäftigung (Minijobs)

Unter **„Minijob"** versteht man ein **auf Dauer angelegtes geringfügiges Beschäftigungsverhältnis**, wenn das regelmäßige monatliche Entgelt nicht mehr als 400,00 € beträgt.

Für Minijobs zahlt der Arbeitgeber eine pauschale Abgabe in Höhe von 25 %

Für diese Minijobs zahlt der Arbeitgeber eine pauschale Abgabe in Höhe von 25 % (= 12 % Rentenversicherung + 11 % Krankenversicherung + 2 % Pauschsteuer). Ist der Arbeitnehmer in einem Privathaushalt beschäftigt, beträgt die pauschale Abgabe 12 % (= 5 % Krankenversicherung + 5 % Rentenversicherung + 2 % Pauschsteuer). Die An- und Abmeldungen der Arbeitnehmer erfolgen zentral über die Bundesknappschaft. Ebenso werden die Beiträge an die Bundesknappschaft abgeführt. Vom Arbeitnehmer werden bei diesem Beschäftigungsverhältnis keine Abgaben einbehalten.

Bei der **Pauschsteuer** handelt es sich um eine so genannte Abgeltungssteuer (Lohnsteuer einschließlich Solidaritätszuschlag und Kirchensteuer); es erfolgt keine Einbeziehung bei der Einkommensteuer des Arbeitnehmers.

Werden mehrere Minijobs nebeneinander ausgeübt, so sind diese für die Beurteilung, ob die Geringfügigkeitsgrenze eingehalten ist, zusammenzurechnen.

 Bei Überschreiten der 400-€-Grenze entfällt die Minijob-Regelung und die Entgelte sind komplett sozial- und lohnsteuerpflichtig.

Der Arbeitgeber ist verpflichtet, den geringfügig Beschäftigten darauf hinzuweisen, dass er in der gesetzlichen Rentenversicherung die Stellung eines versicherungspflichtigen Arbeitnehmers erwerben kann, wenn er nach § 5 Abs. 2 Satz 2 SGB VI auf die Versicherungsfreiheit durch Erklärung gegenüber dem

Arbeitgeber verzichtet. Die Beiträge in Höhe von 7,5 % (19,5 % minus 12 %) trägt der Arbeitnehmer.

- **Niedriglohn-Job**

Zur Beschäftigungsförderung im Niedriglohnsektor wurden ab dem 1. April 2003 **für Arbeitnehmer Erleichterungen bei den Beiträgen zur Sozialversicherung** eingeführt. Auf den Arbeitnehmer entfallen geringere Sozialversicherungsbeiträge, sofern das monatliche Entgelt mehr als 400,00 € beträgt und 800,00 € nicht übersteigt.

Der Arbeitnehmeranteil zur Sozialversicherung steigt dabei mit der Höhe des Arbeitsentgeltes (nach einer besonderen Berechnungsformel) bis zum vollen Beitrag bei einem Entgelt von 800,00 € an. Diese **Gleitzonenregelung** gilt nicht für Auszubildende. Der Arbeitgeber hat hier hingegen keine Entlastung, er bezahlt die vollen Sozialversicherungsbeiträge.

> Arbeitgeber bezahlt die vollen Sozialversicherungsbeiträge

Diese Förderung bezieht sich lediglich auf die Sozialversicherung, bei der Lohnsteuer erfolgt die Abgabe der Steuern aufgrund der auf der Lohnsteuerkarte eingetragenen Steuerklasse.

14.3 SOZIALVERWALTUNG

Die betriebliche Personalwirtschaft hat nicht nur wirtschaftlichen, sondern auch **sozialen Zielen** zu dienen. Hilfsmittel zur Verwirklichung dieser Ziele sind neben gesetzlichen und tariflichen Leistungen die so genannten freiwilligen oder zusätzlichen Sozialleistungen des Betriebes. Hierdurch entstehen dem Unternehmen neben den Personalkosten für tatsächlich geleistete Arbeit weitere Kosten in Form von sog. Personalnebenkosten oder **Personalzusatzkosten** (z. B. Sozialversicherungsbeiträge, Urlaubsgeld, Weihnachtsgeld, Gratifikationen, Sonderurlaub). Sie bilden zusammen mit dem Direktlohn die Personalkosten oder Arbeitskosten des Betriebes.

> Personalkosten
> = gesetzliche Kosten
> + tarifliche Kosten
> + betriebliche Kosten
> + Direktlohn

Nach § 87 Abs. 8 BetrVG hat der Betriebsrat das Recht, hinsichtlich der Form, Ausgestaltung und Verwaltung von Sozialeinrichtungen mitzubestimmen. Hierbei geht es nur um die Frage des „Wie"; bei der Frage, „ob" eine Sozialeinrichtung überhaupt eingerichtet wird, besteht kein Mitbestimmungsrecht (= sog. wirtschaftliche Entscheidungsfreiheit des Arbeitgebers).

Allerdings kann die Errichtung von Sozialeinrichtungen durch Betriebsvereinbarung auf freiwilliger Basis geregelt werden. Auch bei Regelungen über Arbeitsunfälle, Berufskrankheiten und Wohnungen besteht ein Mitbestimmungsrecht des Betriebsrats.

14.4 PERSONALDATENVERWALTUNG

Alle Unterlagen, die für die Person und das Arbeitsverhältnis des Mitarbeiters von Bedeutung sind, sollten vom Betrieb gesammelt und geordnet aufbewahrt werden. Dazu dienen die **Personalakte** (Personalbelege, Vertragsbelege, Tätigkeitsbelege), die **Personalkartei** (Karteikarte mit allen wichtigen Daten des Mitarbeiters) und die **Personaldatei** (Personalstammdaten auf EDV-System).

14.4.1 Personalakte

Der Arbeitgeber ist gesetzlich nicht verpflichtet, Personalakten zu führen; ihre Einrichtung ist jedoch sehr zweckmäßig. Der Vorgesetzte erhält mit ihr einen guten Überblick über den Mitarbeiter; der Arbeitnehmer kann die ihn betreffenden Unterlagen umstandslos einsehen.

Zur Wahrung der Übersichtlichkeit hat sich in der betrieblichen Praxis eine **Gliederung der Personalakte** in folgende Sachgebiete bewährt:

- **Angaben zur Person**: Bewerbungsschreiben, Personalfragebogen, Schul- und Arbeitszeugnisse, persönliche Ereignisse (Heirat, Scheidung, Kinder) etc.
- **vertragliche Vereinbarungen**: Einstellungsschreiben, Arbeitsvertrag, Änderungen der Bezüge
- **Tätigkeiten**: Versetzungen, Abordnungen, Beförderungen, Abmahnungen, Disziplinarmaßnahmen, Beurteilungen, Weiterbildung etc.
- **Bezüge**: Entgelt, Zuschläge, Vorschüsse, Darlehen, Steuer, Sozialversicherung, Bausparverträge
- **Abwesenheiten**: Urlaub, Krankheit, Mutterschaft, Erziehungsurlaub, unentschuldigte Fehlzeiten etc.
- **sonstiger Schriftverkehr**: Arbeitsamt, Sozialversicherungsträger etc.

Für jeden Arbeitnehmer sollte eine Personalakte angelegt werden. Die Akten sollten **zentral** von der Personalabteilung geführt werden – nach dem Prinzip der **Vollständigkeit** und der **Richtigkeit**.

Neben der offiziellen Personalakte darf keine weitere Personalakte (Schattenakte) über den Mitarbeiter geführt werden. Die Führung von Geheimakten ist unzulässig.

Zulässig sind aber **Sonder- oder Nebenakten**, wie Aufzeichnungen des Werkschutzes oder von Vorgesetzten; in der Hauptpersonalakte ist hierüber ein entsprechender Hinweis anzubringen.

Auch die **elektronische Personalakte** hat sich mittlerweile in vielen Unternehmen etabliert. In Verbindung mit einem Intranet können die Mitarbeiter sogar bestimmte Teile ihrer Personaldaten wie z.B. das Erfassen von Reiseanträgen oder Adressänderungen eigenverantwortlich pflegen.

Das Bundesdatenschutzgesetz (BDSG) gibt den Beschäftigen bei der Führung der elektronischen Personalakte eine Reihe von **individualrechtlichen Ansprüchen**. Nachfolgende Ansprüche sind von besonderem Interesse, inbesondere dann, wenn keine Betriebsvereinbarung über den Umgang und die Nutzung einer elektronischen Personalakte geschlossen wurde:

- **Recht auf Benachrichtigung**: Werden ohne Kenntnis der Beschäftigten personenbezogene Daten für eigene Zwecke zum ersten Mal gespeichert, so ist der Beschäftigte über die Speicherung der Art der Daten und den Zweck der

Keine Pflicht zur Einrichtung einer Personalakte

Führung von Geheimakten ist unzulässig

Erhebung, der Verarbeitung oder Nutzung der verantwortlichen Stelle zu benachrichtigen, § 33 Abs.1 BDSG n.F.

- **Einsichts- und Auskunftsrecht:**
  Das **Einsichtsrecht** der Beschäftigten ist in § 83 Abs. 1 BetrVG geregelt und besteht hinsichtlich aller Aufzeichnungen, die in der Personalakte bzw. in Sonder- oder Nebenakten über sie geführt werden. Die Beschäftigen dürfen die Personalakte während der Arbeitszeit einsehen. Das Gehalt bzw. Lohn darf für die Dauer der Einsichtnahme nicht gekürzt werden.

  Nach § 34 BDSG a.u.n.F. hat der Beschäftigte zudem ein **Auskunftsrecht**. So kann er Auskunft verlangen
  - über die zu seiner Person gespeicherten Daten (auch woher die Daten stammen),
  - darüber, an wen die Daten weitergegeben werden,
  - über den Zweck der Speicherung.

- **Hinzuziehung eines Betriebsratsmitgliedes bei der Einsichtnahme**: Nach § 83 Abs. 1 Satz 2 BetrVG ist der Beschäftigte berechtigt, bei der Einsichtnahme ein Mitglied des Betriebsrates hinzuzuziehen.

- **Beifügung von Erklärungen zum Inhalt der Personalakte**: Den Beschäftigten wird nach § 83 Abs. BetrVG das Recht eingeräumt, schriftliche Erklärungen zum Inhalt der Personalakte, insbesondere zu Beurteilungen abzugeben. Diese müssen auf Verlangen des Beschäftigten der Akte beigefügt werden.

- **Berichtigungsrecht**: Bei der Führung der Personalakte manueller Art billigt die Rechtsprechung und Literatur den Beschäftigten ein Anspruch auf Berichtigung der Personalakte zu, wenn die Angaben falsch waren (BAG vom 25.4.72 AP Nr. 9 zu § 611 BGB Öff. Dienst; BAG v. 28.3.79 AP Nr. 3 zu § 75 BPersVG), wenngleich dies in § 83 BetrVG nicht ausdrücklich formuliert ist. Somit findet das Bundesdatenschutzgesetz Anwendung. Nach § 35 Abs. 1 BDSG sind personenbezogene Daten zu berichtigen, wenn sie unrichtig sind.

- **Anspruch auf Löschung**: Nach § 35 Abs. 2 BDSG a.u.n.F. sind Daten zu löschen,
  - wenn ihre Speicherung unzulässig ist,
  - wenn sich herausstellt, dass die Speicherung nicht mehr erforderlich ist.

Es gibt **keine gesetzlich vorgeschriebenen Aufbewahrungsfristen** der arbeitsvertraglich geführten Unterlagen in der Personalakte. Es gibt aber Fristen, die vom Mitarbeiter zu berücksichtigen sind, bezüglich eventueller Ansprüche auf Gehaltszahlungen oder Abfindungen oder z.B. Anfechtung einer Prämie.

Wird das **Arbeitsverhältnis beendet**, kann der Beschäftigte seine Arbeitspapiere (aktuelle und alte, Zeugnisse, Urlaubs- und Entlassungsbescheinigungen etc.) zurückfordern. Sind die Daten elektronisch verarbeitet, besteht für den Beschäftigten ein Anspruch auf Löschung, soweit der Arbeitgeber keine Verpflichtung zur Aufbewahrung hat. Viele Firmen verwahren die Personalakte ausgeschiedener Mitarbeiter ein Leben lang, um allen Fristen der Aufbewahrung und Verjährungen gerecht zu werden.

14.4.2 Personaldatei

Neben den (elektronischen) Personalakten werden auch vielfach Personalkarteien geführt. Da die meisten Personalabteilungen inzwischen über EDV verfügen, werden diese in den meisten Fällen nicht mehr als Karteikarten, sondern als Dateien geführt. Personalkarteien bzw. -dateien enthalten im Gegensatz zu Personalakten **nicht alle, sondern nur die für die Personalverwaltung wesentlichen Daten der Mitarbeiter**. Dadurch bieten sie einen schnellen Überblick und gute Vergleichsmöglichkeiten.

Der Inhalt der Personalstammdateien bestimmt sich nach den jeweiligen betrieblichen Erfordernissen. Es ist darauf zu achten, dass nur die notwendigen Daten gespeichert werden. Ansonsten entsteht schon nach kurzer Zeit ein (nicht aktueller) Datenfriedhof, zudem sind die Kosten überflüssiger Datenaufnahme unwirtschaftlich. Die Daten können rasch ausgewertet und in beliebiger Weise kombiniert, verdichtet und zugeordnet werden.

Funktionen der Personaldatei:
- *Überblick*
- *Übersichtlichkeit*
- *Vergleiche*
- *Kombination*
- *Verdichtung*
- *Zuordnung*

14.4.3 Datenschutz

Die Verwaltung der Personaldaten ist Grundvoraussetzung jeder guten Personalarbeit. Die Daten müssen so erhoben werden, dass sie **gesichert** und **kurzfristig abrufbar** sind und **einfach geändert und fortgeschrieben** werden können.

Um die Mitarbeiter vor einem Missbrauch der Daten zu schützen wurden folgende wichtige Kontrollen vorgeschrieben:

- Zugangskontrolle, sodass der Zugang Unbefugter zu den EDV-Anlagen verhindert wird
- Benutzerkontrolle für die Anwender, sodass verhindert wird, dass Unbefugte Daten speichern, zur Kenntnis nehmen, verändern oder löschen
- Zugriffskontrolle, sodass die Benutzer nur auf die in ihren Aufgabenbereich fallenden Daten zugreifen können
- Eingabekontrolle, sodass der Daten eingebende Mitarbeiter identifiziert werden kann
- Übermittlungskontrolle, sodass der Datentransfer jederzeit nachvollziehbar ist
- Organisationskontrolle, sodass die Umsetzung des Datenschutzgesetzes sichergestellt ist

Schutz vor Missbrauch der Daten durch:
- *Zugangskontrolle*
- *Benutzerkontrolle*
- *Zugriffskontrolle*
- *Eingabekontrolle*
- *Übermittlungskontrolle*
- *Organisationskontrolle*

Ferner müssen alle Transaktionen nach Benutzer und Ort protokolliert werden. In nichtöffentlichen Betrieben, die personenbezogene Daten automatisiert (konventionell) verarbeiten und damit mindestens 5 (20) Arbeitnehmer ständig beschäftigen, muss ein **Datenschutzbeauftragter** ernannt werden, der für den Schutz der personenbezogenen Daten (mit-)verantwortlich ist (§ 4f BDSG).
Er hat die Ausführungen des Bundesdatenschutzgesetzes und anderer Vorschriften (Landesgesetze) über den Datenschutz sicherzustellen und kann sich dazu in Zweifelsfällen an die Aufsichtsbehörde wenden.

Teil III
Personalplanung, -Marketing und -Controlling gestalten und umsetzen

15 UNTERNEHMENSSTRATEGIE, PERSONALPLANUNG UND PERSONALPOLITIK

15.1 UNTERNEHMENSSTRATEGIE

Definition Strategie

Strategie bezeichnet die langfristige Ausrichtung eines Unternehmens, verbunden mit langfristigen Auswirkungen auf alle Unternehmensaktivitäten. Grundlage hierfür bildet die **Philosophie** (synonym hier: Mission, Corporate Identity, Leitbild) eines Unternehmens.

Die formulierte Strategie bildet dann die **Basis für eine konkrete Festlegung von Maßnahmen** und die Entwicklung der zu ihrer Umsetzung erforderlichen Instrumente, der Planung:

Abb. 15.1: Unternehmensphilosophie, -strategie und -planung

Üblicherweise werden drei Ebenen der Strategie innerhalb einer Unternehmung unterschieden:

Drei Strategie-Ebenen werden üblicherweise unterschieden

- **Unternehmens(gesamt)strategie**: In welchem(n) Geschäftsfeld(ern) wollen wir tätig sein?
- **Wettbewerbsstrategien in den strategischen Geschäftseinheiten** (SGEs): Wie wollen wir den Wettbewerb in diesem(n) Geschäftsfeld(ern) bestreiten?
- **Funktionsstrategie**: Wie kann man die erforderlichen Maßnahmen im jeweiligen Funktionsbereich koordinieren?

Naturgemäß ergibt sich für Unternehmen eine Vielzahl möglicher Strategien. Dazu gibt es in der einschlägigen Literatur eine Reihe verschiedener Systematisierungsansätze.

Einer der bekanntesten ist die Systematisierung anhand von Produkten und Märkten. Ein Unternehmen trifft seine Entscheidungen bezüglich des Leistungsprogramms oder des von ihm anvisierten Marktes. Daraus ergibt sich folgende Produkt-Markt-Matrix (nach Ansoff):

Märkte Produkte, Leistungen	bestehend	neu
bestehend	**Marktdurchdringung** ⇒ Marktbesetzung ⇒ Verdrängung	**Marktentwicklung** ⇒ Internationalisierung ⇒ Marktsegmentierung
neu	**Produktentwicklung** ⇒ Produktinnovation ⇒ Produktdifferenzierung	**Diversifikation** ⇒ vertikale Diversifikation ⇒ horizontale Diversifikation ⇒ laterale Diversifikation

Abb. 15.2: Produkt-Markt-Matrix (nach Ansoff)

Bei der **Marktdurchdringung** (= Intensivierungsstrategie) wird eine höhere Marktausschöpfungsquote mit dem bisherigen Produkt am traditionellen Markt zu erreichen versucht durch
- Erhöhung der Kauffrequenz bisheriger Kunden,
- Gewinnung von Kunden der Mitbewerber,
- Gewinnung bisheriger „Noch-nicht-Kunden",
- Kauf von Mitbewerbern.

Von dieser Plattform aus nehmen alle weiteren Strategien ihren Ausgangspunkt.

Bei der Strategie der **Produktentwicklung** wird
- **Produktinnovation** betrieben, d.h., das Unternehmen entwickelt zusätzliche, neue Produkte für den traditionellen Markt;
- **Produktdifferenzierung** betrieben, d.h., aus dem bisherigen Produkt werden zusätzliche bzw. im Urteil der Käufer andersartige Produkte entwickelt (z.B. Kfz-Modellvarianten).

Bei der Strategie der **Marktentwicklung** wird das Finden und Entwickeln neuer Märkte für das „traditionelle" Produkt zum Inhalt aller Bemühungen; dies geschieht durch
- **Internationalisierung**, d.h. regionale Ausweitung, Erschließung zusätzlichen Marktpotenzials (stellt eigentlich eine Sonderform der Diversifikation dar), und zwar entweder im bisherigen oder in neuen Tätigkeitsfeldern;
- **Marktsegmentierung**, d.h. Erschließen von bislang vom Unternehmen noch nicht bearbeiteten Marktsegmenten (z.B. Produktvarianten für neue Zielgruppen, durch Erschließung neuer Absatzwege, „psychologische Produktneuentwicklung").

Bei der Strategie der **Diversifikation** handelt es sich um die systematische Aufnahme neuer Produkte und deren Vermarktung in neuen Märkten.

Diversifikation als gezielte Ausweitung des Angebotes soll das Absatzrisiko mindern und einseitige Abhängigkeiten (von Produkt, Markt und Kunden) abbauen. Die Ausrichtung erfolgt also auch am Markt und an den Produkten.

Diversifikation soll das Absatzrisiko mindern und einseitige Abhängigkeiten abbauen

Hieraus ergeben sich verschiedene Formen der Diversifikation:

Nutzung gleicher
Produktionsmittel
und/oder Absatzwege

- **horizontale Diversifikation**: die neuen Produkte sind mit den bisherigen eng verwandt in Bezug auf produktions-, beschaffungs- oder absatzwirtschaftliche Gegebenheiten, es können die gleichen Produktionsmittel, das gleiche Personal und die gleichen Absatzwege genutzt werden; horizontal diversifiziert wird über
  - das Leistungsangebot,
  - das Dienstleistungsangebot,
  - das gesamte Leistungsbündel;
- **vertikale Diversifikation**: auch Vorstufen- oder Nachstufendiversifikation (= Vorwärts- oder Rückwärtsintegration) genannt, weil die neuen Produkte den bisherigen produktionstechnisch vor- oder nachgelagert sind;
- **laterale Diversifikation**: zwischen den bisherigen Produkten und dem neuen Produkt besteht absolut kein Zusammenhang.

Typische **Instrumente zur Formulierung von Unternehmensstrategien** (die hier jedoch nicht weiter behandelt werden) sind:
- **SWOT-Analyse** (SWOT steht für **S**trength (Stärke), **W**eakness (Schwäche), **O**pportunities (Chancen), **T**hreats (Risiken))
- Portfolio-Ansätze (z.B. von McKinsey oder der Boston Consulting Group)
- Lebenszyklusbetrachtung von Produkten
- Szenario-Techniken (z.B. Delphi-Methode u.a.)

Die Strategiewahl erfolgt bezüglich des Gesamtunternehmens oder der definierten strategischen Geschäftseinheit.

Strategiewahl für die
SGE bestimmt die
Strategien für jeweilige Teilfunktionen

Daraus leiten sich dann die Strategien für die jeweiligen Teilfunktionen ab: z.B. für den Einkauf, die Produktion usw. Von besonderem Interesse sind an dieser Stelle natürlich die personalwirtschaftlichen Strategien.

15.2 PERSONALWIRTSCHAFTLICHE ZIELE UND STRATEGIEN

Der Zusammenhang zwischen Philosophie, Strategie und Planung lässt sich auf diesen Teilbereich übertragen:

Personalphilosophie	⇒ Werte und Überzeugungen
Personalstrategie	⇒ Konkretisierung durch Ziele und Grundsätze (z.B. Führungs- oder Beschaffungsleitlinien oder Förderungsrichtlinien)
Personalplanung	⇒ Festlegung der Wege zum Ziel

Abb. 15.3: Personalphilosophie, -strategie und -planung

Die **obersten Ziele einer zeitgemäßen Personalarbeit** findet man immer wieder zusammengefasst in folgender Formulierung: Das Personalmanagement soll für das Unternehmen

- **die richtigen Mitarbeiter** = formelle und nicht-formelle Qualifikation eines Mitarbeiters (qualitativer Gesichtspunkt), z.B. Persönlichkeitskompetenz in Bezug auf die Unternehmenskultur und die Arbeitsgruppe, aber auch Merkmale wie Alter, Geschlecht, Nationalität, Gesundheitszustand, Körpergröße etc.;

Formelle und nicht-formelle Qualifikation eines Mitarbeiters

- **in der richtigen Anzahl** = ausreichende Menge an Mitarbeitern bzw. benötigte Menge angebotener Arbeitskapazität in Stunden (= mengenmäßiger Gesichtspunkt);
- **zur richtigen Zeit** = zum Zeitpunkt bzw. in der Zeitspanne des benötigten Kapazitätsbedarfs;
- **am richtigen Ort** = regional betrachtet, z.B. in Bezug auf die Filiale;
- **zu betriebswirtschaftlich vertretbaren Kosten** = Berücksichtigung von Wirtschaftlichkeit und Rentabilität personalwirtschaftlicher Maßnahmen;
- **sozialverträglich beschaffen, einsetzen und erhalten**.

Konkret bedeutet das beispielsweise:

- **Optimierung der Auslastung** der personellen Kapazitäten durch entsprechenden Personaleinsatz bzgl. Arbeitsort und Arbeitszeit;
- **Minimierung der Personalkosten**, z.B. durch Einrichtung von Vergütungssystemen mit von der Ausbringung bzw. dem Betriebsergebnis abhängigen, also variablen Bestandteilen;
- **Reduzierung ungewollter Fluktuation** und schädlicher Fehlzeiten;
- **Steigerung der Leistung** der Mitarbeiter durch Arbeitsmotivation oder Einrichtung geeigneter Arbeitsplätze;
- Ermöglichung eines **angst- und repressalienfreien Arbeitsklimas**, welches der Kreativität und Veränderungsbereitschaft der Belegschaft genügend Raum lässt, usw.

Damit diese Ziele im ganzen Unternehmen einheitlich verstanden und praktiziert werden und damit dezentral getroffene Einzelentscheidungen diese Ziele zumindest unterstützen, formulieren insbesondere Großunternehmen so genannte personalpolitische Grundsätze.

Dezentral getroffene Einzelentscheidungen müssen immer die Oberziele unterstützen

15.3 PERSONALPOLITISCHE GRUNDSÄTZE

Diese gelegentlich nur mündlich, heute aber meist schriftlich vorliegenden „Arbeitsanweisungen" regeln verbindlich für alle Entscheidungsträger, wie Personalarbeit im Unternehmen betrieben werden soll.

Inhalte derartiger Richtlinien sind z.B.

- das **„Prinzip der offenen Tür"**: Führungskräfte sollen für ihre Mitarbeiter erreichbar und ansprechbar sein;
- das Prinzip **„Aufstieg vor Einstieg"**: Bevorzugung innerbetrieblicher Stellenbesetzung, wo immer es möglich ist, gegenüber einer Besetzung von außen;

- der **Grundsatz der sozialen Verpflichtung gegenüber der Gesellschaft**, was sich in der Erfüllung der Schwerbehindertenpflichtquote, in der Gestellung von Ausbildungs- und Praktikantenplätzen oder in der Einstellung von Straffälligen zwecks Rehabilitation niederschlägt;

Maßnahmenplanung darf nicht unkoordiniert und zufällig erfolgen

- die **Praktizierung eines kooperativen Führungsstils**, welcher dem einzelnen Mitarbeiter Raum für persönliche Entfaltung im Rahmen eigenständiger Arbeit gibt;
- die **Aufgeschlossenheit gegenüber Bildungsbedürfnissen** der Mitarbeiter etc.

 Diese Grundsätze müssen dann in Maßnahmen übertragen werden.

Dies soll allerdings nicht unkoordiniert und zufällig erfolgen, sondern mithilfe eines zielführenden „Masterplans".

16 PERSONALPLANUNG ALS TEIL DER UNTERNEHMENSPLANUNG

16.1 SYSTEM DER UNTERNEHMENSPLANUNG

Die Unternehmensplanung besteht aus einer Fülle von Einzelplänen, welche alle in irgendeiner Form wechselseitig voneinander abhängig (interdependent) sind. Diese Planungen lassen sich jeweils nach unterschiedlichen Gesichtspunkten systematisieren.

Alle Einzelpläne sind interdependent

Nach der **Planungsebene und den sich daraus ableitenden Planungshorizonten** lassen sich unterscheiden:

- die **strategische**, langfristig ausgerichtete **Planung**,
- die **taktische**, mittelfristig angelegte **Planung** und
- die **operative**, kurzfristige **Planung**.

> *Die Planungshorizonte werden sich von Branche zu Branche unterscheiden.*

Jeder Funktionsbereich nimmt seine eigenen konkreten Planungen vor; so entsteht ein System von Planungen, z.B. im Einkauf, in der Produktion, in der Forschung und Entwicklung usw.

16.2 ABHÄNGIGKEITEN ZWISCHEN DEN TEILPLANUNGEN

Eine der Funktionsplanungen ist die so genannte **originäre Planung**, also die **Erstplanung im Unternehmen**. Aus dieser leiten dann alle weiteren Unternehmensfunktionen ihre Planungen ab (= **derivative Planungen**).

Aus der originären Planung werden die derivativen Planungen abgeleitet

Welche Planung die originäre Planung im Unternehmen darstellt, wird durch den jeweiligen Unternehmensengpass bestimmt.

Beispiel

- In einem stark umkämpften Markt bildet den Engpass i.d.R. der Absatz. Es ist schwer, die erstellten Produkte oder die erbrachte Leistung zu verwerten.
- Bei einem Start-Up-Unternehmen stellen vielleicht die Finanzen den Engpass dar.
- In einem anderen Unternehmen sind es die beschränkten Fertigungskapazitäten
- oder eine nicht gesicherte Versorgung mit Rohstoffen oder einzukaufenden Komponenten.
- Es ist auch denkbar, dass einmal der Produktionsfaktor Arbeit den Engpass darstellt, wenn nämlich die vom Unternehmen benötigten Spezialisten einfach nicht zu bekommen sind. Dann bleiben mögliche Marktchancen ungenutzt mangels Personals.

Die Qualitiät der gesamten Unternehmensplanung hängt von der Güte der originären Planung ab.

Basiert diese auf einer unzureichenden Datenbasis, ist sie ungenau oder auch nur zu kurzfristig ausgelegt, können die sich daraus ableitenden Folgeplanungen zwangsläufig nicht besser sein.

Die Planungen beinhalten immer die Formulierung von Zielen, also von anzustrebenden Endergebnissen. Alle Teilziele im Unternehmen sollten sich gegenseitig ergänzen und unterstützen (**Zielharmonie**, -identität).

Treten aber einmal Widersprüche auf (**Zielkonflikt**, -konkurrenz), dann sind Prioritäten zu setzen, welche Ziele vorrangig angestrebt und verwirklicht werden sollten.

Alle Teilziele sollten sich gegenseitig ergänzen und unterstützen

Grundlage für eine Personalplanung sind somit **unternehmensinterne und -externe Daten** sowie **Vorgaben der Geschäftsführung** (aufgrund der Unternehmensstrategie).

Insofern stellen praktisch alle funktionsbezogenen Teilpläne des Unternehmens „Hilfsmittel" für die Personalplanung dar, also z. B. Fertigungspläne, Investitionspläne, Rationalisierungsvorhaben, Organisationspläne etc.

Aber auch die Personalstatistik liefert eine Fülle von belegschaftsbezogenen Informationen.

Weitere Hilfsmittel in diesem Zusammenhang sind:
- Organisationspläne,
- Stellenpläne,
- Stellenbesetzungspläne,
- Anforderungsprofile für die einzelnen Stellen,
- Qualifikationsprofile der Mitarbeiter,
- Laufbahn-/Nachfolgepläne,
- Personalakten etc.

17 System der Personalplanung

17.1 Arten der Personalplanung

Die Personalplanung selbst lässt sich nun ihrerseits auch wieder in eine Reihe von **Teilplanungen** untergliedern:
- Nach der Anzahl der von einer Planung betroffenen Mitarbeiter unterscheidet man in
  - **Individualplanung** (für einen einzelnen, namentlich bekannten Mitarbeiter) und
  - **Kollektivplanung** (für eine Gruppe von betroffenen Mitarbeitern).
- Nach dem Planungsinhalt wird unterschieden in
  - **quantitative Planung**: Kopfzahlen, Kosten, Stundenzahlen, Manntage etc.,
  - **qualitative Planung**: Ausbildung, Erfahrung, Entgeltgruppen etc.
- Nach dem Detaillierungsgrad wird unterschieden
  - bzgl. der **Zeit**: je kurzfristiger die Planung, desto höher der Detaillierungsgrad und umgekehrt;
  - bzgl. der **Organisationseinheit**: je kleiner die Organisationseinheit, für die geplant wird, desto höher ist der Detaillierungsgrad und umgekehrt.
- Nach dem Charakter der Planung wird unterschieden in
  - **Erwartungsplanung** i.S. des „Prinzips Hoffnung", unabhängig von der Hierarchieebene des Planenden;
  - **Vorgabeplanung**, verbindlich als Bestandteil des Managements by Objectives.

Anzahl der betroffenen Mitarbeiter

Planungsinhalt

Detaillierungsgrad

Charakter der Planung

Sehr weit verbreitet ist die Unterscheidung in die verschiedenen **Planungsfelder**:
- Personalbestandsplanung
- Personalbedarfsplanung (= Personalbemessung)
- Personalveränderungsplanung
  - Personalbeschaffung
  - Personalentwicklung
  - Personalfreisetzung
  - Personaleinsatz
- Personalkostenplanung

Unabhängig davon, ob die Personalplanung zentral oder dezentral durchgeführt wird, ist darauf zu achten, dass der Betriebsrat mit einbezogen wird. **§ 92 BetrVG** besagt:

Betriebsrat muss miteinbezogen werden

(1) Der Arbeitgeber hat **den Betriebsrat** über die Personalplanung, insbesondere über den gegenwärtigen und künftigen Personalbedarf sowie über die sich daraus ergebenden personellen Maßnahmen und Maßnahmen zur Berufsbildung anhand von Unterlagen **rechtzeitig und umfassend zu unterrichten.** Er hat mit dem Betriebsrat über Art und Umfang der erforderlichen Maßnahmen und über die Vermeidung von Härten zu **beraten.**

(2) Der **Betriebsrat** kann dem Arbeitgeber **Vorschläge** für die Einführung einer Personalplanung (...) und ihre Durchführung machen.

17.2 PERSONALBEDARFSPLANUNG – PERSONALBEMESSUNG

Personalbedarfs-planung bildet die Grundlage der Personalplanung

Die Personalbedarfsplanung bildet die Grundlage der Personalplanung. Wenn ein Unternehmen keine oder nur eine unpräzise Vorstellung darüber hat, welche personellen Kapazitäten zu einem zukünftigen Zeitpunkt benötigt werden, um die Unternehmensziele zu erreichen, können auch keine Maßnahmen z.B. für Personalbeschaffung oder -entwicklung geplant werden.

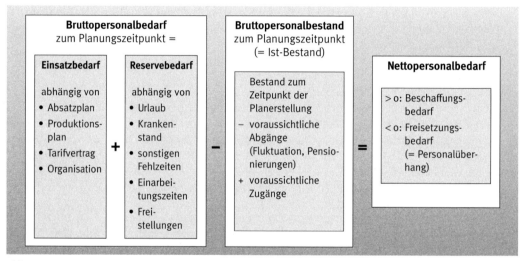

Abb. 17.1: Vom Brutto- zum Nettopersonalbedarf

Es werden nun **verschiedene Arten von Personalbedarf** unterschieden:
- Nach dem **unbedingten Erfordernis einer Bedarfsdeckung** unterscheidet man:
  - **Einsatzbedarf** = der Bedarf, der gedeckt sein muss, um das anstehende Arbeitspensum auf jeden Fall (zeitnah) zu bewältigen; er lässt sich aus dem Bedarf an menschlicher Arbeitsleitung ableiten, die zur Erreichung der Ziele und zur Bewältigung der Aufgaben erforderlich ist;
  - **Reservebedarf** = der Zusatzbedarf, der sich aus den zu erwartenden Ausfällen des Personals aufgrund von Krankheit, Unfall, Urlaub, Weiterbildungen, Freistellung etc. ergibt; außerdem spielen die Verhaltensweisen der Mitarbeiter/innen eine wesentliche Rolle.

- Nach dem **Grund der Entstehung** des Bedarfes unterscheidet man:
  - **Neubedarf**: Dieser ergibt sich aus unternehmerischen Entscheidungen (z.B. Expansionsstrategie, Erweiterung bestimmter Abteilungen usw.), aus denen sich dann eine höhere Anzahl „genehmigter" Planstellen ableitet.

- **Ersatzbedarf**: Dieser ergibt sich, wenn Mitarbeiter ausscheiden und die in unveränderter Form weiter bestehende Stelle nachbesetzt werden muss.
- **Nettobedarf**: Dieser ergibt sich aus dem stichtagsbezogenen Abzug des Personalbestandes vom Bruttopersonalbedarf; er kann einen Beschaffungs- oder einen Freisetzungsbedarf darstellen.

17.3 METHODEN ZUR FESTLEGUNG DES QUANTITATIVEN EINSATZBEDARFS

Zur **systematischen Personalbemessung** gibt es eine ganze Reihe von Verfahren, die im Folgenden vorgestellt werden.

17.3.1 Kapazitätsrechnung (Verfahren der detaillierten Personalbemessung)

Hier wird der Personalbedarf ermittelt nach
- den je Aufgabe **zu erwartenden Arbeitsmengen** (z. B. Stückzahlen) und
- den je Aufgabe **erforderlichen Bearbeitungszeiten** (Soll-Zeiten).

Dazu wird zunächst die erforderliche Kapazität pro Arbeitsplatz oder Organisationseinheit berechnet, indem die Anzahl der **anfallenden Arbeitsvorgänge** mit dem durchschnittlichen **Zeitbedarf pro Arbeitsvorgang** multipliziert wird.

Erforderliche Kapazität pro Arbeitsplatz oder Organisationseinheit berechnen

Die Summe der Zeitbedarfe für alle verschiedenen Arbeitsvorgänge ergibt dann den **erforderlichen Nettokapazitätsbedarf** in Zeiteinheiten (Stunden, Minuten). Diese Zahl ist dann durch die von einer Vollzeitkraft gemäß Tarifvertrag zur Verfügung gestellte Stundenzahl zu dividieren.

Beispiel

In Ihrem Lager werden pro Monat durchschnittlich 4.000 Materialentnahmen durchgeführt. Für jeden Entnahmevorgang werden ca. 10 Minuten Bearbeitungszeit benötigt. Die monatliche Arbeitszeit eines vollbeschäftigten Lagermitarbeiters beträgt 160 Stunden.

Gehen Sie bei der Berechnung des Bruttopersonalbedarfs von einem Verteilzeitfaktor von 1,2 und einem Reservebedarf von 20 % aus.

Berechnung:

Bruttopersonalbedarf

$$= \frac{\text{Arbeitsmenge} \cdot \text{Bearbeitungsdauer je Vorgang} \cdot \text{Verteilzeitfaktor}}{\text{Arbeitszeit (in Stunden pro Mitarbeiter)}}$$

$$= \frac{4.000 \cdot 10 \cdot 1,2}{9.600} \quad \text{bzw.} \quad \frac{4.000 \cdot 0,17 \cdot 1,2}{160}$$

$$= \quad 5 \qquad \text{bzw.} \qquad 5,1$$

Reservebedarf 20 %: $5 \cdot 120\% = 6$ Mitarbeiter

Diese arbeitswissenschaftlichen Methoden liefern sehr genaue Zahlen zur Personalbemessung. Allerdings nehmen die Arbeitsplätze, bei denen über einen längeren Zeitraum hinweg immer gleiche Tätigkeiten durchgeführt werden – was ja Voraussetzung dieser Berechnung ist –, in unserer Dienstleistungsgesellschaft immer mehr ab.

17.3.2 Kennzahlentechnik

Geeignet für alle Betriebsgrößen, Branchen, Mitarbeitergruppen und Hierarchieebenen

Die Kennzahlentechnik ist aufgrund ihrer **universellen Einsetzbarkeit** und ihrer **relativ einfachen Anwendung** in den Betrieben sehr weit verbreitet. Sie eignet sich für alle Betriebsgrößen, Branchen, Mitarbeitergruppen und Hierarchieebenen. Diese weite Verbreitung ermöglicht es, mit den ermittelten Werten **aussagefähige Betriebsvergleiche** anzustellen.

Nachteilig ist jedoch, dass jeweils **Vergangenheitswerte** zugrunde gelegt werden; Veränderungen in den Rahmenbedingungen sollten jedoch berücksichtigt werden bei der Festlegung zukünftiger Bedarfskennzahlen. In welchem Maße dies geschieht, ist stark subjektiv und dadurch verfälschungsgefährdet.

Aussagen bezüglich der Personalstruktur möglich

Die in der Praxis am häufigsten angewendete Kennzahl ist die der **Arbeitsproduktivität** mit allen ihren branchenspezifischen Spielarten (z. B. Umsatz pro Kopf, Stunden pro Tonne Stahl, Anzahl von Programmierbefehlen pro Manntag etc.).

Derartige Kennzahlenberechnungen ermöglichen Aussagen zur Personalstruktur (= Verhältnis der Anzahl bestimmter Mitarbeitergruppen zueinander).

Beispiel

- Pro Ausbilder höchstens 15 Auszubildende
- Pro Meister Kontrollspanne von 10 Facharbeitern

17.3.3 Stellen(plan)methode

Der genehmigte Stellenplan stellt die **Personalstruktur** des Unternehmens **tabellarisch** dar; er enthält die aktuellen und zukünftigen Arbeitsplätze. Aus ihm sind Vakanzen und Personalüberdeckungen erkennbar.

Insbesondere in Tätigkeitsfeldern, in denen der Arbeitsanfall kaum mengenmäßigen Schwankungen unterliegt bzw. ein (wesentlicher) Teil der Arbeit in einer Dienstbereitschaft besteht, kommt es nur zu sehr langsamen, meist sprungfixen Veränderungen.

Stellenplan: Verkaufsbüro Bremen				
Stellenart	**Tarifgruppe**	**Stellenbestand**	**Personalbestand**	**Über- bzw. Unterdeckung**
Abteilungsleiter	–	1	1	–
Gruppenleiter	T 9	4	5	+ 1
Sachbearbeiter	T 6 – T 8	13	13	–
Buchhalter	T 4 – T 5	5	6	+ 1
Bürogehilfe	T 2 – T 3	4	4	–
Summe		**27**	**29**	**+ 2**

Abb. 17.2: Beispiel eines Stellenplans

17.3.4 Direktionsverfahren

Diese Vorgehensweise wird in der Organisationslehre als **„Gegenstromverfahren"** bezeichnet.

Der Ablauf gestaltet sich folgendermaßen:

- Zunächst melden alle Instanzen der Geschäftsführung mehr oder weniger detailliert und spezifiziert ihre Personalbedarfe für die Planungsperiode.
- Die Geschäftsführung wertet diese Anforderungen aus und überprüft, ob diese mit der Unternehmensstrategie vereinbar sind.
- Gemeinsam mit den Instanzen wird dann versucht, die Bedarfe durch technische und/oder organisatorische Maßnahmen zu reduzieren.

17.3.5 Systematische Schätzverfahren – Expertenbefragung (Delphi-Methode)

Führungskräfte, Personalleitung oder sonstige (auch externe) Experten geben mündlich oder schriftlich eine subjektive Einschätzung zum vermutlich benötigten Personalbedarf ab. Die Ergebnisse werden auf Plausibilität hin überprüft und gegebenenfalls berichtigt.

Diese Methode eignet sich für kleinere und mittlere Unternehmen zur kurz- und mittelfristigen Bedarfsermittlung.

17.3.6 Globale Bedarfsprognosen – Trendextrapolation

Bei dieser Methode werden **Vergangenheitswerte in die Zukunft** fortgeschrieben. Allerdings wird hierbei unterstellt, dass die Rahmenbedingungen (z. B. Arbeitszeit, Produktivität etc.) in Zukunft unverändert bleiben. Dieser unrealistischen Annahme wird durch geeignete **Umrechnungsfaktoren** begegnet.

Vergangenheitswerte in die Zukunft fortschreiben

17.3.7 Bewertung dieser Verfahren

Bei Anwendung all dieser Verfahren ist zu bedenken, dass sich errechnete Bedarfe in einem Funktionsbereich oder bei einer Mitarbeitergruppe auf Bedarfe in anderen Funktionsbereichen und bei anderen Mitarbeitergruppen niederschlagen können.

Beispiel

- Bedarf an Meistern nach der Einstellung weiterer Facharbeiter (Kontrollspanne)
- Ausweitung der Belegschaft nach einer Mengenausweitung
- Ausweitung der Belegschaft bei Umstellung von Großserien auf Kleinserien oder gar Einzelfertigung

---

 Mit Hilfe dieser Verfahren ist lediglich eine quantitative Planung möglich.

Der qualitative Gesichtspunkt wird nur in der Form berücksichtigt, dass diese Planungen beispielsweise für jede Mitarbeitergruppe mit unterschiedlicher Qualifikation durchgeführt werden.

17.4 Personalbestandsplanung

Ausgangspunkt für die Personalbestandsplanung ist die vom Controlling jeweils zum Monats- oder Quartalsende erstellte **Personalbestandsstatistik**. Dabei werden sowohl qualitative als auch quantitative Gesichtspunkte beachtet.

Mit Hilfe einer so genannten **Zugangs-Abgangs-Tabelle** wird nun der zum Planungszeitpunkt zu erwartende Personalbestand hochgerechnet; dazu werden jeweils die autonomen Personalveränderungen, d.h. die Veränderungen, auf die das Unternehmen keinen Einfluss (mehr) hat, vom aktuellen Personalbestand abgezogen oder hinzugezählt.

Weiterhin können bereits von Unternehmen initiierte oder konkret beabsichtigte Personalbewegungen in der Zugangs-Abgangs-Tabelle Beachtung finden.

	Abteilung A	Abteilung B	Abteilung C
Personalbestand zum 31.03.2005	35	27	12
− **Personalabgänge**	7	5	4
Pensionierung/Ruhestand	2	1	3
Wehr- oder Ersatzdienst	1	1	−
Auslaufen befristeter Verträge	1	−	−
geplante Versetzungen	−	1	−
Elternzeit	1	1	1
Weiterbildungen (z.B. Meisterschule)	−	1	−
bereits ausgesprochene Kündigungen	2	−	−
+ **Personalzugänge**	6	4	6
Rückkehr aus Wehr- oder Ersatzdienst	2	−	1
geplante Versetzungen	2	2	2
Rückkehr aus Elternzeit	1	2	−
Beendigung von Weiterbildungen	−	−	1
Übernahme von Auszubildenden	1	−	−
bereits vollzogene Einstellungen	−	−	2
= **Personalbestand** zum 31.06.2006	34	26	14

Abb. 17.3: Zugangs-Abgangs-Tabelle

18 Beschäftigungsstrukturen

18.1 Produktionsfaktor Arbeit

Mit „Arbeit" wird hier die Tätigkeit eines Menschen in Unternehmen bezeichnet, die der Erfüllung einer Aufgabe oder eines Auftrages dient, üblicherweise gegen eine angemessene Bezahlung.

Auf Gutenberg geht folgende Einteilung der betrieblichen Produktionsfaktoren zurück:
- **Elementarfaktoren**, sie gliedern sich in:
  - ausführende Arbeit,
  - Betriebsmittel, z.B. Grundstücke, Gebäude, Maschinen, Werkzeuge, Transportmittel etc.,
  - Werkstoffe, z.B. Roh-, Hilfs- und Betriebsstoffe.
  Da die Elementarfaktoren in einer unmittelbaren Beziehung zum Produktionsobjekt stehen, werden sie auch als **objektbezogene Faktoren** bezeichnet.
- **Dispositiver Faktor**: Ihm obliegt die Gestaltung des Kombinationsprozesses. Gutenberg unterscheidet hierbei in:
  - **Leitung**, Geschäfts- und Betriebsleitung;
  - **Planung** als die gedankliche Vorwegnahme zukünftigen wirtschaftlichen Handelns;
  - **Organisation**, also die dauerhafte Ordnung bzw. regelnde Strukturen im Unternehmen und für die jeweiligen Abläufe.

Nach Wöhe ergibt sich ein System betrieblicher Produktionsfaktoren, bei dem die Überwachung als weiteres Element gesondert auswiesen wird:

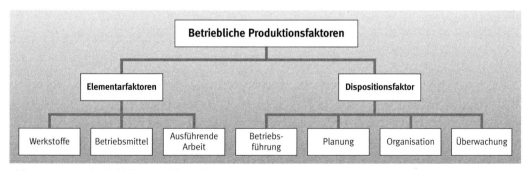

Abb. 18.1: System betrieblicher Produktionsfaktoren gemäß Wöhe

Zur Erbringung der betrieblichen Leistung – Produkte oder Dienstleistungen – müssen die Produktionsfaktoren in das richtige Verhältnis zueinander gebracht werden.

Heute wird dieser Ansatz vielfach noch um **mögliche Rechte** erweitert, die Unternehmen anderen Wirtschaftspartnern gegenüber haben (z. B. Schutz- oder Nutzungsrechte).

Gutenberg unterscheidet also die „ausführende Arbeit" (heute: „operative") und die „dispositive Arbeit". Letztere würde man heute als die Wahrnehmung von Führungs- bzw. Managementaufgaben bezeichnen, die Ausübung besteht im Vorbereiten und Treffen von Entscheidungen.

Der **Anteil der dispositiven Tätigkeiten** an der Gesamttätigkeit und die Bedeutung der getroffenen Entscheidungen für das Gesamtunternehmen beeinflusst, auf welcher **Hierarchieebene** sich eine Stelle innerhalb des Unternehmens befindet:
- oberste Führungsebene (= Top Management),
- mittlere Führungsebene (= Middle Management) oder
- untere Führungsebene (= Lower Management).

 Grundsätzlich gilt: Je höher der Anteil der dispositiven Tätigkeiten ist, desto höher ist auch die Hierarchieebene.

Für dispositive Arbeit sind z. B. folgende **Fähigkeiten** vonnöten:

Voraussetzungen für dispositive Tätigkeiten
- geistiges Erfassen betrieblicher Zusammenhänge
- selbstständiges geistiges Durchdringen von Zusammenhängen
- eigenständiges Vergleichen betrieblicher Tatbestände
- selbstständiges Beurteilen betrieblicher Strukturen
- Erkennen von (und Schlussfolgerungen aus) komplexen Sachverhalten

Die eigentliche **Arbeitsleistung des Mitarbeiters** wird durch verschiedene **Faktoren** bestimmt, die in der folgenden Tabelle aufgelistet sind, ebenso die entsprechende Einflussnahmemöglichkeit des Unternehmens:

Innere Leistungsfaktoren	Einflussnahmemöglichkeit des Unternehmens
• aufgabenbezogene Elemente, z. B. Ausbildung, Wissen, Fähigkeiten, Fertigkeiten, Erfahrungen	• entsprechende Personalauswahl • Qualifikationsmaßnahmen • Personalentwicklung
• persönlichkeitsbezogene Elemente, z. B. Belastbarkeit, Ehrgeiz, Begabungen, Anpassungs-, Team-, Konflikt-, Durchsetzungsfähigkeit	• Arbeits(platz)gestaltung • Arbeitsschutzmaßnahmen
• psychologische Leistungsbereitschaft, z. B. Initiative, intrinsische Motivation, Leistungswille	• monetäre Anreize (Leistungslohn) • kooperativer Führungsstil • Management by Objectives
• physiologische Leistungsbereitschaft, wie z. B. Gesundheit, Tagesform	• Betriebsklima • flexible (Vertrauens-)Arbeitszeit

Abb. 18.2a: Bestimmungsfaktoren menschlicher Arbeit

Äußere Leistungsfaktoren	Einflussnahmemöglichkeit des Unternehmens
• Arbeitssituation, z.B. Betriebsmittel, Arbeitsaufgaben, Arbeitsverfahren, Arbeitsplatzgestaltung	• Betriebsmitteleinsatz • Arbeitsplatzgestaltung • Organisation der Fertigungsprozesse
• Gruppensituation, z.B. Struktur der Arbeitsgruppe; Verhalten, Bewusstsein, Zusammenhalt, Mitgliederzahl der Gruppe	• Zusammensetzung der Arbeitsgruppe • ggf. Teilautonomie der Arbeitsgruppe
• Umfeldsituation, z.B. Konjunktur, Konkurrenz, Preise, Einkommen, Lebensstandard, persönliche Lebensumstände, Stand der Technik	(als Einzelunternehmen kaum beeinflussbar)

Abb. 18.2b: Bestimmungsfaktoren menschlicher Arbeit

Weitere Kriterien, nach denen sich die Arbeit systematisieren lässt, zeigt die folgende Abbildung:

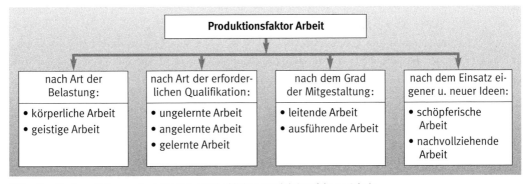

Abb. 18.3: Systematisierung des betriebswirtschaftlichen Produktionsfaktors Arbeit

18.2 EINSATZPLANUNG

Jegliche Leistungserstellung in einem Unternehmen erfolgt nach dem Prinzip der **Arbeitsteilung**, und zwar entweder als Mengenteilung oder als Artteilung (vgl. Kap. 1).

Ziel einer optimalen Einsatzplanung ist es, einen Mitarbeiter so im Unternehmen einzusetzen, dass sein persönliches Leistungsprofil in höchstem Maße mit dem Anforderungsprofil der Stelle übereinstimmt. Gelingt dies nicht oder nur in geringem Maße, gibt es zwei mögliche Folgen:

• Wenn das **Anforderungsprofil der Stelle größer als das Leistungsprofil** des Mitarbeiters ist, kommt es zur geistigen und/oder körperlichen **Überforderung** des Mitarbeiters.

• Ist hingegen das **Anforderungsprofil der Stelle kleiner als das Leistungsprofil** des Mitarbeiters, so führt das zur geistigen und/oder körperlichen **Unterforderung** des Mitarbeiters.

Persönliches Leistungsprofil des Mitarbeiters sollte mit dem Anforderungsprofil der Stelle übereinstimmen

Ein weiterer wichtiger Aspekt der Personaleinsatzplanung ist die Berücksichtigung von Wünschen der Mitarbeiter. Diese müssen mit den betrieblichen Notwendigkeiten in Übereinstimmung gebracht werden, z. B. im Hinblick auf

- Lage und Dauer der individuellen Arbeitszeit,
- Gestaltung der Arbeitsinhalte (einseitige oder wechselnde Belastungen),
- Beachtung ergonomischer Erkenntnisse,
- Einzel- und Gruppenarbeit,
- Beachtung von Schutzbestimmungen für besondere Mitarbeitergruppen (Jugendliche, Schwangere, Menschen mit Behinderungen oder Leistungseinschränkungen).

Effizienter Einsatz der Ressource Arbeit von zentraler Bedeutung

Um kostenseitige Wettbewerbsvorteile erschließen zu können, ist für jedes Unternehmen der effiziente Einsatz der Ressource Arbeit von zentraler Bedeutung; aufgrund zunehmend deregulierter Arbeitsbedingungen gewinnt die Planung des Personaleinsatzes zusätzliche Komplexität.

18.3 Neuere Formen der Arbeitsorganisation

Den betrieblichen Notwendigkeiten und dem Zeitgeist entsprechend, müssen sich Unternehmen Gedanken machen über Formen der Arbeitsorganisation, in denen der Mensch von heute bereit ist, dem Unternehmen seine uneingeschränkte Leistungsfähigkeit zur Verfügung zu stellen.

Diese Formen unterscheiden sich wesentlich von den traditionellen Erscheinungsformen der Mengen- und Artteilung im Geiste des Taylorismus.

18.3.1 Horizontale Aufgabenerweiterung

Hier sind insbesondere zwei Ausprägungen zu nennen:
- Job-Enlargement und
- Job-Rotation.

Neue, qualitativ gleich- oder ähnlichwertige Aufgaben

Unter **Job-Enlargement** versteht man die Variante der Arbeitsfeldstrukturierung, bei der zusätzlich neue, qualitativ gleich- oder ähnlichwertige Aufgaben zu den bisher vom Mitarbeiter ausgeführten Aufgaben hinzukommen.

Vorteile	Nachteile
• höhere Arbeitszufriedenheit	• mehr Fortbildung erforderlich
• Kostensenkung	• Überforderung einzelner Mitarbeiter
• Ansteigen von Arbeitsquantität und -qualität	• mögliche Widerstände seitens der Mitarbeiter und der Führungskräfte
• Reduzierung von Monotonie	
• Reduzierung des Spezialisierungsgrades	
• insgesamt interessantere Aufgaben für die Mitarbeiter	

Abb. 18.4: Vor- und Nachteile von Job-Enlargement

Unter **Job-Rotation** versteht man den geplanten, mehr oder weniger regelmäßigen systematischen Arbeitsplatzwechsel zwischen Arbeitsplätzen des gleichen oder eines ähnlichen Beanspruchungsniveaus.

Systematischer
Arbeitsplatzwechsel

Vorteile	Nachteile
• die Mitarbeiter bekommen einen besseren Gesamtüberblick über die Geschehnisse im Unternehmen • höhere Arbeitszufriedenheit • Abbau sozialer Isolierung • höhere Flexibilität (der Mitarbeiter und der Arbeitsplanung) • neue Herausforderungen für die Mitarbeiter • Erhöhung der Kooperations- und Delegationsbereitschaft	• erhöhter Einarbeitungs- und Einübungsaufwand • mögliche Integrationsprobleme • erhöhter Planungsaufwand • Mindestzahl von Rotationskandidaten erforderlich • mögliche Überforderung einzelner Mitarbeiter

Abb. 18.5: Vor- und Nachteile von Job-Rotation

18.3.2 Vertikale Aufgaben- und Verantwortungserweiterung

Mit **Job-Enrichment** (= Aufgabenbereicherung) bezeichnet man den Anstieg des Anforderungsniveaus und eine größere Selbstständigkeit.

Anstieg des
Anforderungsniveaus

Die Mitarbeiter müssen eine Aufgabe hier nicht mehr nur ausführen, sondern zusätzlich Vorbereitungs-, Planungs-, Ausführungs- und Kontrollfunktionen erfüllen.

So ergeben sich **neue Lern- und Entwicklungsmöglichkeiten**. Man spricht heute vielfach vom Faktor der Ganzheitlichkeit. Der Mitarbeiter sieht genau die Bedeutung seiner Arbeit für den ganzen Wertschöpfungsprozess.

Vorteile	Nachteile
• höhere Arbeitszufriedenheit • Ansteigen von Arbeitsquantität und -qualität • Reduzierung der Monotonie • Reduzierung des Spezialisierungsgrades • Entwicklungsmöglichkeiten für die Mitarbeiter • insgesamt interessantere Aufgaben für die Mitarbeiter	• mehr Fortbildung erforderlich • Überforderung einzelner Mitarbeiter und damit Unzufriedenheit möglich • mögliche Widerstände seitens der Mitarbeiter und der Führungskräfte • Eingriffe in „Besitzstände"

Abb. 18.6: Vor- und Nachteile von Job-Enrichment

18.3.3 Weitere Formen

Gruppenarbeitsformen bieten die höchste Effizienz, das gilt insbesondere für **teilautonome Arbeitsgruppen** (TAG). Sie bestehen in der Regel aus drei bis zehn Personen. Innerhalb eines vorgegebenen Zeitrahmens und/oder einer Ziel-

Gruppenarbeitsformen bieten die
höchste Effizienz

vereinbarung kann die Gruppe über interne Dinge wie z. B. Aufgabenzuweisung, zeitliche Planung (Arbeitsbeginn, -ende, -pausen), Produktionsmethoden und gruppeninterne Angelegenheiten weitgehend selbst entscheiden.

Weitere Formen der Kooperationserweiterung stellen die **Projektarbeit** und die **Teamarbeit** dar.

Um das Arbeitsklima positiv zu beeinflussen, können auch die Konzepte des Job-Enlargements und des Job-Enrichments **kombiniert** werden. So werden neben fachlichen auch die sozialen Kompetenzen gefördert.

Natürlich müssen an dieser Stelle auch die **verschiedenen Formen der Telearbeit** angesprochen werden, die es den Menschen ermöglichen, Berufstätigkeit und Privatleben besser miteinander zu verzahnen („Work-Life-Balance"-Ansätze). Es gibt:

* **heimbasierte Telearbeit**, die ausschließlich zu Hause oder alternierend mit einem Arbeitsplatz beim Arbeitgeber verrichtet wird;
* **mobile Telearbeit**, worunter man alle ortsunabhängig auszuübenden Tätigkeiten versteht in Verbindung mit mobiler Kommunikationstechnik;
* **Telecenter** in Form von Satelliten- oder Nachbarschaftsbüros, d.h. Tätigkeiten in Räumen des Arbeitsgebers in räumlicher Nähe des Wohnortes des Arbeitnehmers;
* **On-site-Telearbeit**, ein ständig betriebener ausgelagerter Arbeitsplatz am Standort des Geschäftspartners.

18.4 Arbeitszeitflexibilisierung

Veränderte wirtschaftliche Rahmenbedingungen (z.B. Internationalisierung der Beschaffungs- und Absatzmärkte, Globalisierung der Unternehmen selbst) und gesellschaftliche Veränderungen (insbesondere der Wertewandel und der Wunsch nach Flexibilität und Individualität) machen neue Arbeitszeitmodelle für die Unternehmen und den einzelnen Mitarbeiter erforderlich.

Traditionelle Zeitordnungen sind auf längere Sicht gesehen ein strategischer Wettbewerbsnachteil. Sie basieren auf den **Grundprinzipien**
* **Uniformität**, d.h. gleichförmige und einheitliche Arbeitszeit für die gesamte Belegschaft, evtl. leicht modifiziert für verschiedene Mitarbeitergruppen;
* **Gleichzeitigkeit**, d.h., alle Mitarbeiter sind zur gleichen Zeit an- oder abwesend;
* **Pünktlichkeit**, d.h., Arbeitsbeginn und Arbeitsende sind genau festgelegt;
* **Fremdbestimmtheit**, d.h., der Mitarbeiter hat keinen Einfluss auf Lage und Dauer seiner Arbeitszeit.

Flexibilität bedeutet **Veränderungs- und Anpassungsfähigkeit der individuellen Arbeitszeit** an unterschiedliche Belange bezüglich aller Determinanten der Arbeitszeit:

- **Volumen**, d. h. die mit dem Mitarbeiter vertraglich vereinbarte Arbeitszeit pro Tag, Monat oder Jahr;
- **Länge**, das bedeutet z. B. ungleichmäßige statt starre Verteilung der Arbeitszeit auf die einzelnen Wochentage;
- **Verteilung**, d. h. je nach Arbeitsanfall veränderte Arbeitszeiten pro Zeiteinheit Tag, Woche, Monat etc.;
- **Lage**, das betrifft Arbeitsbeginn und Arbeitsende, entweder fixiert oder aber vom Mitarbeiter flexibel und eigenverantwortlich gelegt.

Die nachfolgende Auflistung **möglicher Arbeitszeitmodelle** soll nur einen kleinen Überblick über verbreitete Erscheinungsformen geben:
- **gleitende Arbeitszeit**, mit und ohne Kernarbeitszeiten;
- **Jahresarbeitszeitmodelle** mit entsprechenden Zeitkonten und Über- bzw. Unterschreitungskontingenten (Ampel-Modelle);
- **KAPOVAZ** – kapazitätsorientierte variable Arbeitszeit (Arbeit auf Abruf, Stand-by-Modelle);
- Vorruhestandregelungen, Altersteilzeit;
- Jobsharing;
- Sabbatjahre etc.

Vorteile ergeben sich aus der Arbeitszeitflexibilisierung sowohl für den Arbeitgeber als auch für den Arbeitnehmer:

Vorteile für den Arbeitgeber	Vorteile für den Arbeitnehmer
• verlängerte Betriebszeiten (Ansprechbarkeit, Ladenöffnungszeit etc.)	• mehr Selbstbestimmung und Individualität
• Anpassung der personellen Kapazitäten an Arbeitsschwankungen	• längere zusätzliche Freizeitphasen
• kostengünstigere Bewältigung von Arbeitsspitzen	• bessere Abstimmung zwischen Privatleben und Beruf
• Verringerung von Leerlauf- und Stillstandzeiten	• mehr Eigenverantwortung
• höhere Produktivität	• mehr Arbeitsmotivation
• Verringerung der Fehlzeiten	• Sicherung des Arbeitsplatzes
• Reduzierung von (zuschlagpflichtigen) Überstunden	
• höhere Motivation der Mitarbeiter	

Abb. 18.7: Vorteile der Arbeitszeitflexibilisierung für Arbeitgeber und Arbeitnehmer

Sicherlich wird es auch in Zukunft weiterhin Arbeitsplätze geben, bei denen die Arbeitszeit nicht variabel gestaltet werden kann. Denken wir nur an die **Notwendigkeit starrer Schichtpläne in Unternehmen mit kontinuierlicher Fertigung und 24-Stunden-Arbeitsplätzen** (z. B. Kraftwerke oder Krankenhäuser).

Hier ist es erforderlich, bei der Beschreibung möglicher Schichtmuster oder Schichtreihenfolgemuster die Belange der Belegschaften so weit wie möglich zu berücksichtigen (Maximierung der individuellen Präferenzen) und Spielräume für Individualabsprachen einzelner Mitarbeiter untereinander zu geben.

 Hierbei muss unbedingt auf die faire Verteilung unattraktiver Schichten geachtet werden.

Die Möglichkeiten zur Flexibilisierung der Arbeitszeit finden außerdem ihre Grenzen in gesetzlichen Bestimmungen (Arbeitszeitgesetz, Teilzeit- und Befristungsgesetz, Mutterschutzgesetz, Jugendarbeitsschutzgesetz usw.)

19 CONTROLLING IM PERSONALMANAGEMENT

19.1 PERSONALCONTROLLING – BEGRIFFSBESTIMMUNG

Umgangssprachlich ist man geneigt, das Wort „Controlling" mit kontrollieren, überwachen zu übersetzen. Das führt dazu, dass das Controlling oft als Kontrollabteilung angesehen wird.

Jedoch lässt das Wort „to control" auch andere Übersetzungen zu, und zwar „steuern", „lenken" und „beherrschen". Mit diesen Wörtern kommt man der Bedeutung des Controllings schon sehr nahe: **Planung, Steuerung und Überwachung**, das sind die Hauptwörter, mit denen der Begriff Controlling besetzt werden kann.

Controlling ist

- ein **funktionsübergreifendes Steuerungsinstrument** zur Unterstützung der Unternehmensführung beim unternehmerischen Entscheidungsprozess;
- ein **Frühwarnsystem**;
- ein ständiger **Lernprozess** für alle Bereiche eines Unternehmens anhand der permanenten Soll-Ist-Abweichungsanalysen und Rückkopplungsprozesse;
- ein System, aufgebaut auf Informationserarbeitung und Informationsverarbeitung, das durch rechtzeitiges Erkennen der Ursachen die Schwachstellen erkennen soll;
- ein **Führungsinstrument**;
- ein System, das über Ziele führt und über Selbstkontrolle die Zielerreichung realisiert.

> Controlling ist ein Steuerungsinstrument, das den unternehmerischen Entscheidungsprozess durch zielgerichtete Informationen unterstützt

Das Grundschema des Controllings sieht folgendermaßen aus:

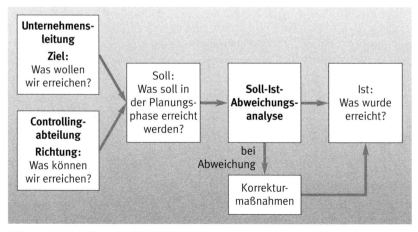

Abb. 19.1: Grundschema des Controllings

Der Controller hat in diesem Schema verschiedene Aufgaben und Funktionen:
- Er hat betriebswirtschaftliches Wissen und ist daher wirtschaftlicher Berater der Unternehmensleitung;
- er ermittelt, plant, prognostiziert, steuert und kontrolliert im Unternehmen;
- er muss die Ergebnisanalysen genau interpretieren, Ergebnisse erklären und betriebswirtschaftliche Zusammenhänge aufzeigen.

Controlling hat in den letzten Jahren verschiedene Entwicklungsstufen durchlaufen. In den 50er Jahren ging es um Planung und Kontrolle, in den 70er Jahren um Informationsmanagement und in den letzten 10–15 Jahren hat sich Controlling zu einer **Koordinationsstelle des Führungssystems** entwickelt.

Bedeutung des Personalwesens in den Betrieben ist gestiegen

Auch das **Personalcontrolling** hat in den Unternehmen verstärkt Einzug gehalten, denn die Bedeutung des Personalwesens in den Betrieben ist gestiegen, die Ressource Mensch ist in den Vordergrund gerückt.

Die Folgen dieser gesteigerten Wertschätzung sind **gestiegene Personalkosten und Personalnebenkosten, wachsende Qualifikationen** und eine hohe Nachfrage nach Spezialisten verschiedener Fachrichtungen. Und aufgrund dieser steigenden Kosten steigt auch die Nachfrage nach einem **Steuerungsinstrument** der Personalwirtschaft.

Mit dem Instrumentarium des Personalcontrollings tragen die Personaler nicht nur zur Wertschöpfung bei, sondern können diese auch dokumentieren.

Personalcontrolling verlangt Antworten auf viele Fragen, z. B.:
- Wie wirksam sind unsere Weiterbildungsmaßnahmen?
- Was müssen wir für Personalmarketing ausgeben?
- Was dürfen die Rekrutierungsmaßnahmen kosten?
- Wie gehen wir mit Veränderungen um?

19.2 GRUNDLEGENDE ZIELE DES PERSONALCONTROLLINGS

Personalcontrolling hat einerseits das Ziel, personalwirtschaftliche Maßnahmen nach Effektivität und Effizienz zu überprüfen, und andererseits, das optimale Verhältnis von Personalaufwand und Personalleistung unter Hinzuziehung jetziger und zukünftiger Entwicklungen im Unternehmen zu gewährleisten.

Optimales Verhältnis von Personalaufwand und Personalleistung

 Personalcontrolling dient dem Aufbau und der Nutzung von Human Ressources zur Sicherung der Erreichung der strategischen Unternehmensziele.

Nach Fristigkeit sortiert, dienen die Ziele
- **kurzfristig** der **Liquiditätssicherung,**
- **mittelfristig** der **Erfolgssicherung** (Gewinn/Rentabilität) und
- **langfristig** der **Zukunftssicherung** (Erfolgspotenziale, Wettbewerbsfähigkeit).

Personalcontrolling ist als **Querschnittsfunktion** zu verstehen. Es trägt zur Unterstützung der Planung, Steuerung, Kontrolle und Informationsversorgung aller personalwirtschaftlicher Maßnahmen bei.

Personalcontrolling ist ergebnis- und prozessorientiert

Personalcontrolling ist sowohl ergebnis- als auch prozessorientiert. Man unterscheidet die **Ebenen**:

- Effektivitätscontrolling
- Effizienzcontrolling
- Kostencontrolling

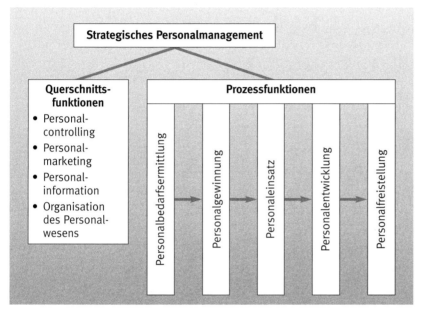

Abb. 19.2: Personalcontrolling innerhalb des strategischen Personalmanagements

Man findet die Funktion des Personalcontrollings sowohl im **Personalbereich** als auch in der **Controllingabteilung**. In Großunternehmen gibt es auch eine eigene Abteilung für diesen Bereich.

Wird die Aufgabe in der Controllingabteilung übernommen, so kommt es häufig zu Abgrenzungsschwierigkeiten mit den klassischen funktionalen Teil-aufgaben des Personalmanagements (z. B. Personalbeschaffung, Personal-entwicklung). Deshalb sollte man sich immer wieder verdeutlichen, dass sich **Personalcontrolling** auf die personalwirtschaftlichen Teilfunktionen mit dem be-sonderen Anspruch, **Wirtschaftlichkeitspotenziale offen zu legen**, bezieht.

Personalcontrolling ist in unterschiedlichen Planungs- und Rechenvorgängen integriert

 Personalcontrolling ist ein Teil des Steuerungsinstrumentariums im gesamten Unternehmen und somit in unterschiedliche Planungs- und Rechenvorgänge integriert.

Controlling bedeutet zum einen **Kostenbeobachtung**. Um Alternativen aufzei-gen zu können, sind jedoch darüber hinaus sowohl **quantitative**, kostenmäßige Größen als auch **qualitative Größen** und Strukturkennziffern erforderlich.

Hierzu werden verschiedene Daten benötigt, z. B.:

- **Anzahl** der im Unternehmen beschäftigten Arbeitnehmer,
- Aussagen über die **Struktur** der Belegschaft,
- Daten über die **Qualität** der Belegschaft,
- Daten, die über verschiedenste **Verhaltensweisen** der einzelnen Arbeitnehmer Aufschluss geben,
- **Leistungsdaten** als Messlatte für Veränderungen und für die Vergleichsmöglichkeiten mit anderen,
- **Kostendaten** (werden von jeher ermittelt).

Leistungsdaten als Messlatte für Veränderungen

Das Personalcontrolling ordnet diese Daten und findet eine optimale Lösung, die dem jeweiligen Steuerungszweck entspricht.

Grundsätzlich lassen sich die Daten in drei Gruppen zusammenfassen, und zwar in Mengen- bzw. Strukturkennziffern, in Kostendaten und in Leistungsdaten:

- **Mengen- und Strukturkennziffern:**

Prinzipiell können beliebig viele mengenmäßige und Strukturdaten erfasst werden. Entscheidend ist allein, welche neuen Erkenntnisse die Sammlung und Aufbereitung der Daten bringen kann (beispielsweise ist eine monatliche Übersicht über die Altersstruktur der Arbeitnehmer nutzlos). Man muss also vorher genau überlegen, welches Ziel mit der Erfassung der Daten verfolgt werden soll:

- Zielvorgaben formulieren
- Maßnahmen ergreifen
- Entwicklungen verfolgen, dokumentieren
- Handlungsalternativen erkennen
- Erfolgskontrollen durchführen

Das Personalcontrolling ordnet all diese Daten und findet eine optimale Lösung, die dem jeweiligen Steuerungszweck entspricht

Hierauf wird später im Kapitel 19.3 näher eingegangen.

- **Kostendaten:**

In Deutschland wird viel diskutiert über die Personalkosten. Es ist deshalb nicht verwunderlich, dass es zu dieser Thematik das **beste Datenmaterial** gibt. Die Buchhaltung mit der genauen **Erfassung des Lohn- und Gehaltsaufwandes** und die Betriebsabrechnung mit der genauen **Ermittlung aller Personalkosten** geben den Unternehmen die Basis für Zielvorgaben, Maßnahmen und Erfolgskontrollen.

Ein kleine Auswahl von Kostendaten:

- Entgelt (Löhne, Gehälter)
- tarifliche Zulagen
- Aufwendungen für betriebliche Altersversorgung
- gesetzliche Sozialabgaben
- übertarifliche Zulagen
- Prämien und Sonderzahlungen
- Honorare
- etc.

- **Leistungsdaten** für Benchmarking

Unter Leistungsdaten sind nicht die einzelnen Leistungen der Mitarbeiter, die beurteilt werden sollen, zu verstehen. Vielmehr handelt es sich um Kennzahlen, die ihren Wert als Vergleichsgröße, z.B. zwischen Abteilungen oder Unternehmen, haben. Beispiele für Leistungsdaten sind:

- Umsatz pro Mitarbeiter,
- Wertschöpfung pro Mitarbeiter oder
- Kunden je Mitarbeiter.

19.3 AUFGABEN UND INSTRUMENTE EINES ERFOLGREICHEN PERSONALCONTROLLINGS

Originäre **Aufgabe des Controllings** ist die Vorgabe des Kostenbudgets (**Zielvorgabe**), die Kontrolle, ob die Zielvorgabe eingehalten wurde (**Erfolgskontrolle**), und das Aufzeigen von **Alternativen**.

Das **Personalcontrolling** hat darüber hinaus die Aufgabe, sich um die Ermittlung des Personalbudgets zu kümmern. Es erarbeitet Konzepte, die dem Unternehmen aufzeigen, wie viel Personal für die anliegenden Aufgaben benötigt wird.

Das Personalcontrolling hat seinen Ursprung allerdings in den Bereichen der **Verwaltung**. In diesen Arbeitsfeldern ist es bekanntlich schwieriger, den Arbeitsaufwand zu prognostizieren. Es ist aber nicht unmöglich, so kann man z.B. das Personalbudget aus Umsatzvorausschätzungen grob ermitteln. Noch genauer sind die Daten, die bei den **Kostendaten** Berücksichtigung finden.

Arbeitsvorbereitung und Zeitermittlung

Weitere Daten, wie Konkurrenzverhalten, Konjunkturentwicklung, Preisgestaltung etc., sind zusätzlich erforderlich.

Um das Personalbudget in traditioneller Form zu ermitteln, sind die **Leistungsdaten** von Bedeutung, also beispielsweise (vgl. oben) betreute Kunden je Vertriebsbeauftragter oder abgerechnete Gehaltskonten je Sachbearbeiterin. Diese Kennziffern machen es dem Personalcontrolling möglich, Alternativen für andere Vorgehensweisen aufzuzeigen.

Mit der Ermittlung des Personalbudgets hat das Personalcontrolling eine sehr verantwortungsvolle Aufgabe, die einzelnen Fachabteilungen haben hier häufig unterschiedliche Auffassungen. Das Personalcontrolling muss seine Kopfzahlvorgaben verteidigen gegen die Argumente der sach- und fachkundigeren Fachvorgesetzten, die meistens die Zahl des vorhandenen Personals für richtig oder oft zu niedrig halten.

Ermittlung des Personalbudgets ist eine sehr verantwortungsvolle Aufgabe

19.3.1 Personalstatistik

Die Personalstatistik versucht, mit Kennzahlen das Geschehen im Personalbereich zu erfassen, darzustellen und auszuwerten. Sie ist häufig Grundlage für Aufgaben der Personalpolitik, der Personalplanung und der Personalbetreuung. Mit ihr können zurückliegende Zeiträume analysiert, kontrolliert und für die Zukunft Prognosen sowie Trends erarbeitet werden.

Die Personalstatistik

- **informiert** über Zustände und Veränderungen im Personalbereich und **dokumentiert** diese;
- **kontrolliert** die Wirksamkeit personeller Maßnahmen, Fluktuationsursachen, die Einhaltung der Personalplanung, den Einsatz der Mitarbeiter;
- **gibt Entscheidungshilfen** für die Personalplanung, die Gestaltung der Personalstruktur, die Gestaltung der Lohn- und Gehaltsstruktur.

Die Gesamtheit der Personalstatistik kann man auch als **personalwirtschaftliches Berichtswesen** bezeichnen. Um die Aufgabe als Steuerungsinstrument wahrnehmen zu können, muss das **Berichtswesen einfach** (nur die für die Aussage notwendigen Informationen), **übersichtlich**, **eindeutig** und sowohl innerbetrieblich als auch zwischenbetrieblich **vergleichbar** sein. Weitere Erfordernisse sind **Kontinuität** hinsichtlich der Systematik und Gewährleistung von **Aktualität** (vgl. Albert 2002).

Die Daten für die Personalstatistik können aus **unterschiedlichen Quellen** gewonnen werden:

- **unternehmensinterne** Quellen: z.B. Personalakten, Personalkarteien, Personaldateien,
- **unternehmensexterne** Quellen: z.B. Veröffentlichungen von Forschungsinstituten, Verbänden, statistischen Ämtern, der Bundesagentur für Arbeit.

Die Personalstatistik kann sich auf folgende **Bereiche** erstrecken:

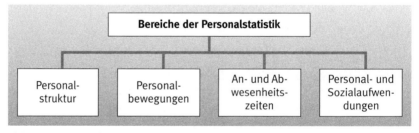

Abb. 19.3: Bereiche der Personalstatistik

Im Einzelnen werden beispielsweise die folgenden Daten erfasst:

- **Personalstruktur:**
  Verhältnis Arbeiter/Angestellte/Auszubildende, Frauenquote, Altersstruktur, Betriebszugehörigkeit, Qualifikation, Staatsangehörigkeit, Ausländerquote, Verhältnis Vollzeit-/Teilzeitkräfte.
  Die Ergebnisse können z.B. mit der Planvorgabe, der Sollvorgabe der Unternehmensleitung oder Branchendurchschnittswerten verglichen werden.

- **Personalbewegungen:**
  Einstellungen, Versetzungen, Fluktuation (und deren Gründe), Entlassungen, Kündigungen durch Arbeitnehmer, Betriebsunfälle. Eine Kennzahl hier ist z.B. die Fluktuationsrate:

$$\text{Fluktuationsrate} = \frac{\text{Personalabgänge} \cdot 100}{\text{Personalbestand zu Beginn} + \text{Neueinstellungen}}$$

- **Anwesenheits- und Abwesenheitszeiten**:
  Fehlzeiten (s. u.), Krankenquote, effektive Arbeitszeit, Überstunden, Gleitzeitverhalten, Urlaubstage.

- **Personal- und Sozialaufwendungen**
  Daten zu **Personalaufwendungen** betreffen Löhne und Gehälter, Grundlöhne, Personalnebenkosten, Zulagen, Prämien, Erfolgsbeteiligungen, Abteilungsvergleich, regionale Unterschiede, AT-Gehälter, Fluktuations- und Anzeigenkosten. Daten zu **Sozialaufwendungen** betreffen z. B. Betriebsversammlungen, Betriebskindergärten, Kantine, Betriebsarzt, Reihenuntersuchungen, Altersruhegeld, Werkwohnungen, Entwicklung der Sozialleistungen.

19.3.2 Exkurs: Fehlzeiten

Fehlzeiten sind gesetzlich und tariflich bedingte Ausfallzeiten sowie freiwillig vom Betrieb gewährte (Betriebsvereinbarung) oder krankheits- und unfallbedingte Ausfallzeiten, die **bezahlt** werden, also z. B.:

Bezahlte und unbezahlte Fehlzeiten

- Urlaub
- Bildungsurlaub
- Mutterschaftsurlaub
- Krankheit
- Kur
- Unfall

Darüber hinaus werden die **unbezahlten Fehlzeiten** ebenso erfasst, z. B.:
- Arbeitskampf
- unentschuldigtes Fehlen
- Krankheitsdauer über 6 Wochen

Die **Fehlzeitenquote** ist nach folgender Formel zu errechnen:

$$\text{Fehlzeitenquote (\%)} = \frac{\text{Fehlzeiten}}{\text{Soll-Arbeitszeiten}} \cdot 100$$

Nach derselben Formel lässt sich auch die **Krankheitsausfallquote** ermitteln, indem anstelle der Fehlzeiten der Krankheitsausfall (ebenfalls in Stunden oder Tagen) zu Grunde gelegt wird.

Es ist notwendig, die Fehlzeiten exakt zu erfassen und zu analysieren, denn persönlich bedingte Fehlzeiten eines Mitarbeiters können wichtige Indikatoren sein für fehlende Motivation oder schlechtes Betriebsklima.

Die wichtigsten Einflussfaktoren auf das Fehlzeitenverhalten der Mitarbeiter sind in der folgenden Übersicht zusammengefasst:

Externe Faktoren	Soziale und persönliche Faktoren	Betriebliche Faktoren
• gesellschaftliche Einflüsse, z.B. geringerer Stellenwert des Leistungsgedankens • Existenz des sozialen Sicherungssystems (Lohnfortzahlung) • Konjunktur (Arbeitsmarktlage) • Jahreszeiten • Klima • wöchentliche Schwankungen (Fehlzeitenhäufung z.B. montags und freitags)	• Geschlecht und Familienstand • Lebensalter • Kinderzahl • Nationalität • privates Umfeld • Betriebszugehörigkeitsdauer • berufliche Qualifikation • Stellung im Beruf • außerbetriebliche Verpflichtungen	• Betriebsgröße • Arbeitsinhalte • Arbeitsplatz/Arbeitsumgebung • Arbeitsbedingungen • Unternehmensgröße • Arbeitszeit • Entgeltsystem • Entwicklungsmöglichkeiten

Abb. 19.4: Einflussfaktoren auf das Fehlzeitenverhalten

Die Informationen aus den Fehlzeitenquoten sind nach wie vor wichtig für die diversen personalpolitischen Entscheidungen.

Dieser Blickwinkel allein reicht heute jedoch nicht mehr aus. In den Portfolios des Personalcontrollings müssen quantitative und qualitative Kennzahlen zu finden sein.

19.3.3 Quantitative Kennzahlen im Rahmen des Personalcontrollings

Im Rahmen der Personalstatistik werden Kennzahlen zur Steuerung, Information und Kontrolle ermittelt.

Quantitative Kennzahlen lassen sich i.d.R. klar und strukturiert aus vorhandenen Daten ermitteln

Die quantitativen Kennzahlen lassen sich i.d.R. klar und strukturiert aus vorhandenen Daten ermitteln. Hierzu sind **keine Forschungsaktivitäten über einen längeren Beobachtungszeitraum erforderlich**.

Im Folgenden sind mögliche quantitative Kennzahlen aus der Praxis zusammengestellt:

• **Kennzahlen in Bezug auf die Personalstruktur:**

$$\text{Personalstruktur (\%)} = \frac{\text{Arbeiter bzw. Angestellte bzw. sonst. MA}}{\text{gesamte Belegschaft}} \cdot 100$$

• **Kennzahlen in Bezug auf Personalbewegungen:**
Personalbewegungen können weiter untergliedert werden in unternehmensexterne und unternehmensinterne Bewegungen.
Unter den **unternehmensexternen Bewegungen** ist insbesondere der **Zugang** von Mitarbeitern vom oder der **Abgang** von Mitarbeitern an den externen Arbeitsmarkt zu verstehen.

Zugänge sind
- Mitarbeiter, die bereits in einem anderen Unternehmen beschäftigt waren,
- Neuzugänge (erstmalige Beschäftigung).

Abgänge sind
- Mitarbeiter, die eine neue Beschäftigung in einem anderen Unternehmen suchen,
- Mitarbeiter, die keine andere Beschäftigung mehr aufnehmen (z.B. Pensionierung, Erkrankung).

Als Kennzahlen kommen hier in Betracht:

- **BDA-Formel**

$$\text{Fluktuationsquote (\%)} = \frac{\text{Personalabgänge}}{\varnothing \text{ Personalbestand}} \cdot 100$$

- **Schlüter-Formel**

$$\text{Fluktuationsquote (\%)} = \frac{\text{Personalabgänge}}{\text{Personalbestand zu Beginn + Zugänge}} \cdot 100$$

Unter den **unternehmensinternen Bewegungen** ist der Personalwechsel innerhalb der Unternehmenseinheit (Werk, Unternehmensgruppe, Konzern) zu verstehen, also z.B. Versetzungen, Beförderungen, etc. Hierbei kann die Kennzahl der Versetzungsrate zu Grunde gelegt werden:

Personalwechsel innerhalb einer Unternehmenseinheit

$$\text{Versetzungsrate (\%)} = \frac{\text{Zahl der Abgänge}}{\text{Personalbestand zu Beginn + Zugänge}} \cdot 100$$

- **Kennzahlen in Bezug auf die Personalkosten:**
  Die Kennzahlen, die sich für die Personalkosten eignen, lassen sich auch untergliedern in globale Strukturzahlen (GSZ), differenzierte Strukturzahlen (DSZ) und Leistungskennzahlen (LZ).

Globale Strukturzahlen (GSZ) sind z.B. die folgenden Verhältniszahlen:

$$\text{GSZ 1} = \frac{\text{Personalkosten}}{\text{Gesamtleistung lt. GuV}}$$

$$\text{GSZ 2} = \frac{\text{Entgelt (Löhne und Gehälter)}}{\text{gesamte Personalkosten}}$$

$$\text{GSZ 3} = \frac{\text{Personalzusatzkosten}}{\text{gesamte Personalkosten}}$$

$$\text{GSZ 4} = \frac{\text{Personalzusatzkosten aufgrund freiwilliger Leistungen}}{\text{gesamte Personalkosten}}$$

Zu den **differenzierten Strukturzahlen** (DSZ) gehören die Verhältnisse

$$DSZ\ 1 = \frac{\text{Personalzusatzkosten Arbeiter}}{\text{gesamte Personalkosten}}$$

$$DSZ\ 2 = \frac{\text{Entgelt Arbeiter}}{\text{gesamtes Entgelt}}$$

$$DSZ\ 3 = \frac{\text{Personalzusatzkosten Angestellte}}{\text{gesamte Personalzusatzkosten}}$$

$$DSZ\ 4 = \frac{\text{Personalzusatzkosten Arbeiter}}{\text{Personalzusatzkosten Angestellte}}$$

$$DSZ\ 5 = \frac{\text{Personalkosten Angestellte}}{\text{Personalkosten Arbeiter}}$$

Zu den **Leistungskennzahlen** (LZ) zählt man:

$$LZ\ 1 = \frac{\text{Personalkosten}}{\text{Umsatz}}$$

$$LZ\ 2 = \frac{\text{Personalkosten}}{\text{Produktion}}$$

$$LZ\ 3 = \frac{\text{Personalkosten}}{\text{Gesamtleistung lt. GuV}}$$

Mit Hilfe dieser vergangenheitsbezogenen Kennzahlen, die in die Personalstatistik und somit in das Berichtswesen einfließen, lassen sich die jeweiligen Entwicklungen auch grafisch darstellen. Beachten Sie jedoch:

Neben diesen quantifizierbaren Zahlen, Daten und Fakten gibt es im Unternehmen weitere wesentliche Faktoren, wie z.B. die Mitarbeiterzufriedenheit, die sich nicht zahlenmäßig erfassen lassen.

19.3.4 Qualitative Kennzahlen im Rahmen des Personalcontrollings

Es ist für ein Unternehmen von großer Bedeutung, neben den quantitativen auch qualitative Kennzahlen zu ermitteln, da diese einen entscheidenden Einfluss auf den Erfolg eines Unternehmens haben können.

Die Balanced Scorecard von Kaplan/Norton ist ein System, mit Hilfe dessen die qualitativen Kennzahlen dargestellt werden können (vgl. Kap. 19.4). Weitere Instrumente, mit denen man qualitative Kennzahlen gewinnen kann, sind beispielsweise

- Personalbeurteilung,
- Assessment-Center (AC),
- Personal-Portfolios,
- Mitarbeiterbefragung,
- Qualitätsmanagement.

Innerhalb von drei Stufen gelangt man zu **strategisch relevanten Kennzahlen**.

1. Zunächst müssen die **Erfolgsfaktoren** im Markt **analysiert** werden:
   - Warum kauft man uns?
   - Was unterscheidet uns von unserer Konkurrenz?
   - Welche Stärken und Schwächen haben wir?
   - Welche Voraussetzungen müssen wir erfüllen, um erfolgreich zu sein?

2. Dann müssen die **Ressourcen** an Fähigkeiten, Wissen und Organisationskapital, die für die Erfüllung der Erfolgsfaktoren nötig sind, **definiert** werden.

Innerhalb von drei Stufen gelangt man zu strategisch relevanten Kennzahlen

3. Im nächsten Schritt (Analysestufe) wird das **Soll mit dem Ist verglichen**:
   - Was können unsere Arbeitnehmer?
   - Welche Grenzen setzt unsere Unternehmenskultur?
   - Reichen unsere Fähigkeiten für neue Märkte und Strategien aus?

Aus diesem Analyseergebnis werden Maßnahmen entwickelt, deren Erfolg mit Kennzahlen gesteuert werden.

19.3.5 Kritische Würdigung von Kennzahlen

Neben den positiven Aspekten von Kennzahlen gibt es auch einige Probleme bzw. Grenzen:
- Oftmals ist der **Zusammenhang** zwischen einer Kennzahl und dem zu erfassenden Ziel nicht eindeutig.
- Es besteht die Gefahr der **„Kennzahleninflation"**.
- Bei der Auswertung von Kennzahlen besteht häufig ein **großer Interpretationsspielraum**.
- Die einbezogenen Variablen sind i. d. R. nicht die einzigen Einflussgrößen.

Für das Personalcontrolling ergeben sich folgende Problembereiche:
- Problem der **Datenerhebung**: Es bereitet sehr häufig Schwierigkeiten, neben den „harten" Daten (z. B. Kosten) auch die „weichen" Daten (z. B. Arbeitszufriedenheit) zu erfassen.
- Problem der **Akzeptanz**: Die Mitarbeiter sind oft skeptisch bei der Einführung von Personalcontrolling, da dieses in den Unternehmen häufig das Image des Rationalisierungsinstruments innehat.
- Problem des **Datenschutzes**: Aufgrund der zunehmenden Komplexität der Controllingsysteme besteht die Gefahr, dass die Daten nicht immer ordnungsgemäß verwendet werden.

Problembereiche des Personalcontrollings

19.4 CHANCEN DER BALANCED SCORECARD

Das Konzept der Balanced Scorecard wurde von den Amerikanern Robert S. Kaplan und David P. Norton zu Beginn der 90er Jahre entwickelt. In den größten amerikanischen Unternehmen soll die BSC seitdem mehrheitlich Einzug gehalten haben. In Europa gibt es Schätzungen, nach denen etwa die Hälfte der Unternehmen das Konzept anwendet.

Zu Beginn wurde dieses Konzept als neue Management-Mode abgetan, es hat sich inzwischen jedoch längst bewährt und ist als erfolgreich zu bezeichnen. Unternehmen interessieren sich verstärkt für die Verbesserung des Steuerungssystems und die Verbindung zu Anreizsystemen, gerade weil die Strukturen der Unternehmen immer unübersichtlicher werden.

19.4.1 Was leistet die Balanced Scorecard?

Balanced Scorecard ist ein kombiniertes Strategie-, Planungs- und Steuerungsinstrument

Die Balanced Scorecard ist ein kombiniertes Strategie-, Planungs- und Steuerungsinstrument. Sie bezieht nicht nur harte, leicht quantifizierbare Mess- und Steuerungsgrößen ein, sondern in einer ausgewogenen Perspektivenvielfalt auch immaterielle und weiche Größen. Sie kombiniert Ziel-, Planungs- und Controllingaspekte: Aus **Visionen** werden **Strategien** hergeleitet, aus Strategien **Ziele** und Planungsansätze, ausgedrückt durch ein Kennzahlen- und Messgrößensystem, das den Realisierungserfolg objektiv erkennbar werden lässt.

Die Balanced Scorecard ist ein Mittel, um den **Beitrag der Personalwirtschaft** darzustellen und den **Mitarbeiterbeitrag** zur Umsetzung der Unternehmensstrategie messbar zu machen.

Ein Unternehmen ist dann erfolgreich, wenn es versteht, die einzelnen Bereiche im Unternehmen entsprechend den Leistungspotenzialen zu führen. **Erfolgreiche** Unternehmen zeichnen sich dadurch aus, dass sie die **Beiträge zum Gesamterfolg** erkennen und fördern. Sie wissen, dass der Gesamterfolg auf mehreren Beinen steht.

Eine einseitige Ausrichtung wird langfristig keinen Erfolg haben. Und hier setzt das Prinzip der Balanced Scorecard an. Sie hilft bei der Übersetzung der zentralen Unternehmensziele in die einzelnen Erfolgsfaktoren.

Balanced Scorecard hilft bei der Übersetzung zentraler Unternehmensziele in einzelne Erfolgsfaktoren

Die Balanced Scorecard wirkt zum einen
- **vertikal**, d.h., sie vermittelt zwischen Unternehmensleitung und anderen Hierarchieebenen, und zum anderen
- **horizontal**, d.h., sie übersetzt die Finanzziele in die „Sprache" der Funktionsbereiche.

Zusammengefasst: Balanced Scorecards sind operative Arbeitsinstrumente, die logisch aufgebaut sind und individuell erstellt werden und sich dabei auf das Wesentliche konzentrieren.

Charakteristisch für die Balanced Scorecard ist die Betrachtungsweise aus verschiedenen Sichtweisen, die ein ganzheitliches Handeln ermöglicht. Sie beinhaltet vier Perspektiven, die in ihrer Gesamtheit zum Erfolg eines Unternehmens beitragen sollen, das sind:
- Die **finanzwirtschaftliche Perspektive**: Sie ermöglicht die Erkenntnis, ob die Realisierung der Personalziele zu einer Ergebnisverbesserung beiträgt.
- Die **Kundenperspektive**: Sie ist darauf gerichtet, Ziele, Kennzahlen und Maßnahmen zu erarbeiten, die transparent machen, mit welchem Erfolgsgrad das Personalwesen seine Kunden zufrieden stellt.

- Die **interne Prozessperspektive**: Sie betrachtet die Prozesse innerhalb der Personalwirtschaft und prüft, wie diese Prozesse zu gestalten sind, damit sie von der Kosten- und Ergebnisseite her möglichst effizient ablaufen.
- Die **Lern- und Entwicklungsperspektive**: Sie charakterisiert die qualifikatorische Infrastruktur, die erforderlich ist, um langfristig wettbewerbsfähig zu bleiben. Die Ziele und Kennzahlen dieser Perspektive zielen auf die Fähigkeiten und das Potenzial der Mitarbeiter ab.

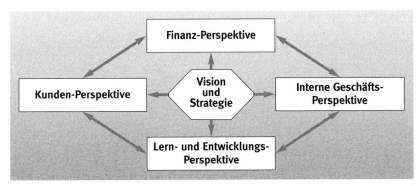

Abb. 19.5: Die Perspektiven der Balanced Scorecard (Quelle: Danne/Heider-Knabe 2003, S. 26)

Für alle vier Perspektiven sind aus den Zielen **Kennzahlen und Planungsgrößen** herzuleiten, so z. B.
- für die finanzwirtschaftliche Perspektive:
  - Entwicklung der Personalkostenstruktur
  - Personalkosten pro Mitarbeiter
  - Produktivität pro Mitarbeiter
- für die Kundenperspektive:
  - Fluktuationsraten
  - Absentismusraten
  - Zufriedenheit der Servicenehmer
- für die interne Prozessperspektive: Optimierungsgrößen für die einzelnen Prozesse, z. B.
  - Dauer der Rekrutierung
  - Kosten von Freisetzungen
- für die Lern-und-Entwicklungs-Perspektive:
  - Zufriedenheit der Mitarbeiter mit Personalentwicklungsmaßnahmen
  - Entwicklung der Qualifikation der Mitarbeiter

Für alle vier Perspektiven sind aus den Zielen Kennzahlen und Planungsgrößen herzuleiten

Die Lern-und-Entwicklungs-Perspektive, auch Mitarbeiterperspektive genannt, ist aus Personalersicht ein besonders bedeutsamer Teilaspekt einer personalwirtschaftlich orientierten Balanced Scorecard: Hier geht es schwerpunktmäßig um den **Aufbau und Erhalt eines wettbewerbsrelevanten Wissens für das Unternehmen**. Die Personalwirtschaft ist als Verwalter des Humankapitals an dieser Stelle besonders gefordert.

In allen Perspektiven ist darauf zu achten, nicht nur Spätindikatoren zu definieren, sondern auch ausreichend Frühindikatoren, Leistungstreiber genannt.

Mit **Spätindikatoren** kann man das Erreichte transparent darstellen, sie stehen am Ende eines Prozesses, **Frühindikatoren** hingegen sind auf frühe Phasen der Prozesse gerichtet, sodass über sie nicht nur Ergebnisse gemessen, sondern angestrebte Ergebnisse korrigierend gesteuert werden können.

19.4.2 Einführung einer Balanced Scorecard im Unternehmen

Das **Management by Scorecard** basiert auf folgenden Schritten:
- **Festlegen der Vision**, welche nachfolgend für die gesamte Unternehmung gilt, und Erarbeiten einer ersten Scorecard;
- **Kommunikation der Scorecard**, sodass sich alle Mitarbeiter an den Unternehmenszielen ausrichten müssen;
- **Kontretisierung der Vorgaben** der Scorecard für jede Unternehmenseinheit (Bereichsziele, -kennzahlen, -vorgaben und -maßnahmen);
- **regelmäßige Hinterfragung** der formulierten Strategie und – falls notwendig – entsprechende **Anpassung**.

 Die Scorecard dient so auch als Feed-back-Instrument für das Top-Management.

Der eher eindimensionalen Personalplanung und der mehrdimensionalen Balanced Scorecard ist gemeinsam, dass sie nur erfolgreich sein können, wenn sie aus einer Personalstrategie – abgeleitet aus der Unternehmensstrategie – hergeleitet werden und die **Mitarbeiter** in den Gestaltungsprozess aktiv mit **eingebunden** werden.

Außerdem ist es entscheidend, dass das Top-Management das „Projekt BSC" unterstützt und von von Beginn an in die wichtigen Entwicklungsphasen mit einbezogen wird.

Zudem müssen **Informationsveranstaltungen** für alle Entscheidungsträger und die sonstigen Beteiligten durchgeführt werden. Es müssen **Trainings** von Moderatoren stattfinden, die die Umsetzung und Vermittlung in den einzelnen Abteilungen gewährleisten.

Entsprechende **Anreizsysteme** sollten sicherstellen, dass die Ziele und die Plansätze von allen Mitarbeitern auch akzeptiert und umgesetzt werden.

Informations-veranstaltungen für alle Entscheidungsträger und Beteiligten

19.4.3 Kritische Würdigung der Balanced Scorecard

Kritisch anzumerken ist Folgendes:
- Die Einführung von Balanced Scorecards ist zeitaufwändig: die vollständige Verankerung sowie die damit verbundenen Änderungen der Steuerungsprozesse dauern ein halbes bis ganzes Jahr.
- Die Software-Unterstützung befindet sich in Deutschland noch eher in den Anfängen.
- Vor Beginn müssen die strategischen Ziele auf der Ebene des Gesamtunternehmens vorliegen.
- Über den Erfolg des Einsatzes der BSC lässt sich meist frühestens nach zwei Jahren etwas sagen.

19.5 Einführung eines Personalinformationssystems

Damit wirtschaftliche Fehlentwicklungen im Personalbereich frühzeitig erkannt werden, fordert das Gesetz zur Kontrolle und Transparenz (KonTraG) ein aussagefähiges und verlässliches **betriebswirtschaftliches Steuerungs- und Überwachungssystem**. Damit gewinnt das kostenorientierte Personalcontrolling in Verbindung mit einem entsprechenden Personalinformationssystem (PIS) weiter an Bedeutung.

Ein **Personalinformationssystem** ist ein Instrument, das es der Personalarbeit ermöglicht, besser, schneller und flexibler zu agieren. Generelle Aufgaben sind die Speicherung, Verarbeitung, Auswertung und Bereitstellung von Informationen.

Personalarbeit soll besser, schneller und flexibler agieren können

Personalinformationssysteme gehören in den Unternehmen zu den Standardinstrumentarien. Die Leistungsfähigkeit der einzelnen Personalinformationssysteme hängt von den technischen Möglichkeiten ab.

Ohne EDV ist heute weder ein wirkungsvolles Personalcontrolling noch eine Messung der Wertschöpfung im Personalmanagement möglich.

Moderne PIS müssen folgende **Leistungsmerkmale** aufweisen:
- integriert (Verzahnung personalwirtschaftlicher Programme und betriebswirtschaftlicher Komponenten auf Basis einer gemeinsamen Datenbank)
- leicht zu bedienen (grafische Benutzeroberfläche und komfortable Hilfefunktionen)
- international einsetzbar
- Client-Server-basiert (Verknüpfung von Computern mit unterschiedlicher Leistungsfähigkeit per Netz)
- funktionsfähig (Abdeckung von heutigen und zukünftigen fachlichen Anforderungen durch Software)

PIS können sowohl **administrative** als auch **dispositive Aufgaben** unterstützen. Administrative Systeme helfen hauptsächlich bei personalwirtschaftlichen Verwaltungsaufgaben, dispositive bei der Personalplanung. Hoch entwickelte betriebswirtschaftliche Standardsoftware vereinigt beide Bereiche.

Administrative Systeme helfen bei personalwirtschaftlichen Verwaltungsaufgaben, dispositive bei der Personalplanung

SAP R/3 ist beispielsweise ein ERP-System (ERP = Enterprise Ressource Planning), also eine Anwendungssoftware, die als integrierte Gesamtlösung alle wesentlichen Funktionen der Administration, Disposition und Führung im Unternehmen unterstützt. SAP ist branchenneutral und kann mit Hilfe des Customizing an die Bedürfnisse und Strukturen unterschiedlicher Unternehmen angepasst werden.

Der Betriebsrat ist vom Arbeitgeber nach § 90 BetrVG über die Planung von technischen Anlagen zu unterrichten. Werden verhaltens- oder leistungsrelevante Daten mittels technischer Einrichtungen erhoben, ist zudem das **Mitbestimmungsrecht des Betriebsrats** nach § 87 Abs. 1 Nr. 6 BetrVG zu beachten.

In der Praxis ist der Einsatz von Personalinformationssystemen je nach Aufgabengebiet stark unterschiedlich: Sehr verbreitet ist bereits der Einsatz im Bereich der **Personalkostenplanung**, der **Personalplanung** und der **Bewerberadministration**.

Weitere Einsatzgebiete sind:

Einsatzmöglichkeiten von PIS

- Aus- und Weiterbildungsmanagement
- Management Development/Nachfolgeplanung
- Vergütungsmanagement
- Leistungsbeurteilung
- Stellenbeschreibung
- Stellenbewertung
- elektronische Personalakte/Mitarbeiterbefragung
- Unternehmensanalyse
- 360°-Feed-back-System
- Kommunikations- und Schnittstellenmanagement

Grundsätzlich soll der IT-Einsatz in der Personalarbeit dabei helfen,

- das Mengengeschäft im Personalwesen in wirtschaftlich vernünftiger Form abzuwickeln,
- gesetzliche Verpflichtungen wie Arbeits- und Sozialrecht, Sozialversicherungs-, Steuerrecht umzusetzen,
- eine einheitliche technische Infrastruktur für eine unternehmensweite Personalplanung und -steuerung zu schaffen und
- die personalwirtschaftlichen Maßnahmen zu unterstützen.

 Entscheidend ist es, die Informationen nicht nur einzugeben und zu speichern, sondern sie auszuwerten und die gewonnenen Daten den Verantwortlichen zeitnah zur Verfügung zu stellen.

Unternehmensinterner Schriftverkehr und Kommunikation werden erleichtert

Diese Eingabe von Daten nimmt Zeit in Anspruch, die bei der Pflege der Personalakten so nicht anfallen würde. Durch die Übernahmemöglichkeit der Daten kann jedoch beispielsweise der unternehmensinterne Schriftverkehr und die Kommunikation sehr erleichtert werden.

Die Hersteller von personalwirtschaftlicher Software bieten eine große Anzahl von Lösungen an. Die Herausforderung für die Unternehmen besteht darin, aus der Vielzahl der Angebote genau das Programm auszuwählen, das die Ansprüche des Unternehmens optimal befriedigt.

Die folgenden Fragen sollten bei der Entscheidung im Vorfeld beantwortet werden:

- Welche Hardware ist notwendig?
- Soll das System für die zentrale oder dezentrale Personalarbeit ausgelegt sein?
- Welchem Personenkreis (Personalmanagement, Führungskräfte) soll das System zur Verfügung gestellt werden?

- Wer übernimmt die Tabellenpflege (Steuertabellen)?
- Werden eingegebene Daten sofort verarbeitet und stehen diese auch den anderen Systemteilnehmern zur Verfügung?

Diese Fragen und Überlegungen sind nur Beispiele, sie müssen in jedem Einzelfall ergänzt und fortgeführt werden.

Teil IV
Personal- und Organisations-
entwicklung steuern

20 GRUNDFRAGEN DER PERSONALENTWICKLUNG

Entscheidende
Wettbewerbsfaktoren

Die wirtschaftlichen Ziele eines Unternehmens, Verbesserung der Leistungs-fähigkeit und Wirtschaftlichkeit, Verstärkung der Kundenorientierung usw., lassen sich heute nicht mehr allein durch Umstrukturierung der Organisation erreichen. Fast immer sind die **Qualifikationen** sowie der **Leistungs- und Erfolgswille der Mitarbeiter** entscheidende Wettbewerbsfaktoren.

> *Das erfolgreiche Unternehmen benötigt qualifizierte Mitarbeiter, die sich den wandelnden technischen und organisatorischen Heraus-forderungen stellen und diese bewältigen.*

Die **Herausforderungen** für Unternehmensleitung und Mitarbeiter sind
- der rasche technologische Wandel,
- enger werdende wirtschaftliche Handlungsspielräume,
- zunehmende Komplexität betrieblicher Arbeits- und Entscheidungsprozesse,
- gesellschaftliche und soziale Veränderungsprozesse.

Wichtig für die Zielerreichung ist die Unternehmenskultur mit **Grundsätzen zur Führung und Kommunikation** und die **Wertschätzung**, die den Mitarbeitern ent-gegengebracht wird. Mit den Worten eines Managers ausgedrückt: „Wir wollen die Herzen und Köpfe unserer Mitarbeiter öffnen und Spaß an der Arbeit kulti-vieren."

Alle Wissens- und
Erfahrungspotenziale
nutzen

Praktisch umgesetzt, müssen durch **Delegation** alle Mitarbeiter derart in die betrieblichen Prozesse mit einbezogen werden, dass Qualifikation und Initia-tive ziel- und erfolgsorientiert gebündelt werden und die Wissens- und Erfah-rungspotenziale genutzt werden.

20.1 WAS IST UNTER DEM BEGRIFF „PERSONALENTWICKLUNG" ZU VERSTEHEN?

Anstelle des Begriffes „Personalentwicklung" findet man in der Praxis und in der Literatur eine Reihe gleichbedeutender oder ähnlicher Begriffe: Personal-fortbildung, Personalaus- und -weiterbildung, Personal Development etc.

Personalentwicklung
ist ein Management-
instrument

Personalentwicklung ist ein Managementinstrument, das aus mehreren Details besteht, die **aufeinander abgestimmt** und **zielorientiert** sein müssen.

Sie beinhaltet sämtliche Aktivitäten, die sich mit der **Erkennung, Beschrei-bung und Förderung der Mitarbeiterqualifikation** beschäftigen. Diese beginnen bereits bei der Formulierung einer Stellenanzeige und enden mit dem Erstellen eines qualifizierten Zeugnisses.

Sie umfasst auch alle Maßnahmen, die allgemein unter dem Begriff **„betriebliches Bildungswesen"** zusammengefasst werden, d.h. Förder- und Bildungsmaßnahmen, die den Mitarbeiter dazu befähigen, die Anforderungen seines jetzigen oder zukünftigen Arbeitsplatzes zu erfüllen.

Zu berücksichtigen sind dabei nicht nur die Leistungsanforderungen und -ziele des **Unternehmens**, sondern auch die Erwartungen, Bedürfnisse und Fähigkeiten des einzelnen **Mitarbeiters**. Erwartungen, Bedürfnisse und Fähigkeiten des Mitarbeiters

20.1.1 Die Einflussfaktoren auf die Personalentwicklung

Auch in der Personalentwicklung gilt der bekannte Grundsatz, dass nichts so beständig ist wie die Veränderung. Unternehmen bewältigen ständig den Spagat zwischen Organisation und Improvisation. Menschen lernen, sich an die Veränderungen ihrer Umwelt anzupassen.

Um **rechtzeitig** Konsequenzen einleiten zu können, ist es für die Personalentwicklung erforderlich, die **externen und internen Einflussfaktoren** zu **kennen** und deren Entwicklung zu beobachten. Eine umfassende Personalentwicklungsplanung berücksichtigt die Unternehmens- und Mitarbeiterstruktur und stimmt erforderliche Maßnahmen auf die Veränderungen so ab, dass **Auswirkungen** auf die Organisation **abgemildert werden**. Veränderungen müssen rechtzeitig erkannt werden

20.1.1.1 Externe Faktoren

Externe Faktoren sind **ökonomische und soziokulturelle Einflüsse**:

- **Einsatz neuer Technologien**: Mechanisierung und Automatisierung verändern die Arbeitsplätze und deren Anforderungen. Häufig werden durch den Einsatz von Maschinen Arbeitsplätze vernichtet. EDV-Kenntnisse werden schon so selbstverständlich vorausgesetzt wie der Führerschein oder Fremdsprachenkenntnisse. Der Einsatz von Methoden des selbstgesteuerten Lernens ist aus den Unternehmen nicht mehr wegzudenken.
- **Arbeitsmarkt**: Trotz hoher Arbeitslosenzahlen herrscht ein Mangel an Facharbeitern und Spezialisten. Die demografische Entwicklung (Überalterung der Bevölkerung) und die Möglichkeiten des Bildungssystems in der BRD (ca. 25 % eines Jahrganges erlangen die allgemeine Hochschulreife) erfordern veränderte betriebliche Bildungsangebote. Ebenso wichtig ist es, den eigenen Mitarbeitern interne Entwicklungsmöglichkeiten anzubieten. Demografische Entwicklung und Bildungssystem
- **Gesellschaftlicher Wertewandel**: Die Einstellung der Menschen zum Verhältnis von Arbeit und Freizeit hat sich stark gewandelt. Dem immer stärker werdenden Druck im Arbeitsalltag wird sehr häufig mit „Verweigerung" und „innerer Kündigung" begegnet. Ebenso ist ein Wandel in der Wertepriorität zu beobachten. Selbstentfaltungswerte (z. B. Individualismus, Autonomie, Partizipation) ersetzen immer mehr die Pflicht- und Akzeptanzwerte (z. B. Disziplin, Pünktlichkeit, Loyalität). Die Einführung moderner Arbeitsformen (Gruppenarbeit) und flexibler Arbeitszeitmodelle kommen diesem Wertewandel entgegen. Verhältnis von Arbeit und Freizeit

 Externe Faktoren sind nicht beeinflussbar; auf sie können das Unternehmen und die Personalentwicklung nur reagieren.

20.1.1.2 Interne Faktoren

Als interne Faktoren werden die **betriebswirtschaftlichen Einflüsse** bezeichnet:

- **Unternehmenskultur**: Die Personalpolitik eines Unternehmens mit deren Grundsätzen und Zielen bildet die Ausgangslage für das Entstehen einer lebendigen Unternehmenskultur. Die Einstellungen und Werthaltungen der Mitarbeiter und Führungskräfte, der Umgang miteinander, die Identifizierung mit dem Unternehmen lassen ein gemeinsames Leitbild aber erst entstehen. Teambildungs- und Entwicklungsprozesse unterstützen beim Abbau von Konkurrenzverhalten und der Installation einer geeigneten Kommunikationsplattform.

- **Unternehmensstruktur**: Die Aufbau- und Ablauforganisation eines Unternehmens beeinflusst die Kompetenzen des Personalmanagements und damit auch die der Personalentwicklung. Liegen diese Kompetenzen zentral in einer Hand, können Personalentwicklungskonzepte effizienter in Planung und Durchführung sein. Bei divisionalen Organisationsformen steht der individuelle Bedarf der Organisationseinheit im Vordergrund. Eine einheitliche Vorgehensweise z.B. bei der Personalbeschaffung, dem Personaleinsatz oder der Mitarbeiterförderung und damit der Grundsatz der Gleichbehandlung müssen sichergestellt werden. Dazu werden Verfahrensanweisungen schriftlich festgelegt.

- **Mitarbeiterstruktur**: Im Betrieb hat die Mitarbeiterstruktur einen ganz wesentlichen Einfluss auf die Personalentwicklung. Die Art der Mitarbeitergruppen (kaufmännisch, technisch, wissenschaftlich), der Bildungsstand, die Qualifikation, das Alter, die Nationalität, das Geschlecht der Mitarbeiter, um nur beispielhaft einige Unterscheidungsmerkmale aufzuführen, sind wesentliche Faktoren für Ausprägung der Personalentwicklungsmaßnahmen. Jeder Mitarbeiter soll aufgrund seiner persönlichen Fähigkeiten und Entwicklungspotenziale an einem entsprechenden Arbeitsplatz eingesetzt werden. Ziel dabei ist eine Über- oder Unterforderung des Mitarbeiters zu vermeiden.

 Die internen Faktoren sind durch die Unternehmensleitung und deren Entscheidungen beeinflussbar.

20.1.2 Aktuelle Zahlen

Die Personalentwicklungsplanung orientiert sich im Unternehmen an seiner **wirtschaftlichen Situation** und der **Bildungswilligkeit** seiner Mitarbeiter. Dazu sollen hier einige aktuelle Zahlen aus veröffentlichten Berichten und Statistiken genannt werden.

20.1.2.1 Teilnehmer

Dem im Mai 2003 vom Bundesministerium für Bildung und Forschung (BMBF) veröffentlichten Bericht zur Weiterbildung ist zu entnehmen, dass die **Teilnehmerzahlen** vor allem bei den allgemeinen Angeboten **zurückgehen**: Demnach gaben 43% der 19–64-jährigen an, im Jahr 2000 an einer Weiterbildungsmaßnahme teilgenommen zu haben. 1997 waren es noch 48%.

Abgenommen hat auch das Interesse an der so genannten informellen Weiterbildung wie Schulungen am Arbeitsplatz, Fachmessen oder Fachliteratur.

Das **Interesse für die berufliche Weiterbildung** hingegen bleibt **relativ stabil** bei 29% (1997: 30%).

Das Interesse an Weiterbildung hängt auch sehr vom Bildungsgrad und dem Lebensalter der Befragten ab: Die **Weiterbildungsbereitschaft steigt, je höher die schulische und berufliche Bildung** und je geringer das Lebensalter des Menschen ist.

Der Bericht basiert auf einer **repräsentativen Umfrage** des Instituts Infratest Burke im Auftrag des BMBF, bei der 7.000 Personen zu ihrem Weiterbildungsverhalten im Jahr 2000 befragt wurden.

20.1.2.2 Kosten

Laut dem erwähnten Bericht des BMBF beliefen sich die Aufwendungen für die berufliche Weiterbildung im Bezugsjahr 1999 auf 65,9 Mrd. DM. Davon entfielen auf Betriebe 34,3 Mrd. DM und auf Privatpersonen 14,1 Mrd. DM.

Das Ergebnis der „Zweiten Europäischen Erhebung zur beruflichen Weiterbildung" (1999; Statistisches Bundesamt) zeigt, dass die deutschen Unternehmen 1.723 € pro Teilnehmer für Lehrveranstaltungen aufwenden; umgerechnet auf alle Beschäftigten in Unternehmen mit Lehrveranstaltungen beträgt dieser Wert 624 € pro Beschäftigten.

Mit gut 43% haben die Lohn- und Gehaltskosten der Teilnehmer den größten Anteil an den Weiterbildungskosten. 19% entfallen auf Zahlungen und Gebühren für externe Lehrveranstaltungen, 13% auf Kosten für internes Weiterbildungspersonal und 10% auf Kosten für den Einsatz von externem Weiterbildungspersonal. Reisekosten und Spesen (8%) oder Kosten für Räume und Ausstattung (6%) machen dagegen nur einen geringen Teil der Weiterbildungskosten aus.

20.1.2.3 Art der Weiterbildung

67% der Unternehmen bieten **Lehrveranstaltungen** (Lehrgänge oder Kurse), also die klassische Form der beruflichen Weiterbildung, an. 72% wenden andere Formen der Weiterbildung an, wie z. B. **Informationsveranstaltungen** (61%) und geplante Phasen der Weiterbildung am Arbeitsplatz (54%).

Moderne Formen wie selbstgesteuertes Lernen (14%), Lern- und Qualitätszirkel (11%) und vor allem Job-Rotation (4%) sind demgegenüber weniger verbreitet.

20.2 KONZEPT EINER PERSONALENTWICKLUNG

Die Personalentwicklung benötigt zur Erfüllung ihrer Aufgaben vielfältige Informationen und Daten. Diese sind bei der Geschäftsleitung, den Unternehmensbereichen und dem „Personalwesen" üblicherweise vorhanden und müssen nun gezielt aufbereitet werden.

Ausgangspunkt sind die **Unternehmensziele**. Um die vorhandenen und erforderlichen Qualifikationen beim Mitarbeiter festzustellen, werden Verfahren zur Ermittlung des Weiterbildungsbedarfes festgelegt. Das **Bildungsbudget** und die Budgetverantwortung werden definiert. Des Weiteren werden **Zielgruppen**, Ziele und **Inhalte** festgelegt.

Personalentwicklung benötigt vielfältige Informationen und Daten

Die Person des Personalentwicklers oder **Weiterbildungsverantwortlichen** wird benannt. Zusammen mit den Führungsverantwortlichen trifft sie die Auswahl geeigneter Maßnahmen, Trainer und Seminare und die Vorbereitung der Mitarbeiter auf ihre Teilnahme an den vorgesehenen Maßnahmen.

Parallel müssen die **Sicherung des Erfolges** der Maßnahme und der **Transfer** auf die jeweilige Aufgabe berücksichtigt werden.

20.2.1 Teilbereiche der Personalentwicklung

Welche Qualifizierungsmaßnahmen durchzuführen sind, hängt sehr stark mit der Phase des Berufslebens, in der sich der Mitarbeiter befindet, zusammen. Man unterscheidet:

- **Berufsvorbereitende Personalentwicklung**, z. B. Ausbildung von Auszubildenden, Praktika für Hochschüler, Nachwuchsförderprogramme für Hochschulabsolventen.

  Praktische Anwendungsmöglichkeiten

  Für die Einstiegsphase in das Berufsleben ist es notwendig, praktische Anwendungsmöglichkeiten für das vorhandene theoretische Wissen aufzuzeigen. Daneben steht die Vermittlung von Schlüsselqualifikationen, also berufsübergreifenden Qualifikationen im Vordergrund.

- **Berufsbegleitende Personalentwicklung**, z. B. Einführung neuer Mitarbeiter, Anpassungsqualifikation bei der Einführung neuer Maschinen, Aufstiegsqualifikation im Rahmen der Laufbahnplanung.

  Transferleistung des Mitarbeiters

  Der Mitarbeiter hat schon Berufserfahrung sammeln können. Die Bewältigung neuer Aufgaben oder der Umgang mit neuen Arbeitsmitteln erzeugt fast immer ein Gefühl der Unsicherheit. Die Qualifizierungsmaßnahmen müssen die sog. „Transferleistung" des Mitarbeiters unterstützen, d. h. auf bereits vorhandenes Wissen und Können aufbauen.

- **Berufsverändernde Personalentwicklung**, bedeutet immer das Erlernen eines neuen Berufs. Gründe können sein z. B. Rehabilitation nach einem Arbeitsunfall, Umschulung aus strukturellen Gründen (Arbeitsmarktsituation).

  Großes Lernengagement über einen langen Zeitraum

  Wie bei der berufsbegleitenden Personalentwicklung kann der Mitarbeiter auf seine Berufserfahrung zurückgreifen. Jedoch wird bei der berufsverändernden Personalentwicklung ein viel größeres Lernengagement über einen längeren Zeitraum vom Mitarbeiter eingefordert. Erschwerend wirkt die instabile physische bzw. psychische Verfassung des Mitarbeiters. Die Qualifizierungsmaßnahmen müssen dieser Situation durch hohe Motivationsanteile gerecht werden.

Nicht unerwähnt bleiben soll die letzte Phase des Berufslebens: Die Pensionierung eines Mitarbeiters bedeutet für ein Unternehmen auch einen unwiederbringlichen Verlust an Wissen. Durch rechtzeitig vorgenommene Nachfolgeplanungen kann ein zielgerichteter Wissenstransfer eingeleitet und begleitet werden.

20.2.2 Der Ablauf einer Personalentwicklung

Die folgende Abbildung zeigt die einzelnen Schritte des Ablaufs:

Externe Bestimmungsgrößen

- Auf welchen Märkten agiert das Unternehmen?
- Welche Produkte stellt es her?
- Welche Marktmacht hat es?
- Wie dynamisch sind die Märkte?
- Wie sind die konjunkturellen Rahmenbedingungen?
- etc.

Interne Bestimmungsgrößen

- Führungsstil
- Entwicklungsphase des Unternehmens
- Aussagen des Vorstandes
- Unternehmensziele
- vorhandenes personalpolitisches Instrumentarium
- Belegschaftsstruktur
- strategische Ausrichtung und Grundhaltung des Unternehmens

Feststellung und Bewertung der Ist-Situation

Aufarbeiten der Aus- und Fortbildungsvergangenheit, z.B. anhand folgender Fragen:

- Welche Bildungsaktivitäten sind durchgeführt/geplant/gescheitert? (Warum?)
- Welchen Arbeitsstil praktizierten die Verantwortlichen?
- Gibt es verwertbare Ergebnisse?
- Wie ist das Meinungsbild bei den Entscheidungsträgern?

Bedarfsermittlung
einmalig oder kontinuierlich

Formen	**Bei wem?**	**Wie?**
• Befragung	• Vorstand	• beobachten
• Beurteilung	• Führungskräfte	• zuhören
• Workshop	• Mitarbeiter	• sich anbieten
• Austrittsinterview	• Betriebsrat	• durch Analyse-
• Soll-/Ist-Profile		spezialisten
• etc.		• etc.

Planung und Realisation der Bildungsprojekte
einmalig oder kontinuierlich

Welche Maßnahmen?	**Durch wen?**
• Referate	• Mitarbeiter der eigenen PE-Abteilung
• Trainings	• Mitarbeiter des Unternehmens
• Workshops	• externe Bildungsanbieter bzw.
• etc.	Seminarleiter

Evaluation der Bildungsprojekte
einmalig oder kontinuierlich

Im Lernfeld	**Im Arbeitsfeld**
• Prüfungen/Tests	• betriebliche Kennzahlen
• Beurteilungsbögen	• regelmäßige Mitarbeiterbeurteilung
• Kamingespräch mit Teilnehmern und	• etc.
Seminarleiter	
• etc.	

Abb. 20.1: Der Ablauf einer Personalentwicklung

Bitte beachten Sie, dass die Schritte aus der Abbildung nicht unbedingt die zeitliche Reihenfolge wiedergeben.

In der Praxis wird die Vorgehensweise häufig von der **Einstellung des Unternehmens zur Mitarbeiterqualifizierung** bestimmt:

Bildung auf Vorrat
oder nur bei
konkretem Bedarf

- Gilt der Grundsatz „Bildung auf Vorrat", werden diese Schritte regelmäßig durchgeführt und damit auch individuelle Laufbahnplanungen ermöglicht.
- Bei Unternehmen hingegen, die reine Erhaltungs- bzw. Anpassungsfortbildungen anbieten, wird dem Mitarbeiter eine Bildungsmaßnahme nur dann angeboten, wenn ein konkreter, zeitnaher Bildungsbedarf besteht. Beispiel: Einführung eines neuen Abrechnungssystems.

20.3 DIE ZIELE EINER PERSONALENTWICKLUNG

Die Unternehmensziele sind häufig in Form von „Leitlinien" festgelegt. Aus diesen Zielen ergibt sich dann der aktuelle Handlungsbedarf für die Personalentwicklung.

Um konkrete Förder- und Bildungsmaßnahmen einleiten zu können, muss festgelegt werden, was durch eine bestimmte Entwicklungsmaßnahme erreicht werden soll (**Ziel**) und wozu das Erreichte dient (**Zweck**).

Unternehmensleitung und Führungskräfte verfolgen in der Regel die gleichen Ziele. Ein Zielkonflikt entsteht nur, wenn bei den Führungskräften die Belange des eigenen Führungsbereiches zu sehr in den Vordergrund treten. Ziele der Unternehmensleitung/der Führungskräfte sind beispielsweise:

Ziele der Unter-
nehmensleitung bzw.
der Führungskräfte

- Verbesserung der Wirtschaftlichkeit und der Leistungsfähigkeit des Unternehmens/Bereiches
- Steigerung der Flexibilität im Personaleinsatz
- Steigerung der Motivation und Arbeitszufriedenheit der Mitarbeiter
- Sicherung des eigenen qualifizierten Fach- und Führungskräftenachwuchses
- Steigerung der Innovationskraft und der Kreativität
- Imageverbesserung des Unternehmens/Stärkung der eigenen Position

Die Ziele des **Personalentwicklungsbeauftragten** werden von seiner organisatorischen Eingliederung und von seinem Rollenverständnis geprägt. Vor allem in der Einführungsphase zeigt sich, wie stark sich diese Person mit den eigenen Vorschlägen und Ideen identifiziert bzw. ein „Vorleben" praktiziert wird. Ziele der Personalentwicklungsbeauftragten sind:

Ziele der Personal-
entwicklungs-
beauftragten

- Erarbeitung und Umsetzung eines umfassenden Konzeptes als Grundlage der eigenen Arbeit
- Veränderung der Rolle als nicht „reagierender", sondern „agierender" Personalentwickler
- Erzielen von Erfolgen für und mit den Führungskräften durch bedarfsorientierte PE-Maßnahmen
- Stärkung der eigenen Position und der Karrieremöglichkeiten in Richtung Personalmanagement

- Stärkung des PE-Images der Firma nach außen
- Realisierung der Chancengleichheit

Bei den Zielen der **Mitarbeiter** ist die individuelle Rangordnung sehr unterschiedlich. Diese im Einzelfall genau zu bestimmen ist für das Gelingen einer Bildungsmaßnahme unabdingbar.

Häufig versucht ein Mitarbeiter jedoch über eine Fortbildung nur eine finanzielle Anerkennung seiner Leistung bzw. Person zu erhalten. Ziele der Mitarbeiter sind:

Ziele der Mitarbeiter

- Verbesserung der Laufbahn- und Karrierevoraussetzungen
- Ausweitung des vorhandenen Wissens und der Fähigkeiten
- Qualifizierung für neue, herausfordernde Aufgaben
- Erhöhung der Flexibilität hinsichtlich der Übernahme neuer Funktionen
- Erhöhung der Arbeitszufriedenheit
- Mehr Sicherheit gegen Arbeitslosigkeit

20.3.1 Die Zielgruppen einer Personalentwicklung

Grundsätzlich entsteht bei allen Mitarbeitern eines Unternehmens das Bedürfnis, die jeweilige Handlungskompetenz zu erhalten oder zu verbessern.

Handlungskompetenz erhalten oder verbessern

- In der Vergangenheit haben sich Qualifizierungsmaßnahmen auf die Entwicklung bestimmter Hierarchieebenen beschränkt: **Führungskräfte**, Führungsnachwuchskräfte (**High Potentials**) und einzelne **Spezialisten**, z. B. Verkäufer, Servicetechniker, waren die Zielgruppen vieler Maßnahmen.
- Bei der fachlichen Qualifizierung wird bei Mitarbeitern aus **Hightech-Abteilungen** häufiger konkreter Bildungsbedarf entstehen.
- Für Maßnahmen, die im Sinne einer einheitlichen Unternehmenskultur durchgeführt werden, ist die **gesamte Belegschaft** die Zielgruppe. Beispiel: Einführung eines neuen Beurteilungsverfahrens.
- Durch systemische Prozessberatung werden in ganzen **Organisationseinheiten** erforderliche Veränderungen begleitet.
- Neben dem fachlichen „State-of-the-art-Wissen" werden heute vermehrt die Sozial- und Methodenkompetenz des **Individuums** eingefordert. Damit sind vor allem Fördermaßnahmen in den Bereichen Teamentwicklung, Konfliktmanagement und persönliche Lern- und Arbeitstechniken sehr wichtig geworden.
- **Neuen Mitarbeitern** oder Mitarbeitern mit neuen oder anderen Aufgaben steht ein verhältnismäßig kurzer Zeitraum zur Einarbeitung zur Verfügung. Mit gezielten Maßnahmen wird die Eingliederung in eine neue Arbeitsgruppe und die Beherrschung neuer Aufgaben unterstützt.
- Reintegration für **beurlaubte Mitarbeiter** nach der Elternzeit oder dem Wehr-/Ersatzdienst hat die Aufgabe, dass sich der Mitarbeiter schnell wieder an die Arbeitsprozesse gewöhnt und mit eventuell neuen Arbeitsmitteln umgehen kann.
- Integration von **Mitarbeitern aus anderen Kulturkreisen** und damit das gegenseitige Verstehen kultureller Unterschiede und Besonderheiten sind Inhalte von Qualifizierungsmaßnahmen für alle Mitarbeiter internationaler Konzerne.

20.3.2 Inhalte der Personalentwicklung

Der Schweizer Pädagoge, Johann Heinrich Pestalozzi (1746–1827) empfahl einen Unterricht, der den Lernenden „allseitig" fordert und bildet, nämlich in drei Hinsichten: Bildung von Kopf, Herz und Hand. Mit diesen Bildern lassen sich die Inhalte der Förder- und Bildungsmaßnahmen gut zuordnen:

Bildung von Kopf, Herz und Hand

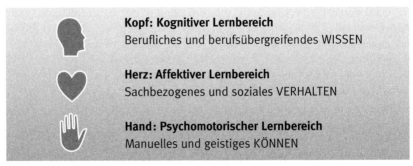

Kopf: Kognitiver Lernbereich
Berufliches und berufsübergreifendes WISSEN

Herz: Affektiver Lernbereich
Sachbezogenes und soziales VERHALTEN

Hand: Psychomotorischer Lernbereich
Manuelles und geistiges KÖNNEN

Abb. 20.2: Lernzielbereiche

20.4 AUFGABEN DER PERSONALENTWICKLUNG

Personalentwicklung ist eine der wichtigsten Führungsaufgaben

Aufgabe der Personalentwicklung ist es, die vorhandenen Mitarbeiter in der erforderlichen **Quantität und Qualität** dem Unternehmen zu erhalten und ihre Qualifikationen den betrieblichen Erfordernissen permanent anzupassen.

Personalentwicklungsmaßnahmen werden von den Vorgesetzten angeregt und konkret umgesetzt. Damit ist Personalentwicklung eine der wichtigsten Führungsaufgaben.

 Qualifikationen sind nicht nur Kenntnisse, Fertigkeiten und Fähigkeiten, sondern auch das Verhalten der Mitarbeiter im Sinne der „Firmenkultur".

Aufgabenschwerpunkte, die in den einzelnen Unternehmen je nach Größe, Branche, Mitarbeiterstruktur unterschiedlich sein können, sind z. B.:
- qualitative Personalplanung
- Definition und Aktualisierung der Qualifikationsanforderungen
- Potenzialermittlung
- Qualifizierungssicherung
- Ermittlung des Personalentwicklungsbedarfs
- Zielgruppenförderung
- Nachwuchsgewinnung und -förderung
- Realisierung von Karriereplänen
- Institutionalisierung von Mitarbeitergesprächen (Unterstützung durch Leitfäden, Training)
- Motivationsförderung
- Unterstützung von Prozessen der Organisationsentwicklung
- Personalmarketing

20.4.1 Die Verantwortlichen und Beteiligten einer Personalentwicklung

Nur das Zusammenwirken aller Beteiligten kann ein Konzept „Personalentwick-lung" zum Erfolg führen. Im Rahmen des Betriebsverfassungsgesetzes legen Unternehmensleitung und Betriebsrat die Kernpunkte in einer Betriebsverein-barung fest.

Alle Beteiligten müssen mitwirken

Die Verantwortlichen und Beteiligten einer PE nehmen unterschiedliche Auf-gaben wahr:

* **Unternehmensleitung**
  - definiert Ziele, entscheidet Prioritäten
  - lebt Lern- und Veränderungskultur vor
  - regelt die Zuständigkeiten
  - stellt finanzielle Mittel bereit

* **Vorgesetzter/Führungskraft**
  - informiert, berät und fördert den Mitarbeiter hinsichtlich seiner Weiter-bildung und Entwicklung
  - erfasst die Diskrepanz zwischen Mitarbeiterqualifikation und Arbeits-anforderung (Bedarfsermittlung)
  - nutzt die Instrumente der Personalentwicklung für gezielte Maß-nahmen
  - führt Erfolgskontrolle durch und fördert den Transfer
  - ist ggf. selbst als Trainer tätig

* **Mitarbeiter**
  - erkennt eigene Stärken und Schwächen bei der Aufgabenbewältigung
  - nennt Wünsche und Bedarf
  - entscheidet durch seine Lernbereitschaft über Erfolg oder Misserfolg der PE-Maßnahme
  - setzt Gelerntes in die Praxis um (Transfer)

* **Personal- oder Bildungsabteilung** (Personalentwicklungsbeauftragter)
  - berät die Unternehmensleitung, Vorgesetzte und Mitarbeiter
  - ermittelt den Bedarf (+ Vorgesetzter und Mitarbeiter)
  - führt die Personalentwicklungsdatei
  - plant und organisiert die PE-Maßnahme
  - vergleicht und wählt externe Bildungsangebote aus
  - wirkt an der Erfolgskontrolle mit
  - erstellt das Bildungsbudget und kontrolliert die Kosten
  - stellt das organisatorische Instrumentarium zur Verfügung

* **Ausbilder/Trainer**
  - bereitet konkrete Bildungsmaßnahmen vor
  - führt Trainingsmaßnahme ziel- und teilnehmerorientiert durch
  - organisiert den Lernprozess
  - fördert den Transfer und wirkt an der Erfolgskontrolle mit

- **Betriebsrat**
  - hat Beratungs- und Mitbestimmungsrechte
  - sollte die Durchführung unterstützen
  - beeinflusst die Akzeptanz bei den Mitarbeitern

20.4.2 Anforderungen an die Person des Personalentwicklers

So unterschiedlich die Aufgaben in den einzelnen Unternehmen sind, so vielfältig sind auch die Qualifikationen, die der Personalentwicklungsbeauftragte vorweisen können muss: Der Personalentwickler ist Betriebswirt, Pädagoge, Psychologe, Moderator, Organisator u. v. a. m.

Die Aufgabe, auf Menschen zuzugehen, erfordert eine **kommunikative und kooperative Persönlichkeit**. Ein **realistisches Selbstbild** und **Durchsetzungsvermögen** sind wichtige Eigenschaften. Praxiserfahrung in der Erwachsenenbildung, Beratung und Personalwirtschaft machen ihn zu einem kompetenten Gesprächspartner für die Unternehmensleitung, Führungskräfte und Mitarbeiter. Um kreative Lösungen erarbeiten zu können, verfügt er über **analytisches Denkvermögen**, eine **rasche Auffassungsgabe** und genügend **Kenntnisse** über das Unternehmen und die Produkte.

Der Personalentwickler ist Betriebswirt, Pädagoge, Psychologe, Moderator, Organisator

21 DAS BILDUNGSSYSTEM DER BRD

Lebenslanges Lernen – die Bildung eines Menschen geschieht unbeabsichtigt, ungesteuert und auch unkontrollierbar als Prägung durch die Umwelt (**funktional**), aber auch gezielt (**intentional**) im Elternhaus, im Kindergarten, in den verschiedenen Schulen bis zur Universität und den vielfältigen Einrichtungen der Erwachsenenbildung.

Die föderative Staatsstruktur bestimmt die Verantwortlichkeit für unser Bildungswesen. Die Bundesländer haben das Recht der Gesetzgebung im Schulbereich, im Hochschulbereich, in der Erwachsenenbildung und der Weiterbildung. Die folgende Abbildung zeigt die Grundstruktur des Bildungswesens der BRD.

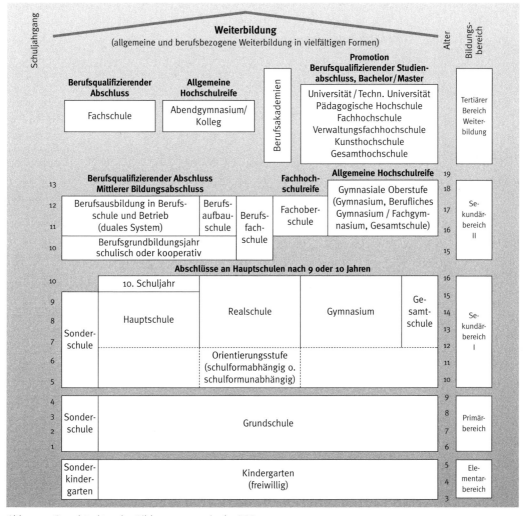

Abb. 21.1: Grundstruktur des Bildungswesens in der BRD

Die Schularten und Abschlüsse sind in den Bundesländern unterschiedlich. Mit der Festlegung von **Bildungsstandards** will die Kultusministerkonferenz eine **bessere Vergleichbarkeit** der Leistung der Schüler erreichen.

Das Grundgesetz enthält nur einige grundlegende Bestimmungen zu Fragen der Bildung. Die Freiheit der Berufswahl und der Ausbildungsstätte ist im Artikel 12, Abs. 1 geregelt. Der Bund ist unter anderem für folgende Regelungen zuständig:

- außerschulische berufliche Aus- und Weiterbildung,
- Ausbildungsförderung,
- Schutz der Teilnehmer am Fernunterricht.

Die Finanzierung des Bildungswesens tragen der Bund (10 %) und zu 90 % Länder und Gemeinden. Im Jahr 2000 betrugen die gesamten Bildungsausgaben von Ländern und Gemeinden 74,1 Mrd. €. Für die betriebliche Ausbildung im dualen System gab die Privatwirtschaft zusätzlich 16,5 Mrd. € aus (vgl. www.eurydice.org).

21.1 BERUFSBILDUNG

Berufsbildung:
das Erlernen von
Kenntnissen und
Fähigkeiten, die auf
ein berufliches Tätig-
keitsfeld vorbereiten
bzw. für ein neues
Tätigkeitsfeld
qualifizieren

Ganz allgemein könnte man den Begriff Berufsbildung folgendermaßen definieren: das Erlernen von Kenntnissen und Fähigkeiten, die **auf ein berufliches Tätigkeitsfeld vorbereiten** bzw. **für ein neues Tätigkeitsfeld qualifizieren**.

Berufsbildung erfolgt an unseren Hochschulen und Akademien ebenso wie in berufsbildenden Schulen, im öffentlichen Dienst und in Wirtschaftsunternehmen. Für Hochschulen, Akademien und berufsbildende Schulen gelten die entsprechenden Gesetze der Länder.

Die betriebliche Bildung im Rahmen der Personalentwicklung basiert auf der Definition im **Berufsbildungsgesetz** (BBiG), § 1 Abs. 1: „Berufsbildung im Sinne dieses Gesetzes sind die Berufsausbildung, die berufliche Fortbildung und die berufliche Umschulung.“

Berufsausbildung BBiG § 1 Abs. 2	Berufliche Fortbildung BBiG § 1 Abs. 3	Berufliche Umschulung BBiG § 1 Abs. 4
• Vermittlung breit angelegter beruflicher Grundbildung • Erwerb einschlägiger fachlicher Kenntnisse und Fertigkeiten • Geordneter Ausbildungsgang • Vermittlung von Berufserfahrung	• Anpassungsfortbildung: Erhaltung, Erweiterung und Anpassung der beruflichen Fertigkeiten und Kenntnisse • Aufstiegsfortbildung: Erwerb einer anderen und höherwertigen Berufstätigkeit	Befähigung zu einer anderen beruflichen Tätigkeit
⇒ Vorwiegend im dualen System	⇒ In Betrieben, privaten oder öffentlichen Schulen (insb. Fachschulen), sonstigen Einrichtungen der Erwachsenenbildung (Kammern, Verbände)	⇒ In Betrieben oder überbetrieblichen bzw. betriebsunabhängigen Stätten (z.B. Berufsförderungswerke)

Abb. 21.2: Berufsbildung laut BBiG

21.1.1 Berufsausbildung

In Deutschland erlernen zwei Drittel der Jugendlichen einen von 350 Berufen im „dualen System", d. h., die Ausbildung erfolgt an **zwei Lernorten**:

* im Betrieb
* in der Berufsschule.

Der **Lernort Betrieb** vermittelt die **fachlichen und überfachlichen Qualifikationen** orientiert an der betrieblichen Praxis. Er muss sich dabei an die jeweilige Ausbildungsordnung halten, die die Mindestinhalte sachlich und zeitlich gegliedert festlegt.

Ausbildungsordnung legt Mindestinhalte fest

Ausbilden dürfen nur Betriebe, die die verlangten Qualifikationen vermitteln können. Die Eignung der Ausbildungsbetriebe und des betrieblichen Ausbildungspersonals wird von den zuständigen Stellen (Kammern) festgestellt und fortlaufend überprüft

Der zweite **Lernort**, die **Berufsschule**, vermittelt **allgemeine und berufliche Lerninhalte**.

Etwa ein Drittel des Unterrichts der Berufsschule entfällt auf die allgemein bildenden Fächer Deutsch, Gemeinschaftskunde/Sozialkunde/Wirtschaftslehre, Religion und Sport. Außerdem soll der Fremdsprachenunterricht entsprechend seiner Bedeutung für den jeweiligen Ausbildungsberuf angemessen berücksichtigt werden.

Grundlage sind die Lehrpläne des jeweiligen Kultusministeriums

Grundlage hier sind die Lehrpläne des Kultusministeriums im jeweiligen Bundesland.

21.1.2 Berufliche Fortbildung

Der Bereich der Fortbildung wird im Sprachgebrauch der Unternehmen und Mitarbeiter häufig als „Weiterbildung" bezeichnet. Das Berufsbildungsgesetz unterscheidet zwischen

* Anpassungsfortbildung und
* Aufstiegsfortbildung.

Die Veränderungen unserer Arbeitswelt erfordern eine ständige Anpassung der Qualifikationen an die Gegebenheiten des jeweiligen Arbeitsplatzes. **Anpassungsfortbildung** dient dem Erhalt der horizontalen Mobilität.

Anpassungsfortbildung dient dem Erhalt der horizontalen Mobilität

Bei einer Aufgabenerweiterung (**Job-Enlargement**) werden dem Mitarbeiter weitere, gleich schwierige Aufgaben übertragen. Seine Arbeit wird dadurch abwechslungsreicher.

Durch seine persönliche Entwicklung wird ein Mitarbeiter den Wunsch nach Übernahme anspruchsvollerer Aufgaben oder höherwertiger Positionen entwickeln. **Aufstiegsfortbildung** dient der vertikalen Mobilität.

Aufstiegsfortbildung dient der vertikalen Mobilität

Aufstieg muss nicht immer das Erreichen der nächsten hierarchischen Stufe sein. Durch eine Aufgabenanreicherung (**Job-Enrichment**) wird der Schwierigkeitsgrad erhöht, indem z. B. Planungs-, Ausführungs- und Kontrollaufgaben an einem Arbeitsplatz selbstständig und eigenverantwortlich durchgeführt werden.

Wichtig ist, dass der Mitarbeiter eventuell fehlende Qualifikationen sehr schnell durch entsprechende Bildungs- oder Fördermaßnahmen erreichen kann.

21.1.3 Berufliche Umschulung

Eine berufliche Umschulung kann aus arbeitsmarktpolitischen oder aus gesundheitlichen Gründen erfolgen:

Umschulung aus arbeitsmarktpolitischen oder gesundheitlichen Gründen

- Umschulung aus **arbeitsmarktpolitischen Gründen**: Verschiedene Berufe werden am Arbeitsmarkt nicht mehr nachgefragt (z. B. Schriftsetzer) oder man findet im erlernten Beruf wegen regionaler Konzentrationen keine Arbeitsmöglichkeit nach einem Wohnortwechsel. Eine Umschulung befähigt zu einer neuen beruflichen Tätigkeit, die der Arbeitsmarkt anbietet.
- Umschulung aus **gesundheitlichen Gründen**: Menschen, die wegen einer körperlichen, seelischen oder geistigen Behinderung ihre bisherige Tätigkeit nicht mehr ausüben können, erhalten ihre Erwerbsfähigkeit in einem anderen Berufsfeld.

21.2 Träger der beruflichen Bildung

Viele Anbieter im Fortbildungsbereich

Die Vielfalt und die Vielzahl der Anbieter ist ein hervorstechendes Systemmerkmal des Fortbildungsbereiches. Dem Pluralismus der Träger entspricht die Vielfalt der Ziele, der Methoden und der Programme. Der Wettbewerb unter den einzelnen Anbietern ist groß.

Die quantitativ bedeutendsten Anbieter sind laut dem Berichtssystem Weiterbildung des Bundesministeriums für Bildung und Wissenschaft die Betriebe bzw. Arbeitgeber mit ca. 40 % der Teilnahmefälle und etwa einem Drittel des Weiterbildungsvolumens.

Anbieter sind:
- Betriebe (Privatwirtschaft, öffentlicher Dienst),
- staatliche, kommunale und öffentlich-rechtliche Träger (z. B. Hochschulen, Volkshochschulen, Kammern),
- Arbeitgeberverbände und Gewerkschaften (z. B. Bildungswerke der Wirtschaft wie das Berufsfortbildungswerk des DGB),
- Berufsverbände, Fachverbände (z. B. Verein deutscher Ingenieure),
- private Träger (kommerziell, gemeinnützig).

21.3 Notwendigkeit der betrieblichen Bildung

Unter **betrieblicher Bildung** sind Maßnahmen zusammengefasst, die sowohl am Arbeitsplatz (on the job) als auch in geeigneten Schulungsräumen außerhalb des eigentlichen Arbeitsplatzes (off the job) durchgeführt werden.

In Schulungen und Seminaren, aber auch durch gezielte Unterweisungen und E-Learning werden dem Mitarbeiter **neue Kenntnisse und Fertigkeiten** vermittelt.

Betriebliche Förderungsmaßnahmen werden überwiegend am Arbeitsplatz (on the job, near the job) eines Mitarbeiters durchgeführt.

Sie sollen den Mitarbeiter bei der Bewältigung seiner Aufgaben unterstützen (Qualitätszirkel) oder ihn auf neue Aufgaben vorbereiten (Coaching).

Betriebliche Bildung hat **verschiedene Zielsetzungen**: Sie kann als **Anreizinstrument** eingesetzt werden, indem sie dem Mitarbeiter die Befriedigung seiner Bedürfnisse nach Anerkennung und beruflicher Existenzsicherung bietet.

Gleichzeitig wird beim Mitarbeiter die **Betriebsbindung** verstärkt und die **Identifikation** mit dem Unternehmen und seinen Produkten herbeigeführt oder verbessert.

Durch eine eigene Aus- und Weiterbildung steuert das jeweilige Unternehmen von Anfang an, welche Mitarbeiterpotenziale im Unternehmen vorhanden und entwickelbar sind.

Mitarbeiterpotenziale im Unternehmen

Abb. 21.3: Notwendigkeit der betrieblichen Bildung

Die Erreichung dieses obersten Zieles wirkt sich in folgenden **Ergebnissen** aus:
* effizientere Personalbeschaffung durch besseres Firmenimage,
* geringere Fehlzeiten durch gutes Betriebsklima,
* weniger Konflikte durch transparente Führungspolitik,
* gestärkte Marktposition durch hohe Produktqualität.

Ob ein Unternehmen nun betriebliche Bildung mit dem Prinzip „Aufstieg aus den eigenen Reihen" verbindet oder sein Image stärkt, ist für das Ergebnis nicht so entscheidend wie die Feststellung der Tatsache, dass ein Unternehmen durch betriebliche Bildungsmaßnahmen in den „Produktionsfaktor Arbeit" investiert und damit die Wertschätzung seiner Mitarbeiter dokumentiert.

22 PERSONALENTWICKLUNGSBEDARF IM UNTERNEHMEN ERMITTELN

Unternehmens-
gesamtplanung
umfasst auch die
Personalplanung

Wichtig für eine ziel- und zweckorientierte Personalentwicklung sind die **Angaben über den gegenwärtigen und zukünftigen quantitativen und qualitativen Personalbedarf.**

Die Unternehmensgesamtplanung umfasst neben der Beschaffungs-, Produktions-, Absatz- und Finanzplanung auch die Personalplanung. Diese Gesamtplanung und die daraus zu erstellenden Prognosen sind die **Grundlage für die Ermittlung des zukünftigen Personalentwicklungsbedarfs**.

Für den gegenwärtigen Personalentwicklungsbedarf analysieren wir die momentane **Unternehmenssituation**, die **Qualifikation** und das **Entwicklungspotenzial der Mitarbeiter** sowie die **Entwicklungsbedürfnisse** der Mitarbeiter.

Der **quantitative Personalbedarf** ergibt sich aus der kurz- oder mittelfristigen Personalplanung, in der Abgänge (z. B. Fluktuation, Pensionierungen) und Zugänge (Ersatz- und Zusatzbedarf) erfasst werden. Den **qualitativen Personalbedarf** kann man aus den Stellenbeschreibungen und Anforderungsprofilen ableiten.

Unternehmens-
spezifischer Personal-
entwicklungsbedarf

Weitere Anhaltspunkte für den **unternehmensspezifischen Bedarf** erhält man durch die Analyse geeigneter Daten, wie z. B.:
* Krankheitsrate, Unfälle
* Servicequalität (Reklamationsquoten, Lieferpünktlichkeit)
* Anzahl der Verbesserungsvorschläge

22.1 INSTRUMENTE DER PERSONALENTWICKLUNGSPLANUNG

22.1.1 Stellenbezogene Instrumente

Um die aktuellen und zukünftigen Anforderungen des Unternehmens und des Arbeitsplatzes feststellen zu können, müssen verschiedene Instrumente zur Verfügung stehen und eingesetzt werden. Die wichtigsten sind:

Instrumente zur
Ermittlung von
Anforderungen

* Unternehmenspläne
* Organisationsplan
* Stellenplan
* Stellenbesetzungsplan
* Stellenbeschreibung
* Stellenanforderungsprofil
* Vorgesetzten- und Mitarbeiterbefragung

Einige dieser Instrumente wurden bereits in den Handlungsbereichen „Personalarbeit organisieren und durchführen" sowie „Personalplanung, -marketing und -controlling gestalten und umsetzen" behandelt.

22.1.1.1 Stellenbeschreibungen

Stellenbeschreibungen geben Auskunft über alle **wesentlichen Merkmale einer Stelle** (kleinste organisatorische Einheit). Weitere Eigenschaften:

- Sie entstehen durch die sinnvolle **Bündelung von Teilaufgaben** zu einem Aufgabenbereich, der von einer Person bewältigt werden kann.
- Sie entsprechen Arbeitskapazität, Eignung und Übung eines „normalen" Stelleninhabers (**personenunabhängig**).
- Sie beinhalten das **Ziel**, die **Aufgaben** und die dafür erforderliche **Kompetenz** und **Verantwortung**.

Eigenschaften von Stellenbeschreibungen

Die Stellenbeschreibung wird in Zusammenarbeit von **Stelleninhaber** (kennt die Stelle am besten), dessen **Vorgesetztem** (kennt die Aufgaben und Ziele seiner Abteilung) und einem **Organisationsfachmann** (Erfahrung im Erstellen von Stellenbeschreibungen) erstellt.

Die besondere Problematik besteht darin, sich von der Aufgabenausführung und Qualifikation des Mitarbeiters, der die Stelle innehat, zu trennen.

22.1.1.2 Stellenanforderungsprofil

Stellenanforderungsprofile beinhalten die Anforderungsmerkmale (**Fähigkeiten und Kompetenzen**), die an einer Stelle zur Erfüllung der Aufgaben benötigt werden. Hierbei muss es sich um Merkmale handeln, die beobachtbar und messbar sind und in der Arbeitsleistung zum Ausdruck kommen. Bestimmte Verhaltensqualifikationen (Schlüsselqualifikationen) gewinnen dabei immer mehr an Bedeutung.

Merkmale müssen beobachtbar und messbar sein

Die Anforderungsmerkmale werden unterteilt in die Bereiche
- Fachkompetenz,
- Methodenkompetenz,
- Sozialkompetenz,
- Persönlichkeitskompetenz.

Der Vorgesetzte und die Personalabteilung ermitteln durch die Analyse der Aufgaben einer Stelle die dafür notwendigen einzelnen Anforderungen, legen die **Gewichtung** und den **Ausprägungsgrad** fest. Merkmale, die für die Stelle unabdingbar sind, können als sog. „K.-o.-Kriterien" bezeichnet werden.

Die Gewichtung kann in Worten, Zahlen oder einer Plus-Minus-Skala definiert sein. Der Ausprägungsgrad drückt den Grad der Beherrschung aus.

Beispiel

Bei einem Personalsachbearbeiter sind Kenntnisse im Arbeitsrecht eine „notwendige" Anforderung. Eine „wünschenswerte" Anforderung könnten z. B. Fremdsprachenkenntnisse sein.

Beispiel für einen hohen Ausprägungsgrad wäre, dass der Personalsachbearbeiter selbstständig die gesamte Entgeltabrechnung für alle Mitarbeitergruppen unter Anwendung eines bestimmten Entgeltabrechnungsprogrammes durchführen muss.

ANFORDERUNGSPROFIL

Position	Personalreferent/in
Abteilung	Human Resources Management
Vorgesetzter	Leiter/in Human Resources Management
Kostenstelle	0815
Vergütung	A 5

Fachkenntnisse

Ausbildung

- kaufmännische Ausbildung und Zusatzqualifikation als Personalfachkauffrau
- berufs- und arbeitspädagogische Qualifikation gem §2 AEVO

Ausprägung: 1) keine 2) wenig 3) durchschnittlich 4) stark 5) sehr stark

	1	2	3	4	5
Arbeitsrechtskenntnisse			X		
Kenntnis des Sozialversicherungsrechts				X	
Personalwirtschaftliche Grundsatzfragen				X	
Planung und Organisation			X		
Vergütungs- und Benefit-Modelle					X
Personalentwicklung und -förderung				X	
Auszubildendenbetreuung, -anleitung und -führung			X		
Methoden der Personalführung			X		
Arbeitsverhalten					
Zielorientierte Planung und Koordination				X	
Entscheidungsfähigkeit				X	
Effizienz				X	
Initiative			X		
Belastbarkeit			X		
Unternehmerisches Denken und Handeln			X		
Geistige Flexibilität					
Analytischen Denken und Urteilen			X		
Innovatives Denken und Handeln			X		
Zusammenarbeit					
Kommunikationsfähigkeit					X
Kooperationsbereitschaft			X		
Überzeugungs- und Durchsetzungsstärke				X	
Kritikfähigkeit				X	
Auftreten/Rhetorik			X		
Führungsverhalten					
Delegationsvermögen					
Steuerung und Kontrolle					
Unternehmerische und strategische Kompetenz					
Motivations- und Beurteilungskompetenz					

Abb. 22.1: Anforderungsprofil Personalreferent(in)

Alle Anforderungen zusammengefasst beschreiben die „Handlungskompetenz" des Stelleninhabers (Kenntnisse, Fertigkeiten und Fähigkeiten).

Für die Personalentwicklung finden die beiden Instrumente „Stellenbeschreibung" und „Stellenanforderungsprofil" Verwendung als
- Hilfsmittel bei der Einarbeitung eines Mitarbeiters,
- Grundlage bei Eignungs-Anforderungs-Vergleichen,
- Orientierungshilfe für die Beurteilung eines Mitarbeiters,
- Grundlage für die Ermittlung von Qualifikationslücken,
- Hilfsmittel zur Festlegung entsprechender Qualifizierungsmaßnahmen,
- Orientierungshilfe bei der Entwicklung von Laufbahn- und Nachfolgeplanungen.

22.1.1.3 Vorgesetzten- und Mitarbeiterbefragung
Diese Befragungen können durch den Personalentwicklungsbeauftragten in Form von **Interviews**, **Fragebögen** oder moderierten **Workshops** durchgeführt werden. Bei den Interviews und Fragebögen sollte eine Struktur (Mitarbeitergruppe, Themenschwerpunkte) vorgegeben sein.

Befragungen mithilfe von Interviews, Fragebögen oder Workshops

Mitarbeiter und Vorgesetzte erkennen sehr frühzeitig kurz- und mittelfristige Veränderungen von Aufgaben und den damit verbundenen Anforderungen.

Die **Ergebnisse der Befragungen** informieren die Personalentwicklung u. a. über die Meinungen und Erwartungen der Beteiligten
- zum aktuellen und zukünftigen Personalentwicklungsbedarf,
- zu den favorisierten Themen und deren Inhalten,
- zur methodischen Vorgehensweise, z. B. Zeit, Dauer, Ort.

22.1.2 Mitarbeiterbezogene Instrumente
Um die „Handlungskompetenz" des Mitarbeiters feststellen zu können, stehen der Personalentwicklung diese Instrumente zur Verfügung:
- Dokumentenanalyse
- Mitarbeiterbeurteilung
- Mitarbeitergespräch
- Mitarbeiterbefragung
- Vorgesetztenbefragung
- Assessment-Center
- Testverfahren

Hierauf wird im Folgenden näher eingegangen.

22.2 DIE HANDLUNGSKOMPETENZ EINES MITARBEITERS

 Kompetent ist der, der handeln will, kann und darf.

Der Begriff **Kompetenz** schließt also, wenngleich häufig nicht ausdrücklich erwähnt, drei Elemente ein:

- KÖNNEN stellt ab auf handlungsrelevantes Wissen, auf Geschicklichkeit und Erfahrung.
- WOLLEN beschreibt die allgemeine Bereitschaft des Menschen, die von ihm erwarteten Handlungen in der gewünschten Art und Weise mit einem genau definierten Ziel auszuführen.
- DÜRFEN stellt die Erlaubnis dar, innerhalb eines klar definierten Rahmens eigenverantwortlich (allerdings mit der Chance positiver und der Gefahr negativer Sanktionen) zu entscheiden.

Die „Handlungskompetenz" wurde gerade im Zusammenhang mit dem Stellenanforderungsprofil erwähnt. Sie setzt sich zusammen aus:

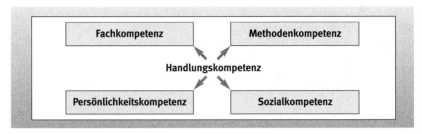

Abb. 22.2: Elemente der Handlungskompetenz

Die richtige Kombination aller Teilkompetenzen ergibt die Handlungskompetenz des Mitarbeiters, also seine Fähigkeit die an seinem Arbeitsplatz anstehenden **Entscheidungen selbstständig** zu **treffen** und die **anfallenden Aufgaben angemessen** (in der Zeit, weitgehend fehlerfrei, ohne Beeinträchtigung seiner Befindlichkeit oder gar Gefährdung seiner Gesundheit) zu **bewältigen**. Dazu bedarf es unterschiedlicher Qualifikationen:

- Unter **funktionaler Qualifikation** versteht man alle auf die Erfüllung der konkreten Arbeitsaufgabe ausgerichteten Qualifikationen (nicht die formale Berufsbezeichnung).
- Unter **extrafunktionaler Qualifikation** versteht man tätigkeits- bzw. fachübergreifende Qualifikationen, also Qualifikationen, die für die Durchführung verschiedener Aufgaben geeignet sind.

22.2.1 Fachkompetenz

Unter Fachkompetenz („State of the art") versteht man das auf das Berufsfeld bezogene Wissen und Können, die Fähigkeit zur selbstständigen Lösung komplexer beruflicher Aufgaben.

Anhaltspunkte für die Fachkompetenz bildet die **Ausbildungsart**, die **Länge der Ausbildung** und die (einschlägige) **Berufserfahrung**.

Beispiel

Fachkompetenzkriterien bei einem Personalsachbearbeiter:
- kaufmännische Fertigkeiten und Kenntnisse,
- Erfahrungen im Bereich Personal,

- Kenntnisse im Arbeitsrecht,
- Kenntnisse im Sozialversicherungsrecht etc.

22.2.2 Methodenkompetenz

Unter Methodenkompetenz (Management-Skills) versteht man die Beherrschung von Methoden und Verfahren, die den Arbeitsprozess professionalisieren und beschleunigen und das Arbeitsergebnis verbessern und die über einen einzelnen Arbeitsplatz hinaus eingesetzt werden können.

Arbeitsprozess professionalisieren

Beispiel

Methodenkompetenzkriterien bei einem Personalsachbearbeiter:
- Beherrschung von EDV-Programmen und PC-Handling,
- Lern- und Arbeitstechniken,
- Schriftverkehr,
- Planungs- und Organisationstechniken etc.

22.2.3 Persönlichkeitskompetenz

Darunter versteht man **angeborene Charaktereigenschaften oder Wesensmerkmale** sowie deren Weiterentwicklung durch Sozialisation, Erfahrung und Lernen, z. B.
- Einstellung zu sich selbst und zu anderen Menschen,
- Bereitschaft zur Übernahme von Verantwortung,
- logisches Denken,
- Gewissenhaftigkeit, Genauigkeit,
- Ausdauer etc.

22.2.4 Sozialkompetenz

Unter Sozialkompetenz versteht man die Fähigkeit mit den Mitmenschen erfolgreich auszukommen, umzugehen und sich dabei zu behaupten und zu entwickeln. Sozialkompetenzkriterien sind beispielsweise:

Mit Mitmenschen erfolgreich auskommen

- Kommunikationsfähigkeit,
- Kooperationsfähigkeit,
- Beobachtungs- und Beurteilungsfähigkeit,
- Sensibilität, „emotionale" Intelligenz,
- Konfliktfähigkeit,
- Gesprächsführung, Rhetorik etc.

22.2.5 Schlüsselqualifikationen

Unter Schlüsselqualifikationen versteht man bestimmte generelle Verhaltensqualifikationen, die nicht (so schnell) veralten und deshalb **langfristig bedeutsam** sind. Sie haben keinen unmittelbaren Bezug zur Tätigkeit, erlauben es aber dem Menschen, sich schnell in neue Aufgaben einzuarbeiten und auch in bislang völlig unbekannten Prozessen **vernünftig, innovativ und flexibel** zu (re-) agieren.

Schlüsselqualifikationen sind beispielsweise:

Schlüsselqualifika-
tionen sind langfristig
bedeutsam

- psychische und physische Belastbarkeit
- Kreativität und Flexibilität
- Innovationsfähigkeit und -willigkeit
- Initiative, Selbstständigkeit und Verantwortungsbereitschaft
- Lernmethodik und Arbeitstechnik
- Planungstechnik
- Kommunikationsfähigkeit und Kooperationsbereitschaft
- konstruktiver Umgang mit Konflikten
- Coaching-Fähigkeit (aktiv und passiv) etc.

22.3 Ermittlung der Qualifikation des Mitarbeiters

Die ständigen Änderungen der Arbeitssituation und die damit veränderten Anforderungen an die Mitarbeiterqualifikation erfordern eine **kontinuierliche Analyse** (Soll-Ist-Vergleich) und Beschreibung.

Die vom Mitarbeiter zu erfüllenden zielführenden Aufgaben sind in seiner Stellenbeschreibung festgehalten oder werden, meist einmal jährlich, durch eine schriftliche Zielvereinbarung zwischen ihm und der Führungskraft festgelegt.

Die Qualität des Arbeitsergebnisses unterliegt den Schwankungen der Leistungsfähigkeit und -willigkeit des Mitarbeiters und den unvorhersehbaren Einflüssen externer Faktoren (z. B. Konjunktur).

Vorhandene Quali-
fikationen werden
vor der Einstellung
festgestellt

Die vorhandenen Qualifikationen werden vor der Einstellung mittels Bewerbungsunterlagen, Tests, Gesprächen, Gruppenauswahlverfahren und dem Vergleich mit den Stellenanforderungen festgestellt. Idealerweise stimmt zu diesem Zeitpunkt die Ausprägung der Merkmale der Stellenanforderung mit denen der Mitarbeiterqualifikation überein.

Durch **regelmäßige Beurteilungen von Quantität und Qualität der Arbeit**, des Arbeits- und Leistungsverhaltens und weiterer Schlüsselqualifikationen wird das Qualifikationsprofil ergänzt.

Nachfolgend werden zwei Instrumente dargestellt, die eine Dokumentation der Mitarbeiterqualifikation ermöglichen.

22.3.1 Dokumentenanalyse

In den Personalakten werden alle Unterlagen, die uns der Mitarbeiter zur Verfügung stellt, sorgfältig aufbewahrt. Daraus werden alle Daten, mit denen in der Personalverwaltung gearbeitet wird, in eine **Personalstammkartei/-datei** übertragen. Damit diese „Stammkartei" des einzelnen Mitarbeiters in eine Personalentwicklungskartei/-datei übernommen werden kann, enthält sie zusätzlich Angaben über entwicklungsrelevante Daten.

Die Personalstammkartei hat folgende Inhalte:
- Stammdaten des Mitarbeiters
- Schulbildung, Berufsausbildung, Studium

- berufliche Entwicklung
- Entwicklung während des Beschäftigungsverhältnisses
- erfolgreiche Teilnahme an Weiterbildungsmaßnahmen
- Beurteilungen (erbrachte Leistung, vermutete Potenziale)
- Entwicklungswünsche und -ziele
- vorgesehene Entwicklungsmaßnahmen

Danach wird für entwicklungsfähige und -willige Mitarbeiter die **Personalentwicklungskartei/-datei** angelegt, um notwendige Förder- und Bildungsmaßnahmen zu planen. Sie kann folgenden Zwecken dienen:

(Marginalie: Personalentwicklungskartei/-datei zur Planung notwendiger Förder- und Bildungsmaßnahmen)

- Übersicht über Anzahl und Art entwicklungsfähiger Mitarbeiter
- Entscheidungshilfe bei der Bildungsbedarfsanalyse
- Aufnahme der zu fördernden Mitarbeiter in die jeweiligen Förderprogramme
- Planung der Förderungs- und Bildungsmaßnahmen
- Begleitung und Kontrolle der Lern- u. Anwendungserfolge
- Hilfsmittel bei der Personalplanung und dem Personaleinsatz
- Kostenplanung

 Entscheidend für den Wert einer Personalentwicklungskartei/-datei ist, dass sie regelmäßig geführt und aktualisiert wird.

Alle Informationen (z.B. Versetzung, Teilnahme an Bildungsmaßnahmen) müssen einfließen. Verfügt das Unternehmen über ein **EDV-gestütztes Personalinformationssystem**, können die Daten nach unterschiedlichen Gesichtspunkten verarbeitet, verknüpft und analysiert werden.

22.3.2 Mitarbeiterbeurteilung

Ein einheitliches Beurteilungssystem stellt sicher, dass die Mitarbeiter regelmäßig (mindestens einmal im Jahr) nach gleich bleibenden, unternehmenseinheitlichen Kriterien beurteilt werden.

Die einzelnen **Beurteilungsmerkmale** müssen
- eindeutig,
- aufgabenrelevant,
- erwünscht,
- beobachtbar
- und veränderbar

sein und sehr sorgfältig ausgewählt werden.

Ein **Beurteilungssystem** muss
- transparent für alle Beteiligten,
- leicht verständlich,
- einfach in der Handhabung,
- wirtschaftlich in der Durchführung
- und so objektiv wie nur möglich sein.

(Marginalie: Das Beurteilungssystem muss von allen Beteiligten akzeptiert werden)

Außerdem muss es **von allen Beteiligten akzeptiert** werden.

Beurteilt wird jeder Mitarbeiter von seinem disziplinarischen Vorgesetzten. Die **„360-Grad-Beurteilung"** ist eine Möglichkeit, bei der der Mitarbeiter als Erstes sich selbst beurteilt und dann von Vorgesetzten, Mitarbeitern, Kollegen und Kunden beurteilt wird. Weitere Beurteilungsformen sind die **„Aufwärtsbeurteilung"** und die **„Feed-back-Beurteilung"** für Führungskräfte.

Leistungsbeurteilung
ist vergangenheits-
bezogen

Die **Leistungsbeurteilung** umfasst die Beurteilung der vergangenheitsbezogenen Ist-Leistung, d.h., sie beschäftigt sich mit der Beurteilung bereits erbrachter Leistung.

Die **Potenzialbeurteilung** soll aufgrund der vergangenheitsbezogenen Leistungsbeurteilung zukünftige Leistung prognostizieren.

Jede Beurteilung erfolgt in vier Phasen:
- Beobachten
- Beschreiben
- Bewerten
- Besprechen

22.3.2.1 Phase Beobachten

In dieser Phase bietet sich folgende Vorgehensweise an:
- Was soll beobachtet werden?
  - die regelmäßige Arbeitsleistung
  - das regelmäßige Arbeitsverhalten
- Wo soll beobachtet werden?
  - leistungsbezogene Kriterien am Arbeitsplatz des Mitarbeiters
  - verhaltensbezogene Kriterien auch außerhalb, z.B. bei Besprechungen
- Wann soll beobachtet werden?
  - während des gesamten Beurteilungszeitraumes
  - unterschiedliche Zeitpunkte (Tagesform, Biorhythmus)
- Wie soll beobachtet werden?
  - wertfrei, ohne Interpretationen und Verfälschungen
  - positive und negative Eindrücke registrieren
  - sofortige schriftliche Aufzeichnungen

22.3.2.2 Phase Beschreiben

Beurteiler notiert
Situationen und
Beobachtungen

In der Phase Beschreiben schildert der Beurteiler (stichpunktartig) die Situationen (Angabe Ort und Zeit) und die Beobachtungen (Mitarbeiterverhalten).

Beispiel

Mitarbeiter A hat am 03.03. einen einstündigen medienunterstützten Vortrag zum Thema „Altersteilzeit" vor den oberen Führungskräften gehalten.
Bei der anschließenden Fragestunde konnte er alle Fragen zur vollständigen Zufriedenheit der Teilnehmer beantworten. Besonders auffällig waren die Qualität der Folien, das Rechenbeispiel eines „Mustermitarbeiters" und die ruhige, sachliche Sprechweise.

22.3.2.3 Phase Bewerten

Anhand dieser Beschreibungen können nun in der Phase Bewertung die gemessene Leistung und das beobachtete Verhalten nach Beurteilungsmerkmalen und Ausprägungsgraden in ein **Beurteilungsschema** übertragen werden.

Die verwendeten **Beurteilungsmerkmale** sind z. B. nach den einzelnen Bereichen der „Handlungskompetenz" **gegliedert**: Fachkenntnisse, Arbeitsqualität, Arbeitsquantität, Einsatz der EDV, Präsentationstechnik, Problemanalyse, Rhetorik, Kommunikationsfähigkeit, Kritikfähigkeit, Kreativität, Selbstständigkeit usw.

Gemessene Leistung und beobachtetes Verhalten in Beurteilungsschema übertragen

 Die Beurteilungsmerkmale müssen eindeutig formuliert sein und erläutert werden.

Hilfestellung für die Beurteiler sind Handlungsanweisungen, in denen Situationen beispielhaft erläutert werden, und Schulungen.

Beispiel

Erläuterung zum Merkmal „Kreativität": Mitarbeiter sucht und findet geeignete Lösungen, er geht dabei erfolgreich neue Wege.

Mit Hilfe einer mehrstufigen Beurteilungsskala kann die Ausprägung des jeweiligen Merkmales angegeben werden. In der Praxis haben sich **fünf- oder siebenstellige Skalierungen** bewährt.

Ist eine ungerade Anzahl vorgeben, kann der Mittelwert als „Normalleistung" definiert werden. Das heißt, die Leistung und das Verhalten entsprechen den Erwartungen, die man an diesem Arbeitsplatz an einen eingearbeiteten Mitarbeiter richten kann.

Ausprägung eines Merkmals wird in mehrstufiger Beurteilungsskala festgehalten

Folgende **Skalen** sind möglich:
- numerische Skala: 1 – 2 – 3 – 4 – 5
- alphabetische Skala: A – B – C – D – E
- Nominalskala: sehr gut – gut – zufriedenstellend – mangelhaft – schlecht
- grafische Skala: Skalenstrahl – ◄——————————► +

Die Persönlichkeit des Beurteilers kann für eine **Verfälschung** der Beurteilung verantwortlich sein. Beim sachlichen Beurteiler zählt nur die Leistung, die Persönlichkeit des Mitarbeiters ist unwichtig.

Der Beurteiler sollte deshalb vor jeder Beurteilung seine **eigene Objektivität überprüfen** und sich gleichzeitig auch die Einflüsse des sozialen Umfeldes (privat und betrieblich), denen der Mitarbeiter ausgesetzt ist, bewusst machen.

Beurteiler kann das Ergebnis verfälschen

Typische **Beurteilungsfehler** und Beurteilungstendenzen sind:
- **Egozentriefehler**: Der Beurteiler schließt von sich selbst auf andere.
- **Hierarchiefehler**: Je höher die Funktion des Beurteilten ist, desto besser fällt die Beurteilung aus.

BEURTEILUNGS- UND FÖRDERGESPRÄCH

Zeitraum _____

Name, Vorname _____

Stellenbezeichnung _____

Vorgesetzter _____

1. LEISTUNGSBEURTEILUNG

A Der Mitarbeiter zeigt eine Leistung, die stets erheblich über den Anforderungen seiner Position liegt. Er zeichnet sich durch ungewöhnliche und originelle Einfälle bei eigenen oder anderen Aufgabenstellungen aus. Die hohe Qualität seiner Ergebnisse ist für jedermann sichtbar, Termine werden stets eingehalten, Genauigkeit charakterisiert seine Arbeit und der Mitarbeiter ist fähig, neuartige Aufgabenstellungen fast ohne Anleitung und Kontrolle auszuführen. ☐

B Die Leistung des Mitarbeiters liegt im Allgemeinen über den Anforderungen seiner Position, und er liefert oft – hinsichtlich Qualität und Quantität – Arbeitsergebnisse, welche die Erwartungen übertreffen. Die Tätigkeit wird mit einem Minimum an Anleitung ausgeführt, und zwar auch bei neuartigen Aufgabenstellungen. ☐

C Die Leistung des Mitarbeiters entspricht den gesetzten Standards und ist völlig in Ordnung. Die erwartete Leistung wird gezeigt. Termine werden eingehalten. Qualität und Quantität der Arbeit gehen gelegentlich über die Anforderungen hinaus. Es ist nur normale Anleitung erforderlich, außer für neuartige Aufgabenstellungen. ☐

D Die Leistung des Mitarbeiters entspricht nicht ganz den gesetzten Standards. In einigen Bereichen muss die Arbeit verbessert werden. Gelegentlich werden Termine nicht eingehalten. Es ist mehr als nur normale Anleitung und Kontrolle erforderlich. Der Mitarbeiter lässt erwarten, dass seine Leistungsbeurteilung durch Training, Erfahrung oder größere Anstrengungen auf „C" steigt. ☐

E Die Leistung des Mitarbeiters ist im Hinblick auf die gesetzten Standards nicht zufrieden stellend. Qualität und Quantität der Arbeit entsprechen nicht den Erwartungen. Auf den Mitarbeiter ist selbst bei einfachen oder Routinearbeiten kein Verlass. ☐

1) nicht zufrieden stellend   2) zufrieden stellend
3) gut   4) sehr gut   5) hervorragend

2. POTENZIAL- UND FÖRDERUNGSBEURTEILUNG

	1	2	3	4	5
Fachkenntnisse Besitzt alle Fachkenntnisse und Erfahrungen für die Anforderungen der Stelle, hält das Wissen auf dem neuesten Stand und erweitert es permanent, erwirbt Fachwissen in Eigeninitiative auch über die jetzigen Anforderungen des Tätigkeitsfeldes hinaus, verfügt über Unternehmens-/Branchenkenntnisse und hält sich dabei auf dem Laufenden, kann Fach- und Branchenwissen optimal für die Tätigkeit einsetzen; erbringt Transferleistungen.					
Arbeitsverhalten *Zielorientierte Planung und Koordination* Plant, organisiert und bearbeitet im Rahmen der Unternehmens- und Abteilungsziele die Aufgaben systematisch und vorausschauend, koordiniert im Rahmen vereinbarter Ziele oder gestellter Aufgaben die Tätigkeiten von anderen Personen und Stellen im Unternehmen, berücksichtigt die Wichtigkeit und die Dringlichkeit der Aufgaben und setzt entsprechende Prioritäten, erkennt durch geeignete Kontrollmaßnahmen die Auswirkungen von Abweichungen rechtzeitig und leitet erforderliche Steuerungsmaßnahmen ein.					
Entscheidungsfähigkeit Trifft im Rahmen der eigenen Zuständigkeit rechtzeitig alle notwendigen Entscheidungen zur Lösung aller erkannten Probleme, hat den Mut, damit verbundene kalkulierte Risiken einzugehen, übernimmt für die Entscheidungen die Verantwortung und schiebt sie nicht auf andere Ebenen oder Bereiche.					

	1	2	3	4	5

Effizienz

Setzt Arbeitszeit und -mittel ökonomisch ein, führt auch neue und verschiedenartige Aufgaben rechtzeitig zum Erfolg, hält Termine und Absprachen ein, ergreift von sich aus die Initiative, um Aufgaben aktiv zu lösen, erfüllt die Aufgaben entsprechend den gesetzten qualitativen und quantitativen Ansprüchen.

Initiative

Verfolgt neben den vereinbarten und den Zielen der Stelle auch selbst gesetzte Ziele, erkennt Aufgaben und Notwendigkeiten aus eigenem Antrieb und wählt Lösungswege ohne den Weg vorgezeichnet zu bekommen, überprüft eigeninitiativ das eigene Arbeiten und die eigene Leistung, ist bestrebt diese ständig selbst zu optimieren.

Belastbarkeit

Lässt bei hohem Arbeitsanfall, in komplexen Situationen und unter Termindruck in der Leistung nicht nach, reagiert auch in solchen Situationen besonnen und arbeitet weiterhin effektiv, gibt bei sehr schwierigen Problemstellungen nicht auf, sondern findet Lösungswege.

Unternehmerisches Denken und Handeln

Ist sich der Unternehmensziele klar und versucht die Erreichung dieser Ziele im Rahmen seiner Tätigkeit zu unterstützen, erreicht vorgegebene eigene Ziele mit möglichst geringem Zeit- und Kostenaufwand, erkennt Verlustquellen und behebt sie, trägt zur Verbesserung von Arbeitsabläufen bei, geht rationell mit Ressourcen um.

Geistige Flexibilität

Analytisches Denken und Urteilen

Erkennt Zusammenhänge und zukünftige Entwicklungen sowie ihre Bedeutung für sich und angrenzende Stellen, filtert auch aus schwierigen Sachverhalten die wesentlichen Informationen heraus und zieht daraus folgerichtige Schlüsse, entwickelt Alternativen, bewertet sie realistisch und leitet aus den Schlussfolgerungen zielgerichtete Handlungen ab, kann eigene Entscheidungen jederzeit sachlich begründen, kann eigene Entscheidungen auf Basis von neuen wichtigen Erkenntnissen und Informationen revidieren/modifizieren.

Innovatives Denken und Handeln

Setzt sich engagiert für wirkungsvollere Vorgehensweisen zum Erreichen der Unternehmensziele ein, stellt gewohnte Arbeitsmethoden und -inhalte in Frage und entwickelt neuartige, auch unkonventionelle Ideen für Verbesserungen und Problemlösungen, beteiligt sich genauso an Innovationen, die durch andere ausgelöst werden, trägt die Ergebnisse aktiv mit.

Zusammenarbeit

Kommunikationsfähigkeit

Gibt Informationen rechtzeitig und vollständig an diejenigen weiter, für die diese Informationen notwendig sind, drückt auch komplizierte Zusammenhänge klar und verständlich aus, beschafft sich auch über Bereichs- und Unternehmensgrenzen hinaus die für die Aufgabenerfüllung erforderlichen Informationen und Kontakte, kennt die Wirkung des eigenen Verhaltens und eigener Äußerungen auf andere und stellt sich dementsprechend auf unterschiedliche Situationen ein, führt selbst schwierigste Gespräche zu einer von allen Betroffenen akzeptierten Lösung.

Kooperationsbereitschaft

Arbeitet konstruktiv mit anderen Personen und Stellen – auch über das eigentliche Aufgabengebiet hinaus – zusammen, bindet andere in seine Entscheidungsfindung mit ein, um die Qualität der Entscheidungen zu verbessern, unterstützt andere durch eigene Beiträge und Lösungsvorschläge, trägt bei Teamarbeit dazu bei, dass Konflikte geregelt werden und in einem positiven Arbeitsklima engagiert und produktiv Ergebnisse erzielt werden, wirkt darauf hin, dass Gruppenentscheidungen von allen Beteiligten gemeinsam getragen werden.

		1	2	3	4	5

Überzeugungs- und Durchsetzungsstärke
Bezieht klare Standpunkte und vertritt sie – auch bei Widerständen – überzeugend mit fundierten, sachlichen Argumenten, prüft Einwände im Hinblick auf die eigene Zielsetzung und bezieht sie in die Argumentation mit ein, setzt Entscheidungen so durch, dass sie akzeptiert werden, bzw. führt zum Erreichen der vereinbarten Ziele Entscheidungen von anderen herbei.

Kritikfähigkeit
Prüft konstruktive Kritik im Hinblick auf die eigene Arbeitsleistung bzw. das eigene Arbeitsverhalten und kann das eigene Verhalten bei berechtigter Kritik korrigieren, äußert Kritik auf der Sachebene und trägt zur frühzeitigen Beilegung von Konflikten bei.

Auftreten/Rhetorik
Repräsentiert das Unternehmen jederzeit optimal nach außen, versteht sich als Servicepartner seiner Kollegen, redet und schreibt flüssig, erscheint im Auftreten sicher und gewandt, präsentiert auch vor größeren Gruppen sicher und nachvollziehbar.

Führungsverhalten

Delegationsvermögen
Gliedert die zu delegierenden Aufgaben sinnvoll und setzt die Mitarbeiter ihren Qualifikationen entsprechend ein, legt die Verantwortung fest und stellt den Kompetenzrahmen sicher, stellt das Verständnis für Ziele und Zusammenhänge sicher und vereinbart Informations- und Berichtswege, sorgt für reibungslosen Informationsfluss.

Steuerung und Kontrolle
Stellt kontinuierlich nach mit den Mitarbeitern vereinbarten Maßstäben die Art der Aufgabenerfüllung und den Grad der Zielerreichung fest, ermittelt bei Abweichungen die Ursachen, unterstützt bei negativen Abweichungen die Mitarbeiter durch Korrekturmaßnahmen so, dass sie die Aufgaben durchführen bzw. die Ziele erreichen können, setzt die bei positiven und negativen Abweichungen gewonnenen Erkenntnisse zur Verbesserung der Arbeitsabläufe ein.

Unternehmerische und strategische Kompetenz
Plant Maßnahmen zur Unternehmenszielerreichung und setzt diese um, kann Unternehmensziele den Mitarbeitern darstellen und unterstützt diese bei der Umsetzung, trifft Entscheidungen, die der Zielerreichung dienen, wählt neue Lösungswege nach ihrer Wirksamkeit und setzt sie ein, bringt bei der Lösungsfindung eigene Erfahrungen ein.

Motivations- und Beurteilungskompetenz
Ist Vorbild für die Mitarbeiter in Aufgabenerfüllung und Führung, kennt die Motive/Einstellungen/Ziele der Mitarbeiter und verbindet sie so mit den Unternehmenszielen, dass Höchstleistung und Arbeitszufriedenheit erreicht werden, gewinnt die Mitarbeiter für konstruktives, verantwortungsbewusstes Mitdenken und Mithandeln, spricht auf der Basis von Tatsachen den Mitarbeitern Anerkennung und Kritik offen aus, unterstützt die Mitarbeiter, um ihre Stärken innerhalb des Unternehmens bestmöglich zum Einsatz zu bringen, führt regelmäßige Gespräche mit den Mitarbeitern und vereinbart mit ihnen, wie erkannte Entwicklungsmöglichkeiten ausgebaut werden können, stellt die Durchführung der vereinbarten Förderungsmaßnahmen sicher, unterstützt die Mitarbeiter beim Wissenstransfer.

3. ZIELERREICHUNG

☐ Ziele wurden erreicht

☐ Ziele wurden teilweise oder nicht erreicht

Welche:	

Warum:	

4. Förderung und Entwicklung des Mitarbeiters

Sind die in der letzten Beurteilung vereinbarten Förderungsmaßnahmen durchgeführt worden?

☐ ja (Bitte kurze Begründung, außer bei „Ja")

☐ andere

☐ teilweise

☐ nein

Zu folgenden Kriterien werden Förderungsmaßnahmen vereinbart:

Kriterium	Maßnahme	Initiative (MA/Vorgesetzer)

Sonstige Anmerkungen zu Förderung und Entwicklung:

5. Zielvereinbarung

6. Stellungnahme des Mitarbeiters

Ich habe die Beurteilung zur Kenntnis genommen.
Bemerkungen:

7. Unterschriften

Datum/Unterschrift Mitarbeiter	Datum/Unterschrift Vorgesetzter	Datum/Unterschrift nächsthöherer Vorgesetzter

- **Übernahmefehler**: Früher durchgeführte Beurteilungen werden unreflektiert übernommen.
- **Halo-Effekt** oder Überstrahlungseffekt: Besonders negative oder positive Eigenschaften verleiten dazu, auf ein Gesamtbild zu schließen.
- Sich selbst erfüllende Prophezeiung (**Self-fulfilling Prophecy**): Der Beurteiler hat eine bestimmte Erwartung und diese tritt dann auch ein.
- Tendenz zur Strenge, zur Milde, zur Mitte

Schulungen zur korrekten Durchführung von Personalbeurteilungen
Damit das Instrument Personalbeurteilung auch von allen Beteiligten voll akzeptiert wird, müssen die Impulse vom Führungsstil eines Unternehmens ausgehen und durch Schulungen, z. B. zur Erreichung möglichst großer Objektivität, unterstützt werden.

22.3.2.4 Phase Besprechen
Den Abschluss bildet die Phase Besprechung. Der Beurteiler bespricht mit dem Beurteilten (nach Terminabsprache) in **möglichst ruhiger Atmosphäre** das Beurteilungsergebnis.

Ziel des Vorgesetzten dabei ist, die Leistung und das Verhalten des MA festzustellen, seine Stärken herauszustellen und die individuelle Förderung sicherzustellen.

Der **Mitarbeiter** möchte die Einschätzung und Bewertung seiner aktuellen Leistung und seines Verhaltens im Hinblick auf die Erreichung seiner Ziele kennen.

22.4   DIE ERMITTLUNG DER ENTWICKLUNGSPOTENZIALE DES MITARBEITERS

Zukünftiges Leistungsvermögen lässt sich nur schwer einschätzen
Zukünftiges Leistungsvermögen im Bereich der Kenntnisse, Fertigkeiten, Werteorientierung und Handlungsbereitschaft eines Mitarbeiters lässt sich nur sehr schwer einschätzen. Welche **Stärken** (z. B. Leistungsreserven, Interesse, Engagement) hat der Mitarbeiter? Welche **Schwächen** zeigen sich bei der Erledigung der Arbeitsaufgabe und wie geht er mit seinen Schwächen um?

Durch **Potenzialerhebungen** können entwicklungsfähige Mitarbeiter schneller erkannt und optimal im Unternehmen eingesetzt werden.

22.4.1   Vorgesetztenbefragung
Am ehesten erkennt die Führungskraft das vorhandene Potenzial seiner Mitarbeiter. Bei der Übertragung neuer bzw. komplexerer Aufgaben oder Stellvertretungsregelungen kann „verborgenes" Leistungsvermögen zur Anwendung kommen.

 Jeder Vorgesetzte muss sich rechtzeitig Gedanken über die Qualifikation und die Entwicklungsmöglichkeiten seiner Fach- und Führungskräfte machen.

Durch **regelmäßige schriftliche Vorgesetztenbefragungen** wird sichergestellt, dass die Führungskraft in die qualitative Personalplanung für das gesamte

Unternehmen eingebunden wird. Die **Führungskraft benennt** besonders **leistungs- und entwicklungsfähige Mitarbeiter** und begründet diese Aussage.

Ergebnisse der Befragungen beeinflussen
- die Personalbedarfs- und -einsatzplanung,
- die Nachfolgeplanung im Führungskräftebereich,
- die Laufbahnplanung, z. B. bei den „High Potentials",
- die Maßnahmen der Personalentwicklung zur Bindung und Motivation der Mitarbeiter.

Außerdem wird hierdurch das häufige „Wegloben" von Mitarbeitern erschwert und Mitarbeitern, die sich eher unterfordert fühlen, kann so rechtzeitig eine **Perspektive im Unternehmen** angeboten werden.

„Wegloben" von Mitarbeitern wird erschwert

22.4.2 Potenzialbeurteilung

Auf den Ergebnissen der Leistungsbeurteilung (vergangenheitsbezogen) baut die Potenzialbeurteilung (Qualifikationsprognose, Entwicklungs-, Eignungs-, Karrierebeurteilung) auf. Sie kann **nur relative Aussagen über die zukünftige Eignung** des Mitarbeiters im Hinblick auf weitere Aufgaben machen. Hierbei gilt:

 Je langfristiger die Voraussage, umso ungenauer!

Der Beurteiler kann die Veränderungen der Arbeitswelt und die Entwicklung der Fähigkeiten und der Persönlichkeit des Mitarbeiters nicht vorhersehen.

Ein weiteres Problem der Potenzialbeurteilung beschreibt der kanadische Pädagoge Laurence J. Peter (**„Peter-Prinzip"**): „In einer Hierarchie neigt jeder Beschäftigte dazu, bis zu seiner Stufe der Unfähigkeit aufzusteigen."

Vor allem im Bereich der Führungsfähigkeiten können **nur Tendenzen** erkannt werden. Ein Beispiel aus der Praxis zeigt die Gefahren ungenauer Prognosen noch deutlicher auf.

Beispiel

Herrn B., dem besten Facharbeiter in der Lagerwirtschaft, wird eine freie Gruppen-leiterstelle angeboten. Dieses Aufstiegsangebot nimmt Herr B. gerne an. Damit sind nicht nur ein höherer Verdienst, sondern auch andere Statussymbole (z. B. eigenes Büro) verbunden.
Nach einiger Zeit stellt Herr B. fest, dass die Mitarbeiter ihn nicht akzeptieren, seine Ideen zur Umstrukturierung des Lagers finanziell nicht möglich sind und er nur noch im Büro hinter seinem PC oder bei Besprechungen sitzt. Findet er sich damit ab? Es gibt kein Zurück, da würde er „sein Gesicht verlieren". Im schlimmsten Fall kündigt Herr B.
Das Unternehmen hat nicht nur eine Gruppenleiterposition neu zu besetzen, sondern auch einen hervorragenden Lagerfacharbeiter verloren.

22.4.3 Assessment-Center

AC eignet sich besonders für das Beobachten, Beschreiben und Beurteilen von Verhaltensweisen

Das Assessment-Center (AC) kann als **Einzel- oder Gruppenauswahlverfahren** durchgeführt werden. Es eignet sich besonders für das Beobachten, Beschreiben und Beurteilen von Verhaltensweisen.

Dies erfolgt durch eine **systematische Aneinanderreihung von Tests und Übungen**. Diese Übungen sollen auf die Anforderungen der neuen Aufgabe oder Position abgestimmt sein. Die Beobachter müssen beurteilen können, ob der Teilnehmer die gestellten Anforderungen erfüllt.

Bei einem **Gruppenauswahlverfahren** sollte die Teilnehmergruppe nicht zu groß sein, **maximal 12 Kandidaten**. Für die Durchführung von Gruppenübungen ist eine bestimmte Gruppengröße erforderlich. Zu große Gruppen erwecken jedoch den Eindruck der „Massenabfertigung" und führen eventuell zu organisatorischen Problemen und Zeitverzögerungen.

Die Dauer eines AC hängt vom Ziel der Maßnahme und der Zielgruppe ab und dauert einen Tag oder sogar mehrere Tage.

Abb. 22.3: Ablauf eines Assessment-Centers

22.4.3.1 Vorbereitung des AC

Die **Vorbereitung** betrifft:

- administrative Aufgaben
  - Einladung der Teilnehmer
  - Auswahl geeigneter Örtlichkeiten
  - Festlegung des Zeitplanes
- inhaltliche Aufgaben
  - Durchführung einer Anforderungsanalyse
  - Formulierung der Beobachtungsmerkmale
  - Auswahl geeigneter Übungen
  - Zusammenstellung und Schulung der Beobachtergruppe

Die Dauer eines AC hängt vom Ziel der Maßnahme und der Zielgruppe ab

Die **Beobachtungsmerkmale werden unterteilt** in die Bereiche

- Fachkompetenz: z. B. betriebswirtschaftliches Grundwissen
- Methodenkompetenz: z. B. Prozessmanagement
- Sozialkompetenz: z. B. Kooperationsverhalten
- Persönlichkeitskompetenz: z. B. Belastbarkeit

Häufige Übungen im Assessment-Center sind:

- Einzelinterview
- Gruppendiskussion
- Kurzvortrag
- Planspiel
- Fallstudien
- Rollenspiel
- Präsentation
- Postkorbübung (Arbeitsprobe)
- psychologische Tests

Eine möglichst homogene Beobachtergruppe (1 Beobachter/2 Teilnehmer) soll aus geeigneten Fachleuten zusammengestellt werden. Eigene Führungskräfte, Mitarbeiter aus dem Personalbereich, aber auch externe Fachleute „erleben" in einem „Probe-AC" die Hürden, die der Teilnehmer bewältigen muss. Die Anwendung und Auswertung der Beobachtungsbögen wird detailliert erläutert.

 Der Erfolg eines Assessment-Centers hängt von der Kompetenz der Beobachter ab.

22.4.3.2 Durchführung des AC

Die **einzelnen Schritte** der Durchführung sind:

- Empfang der Teilnehmer
- Information der Teilnehmer
- Durchführung der Übungen und Beobachtung der Übungen
- Beschreibung und Beurteilung der Beobachtungen

Das Assessment-Center wird durch einen **Moderator** begleitet.

AC wird von einem Moderator begleitet

22.4.3.3 Auswertung der Ergebnisse aus dem AC

Die **Phasen der Auswertung** sind:

- Erstellung eines Gutachtens für jeden Teilnehmer
- Abstimmung der verschiedenen Beurteilungen
- Feedbackgespräch mit jedem Teilnehmer
- Reflexion des gesamten Ablaufes

In einem gemeinsamen Gespräch können die Führungskraft und der Personalentwicklungsbeauftragte anschließend mit dem Mitarbeiter zusammen geeignete Entwicklungsmaßnahmen vereinbaren.

AC sind relativ teuer

Häufig angeführte **Nachteile eines Assessment-Centers** sind die extrem hohen Kosten und der erhebliche organisatorische Aufwand. Gegenüberstellungen mit dem finanziellen Aufwand bei einer Fehlbesetzung und den wertmäßig schwierig zu erfassenden Faktoren Mitarbeitermotivation und Betriebsklima führen jedoch fast immer zur Verfahrensbefürwortung.

22.4.4 Testverfahren

Tests eignen sich zur Überprüfung besonderer geistiger oder körperlicher Geschicklichkeit, z. B. Konzentration, Fingerfertigkeit. Hier werden drei Ausprägungen unterschieden:

Tests zur Überprüfung besonderer geistiger oder körperlicher Geschicklichkeit

- **Leistungstests**: messen die Leistungs- und Konzentrationsfähigkeit einer Person in einer bestimmten Situation.
- **Intelligenztests**: messen die Schnelligkeit oder den Grad von Sprachbeherrschung, Wortflüssigkeit, Rechengewandtheit, Kombinationsvermögen usw.
- **Persönlichkeitstests**: erfassen die Gesamtpersönlichkeit des Bewerbers.

Jedes **Testverfahren**, das den Anspruch erhebt, ein Test im wissenschaftlichen Sinne zu sein, muss eine Reihe von **Gütekriterien** erfüllen:

Anforderungen an Eignungstests

- **Vergleichbarkeit – Objektivität**: Darunter versteht man die Unabhängigkeit der Ergebnisse von äußeren Bedingungen, z. B. Räumlichkeiten, Testleitern. Unterschiedliche Bewerter müssen zu dem gleichen Ergebnis kommen. Das spricht für den Einsatz des Multiple-Choice-Verfahrens (Aufgabenlösung durch Ankreuzen).
- **Zuverlässigkeit – Reliabilität**: Dieses Kriterium ist erfüllt, wenn bei wiederholter Durchführung unter gleichen Bedingungen der Test die gleichen Ergebnisse liefert und keinen Übungsgewinn zulässt.
- **Gültigkeit – Validität**: Hierunter ist die Messgenauigkeit zu verstehen, in der der Test Aussagen zu einem getesteten Merkmal macht. Der Test muss das messen, was er vorgibt zu messen, d. h., er muss wesentliche Seiten der Persönlichkeit oder des Arbeitsverhaltens erfassen. Außerdem muss er jedem Testteilnehmer Gelegenheit geben, sein typisches Verhalten zu zeigen.

Auf der Grundlage eines Eignungstests kann dann ein **Eignungsprofil** erstellt werden.

FÄHIGKEITSPROFIL
(Ableitung aus den Unterlagen und dem Beurteilungs- und Fördergespräch)

Name:	Sabrina Mustermann
Position:	Personalreferentin
Abteilung:	Human Resources Management
Vorgesetzter:	Leiter/in Human Resources Management

Fachkenntnisse

Ausbildung
- kaufmännische Ausbildung und Zusatzqualifikation als Personalfachkauffrau
- berufs- und arbeitspädagogische Qualifikation gem §2 AEVO

Ausprägung: 1) keine   2) wenig   3) durchschnittlich   4) stark   5) sehr stark

	1	2	3	4	5
Arbeitsrechtskenntnisse				X	
Kenntnis des Sozialversicherungsrechts				X	
Personalwirtschaftliche Grundsatzfragen					X
Planung und Organisation		X			
Vergütungs- und Benefit-Modelle			X		
Personalentwicklung und -förderung			X		
Auszubildendenbetreuung, -anleitung und -führung					X
Methoden der Personalführung			X		
Arbeitsverhalten					
Zielorientierte Planung und Koordination			X		
Entscheidungsfähigkeit			X		
Effizienz			X		
Initiative		X			
Belastbarkeit				X	
Unternehmerisches Denken und Handeln			X		
Geistige Flexibilität					
Analytischen Denken und Urteilen			X		
Innovatives Denken und Handeln			X		
Zusammenarbeit					
Kommunikationsfähigkeit			X		
Kooperationsbereitschaft			X		
Überzeugungs- und Durchsetzungsstärke			X		
Kritikfähigkeit			X		
Auftreten/Rhetorik			X		
Führungsverhalten					
Delegationsvermögen					
Steuerung und Kontrolle					
Unternehmerische und strategische Kompetenz					
Motivations- und Beurteilungskompetenz					

22.5 Die Ermittlung der Entwicklungsbedürfnisse des Mitarbeiters

Jeder Mitarbeiter hat individuelle Entwicklungsbedürfnisse (Wünsche und Vorstellungen) hinsichtlich seiner beruflichen Zukunft.

Es wäre fatal, einen Mitarbeiter zu einer neuen Aufgabe zu drängen, wenn er sich diese Aufgabe (z.B. Personalverantwortung) nicht zutraut oder er die damit verbundenen Veränderungen (z.B. Umzug der Familie) nicht möchte.

Jeder Mitarbeiter hat individuelle Entwicklungsbedürfnisse

 Erst wenn ein Mitarbeiter die erforderliche Lern- und Entwicklungsmotivation besitzt, kann eine Personalentwicklungsmaßnahme erfolgreich sein.

22.5.1 Mitarbeitergespräche

Die Entwicklungsbedürfnisse eines Mitarbeiters lassen sich am besten **durch den Vorgesetzen** in regelmäßigen Mitarbeitergesprächen ermitteln. Über einen längeren Zeitraum betrachtet, erkennt der Vorgesetzte dann auch, dass sich die Bedürfnisse des Mitarbeiters und seine Laufbahnwünsche verändern.

Entwicklungsbedürfnisse in Gesprächen ermitteln

Die Veränderungen können durch die persönliche Situation des Mitarbeiters oder seine Umwelt bestimmt sein.

Diese Gespräche können auch **durch die Personalabteilung oder den Personalentwicklungsbeauftragten** geführt werden. Vorteil dabei ist, dass der Mitarbeiter keine Nachteile von Seiten seines Vorgesetzten befürchten muss, falls er in einen anderen Bereich wechseln möchte.

22.5.2 Mitarbeiterbefragung

Zusätzlich zu den regelmäßigen Mitarbeitergesprächen, die mit den Mitarbeitern einzeln geführt werden, kann eine **schriftliche Befragung einzelner Mitarbeiter,** aller Mitarbeiter oder einer bestimmten Mitarbeitergruppe erfolgen. Vor allem wenn noch keine Personalentwicklungskartei angelegt ist, erhalten wir aus der Befragung der Mitarbeiter zusätzliche Informationen über:

- derzeitige persönliche Situation
- Interessen
- Einschätzung der eigenen Qualifikation
- bevorzugte Funktionsrichtungen
- Interessen für konkrete Aufgaben
- Zufriedenheit mit der eigenen Tätigkeit
- Überlegungen zur weiteren Laufbahn (z.B. Auslandseinsatz)
- Fortbildungsbedarf

22.6 Profilvergleich

Theoretisch könnten bei der Einstellung eines Mitarbeiters das Anforderungsprofil der Stelle und das Fähigkeitsprofil des Bewerbers/Mitarbeiters deckungsgleich sein.

In der Praxis wird eine Deckungsgleichheit jedoch nur in ganz wenigen Ausnahmefällen erreicht.

Der **Vergleich der geforderten Anforderungen** (Anforderungsprofil) und der **vorhandenen Fähigkeiten** beim Mitarbeiter (Fähigkeitsprofil) zeigt die Qualifikationsdefizite auf. Durch die genaue Analyse der Profile kann der Personalentwicklungsbeauftragte den aktuellen Bildungsbedarf ermitteln.

In welchen Bereichen benötigt der Mitarbeiter Förder- oder Bildungsmaßnahmen?

Ein Profilvergleich ist jedoch nur möglich, wenn vorher folgende Arbeitsschritte erfolgt sind:
- eindeutige Abgrenzung der Arbeitsplätze anhand von Organisations-, Stellenplänen und Stellenbeschreibungen
- Festlegung der in den Vergleich einzubeziehenden Anforderungs- und Fähigkeitsmerkmale
- Gewichtung der Anforderungs- und Fähigkeitsmerkmale
- Ermittlung des Anforderungsprofiles
- Erstellung des Fähigkeitsprofiles

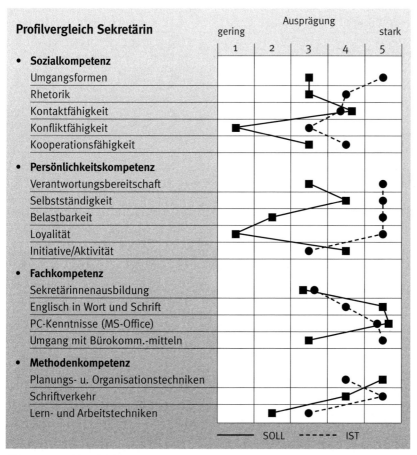

Abb. 22.4: Profilvergleich

Mit Hilfe einer Checkliste kann der Personalentwicklungsbeauftragte diese Analyse vornehmen:

Checkliste Profilvergleichanalyse

Fragen	Antworten Ja	Nein	Bemerkungen
Anforderungsprofil:			
• Welche Anforderungen sind in welcher Ausprägung erforderlich?			
• Sind diese Anforderungen noch zeitgemäß?			
• Hat sich der Ausprägungsgrad verändert?			
• Welche Anforderungen in welcher Ausprägung werden in naher Zukunft an die Stelle gestellt?			
• Wodurch entstehen diese erweiterten bzw. veränderten Anforderungen? (Z.B. neue Arbeitsverfahren, Umorganisation usw.)			
Fähigkeitsprofil:			
• Welche Qualifikationen hat der Mitarbeiter und in welcher Ausprägung?			
• In welchen Merkmalen hat der Mitarbeiter seine Stärken bzw. Schwächen?			
• Sind die Stärken überdurchschnittlich ausgeprägt?			
• Ist die Aufnahme des Mitarbeiters in ein Förderprogramm möglich?			
• Sind die Schwächen stark ausgeprägt?			
• Ist eine sofortige Qualifizierungsmaßnahme erforderlich?			
• Können die Defizite durch betriebliche Bildungs- oder Fördermaßnahmen beseitigt werden? – Wenn ja, durch welche Maßnahmen? – Wenn nein, geeigneter Lösungsvorschlag?			

Der Personalentwicklungsbedarf wird mit dem Mitarbeiter und seinem Vorgesetzten besprochen und **schriftlich vereinbart**. Dabei wird die Personalentwicklungsmaßnahme nach Art, Inhalt, Kosten, Zeitpunkt und Zeitdauer festgelegt.

Berücksichtigt werden dabei **nicht nur die betrieblichen Belange** (Abkömmlichkeit des Mitarbeiters), sondern **auch die Wünsche des Mitarbeiters** (Organisation der Kinderbetreuung bei allein Erziehenden).

23 DIE ENTWICKLUNG DES MITARBEITERS FÖRDERN

Im vorangegangenen Kapitel wurde der konkrete Bildungsbedarf des Mitarbeiters ermittelt. Die Stärken und Schwächen der Mitarbeiter sind bekannt. Nun geht es um die Frage, wie die **Stärken** (Erfahrungen und vorhandenes Wissen) der Mitarbeiter für das Unternehmensganze **genutzt** werden können und wie die **Schwächen** gezielt **abgebaut** werden können.

Ziel ist, dass der Mitarbeiter bereit ist zu lernen, seine Fähigkeiten und die Arbeitsbedingungen optimal miteinander zu kombinieren. Diese Bereitschaft bringt er aber nur auf, wenn seine **individuellen beruflichen und persönlichen Lebenspläne** es erfordern. Der Betrieb, die Arbeit und ihre Anforderungen werden in ihrer Bedeutung für die eigenen Pläne, auch für das eigene Lernen wahrgenommen und sehr genau überprüft. Die eigenen Pläne und die zukunftsorientierten Anforderungen des Unternehmens können sich ganz oder teilweise decken, sie müssen es aber nicht.

Mitarbeiter muss bereit sein zu lernen

23.1 LERNEN

„Lernen ist ein Prozess der Erfahrungsverarbeitung. Der Lernende sammelt Informationen durch persönliche Erfahrungen, die Grundlage für neue Erkenntnisse sind. Diese Erfahrungen hinterlassen beim Lernenden dauerhafte Veränderungen im Bewusstsein. Sie werden sortiert und in das bisherige Wissen eingegliedert. Also ist Lernen eine Kombination aus Informationsaufnahme und Erfahrungsverarbeitung, d.h., der Lernende bereitet den Lerninhalt für sich persönlich auf und bestimmt damit seinen eigenen Lernprozess. Damit wird lernen zu einem **individuellen Prozess der Interaktion einer einzelnen Person mit seiner Umwelt**." (Quelle: www.witchlearn.de)

Lernen als Kombination aus Informationsaufnahme und Erfahrungsverarbeitung

Lernen heißt, der Mensch eignet sich **bewusst** Kenntnisse, Fertigkeiten bzw. Verhaltensweisen und Einstellungen an. Lernen geschieht aber auch unbewusst, indem wir täglich Dinge **unbewusst** aufnehmen, die unser Wissen und unsere Erfahrungen erweitern.

Wir lernen also nicht nur auf die eher als unangenehm empfundene Art und Weise („wie in der Schule"), sondern auch durch unsere Wahrnehmung und Beobachtung der Umgebung.

Lernen durch Wahrnehmung und Beobachtung

Alle Erfahrungen, die wir durch Aufnahme der Reize unseres Umfeldes machen – ob bewusst oder unbewusst –, tragen im Lernprozess also zum Lernerfolg bei:
- Das kann **beabsichtigtes Lernen** sein, wie es durch Unterweisung, Unterricht, Vorträge, Gespräche, Fragen, Denkanstöße, Versuche u.a.m. geschieht. Hier regt der „Lehrende" gezielt an. Der „Lernende" verändert sein Verhalten, der

Lernerfolg ist beobachtbar. Der Fachbegriff für beabsichtigtes Lernen lautet **„intentionales Lernen"**.

Intentionales und funktionales Lernen

- Das kann aber auch **unbeabsichtigtes, unbewusstes Lernen** sein, wie wir es ständig erleben, z. B. durch Einflüsse von Kollegen im Betrieb, Bekannten, den Medien usw., die sehr oft ungeprüft übernommen werden. Der Fachbegriff für unbeabsichtigtes Lernen lautet **„funktionales Lernen"**.

 Der Mensch lernt ca. 60 % unbeabsichtigt!

Intentionales und funktionales Lernen

Der Mensch benötigt ein Motiv um zu lernen

Die Befriedigung menschlicher Bedürfnisse ist gleichzeitig Voraussetzung, Antriebskraft und Randbedingung des Lernens. Der Mensch benötigt ein **Motiv** (Beweggrund) um zu lernen. Diese Motive können z. B. sein:

- **Neugier**: Wie funktioniert denn die neue Maschine?
- **Ehrgeiz**: Ich möchte es beruflich weit bringen!
- **Sicherheit**: Ich will ein höheres Einkommen um damit meinen Lebensstandard zu sichern.
- **Angst**: Ich will den Arbeitsplatz nicht verlieren.

23.1.1 Grundsätze für die Erwachsenenbildung

Die in diesem Abschnitt dargelegten Gedanken entstammen einem Vortrag von Prof. Dr. Kurt R. Müller auf der Fachtagung „Modernisierung der Weiterbildung – Das Weiterbildungskonzept „Fallarbeit" als Innovationsimpuls" (11./12. November 1999 – Dokumentation, Hg: Bayerisches Staatsministerium für Arbeit und Sozialordnung, Familie, Frauen und Gesundheit, München 2000, S. 16–21).

„Was mag erwachsene Menschen, die sich beruflich einigermaßen etabliert haben und kompetent ihrer Arbeit nachgehen, bewegen, für eine gewisse Zeit aus dem beruflichen Alltag auszusteigen, also eine Lernschleife einzulegen?

Prinzipielle Differenz zwischen Lehren und Lernen

Zunächst eine These: Die Tatsache, dass ein Dritter, z. B. ein Vorgesetzter oder das betriebliche Weiterbildungsmanagement, vom Mitarbeiter verlangt, dass er lernen solle, weil dies für den Betrieb, z. B. mit Blick auf Modernisierungserfordernisse, wichtig sei, braucht für den Mitarbeiter noch lange kein Grund zu sein zu lernen. Wer solche linearen Lernbegründungsmuster unterstellt, begeht einen **„Lernbegründungskurzschluss"**. In der Weiterbildung hat dieser fatale Folgen, weil er den Blick für die prinzipielle Differenz zwischen Lehren und Lernen verstellt.

Die Erfahrung des Verlustes an Handlungssouveränität, an fehlender Handlungskompetenz bestimmt die kognitive, emotionale und affektive Befindlichkeit des Mitarbeiters und ist für ihn die notwendige Lernbegründung."

Wiedererlangen oder Erweitern uneingeschränkter Handlungskompetenz

In der Erwachsenenbildung ist nicht das Vermitteln von Inhalten und Detailwissen in den Vordergrund zu stellen, sondern vielmehr das Wiedererlangen oder Erweitern uneingeschränkter **Handlungskompetenz**. Dabei ist zu beachten, dass

- die Vorkenntnisse ermittelt werden,
- die Lerninhalte mit dem vorhandenen Wissen und den Erfahrungen verknüpft werden,

- die Beispiele aus der betrieblichen Praxis stammen,
- aktive und passive Lehrmethoden miteinander verknüpft werden,
- die Themen anschaulich präsentiert werden,
- die Erfolgssicherung (Wiederholung und Übung) kontrolliert wird.

Außerdem muss berücksichtigt werden, dass die Lernsituation für den Erwachsenen ungewohnt ist (ältere Menschen brauchen mehr Zeit).

23.1.2 Der Lernvorgang

Das Gedächtnis des Menschen gliedert sich in drei Bereiche: Das **Ultra-Kurzzeit-Gedächtnis** speichert alle Informationen bis zu 20 Sekunden. Durch bewusstes Wahrnehmen einer Information erreicht diese das **Kurzzeit-Gedächtnis**. Dort bleibt die Information ein bis zwei Tage. Damit diese Information „gelernt" werden kann, muss sie ständig wiederholt und verarbeitet werden. Erst dann kann die Information im **Langzeit-Gedächtnis** gespeichert werden.

Ständige Wiederholung

Dieser **Prozess** kann **verzögert** oder sogar blockiert werden. **Ursachen** dafür können sein:
- zu viele Informationen in zu kurzer Zeit,
- zu wenig Pausen,
- schädlicher Stress (Di-Stress),
- Angst,
- organische Beeinträchtigungen (falsche Ernährung, Alter).

Wichtig für das Lernen ist auch die gute Abstimmung der sog. **Elemente des Lernens**: dem Lehrenden, dem Lernenden und dem Lernstoff. Eine gute Hilfe zur Beschreibung der einzelnen Vorgänge unter den Elementen ist das so genannte „didaktische Dreieck".

Elemente des Lernens: Lehrender, Lernender, Lernstoff

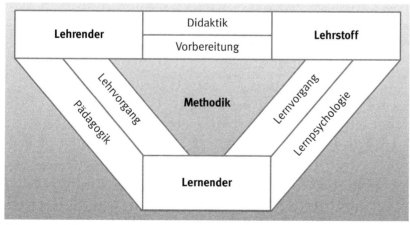

Abb. 23.1: Didaktisches Dreieck

Die **Didaktik** beschreibt, **was** vermittelt wird (Lernziele, Lerninhalte), und die **Methodik**, **wie** etwas vermittelt wird (z. B. Lehrgespräch, Gruppenarbeit).

Pädagogische Grundsätze im „didaktischen Dreieck" sind:

- **Vom Bekannten zum Unbekannten**: Unbekanntes kann manchmal Angst erzeugen. Suchen Sie deshalb nach Anknüpfungspunkten und Vorkenntnissen, um das Neue damit zu verbinden.

Vier pädagogische
Grundsätze

- **Vom Leichten zum Schwierigen**: Für Lernende ist es sinnvoll, zuerst die einfachen Grundlagen zu festigen. Danach werden sie schrittweise an immer schwierigere Tätigkeiten herangeführt.
- **Vom Einfachen zum Komplexen**: Eine Aufgabe sollte in gut „verdauliche" Lernportionen gegliedert werden, um die Lernenden langsam heranzuführen.
- **Vom Konkreten zum Abstrakten**: Regeln, Vorgehensweisen oder Lehrsätze lassen sich leichter einsehen oder begreifen, wenn sie nicht losgelöst von der Wirklichkeit erlernt werden. Es ist sinnvoll, in Form von konkreten Beispielen vorzugehen. Diese können dann verallgemeinert werden und als Regel aufgestellt werden.

Neues Wissen wird besser verankert, wenn es **an bereits vorhandenes Wissen „anknüpft"**. Das kann für „ältere Mitarbeiter" ein Lernvorteil sein. Lernende und Lehrende sollten diese Erkenntnis nutzen.

 Damit der Mensch einmal Gelerntes besser behalten kann, müssen alle Lernkanäle benutzt werden.

Die **Behaltensquote** steigt, je mehr Lernkanäle angesprochen und benutzt werden:

- **10 %** durch Lesen

Alle Lernkanäle
nutzen

- **20 %** durch Hören
- **30 %** durch Sehen
- **70 %** durch Sehen und Hören
- **90 %** durch selbst Ausführen

23.1.3 Lerntypen

Jeder Mensch lernt anders. In Abhängigkeit von der Struktur seines Gehirns (diese bildet sich in den ersten Lebensmonaten) unterscheidet man verschiedene Lerntypen. **Vor Beginn einer Bildungsmaßnahme** sollte man deshalb den **Lerntyp** des einzelnen Teilnehmers **feststellen**.

Jeder Mensch lernt
anders

Da Wissen aber sehr häufig auch in Gruppen vermittelt wird, müssen die Lerninhalte und die Lehrmethoden so abgestimmt sein, dass alle Lerntypen angesprochen und erreicht werden.

Jeder Mensch kann auf jede Art lernen, aber die Fähigkeiten zu den einzelnen Arten sind verschieden stark ausgeprägt. Der eine Mensch lernt besser durch Lesen, der andere durch Zuhören oder Sehen oder durch Betätigung. Man unterscheidet deshalb folgende **Lerntypen**:

- **visueller Typ** (durch Sehen, Lesen)
- **auditiver Typ** (durch Hören)
- **haptischer Typ** (durch Be-Greifen)

Diese Lerntypen kommen in „reiner" Form nicht vor; in jedem gesunden Menschen sind alle Anlagen vorhanden. Aber jeder Mensch hat eine bevorzugte Art zu lernen und sollte diese, wenn es möglich ist, auch nutzen.

Da der Lerntyp beim Menschen nur durch Beobachtung nicht genau zu bestimmen ist und der „Mischtyp" häufig vorkommt, muss der **Lehrende** im Lern- und Arbeitsprozess **folgende Regeln beachten**:

Lerntyp durch reine Beobachtung nicht genau zu bestimmen

1. Möglichst **viele Sinnesorgane** am Lernprozess **beteiligen**.
2. **Informationskanäle** (Sinnesorgane) öfters **wechseln**.
3. **Lerninhalte** so **anschaulich** wie möglich machen.

Einen weiteren Aspekt, der für die Einhaltung dieser Regeln spricht, liefert uns die Erkenntnis aus der Gehirnforschung, dass das menschliche Gehirn zweigeteilt ist: Die **linke Gehirnhälfte** arbeitet **„digital"** (mit Sprache, Formeln, Symbolen) und die **rechte Gehirnhälfte** arbeitet **„analog"** (denkt in Bildern). Die Kreativität entsteht rechts in Bildern und muss dann links mit Sprache formuliert werden. (Hinweis: Da die Mehrheit der Bevölkerung Rechtshänder ist, erfolgt die Betrachtung hier immer aus dieser Perspektive; bei Linkshändern sind die Fähigkeiten der Gehirnhälften genau umgekehrt.)

Betrachtung aus Sicht von Rechtshändern

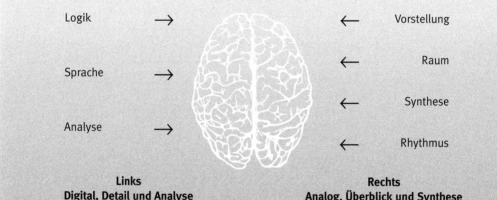

Links Digital, Detail und Analyse	Rechts Analog, Überblick und Synthese
Diese Informationen werden gedacht (in Worten), gesprochen, geschrieben, gelesen, gerechnet, berechnet, analysiert.	Die rechte Hirnhälfte verschafft uns den Überblick, sie erkennt Formen und Strukturen.
Linkshirnig ist die Analyse, die Logik, die Ratio, der „kalte" (nüchterne) Verstand; ferner lineares, detailliertes, sequenzielles Vorgehen (ein Schritt nach dem anderen).	Rechts ist die Synthese (Gegenteil: Analyse). Synthetisches Denken setzt detaillierte Informationen von der linken Hirnhälfte zusammen und verschafft sich so ein ganzheitliches Problembewusstsein.
Wir erkennen den Bezug zu den Haupttätigkeiten in der Schule: Rechnen, Lesen, Schreiben, Analyse von Textaufgaben (Mathematik), Analyse von Texten (Inhalt und Form), Analyse von Sätzen (Grammatik), Auswendiglernen von isolierten Einzelinformationen (Vokabeln, Daten).	Die rechte Hirnhälfte ermöglicht es uns, Personen oder Dinge wieder zu erkennen, die wir einmal gesehen haben. Die Fähigkeit des Vergleichens lässt uns Leute erkennen, die wir jahrelang nicht gesehen haben, auch wenn sie sich sehr verändert haben.

Abb. 23.2: Fähigkeiten der rechten und linken Gehirnhälfte

Charakteristisch ist also: Der **Linkshirnler** macht alles mit dem Verstand, denkt kausal (Wirkung – Ursache) und linear (logisch, Schritt für Schritt) und ist eher Individualist, der **Rechtshirnler** hingegen (rund 80 % der Menschen in unserem Kulturbereich) denkt als Kreativer lateral (hüpft beim Denken im Kreis herum) und empfindet sich als ein Teil vom Ganzen und fühlt sich eher den Mitmenschen verbunden.

Viele Menschen lassen sich grundsätzlich den Links- oder Rechtshirnlerntypen zuordnen.

 Ganzheitliches Lernen bedeutet: Rechte und linke Gehirnhälfte miteinander verknüpfen und in Bildern lernen.

23.1.4 Lernziele

Alle Förder- und Bildungsmaßnahmen sollten **zweckgebunden** und **zielorientiert** ausgerichtet sein. Die Formulierung exakter Lernziele ist aus mehreren Gründen erforderlich:

- Die Lernzielformulierung ermöglicht die **Lernzielkontrolle**.
- Die Übertragung des Gelernten in den betrieblichen Alltag kann vom Lernenden und vom Vorgesetzten besser überprüft werden.
- Die Lernkontrolle wird stärker objektiviert, da dem Lernenden bereits zu Beginn des Lernprozesses bekannt ist, was ihn erwartet.
- Die **Lernmotivation** wird erhöht und damit der Lernprozess beschleunigt, wenn der Lernende genau weiß, was er lernen soll.
- Die Einbeziehung der Lernenden in die Formulierung der Lernziele trägt dazu bei, dass die Ziele ernst genommen und ernsthaft angestrebt werden.
- Der Trainer erhält die Möglichkeit, sein eigenes Verhalten und dessen Effektivität zu überprüfen.
- Die Auswahl bzw. die Zuordnung von Mitarbeitern zu inner- und außerbetrieblichen Kursen wird erleichtert.

23.1.4.1 Lernzielarten

Die Präzisierung der Lernziele (detaillierte Themen) erfolgt dabei in mehreren Schritten.

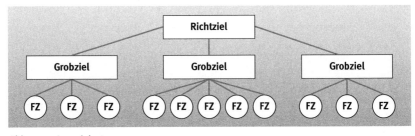

Abb. 23.3: Lernzielarten

Man unterscheidet Richtziele, Grobziele und Feinziele:
- **Richtziele** haben ein **hohes Abstraktionsniveau**, sie geben eine allgemeine Richtung an.

- **Grobziele** haben ein **mittleres Abstraktionsniveau**, sie sind eine grobe Umschreibung des Zieles.
- **Feinziele** haben ein niedriges Abstraktionsniveau, enthalten eine **genaue Zielvorgabe**.

Lernzielarten unterscheiden sich hinsichtlich Abstraktionsniveau und Genauigkeit

Beispiel

- Richtziel: Die Entgeltabrechnung

Dieses Richtziel kann nun in mehrere Grobziele unterteilt werden:
- Grobziel 1:   Berechnung der Sozialversicherungsbeiträge
- Grobziel 2:   Berechnung der Lohnsteuer
- Grobziel 3:   Ermittlung des Auszahlungsbetrages usw.

Jedes Grobziel kann wieder in mehrere Feinziele unterteilt werden.
- Feinziel 1.1:   Ermitteln des Krankenversicherungsbeitrages aus dem sozialversicherungspflichtigen Bruttolohn
- Feinziel 1.2:   Ermitteln des Rentenversicherungsbeitrages usw.

Um den Erfolg einer Schulungsmaßnahme feststellen zu können, muss ein **operationalisiertes Feinziel** angegeben werden. Dieses enthält Angaben über das beobachtbare **Endverhalten**, die **Bedingungen**, unter denen das Endverhalten gezeigt werden soll und den **Beurteilungsmaßstab**. Das ist vergleichbar mit einem exakt formulierten Arbeitsauftrag.

Angabe eines operationalisierten Feinzieles, um den Erfolg einer Schulungsmaßnahme feststellen zu können

Beispiel

Operationalisiertes Feinziel: „Der Mitarbeiter errechnet selbstständig und fehlerfrei den Arbeitgeberanteil zum Krankenkassenbeitrag eines privat versicherten Mitarbeiters."

23.1.4.2 Lernzielbereiche

Das Erreichen von Lernzielen verändert beim Menschen die Fähigkeiten in den drei Lernzielbereichen. Mit dem entsprechenden Lernzielbereich soll auch die entsprechende Lehrmethode und der Einsatz der Medien (siehe Lerntyp) verknüpft werden. Man unterscheidet:

 Psychomotorischer Lernzielbereich: Manuelles und geistiges Können
Methode: **Unterweisung**

 Kognitiver Lernzielbereich: Berufliches und berufsübergreifendes Wissen
Methode: **Vortrag**

 Affektiver Lernzielbereich: Sachbezogenes und soziales Verhalten
Methode: **Rollenspiel**

23.1.4.3 Lernzielstufen

Die Lernzielstufen werden nach Ihrem Anspruchsniveau – **„Taxonomie"** – in jedem einzelnen Lernzielbereich unterschieden (nach einem Vorschlag von Krathwohl, Bloom und Masia):

Psychomotorischer Lernzielbereich

Stufe 5	Neutralisierung (Routine)
Stufe 4	Handlungsgliederung (Abstimmung)
Stufe 3	Präzision (Steigerung der Genauigkeit)
Stufe 2	Manipulation (auf Anweisung üben)
Stufe 1	Imitation (Nachahmen)

Kognitiver Lernzielbereich

Stufe 5	Beurteilung/Bewertung
Stufe 4	Analyse/Synthese
Stufe 3	Anwendung
Stufe 2	Verstehen
Stufe 1	Wissen

Affektiver Lernzielbereich

Stufe 5	Bildung der Persönlichkeit
Stufe 4	Wertordnung aufbauen
Stufe 3	Werten
Stufe 2	Reagieren
Stufe 1	Aufmerksam werden

Abb. 23.4: Lernzielstufen

Trainer muss Begründungen zu den jeweiligen Aufgaben vermitteln

Aufgabe eines Trainers ist es, Begründungen zu den jeweiligen Aufgaben zu vermitteln, damit sich der Mitarbeiter mit der Aufgabe identifizieren kann. Durch diese Motivation ist der Mitarbeiter dann auch bereit, eigene Ideen zu entwickeln und das Gelernte auf andere Bereiche zu übertragen.

23.2 FÖRDERMASSNAHMEN

 Die individuelle Förderung eines Mitarbeiters muss ganzheitlich angelegt sein.

Je nach Bildungsbedarf werden einzelne Maßnahmen sinnvoll nacheinander oder parallel durchgeführt. Fördermaßnahmen wirken gleichzeitig auf Können, Wissen und Verhalten des Mitarbeiters ein.

Hier stehen verschiedene Instrumente zur Verfügung. Entscheidend ist wiederum die Situation des Unternehmens, das Entwicklungspotenzial des Mitarbeiters und dessen persönliche Wünsche.

23.2.1 Fördergespräch

Das Fördergespräch wird in der Praxis häufig mit dem Beurteilungsgespräch zusammen durchgeführt. Der Gesprächspartner des Mitarbeiters ist hierbei der disziplinarische Vorgesetzte, der nächsthöhere Vorgesetze oder ein Mitarbeiter der Personalabteilung.

Dabei werden **alle Daten aus der Leistungs- und Potenzialerfassung** mit dem Mitarbeiter besprochen und ihm mögliche **Entwicklungsalternativen** aufgezeigt.

Anschließend werden dann gemeinsam alle Förder- und Bildungsmaßnahmen, die für die berufliche Entwicklung des Mitarbeiters notwendig sind, **festgelegt** und die **Realisierung geplant**.

23.2.2 Laufbahn- und Nachfolgeplanung

Für die Mitarbeiter eines Unternehmens ist es wichtig, dass die Geschäftsleitung grundsätzlich den **Aufstieg aus den eigenen Reihen** fördert. Damit werden die Mitarbeiter motiviert, ständig hervorragende Leistungen zu zeigen und sich mit dem Unternehmen stärker zu identifizieren.

Die **Laufbahnplanung** geht von der **Person** und den Fähigkeiten des Mitarbeiters aus, um dann die weiteren Qualifizierungsschritte einzuleiten. Zu entscheiden ist, welche Laufbahn angestrebt ist.

Laufbahnplanung geht von der Person und den Fähigkeiten des Mitarbeiters aus

* **Fachlaufbahn**: Spezialist, Experte, Berater, Senior-Berater
* **Führungslaufbahn**: Gruppen-, Abteilungs-, Bereichsleiter
* **Projektlaufbahn**: Projektbeauftragter, Projektleiter

Die **Nachfolgeplanung** orientiert sich an den **betrieblichen Gegebenheiten** (zu besetzende Positionen) und ermittelt dann für den vorgesehenen Nachfolger den Qualifizierungsbedarf.

Nachfolgeplanung orientiert sich an den betrieblichen Gegebenheiten

Bei beiden Planungen ist ein wichtiger Aspekt die **zeitliche Planung**. Dazu muss das angestrebte Endziel über **mehrere Teilziele** erreichbar sein. Der Mitarbeiter muss sich auf jeder Entwicklungsstufe neu bewähren, seine Fähigkeiten erweitern und seine Persönlichkeit muss reifen können.

Das **Erreichen der Teilziele** wird immer wieder durch Gespräche, Beurteilungen und Potenzialanalysen **überprüft**.

Die **Nachfolgeplanung** erfolgt in mehreren **Arbeitsschritten**:

* Formulieren von allgemein gültigen Nachfolgeprinzipien
* Abgrenzen der Positionen für die Nachfolgeplanung
* Festlegen der Anforderungskriterien
* Ermitteln und Auswählen von potenziellen Nachfolgern
* Feststellen des Qualifizierungsbedarfes
* Organisieren und Durchführen von Qualifizierungsmaßnahmen
* Vorbereiten des Nachfolgers

Für die Nachfolgeplanung wird eine Nachfolgekartei angelegt.

23.2.3 Coaching

Hierbei handelt es sich um ein Beratungskonzept, dass vor allem für Führungskräfte entwickelt wurde. Coaching als Methode ist aber selbstverständlich in allen Hierarchiestufen anwendbar.

Dem Mitarbeiter wird
ein geschulter Berater
zur Seite gestellt

Dem Mitarbeiter wird hierbei ein **geschulter Berater** zur Seite gestellt, der ihn bei der Erfüllung seiner Aufgabe, dem Abbau seiner Schwächen, dem Ausbau seiner Stärken sowie der Persönlichkeitsentwicklung **psychologisch und teilweise auch fachlich unterstützt.**

Die Begleitung ist **zeitlich begrenzt**. In Gesprächen wird die persönliche Situation (Arbeitsplatz, Rollenkonflikte usw.) reflektiert und analysiert, um daraus Handlungshilfen zu erarbeiten.

Der Coach (extern oder intern) nimmt seinem Coachee gegenüber eine eher **neutrale Position** ein und bietet ihm vor allem Hilfe zur Selbsthilfe.

Der **Vorteil** dieses Beratungskonzeptes liegt in der **Praxisnähe** und der **dauerhaften Verbesserung** der Handlungskompetenz des Mitarbeiters.

Ein erfolgreicher Coachingprozess erfordert die Einhaltung der Prinzipien:
- Freiwilligkeit
- persönliche Akzeptanz
- Diskretion

Die **Anlässe**, die dazu führen, dass sich Mitarbeiter ein Coaching wünschen, sind beispielsweise:
- Übernahme neuer Aufgaben
- Erhalt oder Verbesserung der Sozialkompetenz
- Analysieren eigener Verhaltens- und Wahrnehmungstendenzen
- Erweiterung des Verhaltensrepertoires
- Überprüfung der Lebens- und Karriereplanung
- Unterstützung bei akuten Konflikten
- Bearbeiten von Diskrepanzen zwischen formulierter Unternehmenskultur und eigenem Führungsverständnis

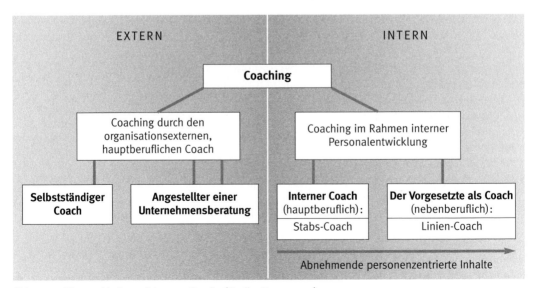

Abb. 23.5: Die verschiedenen Arten von Coachs (Quelle: Rauen 2003)

23.2.4 Mentoring

Hierbei geben erfahrene Personen (**Mentoren**) ihr Wissen und ihre Fähigkeiten an eine noch unerfahrene Person (**Mentee**) weiter. Ebenso fördern sie deren persönliche und berufliche Entwicklung. Somit ist Mentoring als **zweiseitige Fördermaßnahme** anzusehen.

Erfahrene Personen geben ihr Wissen und ihre Fähigkeiten weiter

Gegenseitige Wertschätzung der beteiligten Personen ist Grundbedingung für das Gelingen. Das Mentoring ist **zeitlich begrenzt**.

Der **Mentor** sammelt im Bereich Mitarbeiterführung und -förderung wichtige Erfahrungen. Diese Tätigkeit erfordert von ihm ein **besonderes Engagement**, da er sich mit fachlichen und organisatorischen Inhalten noch intensiver auseinander setzen muss. Vielfach wird diese Aufgabe von den Mitarbeitern als Auszeichnung und besondere Wertschätzung der eigenen Person empfunden.

Gerade für langjährige, erfahrene „Wissensträger" wirkt sich der **Einsatz als Mentor motivierend** aus. Jüngere Mitarbeiter erhalten im Rahmen ihrer Laufbahnplanung die Möglichkeit, ihr Führungsverhalten und ihre Sozialkompetenz praktisch umzusetzen.

Der **Mentee** erhält Hilfestellung bei der Bewältigung seiner neuen Aufgaben. Für neue Mitarbeiter wird außerdem das Einleben und die Orientierung im Unternehmen erleichtert. Er erhält praktische Tipps und findet sich schneller mit den unternehmensinternen Regelungen (auch den informellen) zurecht.

Mentee erhält Hilfestellung

Eine schriftliche Vereinbarung (**Mentoringplan**), in dem die einzelnen Schritte, Ziele und ein Zeitplan aufgeführt sind, wird von den Beteiligten vorher gemeinsam erarbeitet.

Ständige **Kommunikation** und konstruktives **Feed-back** prägen den Erfolg der Maßnahme.

Im Gegensatz zum Mentoring sind **Patenschaften** auf die reine Kompetenzvermittlung reduziert. Kollegen unterstützen die fachliche Einarbeitung eines neuen Mitarbeiters.

23.2.5 Outplacement

Die Outplacement-Beratung soll einem freigesetzten Mitarbeiter die Trennung erleichtern und ihn bei der Suche und dem Erhalt eines neuen Arbeitsplatzes unterstützen oder den Pensionär auf den Ruhestand vorbereiten.

Der **Outplacement-Prozess** läuft in drei Schritten ab:
1. Vorbereitung der Trennung im Unternehmen
2. Einleitung und Durchführung der Trennung
3. Beratung und Unterstützung der ausscheidenden Mitarbeiter

Das Unternehmen kann dadurch erreichen, dass der Mitarbeiter das Unternehmen schneller verlässt und dass das Firmenimage und das Betriebsklima keinen zu großen Schaden nehmen. Die Kosten für eine Outplacement-Beratung trägt das Unternehmen.

23.2.6 Arbeitsgestaltung

Im Rahmen der Fördermaßnahmen sind die Gestaltungsmöglichkeiten des einzelnen Arbeitsplatzes und die damit verbundenen Tätigkeiten weitere wesentliche Faktoren. Man unterscheidet:

Monotonie der Arbeit
wird verringert

- **Job-Enlargement** (Aufgabenerweiterung):
  Der Arbeitsinhalt wird durch qualitativ gleichwertige Aufgaben ausgeweitet. Der Mitarbeiter kann dadurch die Zusammenhänge in den Arbeitsabläufen besser verstehen. Die Monotonie der Arbeit wird verringert und der Mitarbeiter zeigt häufig eine bessere Arbeitsleistung.

- **Job-Enrichment** (Tätigkeitsbereicherung):
  Hierbei wird der Arbeitsinhalt mit qualitativ höherwertigen Aufgaben angereichert. Der Gestaltungsspielraum wird für den Mitarbeiter größer und er kann Initiative nicht nur in der ausführenden, sondern auch in der planenden und kontrollierenden Tätigkeit zeigen.

Job-Rotation erhöht
die Flexibilität

- **Job-Rotation** (Arbeitsplatzwechsel, Arbeitsplatzringtausch):
  Innerhalb einer Arbeitsgruppe wechseln die Mitglieder planmäßig gleichartige Arbeitsplätze mit qualitativ gleichwertigen Arbeitsinhalten. Dadurch können einseitige Belastungen, Monotonie und Unterforderung vermieden werden. Die Mitarbeiter erhöhen ihre Flexibilität und die Sozialkompetenz wird gefördert.
  Eine weitere Möglichkeit für Job-Rotation bietet sich in der Laufbahn- und Nachfolgeplanung.

- **Teilautonome Gruppen**:
  Hierbei werden die Aufgaben für ein ganzes Arbeitsteam angereichert. Die Gruppe entscheidet innerhalb gewisser Spielräume, wer was wann wo und mit wem macht.

- **Projektarbeit**:
  Projekte sind meistens einmalig, komplex und zeitlich befristet. Sie befassen sich mit bereichsübergreifenden Problemen und deren Lösungen. Sie sollen das Tagesgeschäft einer Abteilung nicht stören. Der Mitarbeiter wird wegen seiner Fachkompetenz im jeweiligen Projekt eingesetzt. Projektarbeit fördert die Kommunikation und dient der Motivation der Mitarbeiter.

23.3 BETRIEBLICHE BILDUNGSMASSNAHMEN

Betriebliche Bildungs-
maßnahmen ergänzen
die Fördermaßnahmen
des Mitarbeiters

Diese Maßnahmen können in den täglichen Arbeitsalltag integriert sein oder als Weiterbildungsveranstaltung innerbetrieblich oder außerbetrieblich durchgeführt werden. Sie ergänzen die jeweiligen Fördermaßnahmen des Mitarbeiters.

23.3.1 Lehrmethoden

Grundsätzlich lassen sich die Weiterbildungsmethoden nach verschiedenen Kriterien einteilen.

Beispielsweise nach dem **Grad der Arbeitsplatzbezogenheit**. Hier wird unterschieden in:

- **Training into the job**: am Arbeitsplatz selbst oder auch in räumlicher Entfernung, um einen Mitarbeiter auf die Übernahme einer Tätigkeit vorzubereiten bzw. den neuen Mitarbeiter fachlich und sozial so schnell wie möglich in die Belegschaft zu integrieren. Beispiel: Einführungsseminar.
- **Training on the job**: Qualifikationsmaßnahmen unmittelbar am Arbeitsplatz; es erfolgt eine aktive Auseinandersetzung mit der jeweils zu bewältigenden Aufgabe. Beispiel: Selbstlernprogramm am PC.
- **Training near the job**: Lernen erfolgt in räumlicher und inhaltlicher Nähe zum tatsächlichen Arbeitsplatz. Beispiel: Qualitätszirkel.
- **Training off the job**: Qualifikation in räumlicher und meist auch inhaltlicher Entfernung vom Arbeitsplatz, wobei durch möglichst praxisnahe Simulation der Arbeitssituation der nach Beendigung erfolgende Lerntransfer zu erleichtern versucht wird. Beispiel: Teamtraining.
- **Training out of the job**: Maßnahmen, die den Mitarbeiter auf einen Ausstieg aus der Firma vorbereiten. Beispiel: Vortrag zur Vorbereitung auf den Ruhestand.

Weitere Einteilungsmöglichkeiten für Weiterbildungsmethoden sind:
- Methoden für die Weiterbildung **einzelner Teilnehmer**
- Methoden für die Weiterbildung in und von **Gruppen**
- **aktive Lehrmethoden** (der Lernende ist in die Erarbeitung des Lehrstoffes und in die Vermittlung stark mit einbezogen)
- **passive Lehrmethoden** (der Lernende hört zu, die Aktivität liegt beim Lehrenden)

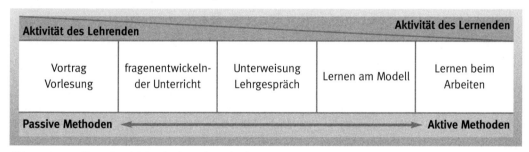

Aktivität des Lehrenden				Aktivität des Lernenden
Vortrag Vorlesung	fragenentwickelnder Unterricht	Unterweisung Lehrgespräch	Lernen am Modell	Lernen beim Arbeiten
Passive Methoden ←				→ Aktive Methoden

Abb. 23.6: Verteilung der Aktivität in den Lehrmethoden

Für die Auswahl einer Weiterbildungsmethode sind mehrere Punkte zu beachten:
- Ziel und Zweck der Bildungsmaßnahme,
- Lerninhalt,
- Teilnehmerkreis,
- Termin- u. Zeitvorgaben,
- vorhandene finanzielle Mittel.

Am weitesten verbreitet sind die beiden Methodenfelder Training off the job und Training on the job. Beide werden im Folgenden näher vorgestellt.

23.3.1.1 Training on the job

Beim **Training on the job** werden die folgenden Methoden unterschieden:
- **Unterweisung** („4-Stufen-Methode" oder „TWI-Methode" – Training Within Industry): 1. Stufe: Vorbereiten, 2. Stufe: Vorführen, 3. Stufe: Nachmachen, 4. Stufe: Üben.

Was wird getan?
Wie wird etwas getan?
Warum wird etwas getan?

Alle Teilvorgänge einer Tätigkeit werden nach dem Prinzip „Was wird getan, wie wird etwas getan, warum wird etwas getan?" aufbereitet und vermittelt. Eingesetzt wird die Unterweisung bei Einarbeitung eines neuen Mitarbeiters, Erlernen von praktischen Fertigkeiten.

- **Job-Rotation**: Durch einen systematischen Arbeitsplatzwechsel kann ein Mitarbeiter verschiedene betriebliche Funktionen oder Organisationseinheiten kennen lernen und dort Kenntnisse und Fertigkeiten erlangen. Job-Rotation fördert die Flexibilität, die Mobilität und die Sozialkompetenz.
Einsatz bei: Nachwuchsförderung, Laufbahnplanungen, Traineeprogrammen.

- **Anleitung und Beratung durch den Vorgesetzten** (vgl. Coaching als Fördermaßnahme): Vorgesetzter ist „Vorbild", es liegt ein Bildungsplan vor und die Qualifizierung läuft systematisch ab.
Einsatz bei: Einarbeitung eines neuen Mitarbeiters, Förderung und Unterstützung aller MA.

- **Einsatz als Assistent, Nachfolger, Stellvertreter**: Ein Mitarbeiter übernimmt stufenweise Teilaufgaben und Teilverantwortung für den Tätigkeitsbereich, den er später übertragen bekommt. Der Assistent qualifiziert sich im Rahmen seines Laufbahn- bzw. Nachwuchsförderungsprogrammes.

Mitarbeiter übernimmt
stufenweise
Teilaufgaben und
Teilverantwortung

Einsatz bei: Nachwuchsförderung, Laufbahnplanung, Traineeprogramm, Schulung hoch qualifizierter Führungskräfte.

- **Übertragung von Sonderaufgaben**: Im Rahmen von unregelmäßig notwendigen Planungs- u. Kontrollaufgaben, bei Untersuchungen und Auslandseinsätzen kann der Mitarbeiter zeigen, ob er in der Lage ist, spezielle Aufgaben zu bewältigen.
Einsatz für Führungsnachwuchskräfte, Schulung von Führungskräften, die für den Auslandseinsatz eingeplant sind.

- **Teilnahme an Projektgruppen** (ähnlich wie das Übertragen von Sonderaufgaben): Lösung spezieller Aufgaben nur in der Gruppe mehrerer Fachleute möglich. Bereichsübergreifende Sichtweisen werden kennen gelernt. Kommunikations- und Kooperationsfähigkeit wird trainiert. Sozialkompetenz wird gefördert.
Einsatz bei: Potenzialeinschätzung der Mitarbeiter; evtl. Unterforderung des Mitarbeiters an seinem jetzigen Arbeitsplatz.

- **Mehrgleisige Unternehmensführung** (Multiple Management): Bildung eines „Schattenkabinetts" aus Mitarbeitern der unteren und mittleren Führungs-

hierarchie. Der Junior-Vorstand bearbeitet vom Senior-Vorstand zugewiesene Führungsprobleme.
Einsatz bei: Schulung von Führungskräften.

- **Programmierte Unterweisung am Arbeitsplatz**: Vielfach stehen den Mitarbeitern Handbücher und Lernprogramme für die Arbeit am PC zur Verfügung. Informationen hierzu findet man meistens im betriebsinternen Intranet.
  Einsatz bei: Anpassen der Kenntnisse und Fertigkeiten an technische oder organisatorische Änderungen.

- **Einführungsprogramme**: Sie dienen der schnellen Integration von neuen Mitarbeitern. Sie machen mit Kollegen, Mitarbeitern, Kunden, Vorgesetzten bekannt, informieren über das Unternehmen, die Produkte, die Stellenbeschreibung, die Arbeitsordnung und sonstige betriebliche Regeln und helfen bei der Orientierung mit Hilfe eines Lageplanes (z. B. Betriebsrat, erste Hilfe, Kantine), eines Organisationsplanes oder eines Telefonverzeichnisses. Die Betreuung übernimmt ein „Pate". *Dienen der schnellen Integration von neuen Mitarbeitern*
  Einsatz bei allen neuen Mitarbeitern in einem Funktionsbereich.

Die **Vorteile der Training-on-the-job-Methoden** lassen sich folgendermaßen zusammenfassen:
- Sie sind relativ kostenneutral;
- zum Teil ist wenig organisatorische Vorbereitung nötig;
- das Lerntempo kann individuell gesteuert werden;
- einfache und direkte Erfolgsmessung;
- realistische Umfeldbedingungen;
- direkte Umsetzungsmöglichkeiten;
- Lerninhalte sind konkret auf Tätigkeit bezogen.

23.3.1.2 Training off the job

Beim **Training off the job** werden die folgenden Methoden unterschieden:
- **Programmierte Unterweisung**: Das ist eine Methode zum Selbststudium. Bei diesen Buch- oder Computerprogrammen (CBT) ist ein individuelles Lerntempo möglich. Lineare Programme müssen in der vorgegebenen Reihenfolge bearbeitet werden. Fehler in der Beantwortung führen dazu, dass der Lernende wieder zum Anfang zurückkehren muss. Verzweigte Programme geben mehrere Antworten zur Wahl vor. Durch die entsprechende Antwort wird der Lernweg durch das Programm bestimmt. Bei falschen Antworten gibt es Schleifen, die zu den erklärenden Inhalten zurückführen. *Lineare Programme mit vorgegebener Reihenfolge oder verzweigte Programme, bei denen die Antworten den Lernweg bestimmen*
  Einsatz bei: Vorbereitung auf eine weitere Maßnahme (gleicher Kenntnisstand); als Lernhilfen, um fehlendes Wissen aufzuholen; zur Nachbereitung von Fachseminaren (Kontrolle des Bildungserfolges oder zur Transfersicherung).

- **Lehrvortrag/Vorlesung**: Ein Referent oder Dozent vermittelt einer großen Gruppe von Zuhörern theoretisches Wissen. Weder Nachfragen noch Rückkopplung ist möglich.

Einsatz bei: einführenden Referaten zu einem Thema, das anschließend mit anderen Methoden bearbeitet wird.

- **Lehrgespräch:** Hier sind beide – Lehrender und Lernender – aktiv eingebunden. Die Gruppen sollten nicht zu groß sein. Durch Fragen des Dozenten werden Denkanstöße gegeben, der Wissensstand ermittelt und kontrolliert. Fragen der Lernenden können sofort eingebunden und besprochen werden. Der Inhalt ist zielgerichtet und vorbereitet.
  - 1. Phase: Teilnehmer motivieren und Gesprächsgrundlage schaffen.
  - 2. Phase: Durch Denkanstöße Gespräch zielorientiert vorwärts bringen.
  - 3. Phase: Lernerfolg verdeutlichen und sichern.

  Einsatz bei: Vermittlung von Kenntnissen, Gelerntes auf andere Gebiete zu übertragen (Transfer); Überprüfen des Ausbildungs- und Entwicklungsstandes.

Fragen der Lernenden können sofort eingebunden und besprochen werden

- **Moderationsmethode** (Metaplan-Methode): vgl. Lehrgespräch. Ergänzend hilft die Visualisierung aller Schritte und deren Ergebnisse. Durch eine gute Moderation können die Teilnehmer hoch motiviert Probleme fachlicher und zwischenmenschlicher Art behandeln und lösen.
  Einsatz bei: vgl. Lehrgespräch. Insbesondere im kreativen Problem- und Konfliktlösungsprozess.

- **Brainstorming:** Das ist eine Kreativitätstechnik und Arbeitsmethode, bei der in einer begrenzten Zeit (20–30 Minuten) zu einem vorgegebenen Thema Vorschläge zur Lösung oder inhaltlichen Bestimmung gemacht werden. Alle Teilnehmer nennen (knapp formuliert) ihre Idee, alle Ideen werden notiert. Es findet keine Kritik oder Selektion vorab statt.
  Einsatz bei: Schulungen und Seminaren, die innovative Themen behandeln (z. B. Verkäuferschulung, Ermitteln der Vorkenntnisse).

- **Fallstudie:** Die Teilnehmer arbeiten an einem konkreten Fall aus der Praxis. Die Gruppe erarbeitet gemeinsam eine Lösung. Vorkenntnisse müssen vorhanden sein. Anwendung von theoretischem Wissen und praktischem Können.
  Einsatz bei: Bildungsmaßnahmen, bei denen praktische Fähigkeiten und Verhalten trainiert werden.

Verständnis für andere Meinungen und Verhaltensweisen erlangen

- **Rollenspiel:** Einige Teilnehmer (ausgewählt vom Trainer oder Freiwillige) spielen die verschiedenen Rollen, die in der Eingangssituation beschrieben wurden. Die restlichen Teilnehmer beobachten das Verhalten und die Entscheidungen und protokollieren das Rollenspiel. Durch Video- oder Tonbandaufzeichnung kann das Rollenspiel nochmals in einzelnen Phasen vorgeführt werden, um die Situation , die analysiert und kritisiert wird, für alle Beteiligten zu verdeutlichen. Die Teilnehmer können mit dieser Methode Verständnis für andere Meinungen und Verhaltensweisen erlangen und viele Fähigkeiten aus dem Bereich der Sozialkompetenz zeigen und entwickeln.

Einsatz bei: Verhaltensschulung und -kontrolle der Teilnehmer in Konflikt-situationen und für das Trainieren von Verhandlungsführung (z.B. Verkaufs-gespräch, Beurteilungsgespräch).

- **Planspiel**: Hier werden Prozesse auf Wettbewerbsmärkten simuliert, Unter-nehmen stehen in Konkurrenz zueinander. Die Teilnehmer übernehmen die Rollen der verschiedenen Entscheidungsträger. Die Entscheidungen werden von der Spielleitung ausgewertet und die Ergebnisse als Grundlage für die nächste Spielrunde vorgegeben.
  Einsatz bei: Förderung des unternehmerischen Denkens, Entwicklung von methodischen Vorgehensweisen, Steigerung der Sicherheit im Treffen von Entscheidungen.

  Teilnehmer über-nehmen die Rollen der verschiedenen Entscheidungsträger

- **Gruppendynamisches Training**: Die Teilnehmer sollen ihre soziale Wahr-nehmungsfähigkeit verbessern und die Zusammenhänge zwischen dem eigenen Verhalten und dem Verhalten anderer verstehen lernen. Das eige-ne Verhalten soll analysiert und evtl. eine Verhaltensänderung herbeiführt werden.
  Einsatz bei: Teamtraining, Maßnahmen zur Verbesserung der zwischen-menschlichen Beziehungen oder des Betriebsklimas.

- **Förderkreise, Erfa-Gruppen**: Geplante, regelmäßige Gesprächsrunden mit oder ohne bestimmten Zielsetzungen. Andere Methoden können unterstüt-zend eingesetzt werden.
  Einsatz bei: Kontaktherstellung, Optimierung der betrieblichen Leistung, Austausch mit anderen Unternehmen.

- **Qualitätszirkel**: Wöchentliche Treffen mehrerer Mitglieder einer Abteilung (gleiche Hierarchiestufe) mit freiwilliger Teilnahme. Sie dienen der Beschaffung von Informationen und dem Erarbeiten von Lösungsstrate-gien zur Verbesserung der Qualität, der Arbeitsabläufe, der Arbeitsplatz-gestaltung usw.
  Einsatz bei: Teamtraining; zur Verwirklichung kontinuierlicher betrieblicher Verbesserungsprozesse.

  Freiwillige wöchent-liche Treffen mehrerer Mitglieder einer Abteilung

- **Workshop**: Treffen einer Organisationseinheit oder Projektgruppe (mit be-grenzter Teilnehmerzahl, ca. 12) und einem Moderator, der den inhaltlichen und zeitlichen Verlauf steuert. Je nach Problem einmalige oder aufbauende Maßnahme, die einige Stunden pro Woche oder mehrere Tage (Wochenende) dauern kann.
  Einsatz bei Lösung von aktuellen Problemen (fachlich, zwischenmenschlich) aus der täglichen Praxis.

- **Supervision**: Regelmäßige Veranstaltung für Teilnehmer (gleiche Hierarchie-stufe) unter Leitung von gruppenpädagogisch geschulten Trainern/Beratern. Inhalte sind Beobachten, Analysieren und Fördern von Gruppenprozessen, Verstehen der eigenen (Führungs)Rolle innerhalb dieser Prozesse.

DAS ARBEITSMODELL FALLARBEIT NACH PROF. DR. KURT R. MÜLLER

In Zeiten der Informationsüberflutung lernen Erwachsene nicht mehr „auf Vorrat". Auf dieser Erkenntnis baut Fallarbeit auf und bringt den Arbeitsplatz der Teilnehmer in den Seminarraum. Nicht aus vorgefertigtem Lehrstoff, sondern aus echten, aktuellen Problemsituationen der Teilnehmer werden die Seminarinhalte entwickelt. Das Modell besteht aus folgenden Arbeitsschritten:

1. **Erzählen**	Die Fallgeschichte darlegen ⇒ **durch den Fallerzähler**	
2. **Nachfragen**	Das Bild von der Fallgeschichte vervollständigen ⇒ **durch die Zuhörer im Innenkreis**	
3. **Erleben**	Die Befindlichkeiten durch die Fallgeschichte mitteilen a) Betroffenheit äußern b) Sich in Personen hineinversetzen ⇒ **durch die Teilnehmer im Innenkreis**	
4. **Erleben**	Die Befindlichkeiten durch das Gehörte mitteilen ⇒ **durch den Fallerzähler**	
5. **Spuren suchen**	Die Fallgeschichte in ihren verschiedenen Facetten verstehen a) Verstehen der Fallpersonen in ihrem Handeln (Beweggründe, Interessen der Handelnden) b) Verstehen der Interaktionsvorgänge und Beziehungen c) Verstehen der zentralen Berufsaufgabe in der beruflichen Praxis des Fallerzählers: z.B. Ausbilder – Ausbildung, Didaktik, Lernen d) Verstehen des betrieblichen Kontextes: Organisationsstrukturen, Rechtsnormen, Wissens- und Machtressourcen, Bedeutungskonstellationen e) Verstehen gesellschaftlicher Prozesse und Bedingungen ⇒ **durch die Teilnehmer im Innenkreis**	
6. **Kernthemen entdecken und bearbeiten**	Grundlegendes Wissen für die Fallgeschichte erschließen ⇒ **durch den Gesamtkreis**	
7. **Lernnotwendigkeiten erkennen**	Die Chancen für Lernen realistisch einschätzen ⇒ **durch den Gesamtkreis**	
8. **Handlungswege eröffnen**	Dem Fallerzähler Handlungswege eröffnen ⇒ **durch den Gesamtkreis**	
9. **Sich Vergewissern**	Einsichten und Handlungspläne aus der Fallbearbeitung für die eigene Arbeit ableiten ⇒ **durch jeden einzelnen Teilnehmer**	
10. **Berichten**	Über Erfahrungen mit der Fallarbeit berichten (Wie wurde inhaltlich gearbeitet? Wie sind die Teilnehmer miteinander umgegangen? Wie wurde die Begleitung durch die Fallberater erlebt?) ⇒ **durch die Gesamtgruppe**	

Einsatz bei: Problemlösungen im Bereich der Sozialkompetenz. Führungs-
kräftetraining.

- **Fernunterricht**: Überbetriebliche Bildungsträger bieten verschiedene Qualifizierungsmaßnahmen in Form schriftlicher Materialien oder im Internet an.
  Einsatz bei bildungswilligen Mitarbeitern, die keine Anbieter berufsbeglei-
  tender Maßnahmen am Wohnort haben.

Überbetriebliche
Bildungsträger

- **Fallarbeit**: Die Fallbearbeitung erfolgt in einer begründeten Abfolge von
  10 einander sich bedingenden und aufeinander aufbauenden Arbeitsschritten bzw. -phasen. Die Fallberater haben die Aufgabe, den Fall entlang dieser
  Schritte zu entfalten und den Teilnehmern zu helfen, sich gemäß den jeweiligen Aufgaben- und Rollenbeschreibungen in den einzelnen Schritten an der
  Fallarbeit zu beteiligen. Die Arbeitsschritte bilden in ihrer Gesamtheit das
  sog. Arbeitsmodell.
  Einsatz bei Suche nach Lösungshilfen in aktuellen beruflichen Situationen.

Die **Vorteile dieser Training-off-the-job-Methoden** lassen sich folgendermaßen
zusammenfassen:
- entspannte Lernsituation (keine Umfeldstörungen)
- Konzentration auf Inhalte
- Anwendung pädagogischer Konzepte sichergestellt
- Eignung für höherwertige Inhalte, z.B. Förderung der Schlüsselqualifikationen
- bessere Möglichkeit für das Lernen im Team

23.3.2 Medien
Um die Behaltensquote zu erhöhen, müssen möglichst alle Lernkanäle beim
Menschen angesprochen werden. Die Monotonie des gesprochenen oder geschriebenen Wortes wird durch den Einsatz von geeigneten Medien unterbro-
chen, der Lernende erhält die Möglichkeit etwas zu „begreifen".

	Informationsträger	Sicht-/ Hörausgabe	Blickkontakt	Verdunklung	einfach zu erstellen	situativ anpassbar
Beamer	Software oder Video	Leinwand/ Lautsprecher	ja	nein	nein	ja
Diaprojektor	Diapositive 5 x 5	Leinwand	nein	ja	nein	nein
Episkop	alle Printmedien	Leinwand	nein	ja	ja	eingeschränkt
Modell	Modell	Modell	ja	nein	nein	nein
Moderationswand od. Metaplantafel	Karten. Packpapier	Moderationswand	nein	nein	ja	ja
Muster	Muster	Muster	ja	nein	nein	nein
Papiertafel	Papierblätter	Papierblätter	eingeschränkt	nein	ja	ja
Tageslichtprojektor	Transparentfolien	Leinwand	eingeschränkt	nein	ja	ja
Tonbandgerät	Magnetband	Lautsprecher	ja	nein	nein	nein
Tonbildschau	Dias in einer Kassette, Tonband	Leinwand/ Lautsprecher	nein	ja	nein	nein
Tonfilmprojektor	8 mm u. 16 mm Filme	Leinwand/ Lautsprecher	nein	ja	nein	nein
Video-Recorder	Videobänder mit Bild- und Tonaufzeichnungen	Monitor/ Leinwand/ Lautsprecher	ja	nein	nein	nein

Abb. 23.7: Visualisierungsmedien

24 PLANUNG, DURCHFÜHRUNG UND EVALUIERUNG VON PERSONALENTWICKLUNGS- MASSNAHMEN

Im Sinne von Bildungscontrolling stellt der **Personalentwicklungsaufwand** eine **Investition** dar. Die Personalentwicklung hat die Ziele des Unternehmens (z. B. rechtzeitig qualifizierte Mitarbeiter zur Verfügung zu stellen) und die Ziele der Mitarbeiter (z. B. beruflicher Aufstieg) möglichst **erfolgreich und kostengünstig** zu erreichen.

Die Personalentwicklung muss die Unternehmens- und die Mitarbeiterziele erfolgreich und kostengünstig erreichen

Ist der Bildungsbedarf genau definiert, stehen den Personalverantwortlichen vielfältige Informationsmöglichkeiten zur Verfügung: Ein Anruf bei dem bekannten und bewährten Bildungspartner, der Griff zu den Seminarkatalogen der Bildungsträger oder das Durchsuchen diverser Internetseiten sind die am häufigsten genutzten Hilfsmittel.

In größeren Unternehmen wird zusätzlich untersucht, ob das gesuchte „Wissen" durch einen Mitarbeiter vermittelt werden kann. Fachbücher und elektronische Selbstlernprogramme ergänzen ohne größere Kosten die Möglichkeiten, die Kompetenz des Mitarbeiters zu sichern oder zu erweitern.

Ist der Entschluss gefasst, dass die zu erwerbende Kompetenz nur in Form von Schulungen und Seminaren erworben werden kann, bleiben die Fragen:

- **Internes** Seminar mit internem oder externem Trainer oder doch **externes** Seminar?
- Durchführung im **eigenen Schulungsraum** oder in einem gut ausgestatteten **Seminarhotel**?

Die Beantwortung der Fragen hängt z. B. mit der individuellen Unternehmenssituation (Budget, Räume, Personal), dem Zweck und Termin der Bildungsmaßnahme und den Präferenzen des Mitarbeiters zusammen.

Unternehmenssituation, Zweck und Termin des Seminars und Präferenzen des Mitarbeiters sind entscheidend

 Der pädagogische Lernerfolg und der ökonomische Erfolg können jedoch nur erreicht werden, wenn im Vorfeld eine systematische Planung stattfindet.

Dazu gehört die Klärung: Wer kann mit welchen Aufgaben/Leistungen in der Planungsphase des Bildungsprozesses zum Bildungserfolg beitragen?

Zur Ermittlung dient folgende Checkliste, die uns – wie viele weitere in diesem Kapitel – dankenswerterweise von Herrn Schönell aus seinem „Werkzeugkasten für Weiterbildner" zur Veröffentlichung überlassen wurde.

Checkliste Maßnahmenplanung

Beteiligte Erfolgspromotoren	Erfolgsfaktoren, Controllingaktivitäten bzw. -instrumente
Geschäftsführung	• Rückendeckung für die Weiterbildner im Planungsprozess • Revision des Bildungsbudgets • Budgetentscheidung (Entscheidungswege, Unterschriften) • Informationen an den Betriebsrat geben und im paritätisch besetzten Bildungsausschuss mitwirken (wenn installiert) • Mitbestimmung des Betriebsrates nach § 98 BetrVG beachten
Führungskraft	• Abstimmen der Rahmenbedingungen für konkrete Maßnahmen mit den Weiterbildnern • Setzen von Prioritäten für Bildungsmaßnahmen entsprechend der strategischen Ziele des Unternehmens • Bereitstellen von Informationen aus dem Arbeitsprozess für die Entwicklung von Fallbeispielen mit hohem Praxisbezug • Frühzeitige Information der Weiterbildner über geplante Veränderungen (Aufbau-, Ablauforganisation, Informationsmanagement), Ziele, Zweck, Hintergründe • Information der Weiterbildner über signifikante Probleme im Bereich Führung und Zusammenarbeit • Casting von Trainern gemeinsam mit dem Weiterbildner • Projektbezogene Budgetfreigabe
Mitarbeiter(in)	• Bereitstellen von Informationen aus dem Arbeitsprozess für die Entwicklung von Fallbeispielen mit hohem Praxisbezug • Konkretisierung des Bedarfs in einzelnen Fällen
Weiterbildner(in)	• Planungsgespräche mit Führungskräften vereinbaren • Abstimmen der Rahmenbedingungen für konkrete Maßnahmen mit den Führungskräften • Beziehungen zu Führungskräften pflegen, Führungskräfte in Planung mit einbeziehen • Die Planungsaktivitäten müssen einen klaren Nutzen für das Linienmanagement haben • Bereitstellen von Hilfsmitteln zur Planung, etwa Gesprächsleitfaden „Maßnahmenplanung" • Vertraulicher, seriöser Umgang mit strategischen Informationen aus dem Führungskreis • Berater für die Führungskräfte in Fragen der Weiterbildung, PE und OE • Klare Zielgruppendifferenzierung nach Erwartungen, Vorkenntnissen und Transferzielen der Teilnehmer für jede Maßnahme • Zusammenarbeit mit dem Bildungsausschuss bei der Festlegung der Grundsätze und der Verfahren zur Teilnahme an Maßnahmen der betrieblichen Bildung und Personalentwicklung • Vorgeben von Richtlinien und Qualitätsstandards für den Trainer • Kenntnis des Qualifizierungs- und Organisationsbedarfs (nach Zielgruppen, Geschäftsprozessen usw. nach ISO 9000) • Berichtswesen, z.B. als Rahmenbildungsplan; Mengengerüste aus Bildungsbedarf ableiten und Erstellen von Übersichten des Bedarfs nach unterschiedlichen Kriterien (etwa nach Themen, Kostenstellen, interne, externe Seminare, Zielgruppen, Prioritäten, Unternehmenszielen usw.) *((Forts.))*

Beteiligte Erfolgspromotoren	Erfolgsfaktoren, Controllingaktivitäten bzw. -instrumente
Weiterbildner(in) (Fortsetzung)	• Bildungsbedarf finanziell bewerten (Budgetbedarf ermitteln, Rahmenbildungsplan) • Besprechung und Revision des kumulierten Bedarfs (Themen, Teilnehmer, Finanzmittel etc.) mit budgetverantwortlichen Führungskräften • Qualifikationskriterien für interne und externe Trainer • Entwicklung von Maßnahmen (Lernzieldefinition; Stoffsammlung; Stoffauswahl; Stoffgliederung; Stoffaufbereitung; Feinlernziele; Übungen; Fallbeispiele; Qualitätskriterien mit Führungskräften abstimmen und festlegen; Informationen, Formulare, Arbeitsmittel aus der Praxis; Erstellen von Übungsmaterial; Teilnehmerunterlagen erstellen; Trainerunterlagen einschließlich Trainerleitfaden erstellen; Tipps zur Umsetzung etc.) • Beschaffung von Maßnahmen (Lernzieldefinition, Qualitätskriterien mit Führungskräften abstimmen und festlegen, Ausschreibungen, Angebotsvergleich, Casting, Verträge mit Anbietern, Terminplanung und -abstimmung mit externen und internen Trainern usw.) • Kenntnis der Transferziele für die Erfolgskontrolle am Arbeitsplatz (für jede Bildungsmaßnahme) • Briefing externer bzw. interner Trainer • Seminar- bzw. Maßnahmenbeschreibung (Inhalte, Zielgruppe, Lernziele, Voraussetzungen, Kosten, Dauer, Ort, Lehrgangsform usw.) für Führungskräfte und Teilnehmer (gut verständlich und übersichtlich dargestellt, soll Anmeldeverfahren vereinfachen) • Marktübersicht über Bildungsanbieter, Trends in der Weiterbildung usw. • Überprüfen, ob Qualifizierungsziele mit den strategischen Zielen des Geschäftsprozesses bzw. mit den Unternehmenszielen korrespondieren (Gespräche mit Führungskräften und gegebenenfalls Geschäftsführung) • Ressourcenplanung generell (Fachkräfte, Räume, Technik, Projekttermine, Finanzmittel) • Regeln und Organisieren des Anmeldeverfahrens • Formulare für Anmeldung, Teilnehmerlisten, Teilnahmebescheinigungen usw.
Trainer(in)	• Gegebenenfalls Mitwirkung bei inhaltlicher Planung
Betriebsrat	• Bereitstellen von Informationen aus dem Arbeitsprozess für die Entwicklung von Fallbeispielen mit hohem Praxisbezug • Erstellen eines Qualifizierungs- und Weiterbildungskonzeptes und des entsprechenden Angebotes (Förderpflicht BetrVG § 96 (2)), etwa die Ermöglichung der Teilnahme an Maßnahmen und Berücksichtigung der Belange hinsichtlich bestimmter Personengruppen • Beratung bei der Errichtung und Ausstattung betrieblicher Einrichtungen (BetrVG § 97) • Mitbestimmung bei der inhaltlichen Konzeption bzw. Beschaffung von Maßnahmen (BetrVG § 98), Qualifizierungs- und Entwicklungsplanung für das Folgejahr, Auswahl des Dozenten • Zusammenarbeit mit dem Weiterbildner bei der Festlegung der Grundsätze und der Verfahren zur Teilnahme an Maßnahmen der betrieblichen Bildung und Personalentwicklung • U.U. einen Ausschuss im Betriebsrat nach BetrVG § 28 bilden, der sich mit betrieblichen Bildungsfragen beschäftigt

(Quelle: Schönell, W201)

24.1 Budgetierung und Kostenplanung

Bildungsbudget:
finanzieller Rahmen
für alle Bildungs-
aktivitäten im
Planungszeitraum

Das Bildungsbudget stellt den finanziellen Rahmen für alle Bildungsaktivitäten im Planungszeitraum (ein Jahr) dar. Das Budget dient in erster Linie der **Kontrolle der Wirtschaftlichkeit** der betrieblichen Bildungsarbeit, indem die Zweckmäßigkeit der Mittelverwendung sowie etwaige Abweichungen nach Ablauf der Periode im Soll-Ist-Vergleich überprüft werden.

Die in der Praxis weit verbreitete Ermittlung von Budgets, z. B.
- in % vom Umsatz, in % der Lohn-/Gehaltssumme, im Branchenvergleich,
- als Durchschnittsbetrag je Mitarbeiter/Mitarbeitergruppe/Abteilung,
- als Durchschnittsbetrag vom Mitarbeitergehalt,
- als Fortschreibung des Vorjahresbudgets,

ist zwar einfach, doch orientiert sie sich nicht am wirklichen Bedarf des Unternehmens und ist damit für Kosten-Nutzen-Analysen oder Rentabilitätsbetrachtungen unbrauchbar.

Folgende **Kosten** können **während und für Personalentwicklungsmaßnahmen** entstehen:
- Veranstaltungskosten (z. B. Seminargebühren, Arbeitsunterlagen)
- Trainerkosten (z. B. Honorare, Reise- und Unterbringungskosten)
- Reisekosten, Unterkunft und Verpflegung (z. B. für Teilnehmer an externen Seminaren)
- Kosten für ausgefallene Arbeitszeit (durchschnittliche Personalkosten der Teilnehmer)
- Sozialkosten (durchschnittliche Arbeitstage · Arbeitszeit)
- Zusatzvergütung (Maßnahmen außerhalb der Arbeitszeit)
- Opportunitätskosten (Kosten für die nicht genutzte Kapazität der Teilnehmer)
- Kosten für Minderleistung, also Produktions-/Produktivitätsausfall
- Verwaltungskosten (z. B. Verwaltungsarbeit der Personalabteilung)
- Raumkosten
- Kosten für Material/Geräte

Differenzierte
Kosten-Nutzen-
Analyse ist
problematisch

Eine differenzierte **Kosten-Nutzen-Analyse** ist problematisch, da verschiedene Kosten (z. B. Opportunitätskosten, kalkulatorische Kosten) nur schwer eingeschätzt werden können.

Die heutige Themenvielfalt erschwert zusätzlich die Planung. Inhouse-Seminare sind wegen verhältnismäßig kleiner Teilnehmergruppen nicht mehr wirtschaftlich durchführbar.

Da einige Maßnahmen nicht aufschiebbar sind und extern durchgeführt werden müssen, steigen die anfallenden Bildungsausgaben (Reisekosten, Hotel usw.).

Das vorhandene Bildungsbudget erfordert eine konkrete Bildungsbedarfserhebung, eine gezielte Auswahl der vorrangigen Maßnahmen und deren Nutzennachweis.

Das Aufstellen eines **Rahmenbildungsplanes** zeigt den Bezug von Unternehmenszielen und Zweck der Maßnahme auf.

Inhalte eines Rahmenbildungsplanes können sein: Überblick über den gemeldeten Bildungsbedarf (z. B. Trainingstage, Zielgruppen, Themen), die anfallenden Kosten, Ziele und Verantwortlichkeiten. Ein Beispiel:

Checkliste Rahmenbildungsplan

1. Übersicht über Bildungsbedarf und Qualifikationsengpässe
- Wo sind die Schwerpunkte des Bildungsbedarfs?
- Wo werden die meisten finanziellen Mittel benötigt?
- Welche Ausfallzeiten entstehen bei welcher Zielgruppe?
- Wie können diese Ausfallzeiten begründet werden?
- Hinweise für Personalbeschaffung
- Übersicht über Qualifikationsentwicklung je Berufsgruppe
- Setzen von Prioritäten fällt leichter
- Effektivere Vorbereitung der Trainer
- Teilnehmergruppen für Seminare lassen sich homogener gestalten
- Größere Transparenz über das Weiterbildungsverständnis der Linienmanager
- Kosteneinsparung durch größere Transparenz des Mengengerüstes (Planung von Inhouse-Seminaren, Selbstlernprogrammen etc.)
- Verstärkung der Effektivität des Skillplaners
- Welcher Skill wird in welchen Berufsgruppen benötigt?
- In welchen Berufsgruppen liegt in welchem Skill welches Defizit bzw. welche Überqualifizierung vor?

2. Konkreter Bezug zu den Unternehmenszielen
- Argumentationshilfen zur Begründung der anzufordernden Finanzmittel (Planung)
- Rechenschaft für angefallene Aufwendungen (Soll-Ist-Vergleich)
- Erhöhung der Messbarkeit des Erfolges
- Entscheidungshilfen: Wird die Maßnahme wirklich benötigt?
- Argumentationshilfe bei Budgetänderungen
- Bewusstseinsweckung für Bildungsaufgaben
- Qualifikationsengpässe können früher erkannt werden
- Stärkere Sensibilisierung der Mitarbeiter für die Unternehmensziele
- Kosteneinsparungen durch Verzicht auf Maßnahmen, für die kein ausreichender Bezug zu den Unternehmenszielen hergestellt werden kann

3. Unterstützung der Linienmanager
- Argumentationshilfen für vorbereitende Gespräche mit Mitarbeitern, die Schulungen besuchen sollen
- Wie kann die Leistung von Mitarbeitern objektiver erfasst werden (Führungshilfsmittel)?
- Entwicklung von Kennzahlen und Evaluationskriterien für die Produktivitäts-Steuerung
- Hilfsmittel bei Personalentwicklungsaufgaben
- Stärkere Zielorientierung

(Quelle: Schönell W205 I)

Rahmenbildungsplan für das Jahr:

Berufsgruppe: Datum:

Abteilung:

Trainingstage je Mitarbeiter(in) / Trainingsgebiet	Namen der Mitarbeiter(innen)									Σ Tage	Σ Teilnehmer
Σ Tage (1)											
max Anz. Tage/Mitarbeiter											

(Quelle: Schönell, W205 II)

24.2   EXTERNE BILDUNGSMASSNAHMEN

Externer Bildungsträger trägt hier die Gesamtverantwortung

Bei externen Bildungsmaßnahmen trägt ein **externer Bildungsträger** die **Gesamtverantwortung für das Konzept und die Durchführung**. Bei der Konzepterstellung wird selbstverständlich auf inhaltliche Vorstellungen der Betriebe eingegangen.

Gerade kleinere Unternehmen sind auf die Beratung und Unterstützung externer Anbieter angewiesen. Für größere Unternehmen mit eigenen Bildungseinrichtungen sind häufig spezielle Angebote externer Bildungsträger interessant.

Wichtig bei der Vorbereitung ist es,
- zunächst **Auswahlkriterien** zu schaffen,
- dann systematisch **auszuwählen**,
- die **Unternehmens- und Teilnehmeransprüche** einzubringen und
- die **Innovationsorientierung** als Maßstab zu nehmen.

Bei der Auswahl eines Bildungsträgers aus einem unüberschaubaren Angebot empfiehlt es sich, diverse Informationen einzuholen. Folgende Möglichkeiten stehen z. B. zur Verfügung: Empfehlungen bei Kammern, Verbänden, Geschäftspartnern einholen, Internet, Fachliteratur (Zeitschriften, Bücher), frühere Teilnehmer befragen, Entsendung eines Teilnehmers zur Erprobung.

24.2.1 Checkliste zur Auswahl

Die Auswahl geeigneter Bildungsanbieter ist nicht immer leicht. Die folgende Checkliste bietet einen kleinen „roten Faden" für eine systematische Auswahl:

Checkliste Auswahl Trainer/Bildungsanbieter			
Erwartete Anforderungen	optimal	zufrieden-stellend	unzurei-chend
1. Fachkompetenz			
• Branchen-Know-how			
• Kenntnisse über das Arbeitsumfeld der Seminarteilnehmer			
• Erfahrungen in Persönlichkeitsentwicklung			
• Seminar-/Trainingsprogramm			
– Engagement für das Seminarthema			
– kann Inhalt didaktisch und methodisch umsetzen			
– verfügt über flexible Seminarkonzeption			
2. Persönlichkeit			
• fundierte Allgemeinausbildung			
• natürliche, positive Ausstrahlung			
• Übereinstimmung in: Gestik, Mimik und Wort			
• sicheres Auftreten			
• Denken und Handeln in Problemlösungen			
• sensibel für Menschen			
• kann sich sinnvoll zurücknehmen			
• flexibles und kreatives Verhalten			
• Überzeugungskraft			
3. Experte für Lern- und Lehrmethoden			
• beherrscht verschiedene Lehrtechniken			
• setzt Techniken zur Gedächtnissteigerung ein			
• bindet Elemente aus Superlearning/Suggestopädie in das Trainingsprogramm ein			
• bringt unterschiedliche Lehrmethoden zum Einsatz			
• setzt Medien gezielt und sinnvoll ein			
4. Sensibilität für Gruppendynamik			
• Einbeziehen gruppendynamischer Prozesse ins Training			
• initiiert, regt an, fördert, lenkt den Lernprozess			
• ist sensibel für den Seminarablauf			
• klärt Störfaktoren schon im Vorfeld ab			
• schafft eine stressfreie Lernatmosphäre			
• geht individuell auf Teilnehmer ein			
• entwickelt eine hohe Lernmotivation			
• leitet Problemlösungen ein			
• regt zur aktiven Auseinandersetzung mit der Sache an			
• ermöglicht positive Identifikation mit dem Arbeitsumfeld			

((Forts.))

Erwartete Anforderungen	optimal	zufrieden-stellend	unzurei-chend
5. Produkt- und Leistungsangebot			
• Transparenz und Verständlichkeit des Angebots			
• Kundennähe			
• Konditionen			
• Konzentration auf definierte Zielgruppen			
• Konzentration auf spezielle Stärken			
• Terminflexibilität			

(Quelle: Schönell, W207)

24.2.2 Vereinbarungen mit externen Bildungsträgern, Trainern/Referenten

Führt man mit einem Bildungsträger mehrmals Maßnahmen durch oder werden einzelne Veranstaltungen ausschließlich für die Mitarbeiter eines Unternehmens durchgeführt, ist es notwendig, mit dem für die Maßnahme zuständigen Trainer/Referenten **Vorgespräche** zu führen, um ihm die notwendigen Betriebskenntnisse zu vermitteln. Durch die Einigung über Vorstellungen zu bestimmten Punkten stellt das Unternehmen sicher, dass der Inhalt des Seminars auf den bestehenden Bildungsbedarf und die betrieblichen Erfordernisse abgestimmt ist.

Alle notwendigen Betriebskenntnisse müssen dem Trainer in Vorgesprächen vermittelt werden

Zu den Bereichen **Nebenleistungen, Abwicklung** und **Abrechnung** sollten folgende Details schriftlich festgelegt werden:
• Ziele des Trainings
• Inhalte und deren Schwerpunkte
• Zielgruppenbeschreibung und Teilnehmerzahl
• Zeitpunkt, Dauer und Ort der Durchführung
• Art und Verfahren der Erfolgskontrolle
• Verfahren der konzeptionellen und organisatorischen Vorbereitung
• Erstellung und Bereitstellung von Seminarunterlagen, Anschauungsmaterial
• Bereitstellung von Medien (Videorecorder, Flip-Chart, Metaplantafeln usw.)
• Honorar, Spesenabrechnung
• Rückgabe aller Unterlagen
• Vertraulichkeit aller erhaltenen Informationen über Firmeninterna etc.

Teilnahme eines Firmenvertreters am Seminar

Durch die Teilnahme eines Firmenvertreters am Seminar oder dem Eröffnungs- und Schlussgespräch kann die Kontrollfunktion ausgeübt werden. Damit wird sicherlich auch die Wertigkeit der Maßnahme den Teilnehmern stärker bewusst.

24.3 INTERNE BILDUNGSMASSNAHMEN

Bei internen Bildungsmaßnahmen liegt die Verantwortung – beginnend mit der Zielsetzung über die Planung bis hin zur Durchführung und Kontrolle – beim Unternehmen selbst. Bei der Gestaltung der Lernziele und -inhalte kann der **Mitarbeiter eingebunden** werden. Damit wird eine wesentlich **höhere Akzeptanz** beim Mitarbeiter erreicht.

Für spezielle Themen kann dazu auch ein externer Trainer/Referent verpflichtet werden. Die Veranstaltung kann auch in geeigneten Räumen außerhalb des Unternehmens durchgeführt werden.

Entscheidend für die erfolgreiche Durchführung interner Bildungsmaßnahmen ist
- die Professionalität der Trainer und
- eine systematische didaktische Programmplanung (Was wird vermittelt?).

Folgende Checkliste beschreibt **typische Akzeptanzprobleme** interner Schulungsmaßnahmen bei Teilnehmern und Führungskräften. Sie gibt damit indirekt Hinweise auf Faktoren der Qualitätssicherung interner Schulungen.

Checkliste Akzeptanz interner Schulungsmaßnahmen

Interner Trainer
- wird nicht immer ernst genommen, da „Kollege"
- ist häufig „Mädchen für alles" (Seminarorganisation, administrative Aufgaben, die ein externer Trainer nicht übernehmen würde, usw.)
- pädagogische, andragogische und psychologische Qualifikation ist häufig nur unzureichend
- häufig nicht full-time in der Weiterbildung tätig, Training ist Nebenaufgabe und daher manchmal nicht sehr professionell bzw. mit wenig Engagement
- hat nicht genügend Vorbereitungszeit für Kurse durch eigentliche Aufgaben (Projektarbeit etc.) – wenn nebenamtlich
- wird zum Teil einfach für den Kurs bestimmt, trotz umfangreicher Tagesarbeit
- manchmal unglückliche Konstellation wenn ein interner Trainer höher gestellte Mitarbeiter des Unternehmens schult
- Aufgaben und Funktionen interner Trainer sind häufig nicht Bestandteil der Stellenbeschreibung (keine Entlohnung)

Maßnahme
- interne Kurse haben häufig ein geringeres Image im Vergleich zu externen Kursen
- Störungen im Seminar (Trainer und/oder Teilnehmer werden aus Seminar geholt)
- interne Kurse haben manchmal geringeres Niveau als externe (ungeeignete Lernatmosphäre, Pausengestaltung)
- kein Erfahrungsaustausch mit Kollegen anderer Firmen
- Gestaltung, Ausstattung, Licht- und Lüftungsverhältnisse der Schulungsräume sind oft suboptimal
- interne Schulungsmaßnahme mit nebenberuflichem internem Trainer wird im Allgemeinen durch die Führungskräfte nicht so ernst genommen wie eine externe Veranstaltung mit externem Trainer
- oft sehr heterogene Gruppen durch „Auffüllen" des Seminars bis zur Mindestteilnehmerzahl (um Break-Even zu erreichen)
- Teilnehmer in den Pausen, vor Beginn und nach Ende des Seminartages am Arbeitsplatz (Verspätungen, Unruhe durch Diskussion des Tagesgeschäftes während des Seminars)
- Qualität eingesetzter Teachware (CBT, Video usw.) oft fraglich
- Inhalte zum Teil auf das Minimum an Information reduziert, um Kosten zu sparen – ohne Rücksicht auf Einschränkung des Lernerfolges   *((Forts.))*

Organisation
- Teilnehmer werden nicht rechtzeitig benachrichtigt
- Einladungsschreiben sind wenig aussagekräftig
- Pausengetränke häufig umständlich zu bekommen
- Mittagspause zu kurz wegen hausinterner Regelung
- notwendige kurze Pausen werden eingespart
- Teilnehmerunterlagen häufig zu spät fertiggestellt
- mangelhafte Betreuung der Teilnehmer

Teilnehmer
- sind unsicher, wenn etwa ihre Vorgesetzten mit am Seminar teilnehmen
- keine ausschließliche Konzentration auf die Schulung, da normale Arbeitsumgebung und Ablenkung durch das Tagesgeschäft
- wenig motiviert („andere dürfen extern geschult werden, wir sind zweite Klasse")
- erfüllen Teilnahmevoraussetzungen nicht, wenn sie als „Ersatzperson" ins Seminar geschickt werden

(Quelle: Schönell W210)

24.3.1 Gegenüberstellung der Vorteile externer und interner Bildungsmaßnahmen

Aufgrund verschiedener Faktoren kann man entscheiden, ob man eine interne oder eine externe Maßnahme durchführt. Solche Faktoren sind beispielsweise:
- Art der Personalentwicklungserfordernisse
- betriebliche Kompetenzen und Voraussetzungen
- Kosten, Teilnehmerzahl u. v. a. m.

Kriterien	Vorteile interner Maßnahme	Vorteile externer Maßnahme
Thema	Behandlung firmenspezifischer und arbeitsplatzbezogener Themen möglich; Behandlung von Inhalten, die vertraulich behandelt werden müssen (interne Vorhaben), und Inhalten zur Firmenkultur, die ein Externer nicht nachvollziehen kann, möglich	Firmen- und branchenunabhängiges Fach- oder Spezialwissen kann besser vermittelt werden; neue Ideen können später von den Teilnehmern in das Unternehmen eingebracht werden
Ziele	Das Unternehmen kann unabhängig die Ziele festlegen und die Planung an betrieblichen Gegebenheiten orientieren; größere Flexibilität	Größere Professionalität; Zielvielfalt durch breitere Auslegung; mehr Lösungsmöglichkeiten für ein Problem
Lernklima	Teilnehmer kennen sich evtl. schon und mühevolles „Abtasten" entfällt	Der Teilnehmer kann frei und unbelastet, ohne Störung (z.B. durch Kollegen) lernen
Referenten	Interne Referenten kennen das Umfeld und die speziellen betrieblichen Probleme und Gegebenheiten; Nutzung des fachlichen Potenzials im Unternehmen	Dozenten didaktisch und methodisch meist besser; haben durch die i.d.R. freiberufliche Tätigkeit größere Marktübersicht; können neutral und unbelastet beurteilen und bewerten
Teilnehmerzahl	Kann von Vornherein festgelegt werden	Bei Meldung von Einzelteilnehmern, die als Multiplikatoren im Unternehmen tätig werden können *((Forts.))*

Homoge-nität der Gruppe	Die Kriterien der Teilnahme werden einheitlich festgelegt; Fähigkeitsprofil und Beurteilungen der Mitarbeiter liegen vor	Durch die unterschiedlichen Kenntnisse bei den Teilnehmern werden verschiedene Sichtweisen eines Problems möglich
Termin-planung	Richtet sich nach dem vorhandenen Bildungsbedarf und der betrieblichen Kapazitätsauslastung	Jahresprogramme liegen rechtzeitig vor, dadurch können die Entsendungstermine mit in die betriebliche Planung integriert werden
Kosten	Die Höhe der Honorare für die Vor- und Nachbereitungszeiten der internen Referenten können nicht exakt vorgeplant werden; bei Maßnahmen, die regelmäßig durchgeführt werden, sind die Kosten niedriger; bei größeren Unternehmen, die über eine eigene Weiterbildungsabteilung mit Fachkräften verfügen, werden durch eine hohe Auslastung die Kosten gesenkt; die Kontrolle des Bildungserfolges ist bei internen Maßnahmen kostengünstiger zu steuern	Exakte Planung durch Kostenvoranschlag oder feststehende Preise für einzelne Maßnahmen möglich; durch Vergleich verschiedener Anbieter sind Preisvorteile möglich

Abb. 24.1: Vorteile interner und externer Bildungsmaßnahmen

24.3.2 Gegenüberstellung der Vor- und Nachteile von internen und externen Trainern/Referenten

Um herauszufinden, ob ein interner oder ein externer Trainer besser geeignet ist, empfiehlt es sich, für jede Weiterbildungsveranstaltung eine Analyse durchzuführen und Vor- und Nachteile gegeneinander abzuwägen.

Vor- und Nachteile eines **internen Trainers** sind beispielsweise:

Vorteile	Nachteile
• er kennt die betrieblichen Abläufe, die Aufgaben- und Problemstellungen	• durch betriebliche Belastungen ist die zeitliche Flexibilität des Trainers häufig sehr eingeschränkt
• er vertieft und ergänzt sein fachliches Wissen und seine Kompetenz	• Doppelbelastung verursacht Probleme zwischen Trainer und Vorgesetzten und/oder Kollegen
• durch seine Trainertätigkeit wird die Motivation für die eigene Fachaufgabe erhöht	• häufig sind die pädagogischen Kenntnisse/Erfahrungen nicht ausreichend
• die Trainertätigkeit unterstützt die Beziehungen zwischen Teilnehmern und Trainer sowie zwischen den Teilnehmern aus verschiedenen Betriebsbereichen	• insbesondere können bei internen Trainern Akzeptanzprobleme auftauchen
	• der Betreuungsumfang durch die Bildungsabteilung ist größer

Abb. 24.2: Vorteile und Nachteile eines internen Trainers

Vor- und Nachteile eines **externen Trainers** sind:

Vorteile	Nachteile
• er verfügt meist über gute pädagogische Qualifikation und ausreichendes fachliches Wissen	• in der Regel entstehen wesentlich höhere Kosten
• er bringt Erfahrungen zu Problemstellungen aus anderen Unternehmen mit	• die Einarbeitung in betriebsspezifische Problemstellungen ist zeitaufwendig
• insbesondere im Verhaltenstraining erhält er eine größere Akzeptanz	• in Seminaren erarbeitete Lösungsansätze, die in der Praxis angegangen werden sollen, können schwieriger verfolgt werden (Transferproblem)

Abb. 24.3: Vorteile und Nachteile eines externen Trainers

24.3.3 Planung der Durchführung einer betrieblichen Bildungsmaßnahme

Wichtig ist, dass bei der Planung einer Maßnahme und der Erstellung eines Konzeptes so viele Fragen wie möglich im Vorfeld geklärt werden. Beispielsweise die Folgenden:

- Wozu soll qualifiziert werden?
- Was soll vermittelt werden (Kenntnisse, Fertigkeiten und Verhaltensweisen)?
- Wie wird das Erreichen der Lernziele kontrolliert?
- Welche Methoden sind für die Lernziele geeignet?
- Welche Anforderungen werden an die Teilnehmer gestellt?
- Womit wird die Lernmethode und die Lernbereitschaft unterstützt?
- Welche Unterlagen benötigen die Teilnehmer vor, während und nach der Maßnahme?
- Wem sollen die Lerninhalte vermittelt werden?
- Wie viele Teilnehmer sind für die Maßnahme sinnvoll?
- Wie lange dauert die Maßnahme?
- Wie viel Zeit wird für die Vorbereitung, Durchführung und Nachbereitung benötigt?
- Wann wird die Maßnahme durchgeführt?
- Wer ist für die Vermittlung der Inhalte geeignet?
- Welche Informationen benötigt der Referent vor der Veranstaltung?
- Wo kann die Maßnahme durchgeführt werden?
- Welche Bedingungen werden an den Veranstaltungsort gestellt?
- Wie viel Platz wird benötigt?
- Wie hoch sind die Kosten bei unterschiedlichen Maßnahmen?
- Wodurch können höhere Kosten gerechtfertigt werden?
- Wer übernimmt welche Kosten?

Die organisatorische Vorbereitung einer betrieblichen Bildungsmaßnahme wird wesentlich erleichtert, wenn man anhand einer Checkliste prüft, ob nichts vergessen wurde.

Checkliste Maßnahmenvorbereitung	
Beteiligte Erfolgspromotoren	**Erfolgsfaktoren, Controllingaktivitäten bzw. -instrumente**
Geschäftsführung	–
Führungskraft	• Gespräch zur Vorbereitung des Teilnehmers auf die Schulungsmaßnahme ca. 14 Tage vor Maßnahmenbeginn • Abstimmung der gegenseitigen Erwartungen an die Schulungsmaßnahme zwischen Führungskraft und Mitarbeiter • Abstimmung der Transferziele zwischen Führungskraft und Mitarbeiter • prüfen, ob der Teilnehmer die Teilnahmevoraussetzungen erfüllt; evtl. Rücksprache mit Weiterbildner • Planen der Abwesenheitszeit des Teilnehmers, evtl. Beschaffen einer Stellvertretung • ggf. Reiseplanung, Reisekostengenehmigung, Vorschuss usw. • Abstimmen eines Gesprächstermins mit dem Teilnehmer zur Transfersicherung *((Forts.))*

Beteiligte Erfolgspromotoren	Erfolgsfaktoren, Controllingaktivitäten bzw. -instrumente
Mitarbeiter(in)	• Vormerken der Schulungstermine • Stellvertreter(in) informieren, ggf. einweisen in zu übernehmende Arbeiten • Sekretariat über Abwesenheit informieren • Vorbereiten auf Seminar (Literatur, Problemsammlung, Fragen vorbereiten usw.)
Weiterbildner(in)	• Einladungen schreiben an Teilnehmer (entweder direkt an die Teilnehmer oder über die Vorgesetzten) • ggf. Weiterleiten einer externen Einladung an Führungskraft bzw. Teilnehmer • Führen von Anmeldeübersichten je Maßnahme, evtl. auch Warteliste • Teilnehmerlisten je Maßnahme ausdrucken und den jeweiligen Trainern zur Verfügung stellen • Teilnahmebescheinigungen je Teilnehmer erstellen • Essenmarken für Trainer organisieren, Tische für Seminargruppe reservieren usw. • ggf. Unterkunft für Trainer besorgen • ggf. Ausweis zum Betreten des Werksgeländes für Trainer beantragen • ggf. Zugriffsberechtigung für Nutzung von DV-Ressourcen, Netzwerke (User-ID, Zutritt ins Rechenzentrum etc.) für Trainer/Teilnehmer beantragen
Trainer(in)	• Vormerken der Schulungstermine • Informieren über Zusammensetzung des Teilnehmerkreises
Betriebsrat	• Mitbestimmung und Initiativrecht bei der Auswahl der Teilnehmenden an betrieblichen Maßnahmen (BetrVG § 98) • Mitwirkung bzw. Beratung bei der Auswahl der Teilnehmenden an außerbetrieblichen Maßnahmen (BetrVG § 97)

(Quelle: Schönell W301)

Auch vor der Durchführung einer Maßnahme sollte man anhand einer Checkliste überprüfen, ob an alles gedacht wurde.

Checkliste Maßnahmendurchführung	
Beteiligte Erfolgspromotoren	**Erfolgsfaktoren, Controllingaktivitäten bzw. -instrumente**
Geschäftsführung	• bei strategisch wichtigen Themen Anwesenheit bei Seminareröffnung und kurze Begrüßungsworte • Vertrauen zum Trainer
Führungskraft	• bei wichtigen Themen Anwesenheit eines Vertreters der Führungskräfte bei Seminareröffnung bzw. -abschluss • Vertrauen zum Trainer
Mitarbeiter(in)	• „Abschalten" vom allgemeinen Tagesgeschäft, Konzentration auf das Training • Vorbereitung auf die Schulung • persönliche Veränderungsbereitschaft, Offenheit für Neues, Lernwille, Interesse an persönlicher Weiterentwicklung *((Forts.))*

Beteiligte Erfolgspromotoren	Erfolgsfaktoren, Controllingaktivitäten bzw. -instrumente
Mitarbeiter(in) (Fortsetzung)	• Kenntnis der Lernziele, die erreicht werden sollen • Kenntnis der Erwartungen des Vorgesetzten an die Schulung • Abstimmen der Transferziele zwischen Vorgesetztem und Mitarbeiter
Weiterbildner(in)	• Seminarorganisation vor Ort • Begrüßung der Teilnehmer, Vorstellung des Trainers (wenn das Training nicht selbst gehalten wird) • Teilnehmerbetreuung • Zusammensetzung des Teilnehmerkreises • Briefing des Trainers vor dem Seminar • Bereitstellen geeigneter Räume für Schulungen, Workshops usw. (Kriterien: Größe, flexible Unterteilungsmöglichkeiten, Belüftung, Licht, Atmosphäre, Umgebung, sanitäre Anlagen, Cafeteria/Kantine usw.) • Bereitstellen einer geeigneten Medienausstattung der Schulungsräume (Tagungstechnik, PC, Trainingsnetzwerk usw.)
Trainer(in)	• Trainerqualifikation (Fach-, Methoden-, Individual-, Sozialkompetenz) • Stoffdarbietung, Lernziel- und Lernerfolgskontrollen im Seminar (Übungen, Aufgaben, Praktika usw.) • Abfrage Teilnehmererwartungen/-interessen bei Seminarbeginn • Verhältnis Theorie zu Praxis • Akzeptanz bei den Teilnehmern • Anwesenheitsprüfung/Teilnehmerliste
Betriebsrat	• Bei strategisch wichtigen Themen Anwesenheit bei Seminareröffnung und beim Abschluss – weiterhin muss die Teilnahme an einer Maßnahme darüber hinaus möglich sein • Überwachen der Bildungsmaßnahmen (paritätischer Bildungsausschuss)

(Quelle: Schönell W401)

24.4 ERFOLGSKONTROLLE

Die Erfolgskontrolle soll feststellen, welche Lern- und Entwicklungserfolge der Mitarbeiter erreicht hat und inwieweit die erworbene Qualifikation seinen Arbeitseinsatz und sein Arbeitsverhalten verändert hat.

Durch eine regelmäßige Kontrolle kann festgestellt werden, ob und inwieweit die angestrebten Ziele erreicht wurden. Durch **Soll-Ist-Vergleiche** und **Abweichungsanalysen** können bei künftigen Bildungsmaßnahmen Fehler korrigiert oder sogar vermieden werden.

Die **ökonomische Kontrolle** wird an möglichst **objektivierbaren Indikatoren** vorgenommen, wie z. B.:
• Vergleich der Sollkosten (Kalkulation) und Istkosten von Bildungsmaßnahmen
• Produktion (z. B. Materialkostensenkung nach einem betriebswirtschaftlichen Seminar)

- Verwaltung (z.B. Veränderung der Papiermenge nach Einführung eines Inhouse-Kommunikationssystems)
- Qualität (z.B. weniger Ausschuss, Reklamationen nach einer Maßnahme zur Qualitätssicherung)
- Betriebsklima (z.B. Fehlzeiten- und Fluktuationssenkung nach Einführung einer Kleingruppenorganisation)

Die **pädagogische Kontrolle** erfolgt über Bewertungsfaktoren wie z.B.:
- Lehrmethodenmix
- Trainer-/Referentenengagement
- Motivation der Teilnehmer
- allgemeine Zufriedenheit nach der Maßnahme
- Erreichen der Lernziele

24.4.1 Kontrollmethoden

Kontrollmethoden werden einerseits unterschieden in **objektive** (messbare Leistung des Teilnehmers, z.B. Test, höhere Umsatzleistung) und **subjektive Verfahren** (Befragung, Gespräche, Beobachtungen), andererseits in **direkte** (Daten werden direkt bei den Teilnehmern ermittelt) und **indirekte Verfahren** (Daten werden aus dem Verhalten und den Aussagen des Umfeldes des Teilnehmers gewonnen).

Die Kontrollmethoden im Einzelnen:
- **Kennziffern und Indikatoren**:
  Das sind z.B.: Umsatzergebnis, Kostenentwicklung, Ausschussquote, Kundenreklamationen, verbessertes Betriebsklima (gemessen am Krankenstand, Fluktuationsrate), höhere Beteiligung am betrieblichen Vorschlagswesen, weniger Disziplinargespräche, weniger Arbeitsunfälle.
  Der **Mangel**: Die Verbesserung eines Zustandes lässt sich nicht exakt auf die Qualifizierung des Mitarbeiters zurückführen (beispielsweise beeinflusst auch ein schlechter Arbeitsmarkt die Disziplin der Mitarbeiter).

- **Prüfungen und Tests**:
  Hier gilt das 90/90-Prinzip: Eine Bildungsmaßnahme ist dann erfolgreich, wenn 90% der Lernenden 90% des Lernstoffes so aufgenommen haben, dass sie ihn in einer Prüfung wiedergeben können. Was geprüft werden soll, bestimmt auch die Form der Erfolgskontrolle:
  - **kognitive Lernziele** (Wissenstest), z.B. durch mündliches Abfragen oder in schriftlicher Form (Bericht, offene Fragen, Mehrfachwahlaufgaben/Multiple-Choice),
  - **affektive Lernziele** (Einstellungs- u. Verhaltenstest), z.B. durch Rollenspiele,
  - **psychomotorische Lernziele** (Bearbeitungstest), z.B. durch praktische Übungen.

Die erfolgreiche Teilnahme an einer Maßnahme kann durch ein Zeugnis oder Teilnahmezertifikat bestätigt werden.

Der **Mangel**: Bei allen schriftlichen Methoden erfolgt keine Aussage über die praktische Verwertbarkeit des Lernstoffes. Außerdem verfälscht die Prüfungsangst der Teilnehmer das Ergebnis. Das Bestehen der Prüfung überstrahlt den eigentlichen Sinn der Maßnahme (Erreichen von Kenntnissen, Fertigkeiten und Verhaltensweisen).

- **Befragung**:
  Interviewtechnik anhand eines Fragebogens oder in einem unstrukturierten Gespräch („Manöverkritik"). Befragungen sollten vor, während und nach einer Maßnahme durchgeführt werden. Empfehlenswert ist zudem eine nochmalige Befragung, nachdem eine gewisse Zeit zwischen der Maßnahme und der Anwendung am Arbeitsplatz verstrichen ist (Nachlese = Follow up).

  Der **Mangel**: Die Situation der beteiligten Personen beeinflusst die Ergebnisse (z.B. fehlende Motivation, harmonischer Seminarablauf, Trainerpersönlichkeit).

- **Mitarbeiterbeurteilung**:
  In einer Beurteilung wird die Leistungs- und Verhaltensänderung eines Mitarbeiters erfasst. So soll ermittelt werden, ob und in welchem Umfang der Lernerfolg in die Praxis transferiert werden konnte.

  Der **Mangel**: Wie bei den Kennziffern lässt sich auch hier nicht ausschließen, dass andere Einflüsse zu Veränderungen geführt haben. Der kausale Zusammenhang zwischen Bildungsmaßnahme und Veränderung ist nicht immer herzustellen.

24.4.2 Kostenkontrolle

Bei der Personalentwicklung wäre es problematisch, alle Entscheidungen nur aus ökonomischer Sicht zu treffen. Vielmehr sollte das jeweilige Entwicklungsziel die Auswahl der geeigneten Förder- und Bildungsmaßnahmen bestimmen.

Wie in Kap. 19 (Controlling im Personalmanagement) bereits beschrieben, dient die Kostenerfassung und -kontrolle den Personalentwicklungsverantwortlichen als Entscheidungs- und Steuerungsinstrument.

Erfasst werden beispielsweise:
- die Art und Höhe der Weiterbildungskosten nach Kostenarten, Kostenstellen, je Mitarbeiter usw.
- unterschiedliche Kosten bei alternativen Bildungsmaßnahmen (externe oder interne Seminare, Training on the job)

Benötigt werden diese Daten unter anderem für die
- Berechnung der Rentabilität,
- die Erstellung des Weiterbildungsbudgets für die nächste Periode,
- die Erstellung einer Sozialbilanz usw.

Checkliste Maßnahmenevaluierung	
Beteiligte Erfolgspromotoren	**Erfolgsfaktoren, Controllingaktivitäten bzw. -instrumente**
Geschäftsführung	–
Führungskraft	• abschließende Beurteilung der Maßnahme nach abgeschlossenem Transfer • bei wichtigen Maßnahmen Anwesenheit beim Abschlussgespräch (Manöverkritik) des Seminars
Mitarbeiter(in)	• offene, ehrliche und kritische Antworten tragen zur Qualitätssicherung der Maßnahmen bei • Ausfüllen von Evaluierungsbogen, Fragebogen • Bearbeiten von Übungsaufgaben, Klausuren, Prüfungsaufgaben (evtl. Multimedia-gestützt) • wo hilfreich und unkritisch, Name und Telefonnummer auf der Beurteilung angeben
Weiterbildner(in)	• praxisgerechte Evaluierungsbogen zur Verfügung stellen • wo sinnvoll, maßnahmenspezifischen Evaluierungsbogen einsetzen (nicht alle Seminare über einen Kamm scheren) • Auszählen der Evaluierungsbogen • Analyse der Beurteilungen • Erkennen weiteren Informations- und Verbesserungspotenzials
Trainer(in)	• Beurteilung der Maßnahme aus eigener Sicht (evtl. standardisierter Bericht über das Training, wenn z.B. viele gleichartige Seminare zu einem Thema durchgeführt werden) • Übungsaufgaben je Themenbereich, Klausuraufgaben zum Abschluss • Fallbeispiele bearbeiten lassen
Betriebsrat	• ggf. eigene Erhebung zur Einschätzung der Maßnahmen bei den Mitarbeitern • ggf. Verbesserungsvorschläge für die Weiterbildungsmaßnahmen (paritätischer Bildungsausschuss)

(Quelle: Schönell W601)

24.4.3 Erfolgskontrolle im Lernfeld (während des Lernprozesses)

Im Kapitel 23.1.4 wurde geschildert, wie der Lernstoff in Lernziele (Richt-, Grob-, Feinziele) zergliedert wird. Durch die Operationalisierung der Lernziele wird das **beobachtbare Endverhalten** beschrieben.

Die Teilnehmer können selbst feststellen, ob sie die Lernziele erreicht haben, aber auch Trainer (im Fortbildungsseminar), Vorgesetzte (nach einer Unterweisung) und Beobachter (in einem Assessment-Center) beurteilen und bewerten (z. B. durch einen Test) den Lernerfolg.

 Bei Maßnahmen, die über eine längere Zeit durchgeführt werden, ist es notwendig, das Erreichen von Teilzielen zu überprüfen.

Hierdurch werden Änderungen im Programmablauf oder in den Inhalten noch rechtzeitig möglich.

Seminarbeurteilung

Absender: _____ Postzeichen: _____ Telefon: _____

Empfänger: _____

	ausgezeichnet	gut	befriedigend	ausreichend	ungenügend	Bitte geben Sie Stichpunkte zur Begründung der Beurteilung:
Thema: _____ Termin: _____ Referent: _____						
1. Beurteilung des **Referenten**						
a) Fachliche Beherrschung des Themas						
b) Vortragstechnik						
c) Lernhilfen (Flipchart, Video usw.)						
d) Übungen, Fallstudien, prakt. Beispiele						
e) Berücksichtigt Firmenverhältnisse						
f) Praxisnähe						
g) Geht auf die Teilnehmer ein						

	sehr gut	viel	einigerm.	nur wenig	überh. nicht	
2. **Nutzen** für die Tätigkeit (Trägt das Seminar dazu bei, Ihre Aufgaben besser oder leichter zu erfüllen?)						

	völlig	größtenteils	einigerm.	wenig	überh. nicht	
3. Wurden Ihre **Erwartungen** erfüllt?						

4. **Seminardauer**
☐ zu lang ☐ gerade richtig ☐ zu kurz

5. Der **Seminarinhalt** war für den Teilnehmerkreis
☐ zu hoch ☐ gerade richtig ☐ zu niedrig

6. Was hat Ihnen besonders gefallen?

7. Was hat Ihnen nicht gefallen?

8. Welcher Teil sollte vertieft werden?

9. Welcher Teil könnte verkürzt werden?

10. Sind Sie an einem weiterführenden Seminar interessiert?
☐ nein ☐ ja   Wenn ja, was sollte inhaltlich berücksichtigt werden?

11. Auf welchen Gebieten haben Sie in Ihrer jetzigen Tätigkeit Wissensbedarf festgestellt, der durch gezielte Bildungsmaßnahmen gedeckt werden kann?

12. Welche **Anregungen** haben Sie?

(Quelle: Schönell W606)

24.4.4 Erfolgskontrolle im Funktionsfeld (am Arbeitsplatz)

Insbesondere beim **Training off the job** wird der Mitarbeiter **erst am Arbeitsplatz** seine neu erworbenen Kenntnisse, Fertigkeiten und Verhaltensweisen anwenden und umsetzen können (**Lerntransfer**).

Er wird **Veränderungen** vornehmen wollen. Ob ihm das auch gelingt, ist von mehreren Faktoren abhängig:

- Werden seine Erwartungen erfüllt (Aufstiegsmöglichkeit)?
- Wie reagiert sein Umfeld (Kollegen, Vorgesetze)?
- Ist das neue Wissen am Arbeitsplatz einsetzbar?
- Wo erhält er Hilfe, wenn es in der Praxis nicht gleich funktioniert?

Bei den **Training-on-the-job-Methoden** ist das **Lernfeld** auch das **Funktionsfeld**. Dadurch ist der **ständige Lerntransfer** viel besser gewährleistet. In der Praxis beobachtet man häufig, dass das Umfeld (Vorgesetze, Kollegen) stärker in den Lernprozess mit eingebunden ist. Das führt dazu, dass Veränderungen eher mitgetragen werden.

Beim Training on the job ist das Lernfeld zugleich das Funktionsfeld

Checkliste Transfersicherung	
Beteiligte Erfolgspromotoren	**Erfolgsfaktoren, Controllingaktivitäten bzw. -instrumente**
Geschäftsführung	• Rahmenbedingungen für Umsetzung der angestrebten Veränderungen und gesundes Innovationsklima schaffen • angestrebte Veränderungen aktiv unterstützen (z.B. durch Vorleben) • persönliche Veränderungsbereitschaft • Einfordern der Führungsaufgabe „Weiterbildung" bei den Führungskräften • Führungsrichtlinien (Geschäftsordnung) mit projekthaften Zielvereinbarungen zu arbeiten
Führungskraft	• Identifikation mit der Führungsaufgabe, den Transfer aktiv zu unterstützen • Unterstützen und Fördern eines gesunden Innovationsklimas • persönliche Veränderungsbereitschaft • Erfahrungsaustausch über Transfer mit dem zuständigen Weiterbildner • Transfergespräche mit den Mitarbeitern (Teilnehmern) • Motivation zu projekthaften Zielvereinbarungen, Transferverträge • konkrete Umsetzungsaufgaben stellen mit Zeit- und Qualitätsmaßstäben • Freiraum zur Umsetzung geben (die Teilnehmer müssen nicht nur wollen, sondern auch dürfen) • fehlertolerant sein (Teilnehmer sollen aus Fehlern lernen können, nicht aber etwa Angst vor Bestrafung haben) • den Teilnehmern einen Paten für Umsetzung zur Verfügung stellen • Unterstützung der Bildung von selbst organisierten Lernteams • Kennzahlen, Erfolgskriterien aus Zielvereinbarung regelmäßig überprüfen • Erfahrungsberichte im Führungskreis und gegenüber der Geschäftsführung
Mitarbeiter(in)	• projekthafte Zielvereinbarung mit Führungskraft abschließen (mit konkreten Kennzahlen und Erfolgskriterien) • Information der Führungskraft und des Weiterbildners bei Umsetzungsproblemen, die nicht selbst gelöst werden können • Transferprobleme und -hindernisse der Führungskraft und dem Weiterbildner kommunizieren • persönliche Veränderungsbereitschaft

((Forts.))

Beteiligte Erfolgspromotoren	Erfolgsfaktoren, Controllingaktivitäten bzw. -instrumente
Mitarbeiter(in) (Fortsetzung)	• gewisser Grad an Selbstdisziplin bei der Umsetzung • Mitarbeit in selbst organisierten Lernteams • Kennzahlen, Erfolgskriterien aus Zielvereinbarung regelmäßig überprüfen
Weiterbildner(in)	• Unterstützung der Führungskräfte bei Transfergesprächen • Dokumentieren der Transfererfahrungen für alle strategischen Bildungsmaßnahmen • Transfererfahrungen in neue Bildungsprojekte einfließen lassen • persönliche Veränderungsbereitschaft • Information des Trainers über Transferbarrieren, die im Seminar beseitigt werden können • Beratungsgespräche und Betreuung der Teilnehmer und Führungskräfte in der Transferphase (Prozessbegleitung) • aus den Transfererkenntnissen bei Bedarf geeignete Follow-up-Maßnahmen ableiten • Erfahrungsaustausch in organisierten Erfahrungsgruppen • Dokumentieren von Fallstudien über realisierte Umsetzungen (Sichern, Dokumentieren des Erfahrungsschatzes) • Angebot geeigneter Selbststudienangebote zur Vertiefung, Wiederholung usw. (CBT, Hypertext, Online-Dokumentationen, Einsatz von CD-ROM für Multimedia-Lernprogramme etc.) • Hotline zum Trainer bzw. Berater (zentrale Anlaufstelle für Rückfragen beim Trainer) • Bereitstellen der Unterlagen für Lernteams • Veröffentlichung von geeigneten Transferergebnissen in der Hauszeitung (Bildungsmarketing)
Betriebsrat	• Information bei den Führungskräften einholen über Zielvereinbarungen, Transferverträge der Teilnehmer • sich informieren über Zielvereinbarung und Transferfortschritte bei einzelnen Teilnehmern • in relevanten Fällen Vereinbaren von neuen Rahmenbedingungen der Arbeit, in denen Bildungsmaßnahmen wirksam werden (z.B. Arbeitszeit und Entgelt) nach BetrVG § 87

(Quelle: Schönell W701)

Ein **Nachbereitungsgespräch zwischen Teilnehmer und Führungskraft** sollte die folgenden Elemente beinhalten (vgl. Schönell W502):
• Terminvormerkung für Transfergespräch/Wiederkehrgespräch
• Bericht des Teilnehmers
  – Eindruck
  – Neu Dazugelerntes
  – Vorstellung über die praktische Anwendung und Umsetzung des Gelernten
• Erwartungen der Führungskraft an die Umsetzung durch den/die Teilnehmer(in)
• Erwartungen des Teilnehmer/der Teilnehmerin an seine(n) Vorgesetze(n) bezüglich der Unterstützung beim Transfer
• Vereinbarung des Transferziels
• Vereinbarung einer Messgröße für das Eintreten der gewünschten Veränderungen
• Unterschrift Mitarbeiter(in)
• Unterschrift der verantwortlichen Führungskraft

24.5 QUALITÄTSMANAGEMENT

Die Notwendigkeit der Sicherung des gegenwärtigen Absatzes sowie aktueller und zukünftiger Wettbewerbsvorteile führte ab 1945 zur Entwicklung einer Reihe von Strategien, Methoden und Instrumenten zur Qualitätssicherung in den Unternehmen.

Den weitreichendsten Ansatz zur Ausrichtung aller Mitarbeiter und Prozesse im Unternehmen auf Qualität, verstanden als konsequente Orientierung an den Kundenbedürfnissen, stellt das **Total Quality Management** (TQM) dar.

Konsequente Orientierung an den Kundenbedürfnissen

Basierend auf den Ideen von W. E. Deming zielt der Ansatz auf einen **kontinuierlichen Verbesserungsprozess** (KVP) der Produkte und Prozesse, wobei es keine einheitliche Meinung gibt, mit welchen Instrumenten und Methoden ein TQM konkret umgesetzt werden soll. Ein erster Schritt in Richtung TQM kann daher der Aufbau eines **Qualitätsmanagementsystems** (QMS) im Unternehmen nach den Normen der DIN EN ISO 9000 ff. sein.

Aufbau eines Qualitätsmanagementsystems

Für die Überprüfung des Umsetzungsstandes sind dabei interne und ggf. externe Audits vorgesehen. Eine andere Möglichkeit, um den Umsetzungsgrad eines QMS zu ermitteln, ist das EFQM-Modell (EFQM = European Foundation for Quality Management), das mit seinen Kriterien ein Schema für die Analyse und Bewertung angestrebter Veränderungsprozesse in Unternehmen bietet.

Mit der **Balanced Scorecard** (BSC) und ihrer durchgängigen Zielausrichtung Maßnahmengenerierung sowie Kennzahlensteuerung steht wiederum ein Instrument zur Verfügung, mit dem angestrebte Veränderungsprozesse bzw. darin ermittelte Defizite operativ umgesetzt werden können.

Maßnahmengenerierung sowie Kennzahlensteuerung

Bei der Umsetzung von Qualitätsmanagementsystemen spielt das Personalwesen eine zentrale Rolle. Nicht nur als beteiligte Organisationseinheit, die sich im Rahmen eines QMS ebenfalls am durchgängigen Qualitätsgedanken ausrichten muss, sondern auch als verantwortliche Instanz für die Aus- und Weiterbildung der Mitarbeiter, die mit ihrem Potenzial in allen oben genannten Strategien und Instrumenten einer der entscheidenden Erfolgsfaktoren sind.

Personalwesen spielt eine zentrale Rolle

24.6 BILDUNGSCONTROLLING

 „Das große Ziel der Bildung ist nicht Wissen, sondern handeln!"
(Herbert Spencer, engl. Philosoph)

Der Bedarf an Qualifizierungsmaßnahmen steigt ständig, obwohl die Bildungsbudgets in angespannten wirtschaftlichen Zeiten als Erstes dem Rotstift zum Opfer fallen.

Das Bildungscontrolling soll deshalb die Effizienz und Effektivität von Personalentwicklungsmaßnahmen feststellen. Welche Maßnahme bringt den größten Nutzen für das Unternehmen und den Mitarbeiter und kostet am wenigsten?

Effizienz und Effektivität von Personalentwicklungsmaßnahmen feststellen

Die Auswahl der Maßnahmen soll nicht nach dem „Gieskannenprinzip" erfolgen, sondern auf die Ziele und Anforderungen des Unternehmens abgestimmt sein.

Welche konkret messbaren Veränderungen sollen eintreten? Durch welche Kennzahlen können diese gemessen werden?

Effizientes Bildungscontrolling beginnt bereits mit der Zieldefinition: „Welche konkret messbaren Veränderungen sollen eintreten?" „Durch welche Kennzahlen können diese gemessen werden?"

Soll trotz minimalem Bildungsbudget ein langfristiges Bildungskonzept im Unternehmen implementiert werden, so müssen vorher die Ablaufprozesse im Unternehmen transparent und genau definiert sein.

Prozessorientiertes Bildungscontrolling setzt voraus, dass ein Bildungskonzept vorliegt und die notwendigen Instrumente entwickelt sind.

Das Vorgehen der Personalentwicklungsverantwortlichen orientiert sich an den folgenden Phasen:

- **Bildungsbedarf ermitteln und analysieren**: Welche Fähigkeiten müssen bei den Mitarbeitern aus- und aufgebaut werden, um das Unternehmen zum Erfolg zu führen?
- **Maßnahme planen, entwickeln, beschaffen**: Welche Themen sind gefragt? Wie hoch ist der einzukalkulierende Zeitplan? Welche Mitarbeiter sollten teilnehmen? Welche Instrumente werden den Führungskräften und Mitarbeitern zur Unterstützung an die Hand gegeben?
- **Maßnahme vorbereiten, organisieren**: Was zuvor geplant wurde, geht jetzt in die praktische Umsetzung, das Seminarengineering läuft auf Hochtouren, z. B. Einladung der Teilnehmer, Führungskräfte- und Mitarbeiterinformation versenden.
- **Maßnahme durchführen**: Trainerleitfäden helfen dem Trainer, die unternehmerischen Ziele zu berücksichtigen und die gewünschten Inhalte zu vermitteln. Noch wirkungsvoller ist es allerdings, den Mitarbeitern zu zeigen, welches Handeln am Arbeitsplatz künftig gewünscht ist.
- **Maßnahme nachbereiten und evaluieren**: Ein Nachbereitungsgespräch zwischen Führungskraft und Mitarbeiter geht auf die anfangs erhobenen Erwartungen ein und sollte konkrete Vereinbarungen zur Umsetzung des Gelernten festhalten.
- **Transfer unterstützen**: Zielvereinbarungen können die Umsetzung in den Arbeitsalltag begleiten.

Bildungscontrolling ist mehr als reine Kostenkontrolle nach Kostenarten, wie beispielsweise Seminargebühren, Hotelkosten, ausgefallene Arbeitszeit.

 Welches Wissen überträgt der Mitarbeiter auf seine Aufgaben? Um welchen Wert steigert er seine Arbeitsleistung?

Erfolgsfaktoren sind nicht immer in Geldeinheiten zu nennen

Diese Faktoren sind in Geldeinheiten sehr schwer zu benennen.

Das **Modell zur 5-stufigen Erfolgsmessung** nach Kirkpatrick kann hier als Hilfe dienen:

Stufe	Frage	Hilfsmittel
Zufriedenheit	Wie haben Sie die Qualifizierungsmaßnahme empfunden?	Seminarbewertungsbogen, Blitzlichtabfragen
Lernerfolg	Was haben Sie als Teilnehmer gelernt? Was hat Ihr Mitarbeiter Ihrer Meinung nach gelernt?	Fragebogen, Interview mit dem Teilnehmer, Befragung des Vorgesetzten, Rollenspiele
Transfererfolg	Was können Sie sofort umsetzen? Was hat der Teilnehmer tatsächlich und in welcher Qualität umgesetzt? Wie hat sich sein Verhalten verändert?	Zielvereinbarung, Beurteilung
Unternehmenserfolg	Was hat es für das Unternehmen gebracht? Was hat sich verbessert?	Messbare Daten wie z.B. geringere Ausschussquote, höhere Umsatzzahlen
Investitionserfolg	Hat sich die Investition und in welchem Maße gelohnt?	**Return of Investment** (ROI) = Summe (interne + externe Kosten durch fehlende Qualifikation) x Umsetzungsgrad – Kosten der Qualifizierung **Return on Qualification Investment** (ROQI) = Resultat aus der über den ganzen betrachteten Zeitraum berechneten Differenz zwischen der Gesamtinvestition zur Qualifizierung unter Berücksichtigung der Transferquote (Grad der Zielerreichung) und den Kosten (interne und externe Opportunitätskosten), die im Falle der unterlassenen Qualifizierung entstanden wären

Abb. 24.4: Modell zur 5-stufigen Erfolgsmessung nach Kirkpatrick

Bildungscontrolling, so konsequent es auch durchgeführt wird, kann aber letzten Endes nicht vorhersagen, wie hoch der tatsächlich messbare Nutzen der Qualifizierungsmaßnahme sein wird.

Fest steht, dass der Marktwert eines Unternehmens an dem produktiven Wissen seiner Mitarbeiter und der Managementleistung gemessen wird. Das Wissen (eigener Produktionsfaktor) der Menschheit verdoppelt sich alle fünf Jahre. Deshalb gilt:

Jeder Einzelne muss befähigt werden, sich schnell und effektiv Wissen anzueignen und dieses in die Wertschöpfungsprozesse einzubringen.

25 Personalführung

Regelmäßiger Kontakt
durch Abteilungs-
besprechungen oder
Einzelgespräche

Personalführung – oder treffender ausgedrückt: **Mitarbeiterführung** – setzt voraus, dass die Führungskraft mit den Mitarbeitern regelmäßigen Kontakt pflegt. Dies kann geschehen z.B. in gemeinsamen wöchentlichen Abteilungsbesprechungen oder Einzelgesprächen mit jedem Mitarbeiter.

Die Führungsaufgabe beinhaltet die **Zielvereinbarung** mit dem Mitarbeiter und die damit verbundene **Delegation** von Aufgaben, Kompetenzen und Verantwortung an den Mitarbeiter. Klarheit sollte darüber bestehen, wie das **Erreichen der Ziele gemessen** und bewertet wird.

Ein weiterer Bestandteil der Führungsaufgabe ist die **Informationspflicht** gegenüber den Mitarbeitern. Umfassende Information und eine offene Kommunikation befähigen den Mitarbeiter zu einer globaleren Sichtweise seiner Ziele und Aufgaben und der Ziele des Unternehmens.

Durch die gemeinsamen Gespräche hat die Führungskraft Gelegenheit, die Mitarbeiter näher kennen zu lernen und sie entsprechend ihrer Persönlichkeit zu führen.

 Mitarbeiterführung sollte genügend Freiraum zur Selbstentfaltung des Geführten lassen!

25.1 Ansätze zur Führungstheorie

Inhalt der unterschiedlichsten Führungstheorien ist der Versuch, die Determinanten des Führungsprozesses zu beschreiben und zu erklären.

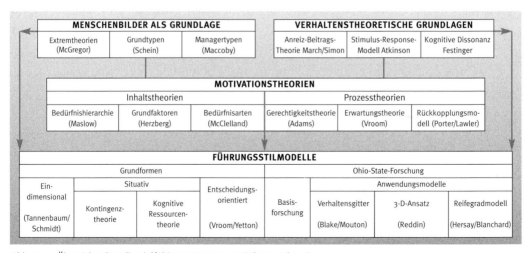

Abb. 25.1: Übersicht über die vielfältigen Ansätze zur Führungstheorie

Da der **Führungsprozess** in seiner Gestaltung von sehr **vielen Variablen** (Unternehmensstruktur, Unternehmensprozesse und -aufgaben, Führungskraft und geführter Mitarbeiter) beeinflusst wird, eignen sich die Theorien nicht dafür, konkrete Handlungsanweisungen abzuleiten. Sie ermöglichen jedoch ein erweitertes Verständnis für die Abläufe und die Beteiligten.

Theorien geben keine konkreten Handlungsanweisungen

25.1.1 Menschenbilder

Inwieweit sich Menschen von anderen motivieren lassen bzw. welche Varianten der Motivation Führungskräfte anwenden, hängt sehr stark von dem **Menschenbild** ab, das sie gegenseitig voneinander haben; Menschenbilder sind vereinfachte Muster menschlichen Verhaltens.

Menschenbilder sind vereinfachte Muster menschlichen Verhaltens

25.1.1.1 XY-Theorie nach McGregor (Extremtheorie)

Als einer der Ersten hat sich mit dieser Frage Douglas McGregor beschäftigt und in seiner XY-Theorie **zwei entgegengesetzte Charakteristika** entwickelt:

Theorie X	Theorie Y
• Der Mensch hat eine angeborene Abneigung gegen Arbeit und versucht, diese weitgehend zu vermeiden.	• Der Mensch empfindet Arbeit als eine wichtige Quelle der Zufriedenheit, er hat keine Abneigung gegen Arbeit.
• Deshalb müssen die meisten Menschen straff geführt und unter Androhung von Strafe gezwungen sowie umfassend kontrolliert werden, um sie zu einem produktiven Beitrag zur Erreichung der Unternehmensziele zu bewegen.	• Da sich der Mensch mit den Zielen der Organisation identifiziert, sind externe Kontrollen überflüssig, er wird vielmehr Eigeninitiative und Selbstkontrolle entwickeln.
• Der Mensch will auch gern geführt werden, er versucht Verantwortung zu vermeiden, hat eigentlich keinen Ehrgeiz und bevorzugt vor allem Bequemlichkeit und Sicherheit.	• Der Mensch strebt nach Selbstverwirklichung, er will seine Ich-Bedürfnisse befriedigen.
	• Der Mensch sucht eigene Verantwortung, sein Verhalten ist von Einfallsreichtum und Kreativität geprägt und kann leicht für die betriebliche Leistungserstellung aktiviert werden.

Abb. 25.2: XY-Theorie nach McGregor

Die **Theorie X** beschreibt eher eine traditionelle Einstellung zum Mitarbeiter. Diese Einstellung erzeugt Widerwillen und Lustlosigkeit, dies erzeugt schlechte Leistung. Schlechte Leistungen bestätigen ihrerseits wieder die negative pessimistische Einstellung, der Teufelskreis beginnt von vorn.

Eine Führungskraft mit einem derartigen **negativen Menschenbild** wird
• ständig nach Schwächen der Mitarbeiter suchen;
• mit nichts zufrieden sein, keine Anerkennung zollen, nur Fehler registrieren;
• den Mitarbeiter unmündig erhalten, nicht informieren, nicht fördern;
• Ärger an Mitarbeitern auslassen und nach Schuldigen suchen;
• Zusagen nicht einhalten;
• Mitarbeiter bevormunden und sich einmischen;
• Mobbing betreiben.

Die **Theorie Y** sieht den Mitarbeiter als eigenverantwortlich und selbstständig handelnde Persönlichkeit. Dieses **positive Menschenbild** wirkt insgesamt motivierend, es erzeugt Gemeinschaftssinn und fördert eine konstruktive Organisationsentwicklung.

Eine Führungskraft mit einem derartigen positiven Menschenbild wird
- ihren Mitarbeitern immer wieder Vertrauen schenken, auch wenn es gelegentlich missbraucht wird;
- das Beste hoffen und auf das Schlimmste gefasst sein;
- an die guten Eigenschaften der Menschen glauben;
- Mitarbeiter in ihrem persönlichen und beruflichen Weiterkommen fördern;
- die Mitarbeiter fordern, um sie zu fördern;
- Mitarbeiter über vereinbarte Ziele führen;
- Entscheidungskompetenzen delegieren.

25.1.1.2 Grundtypen von Menschen laut Schein
Schein teilt die Menschen in **vier Grundtypen** ein, in denen sich typische Handlungsmaximen widerspiegeln:

Schein unterscheidet vier Menschentypen

- der **rationale**, ökonomisch denkende und handelnde **Mensch**, der sich insbesondere durch materielle Anreize und langfristige Sicherheit motivieren lässt;
- der s**oziale Mensch**, dem positive soziale Beziehungen besonders wichtig sind;
- der **selbst aktualisierende Mensch**, dem Selbstverwirklichung durch Leistung und anspruchsvolle Aufgaben Motivation geben;
- der **komplexe Mensch**, der sich flexibel und lernfähig zeigt und sich damit neuen Situationen anpassen kann.

25.1.1.3 Managertypen nach Macoby
Macoby betrachtet die verschiedenen **Führungspersönlichkeiten in ihren dominanten Verhaltensausprägungen**:
- der rational denkende Fachmann, wie ihn z. B. Taylor unterstellt;
- der Dschungelkämpfer, dessen Ziel die Macht ist;
- der Firmenmensch, welcher aus der Human-Relations-Bewegung entstand;
- der Spielmacher, der alle anderen Typen in sich vereinigt.

25.1.2 Verhaltensorientierte Ansätze
Verschiedene Forschergruppen versuchten einen Zusammenhang zwischen einer **Sach-/Aufgabenorientierung** und einer **Personen-/Mitarbeiterorientierung** des Führungsverhaltens und des jeweiligen Führungserfolges festzustellen (Annahme einer **Dualität der Führung**). Die Ergebnisse wurden nach den jeweiligen Forschungsstätten als Iowa-, Ohio-, Michigan-Studien bezeichnet.

Zusammenhänge zwischen Führungsverhaltensweisen und Effizienzkriterien

In verschiedenen Studien konnten tatsächlich Zusammenhänge zwischen typischen Führungsverhaltensweisen und Effizienzkriterien nachgewiesen werden. Insgesamt lässt sich daraus aber keine generelle Überlegenheit einer dieser beiden Ausrichtungen für das Führungshandeln ableiten.

Zum Thema Erkundung des Führungsverhaltens gibt es noch eine Vielzahl so genannter **Situationsansätze**. Diese sollen nur der Vollständigkeit halber erwähnt werden, deren Behandlung würde jedoch den Rahmen dieses Einführungsbuches sprengen.

25.1.3 Motivationstheorien

25.1.3.1 Der Motivationsprozess

Will man das Verhalten von Menschen beeinflussen – und genau das will Führung ja bekanntlich –, so muss man sich fragen, aus welchen Beweggründen heraus der Mensch überhaupt handelt.

Was sind die Beweggründe für menschliches Handeln?

Alle Überlegungen führen letztlich zu dem Schluss, dass menschliches Verhalten geprägt ist durch die Merkmale der **Persönlichkeit** und durch Einflüsse aus seinem **sozialen Umfeld**.

Ein beträchtlicher Teil der verhaltensbestimmenden Persönlichkeitsmerkmale sind also angeboren (Primärmotive: z. B. Hunger, Durst), andere wiederum sind Lernergebnisse (Sekundärmotive: durch Ausbildung, Erziehung, Erfahrungen).

Abb. 25.3: Der Motivationsprozess

Der Mensch nimmt die angebotenen **Anreize subjektiv** wahr. Dann wägt er zunächst ab, ob sie ihm wichtig sind oder nicht. Danach schätzt er die Wahrscheinlichkeit, mit der diese Anreize seine Bedürfnisse auch wirklich befriedigen. Drittens überlegt er, ob die in Aussicht gestellten Anreize nach seinem Verhalten auch wirklich gewährt werden. Erst dann handelt er (oder eben nicht).

Mensch nimmt die angebotenen Anreize subjektiv wahr

Das **Verhalten** selbst führt dann zu einer **Bedürfnisbefriedigung**:
* Geschieht dies **direkt**, führt also die Ausführung der Handlung unmittelbar zu einer Zufriedenheit des Menschen, so spricht man von **intrinsischen Motiven** (z. B. Interesse/Neugierde, Freude an der Aufgabe),
* geschieht die Befriedigung aber **indirekt** über eine Zwischenhandlung, so spricht man von **extrinsischer Motivation** (z. B. Lob, monetäre Anerkennung).

Aktuell befriedigte Bedürfnisse verlieren ihre Wirkung als Motiv für das Handeln (z. B. dem Hunger weicht die Sattheit), leben aber nach einer gewissen Zeit wieder auf und werden dann erneut handlungsbeeinflussend.

Die Bedürfnisstruktur jedes Menschen ist individuell. Man darf deshalb keine Gesetzmäßigkeit bezüglich ihres Auftretens und ihrer Antriebsstärke unterstellen, jedoch eine Regelmäßigkeit. Zu ihrer Systematisierung gibt es in der einschlägigen Literatur einige (vereinfachende) Schablonen; die bekanntesten davon werden in den Folgekapiteln kurz dargestellt:

25.1.3.2 Motivationstheorie nach Maslow
Der wohl bekannteste Versuch, Motivbilder von Menschen zu systematisieren, ist die Bedürfnispyramide von Abraham H. **Maslow**. Wenngleich sie nie wirklich wissenschaftlich bewiesen wurde, liegt ihr Reiz doch in ihrer Plausibilität und Einfachheit:

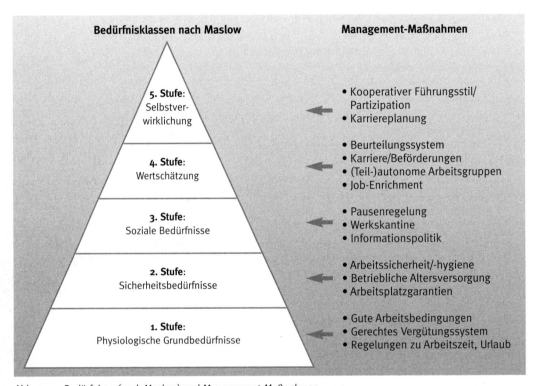

Abb. 25.4: Bedürfnisse (nach Maslow) und Management-Maßnahmen

Kern der Theorie von Maslow ist die Annahme, dass sich alle menschlichen Bedürfnisse fünf Bedürfnisstufen zuordnen lassen. Diese sind in einer Pyramide angeordnet und werden von jedem Menschen von unten nach oben gewissermaßen erklommen, das bedeutet, die Aktivierung der Bedürfnisse einer bestimmten Ebene ist erst dann möglich, wenn die Bedürfnisse auf der darunter liegenden Ebene hinreichend befriedigt sind.

Die **Stufen 1 bis 4** werden als **Mangel- bzw. Defizitbedürfnisse** bezeichnet: Für sie ist typisch, dass

Defizitbedürfnisse
und Wachstumsbedürfnisse

- eine vollständige Nichterfüllung für den Menschen existenzbedrohend ist;
- eine teilweise Nichterfüllung Mangel und Krankheit hervorruft;
- ihre Erfüllung Krankheit vermeidet, ihre Wiedererfüllung Krankheit heilt.

Die **5. Stufe** bezeichnet die **Wachstumsbedürfnisse**; sie werden erst wirksam jenseits des täglichen Existenzkampfes.

Leider lässt diese Theorie keine allgemein gültigen Rückschlüsse darauf zu, wie ein betriebliches Anreizsystem genau konstruiert sein muss, um letztlich alle Belegschaftsmitglieder zu einer hohen Leistung anzuspornen und trotzdem glücklich zu machen. Sie liefert jedoch eine grobe Orientierungshilfe.

25.1.3.3 Zwei-Faktoren-Theorie nach Herzberg

Etwas näher an der Betriebswirklichkeit ist die Zwei-Faktoren-Theorie von **Herzberg**; sie basiert auf empirischen Untersuchungen im Rahmen der legendären **Pittsburg-Studien**: In 203 mit Ingenieuren und Büroangestellten strukturiert durchgeführten Interviews sollten diese angeben, in welchen Situationen ihres bisherigen Lebens sie sich besonders zufrieden oder unzufrieden gefühlt haben.

Aufgrund seiner Untersuchungen unterscheidet er zwei Gruppen relevanter Faktoren, und zwar **„Zufriedenheitsfaktoren"** und **„Unzufriedenheitsfaktoren"**.

Die Unzufriedenheit bzw. Nicht-Unzufriedenheit kann durch sog. **„Hygienefaktoren"** beeinflusst werden, diese beinhalten das Umfeld und die Arbeitsbedingungen – also äußerliche Inhalte.

Die Zufriedenheit bzw. Nicht-Zufriedenheit hingegen kann durch sog. **„Motivationsfaktoren"**, die sich auf die Arbeitsinhalte beziehen, beeinflusst werden.

Anders ausgedrückt:

- Hygienefaktoren (= **Frustratoren, Dissatisfiers**) rufen eine Unzufriedenheit hervor. Auch eine extrem positive Ausprägung dieser Faktoren führt zu keiner Zufriedenheit, sondern kann lediglich Unzufriedenheit verhindern. Demnach bewirken ein hohes Entgelt, eine erfolgreiche Unternehmenspolitik, Arbeitsplatzsicherheit, angenehme Arbeitsbedingungen und persönliche gute Beziehungen zu Vorgesetzten und Arbeitskollegen langfristig nicht wirklich zusätzliche Motivation. *(Hygienefaktoren können bestenfalls Unzufriedenheit verhindern)*
- Motivatoren (= **Satisfiers**) produzieren beim Mitarbeiter Zufriedenheit und damit erhöhten Leistungswillen; sind diese nicht (in ausreichendem Maße) vorhanden, ist der Mitarbeiter nicht wirklich zufrieden, aber, soweit die Hygienefaktoren stimmen, auch nicht ausgesprochen unzufrieden; Motivatoren sind z. B. eine interessante, herausfordernde Arbeitsaufgabe, Leistungserfolg (Erfolgserlebnisse mit Selbstbestätigung), Anerkennung und Lob von anderen, Übertragung von Verantwortung, Aufstiegsmöglichkeiten für die Mitarbeiter, Entfaltungsmöglichkeiten. *(Motivationsfaktoren hingegen produzieren Zufriedenheit)*

 Motivatoren befriedigen insbesondere intrinsische Bedürfnisse, Hygienefaktoren befriedigen insbesondere extrinsische Motive.

Natürlich sind beide Faktorengruppen eng miteinander verknüpft. So ist z. B. der Motivator „beruflicher Aufstieg" in aller Regel auch mit dem Hygienefaktor „angemessene Entlohnung" verbunden. Zudem ist natürlich die aktuelle Arbeits- und Umweltsituation des Mitarbeiters zu berücksichtigen.

25.2 Führungsstile

Die Art, wie eine Führungskraft führt, wird von den Erfahrungen seines Geführtwerdens während seines Sozialisationsprozesses geprägt. Die individuellen Empfindungen der Menschen – gute oder schlechte Führung – hängen ab von den Erfahrungen, den unterschiedlichen Wahrnehmungen und den Macht- und Abhängigkeitsverhältnissen, die zu der Zeit bestanden.

Führungskraft und Mitarbeiter sollen gemeinsam die Unternehmensziele erreichen

Werden die gegenseitigen Empfindungen zwischen Führungskraft und Mitarbeiter ausgetauscht (**Feed-back**), kann ein **Lern- und Erkenntnisprozess** auf beiden Seiten initiiert werden.

Führung dient vorrangig dem Zweck, dass Führungskraft und Mitarbeiter gemeinsam die Unternehmensziele erreichen. Die Art des jeweils geeigneten Führungsstiles wird dabei bestimmt von
- der Person, die führt,
- der Person, die geführt wird, und
- der Situation, in der geführt wird.

25.2.1 Traditionelle Führungsstile

Dem **patriarchalischen Führungsstil** liegt das Leitbild eines autoritären, aber gütigen Familienoberhauptes zugrunde (Gutsherr, der für sein Gesinde sorgt).

Dem **charismatischen Führer** folgt man aufgrund der Ausstrahlungskraft seiner Persönlichkeit.

Der **autokratische Führungsstil** unterstellt ebenfalls einen Alleinherrscher, der aufgrund seiner (unbegrenzten) Machtfülle und eines hierarchisch gegliederten Führungsapparates Einfluss ausübt, ohne dass er allerdings charismatische Ausstrahlung und väterliche Güte besitzt.

Im **bürokratischen Führungsstil** regeln weitgehend umfassende Vorschriften und Verordnungen das Verhalten der Mitarbeiter.

25.2.2 „Klassische" und eindimensionale Führungsstile

In der einschlägigen Literatur werden üblicherweise drei idealtypische oder auch „klassische" Führungsstile unterschieden. Zu ihrer Unterscheidung werden folgende Dimensionen verwendet:
- Grad der **Ziel- bzw. Aufgabenorientierung**,
- Grad der **Mitarbeiterorientierung** und
- Grad der **Partizipation** des Mitarbeiters an Zielfindungs- und Entscheidungsprozessen

Die populärste Darstellung des Führungsverhaltens bezieht sich auf die (einzige) **Dimension der Partizipation** (= Verteilung der Entscheidungsaufgaben: zentral/dezentral), vgl. nächste Seite.

Tatsächlich lassen sich die beiden Extremtypen in der Abbildung (autoritärer versus kooperativer Führungsstil) noch an einigen anderen Merkmalen unterscheiden, z. B. an:
- der Art der Willensdurchsetzung (bilateral/multilateral), von der exakten Ausführung von Vorgaben bis zur weitgehenden Entscheidungsfreiheit;

- der Art der Informationsbeziehungen (bilateral/multilateral), vom Befehl zur Information und Anregung;
- der Art der vorherrschenden Kontrolle (Fremdkontrolle/Selbstkontrolle), vom absolut überwachten Mitarbeiter bis zur reinen Ergebnisrückmeldung;
- der Einstellung des Vorgesetzten zum Mitarbeiter (Misstrauen/Vertrauen/Offenheit);
- der Art des Kontaktes zwischen dem Vorgesetzten und dem Mitarbeiter (Abstand oder Gleichstellung/Akzeptanz),
- dem sozialen Klima (gespannte Atmosphäre oder Verträglichkeit).

Autoritärer Führungsstil						Kooperativer Führungsstil
Entscheidungsspielraum des Vorgesetzten					Entscheidungsspielraum des Mitarbeiters /der Gruppe	
1. Vorgesetzter entscheidet ohne Konsultation der Mitarbeiter und ordnet an.	**2.** Vorgesetzter entscheidet, lässt jedoch Fragen zu und erhöht dadurch deren Akzeptanz.	**3.** Vorgesetzter erbittet Stellungnahmen und leistet Überzeugungsarbeit, bevor er seine Entscheidungen trifft und anordnet.	**4.** Vorgesetzter informiert Mitarbeiter über beabsichtigte Entscheidungen, er holt Meinungen und Änderungsvorschläge ein, bevor er endgültig entscheidet.	**5.** Die Gruppe entwickelt Vorschläge, der Vorgesetzte entscheidet sich für eine dieser Alternativen.	**6.** Vorgesetzter und Gruppe besprechen gemeinsam das Problem, Vorgesetzter legt Entscheidungsspielraum fest, Gruppe entwickelt Alternativen und entscheidet sich für eine.	**7.** Die Gruppe entscheidet, Vorgesetzter ist in der Rolle des Koordinators nach innen und außen, er gibt Informationen und Anregungen.

Abb. 25.5: Beteiligung der Mitarbeiter am Entscheidungsprozess (in Anlehnung an Tannenbaum/Schmidt)

25.2.2.1 Autoritärer Führungsstil

Hier werden sämtliche Aktivitäten im Unternehmen vom Vorgesetzten kraft seiner Legitimationsmacht gestaltet. Der Mitarbeiter hat keinerlei Entscheidungsbefugnis, er ist in der Rolle des ausführenden „Untergebenen". Typisch ist die Durchsetzung **einsam getroffener Entscheidungen**.

Funktion	Ausprägung der Funktion	Auswirkungen
Zielsetzung	• unzureichende Information der Mitarbeiter über die Zielsetzung insgesamt • Fehlen von klar definierten Teilzielen für die Mitarbeiter • kein Einfluss der Mitarbeiter auf die Zielsetzung ihres eigenen Aufgabenbereichs	• geringe Identifikation der Mitarbeiter mit der Aufgabe • Desinteresse
Planung	• geringe Beteiligung der Mitarbeiter an der Planung der von ihnen auszuführenden Aufgabe	• geringe sachliche Motivation, da keine eigene Beteiligung
Entscheidung	• die Mitarbeiter werden vor Entscheidungen nicht gehört • getroffene Entscheidungen werden nicht diskutiert	• Entscheidungen werden nicht voll akzeptiert • geringe Bereitschaft, selbst Entscheidungen zu treffen
Realisierung	• kein Informationsaustausch mit Mitarbeitern • ungenügende Rückmeldungen	• aufgrund mangelnder Informationen werden Aufgaben fehlerhaft durchgeführt
Kontrolle	• dient als Instrument zum Nachweis von Fehlern und wird nicht als Möglichkeit zur Bestätigung von zielgerechtem Verhalten genutzt	• Misstrauen zwischen Vorgesetztem und Mitarbeitern • Verstecken von Fehlern

Abb. 25.6: Funktionen und Auswirkungen des autoritären Führungsstiles

25.2.2.2 Kooperativer (partizipativer) Führungsstil

Hier gilt das Grundprinzip: Keiner weiß so viel wie alle! Im kooperativen Führungsstil werden alle betrieblichen Aktivitäten, von der Zielsetzung über die Planung bis zur Umsetzung und Kontrolle, im Zusammenwirken zwischen Führungskraft und Mitarbeiter gestaltet. Typisch ist die Umsetzung **gemeinsam getroffener Entscheidungen**.

Funktion	Ausprägung der Funktion	Auswirkungen
Zielsetzung	• Mitarbeiter werden über die Zielsetzung insgesamt informiert • sie haben klare Teilziele und Einflussmöglichkeiten auf die Ziele ihres Bereichs	• hohe Identifikation der Mitarbeiter mit der Aufgabe
Planung	• gute Information und Beteiligung der Mitarbeiter an Planungen, die ihren Aufgabenbereich betreffen	• hohe sachliche Motivation • Bereitschaft zum Mitdenken und Initiative
Ent-scheidung	• Mitarbeiter tragen die Entscheidungsvorbereitungen mit • getroffene Entscheidungen werden begründet, die Kriterien dafür offen gelegt und Gegenargumente diskutiert	• Entscheidungen werden von den Mitarbeitern mitgetragen • Bereitschaft, selbst Entscheidungen zu treffen
Reali-sierung	• Argumente der Mitarbeiter werden gehört und berücksichtigt	• Aufgaben werden aufgrund guter Kommunikation besser ausgeführt
Kontrolle	• Kontrollen dienen als Mittel, um Mitarbeiter in sachlich richtigem Verhalten und in ihren Ergebnissen zu bestätigen	• vertrauensvolles Verhältnis zwischen Vorgesetzten und Mitarbeitern • Fehler werden nicht versteckt

Abb. 25.7: Funktionen und Auswirkungen des kooperativen Führungsstiles

Die folgenden Merkmale kennzeichnen den **kooperativen bzw. partizipativen Führungsstil**:

- Entscheidungsbeteiligung der Mitarbeiter
- Gruppenorientierung
- Ziel- und Leistungsorientierung statt Disziplinorientierung
- Vertrauensbeziehungen
- Möglichkeiten zur Selbstentfaltung für alle
- funktionale Rollen, nicht Herrschafts- und Abhängigkeitsrollen
- ständige Organisations- und Personalentwicklung entsprechend den wechselnden Bedürfnissen aller
- Aufgaben werden als gemeinsame Aufgaben betrachtet
- Sorge für konsensfähige Bedingungen

25.2.2.3 Laissez-faire-Führungsstil

Bei diesem **Gleichgültigkeitsführungsstil** (laissez faire = franz., machen bzw. gewähren lassen) handelt es sich eigentlich gar nicht um einen Führungsstil, denn der Führungskraft fehlt der unbedingte Wille zur gezielten Beeinflussung des Mitarbeiterverhaltens.

Hier fehlt der Führungskraft der Wille zur gezielten Beeinflussung des Mitarbeiterverhaltens

Die Mitarbeiter dürfen machen, was sie für richtig halten, Informationen fließen nicht systematisch und gesteuert, sondern eher zufällig und nur auf ausdrückliche Nachfrage des Mitarbeiters, Fremdkontrolle findet faktisch nicht statt. Die unkoordinierten Tätigkeiten der einzelnen Mitarbeiter führen leicht zu Unordnung und Disziplinlosigkeit.

Andererseits hat der **Mitarbeiter ein hohes Maß an Freiheit**. Insbesondere bei hoch qualifizierten Mitarbeitern (Spezialisten) mit langjähriger Berufserfahrung und starker intrinsischer Motivation (z. B. Künstler, kreative Tätigkeiten) können sich deren Potenziale so am besten entfalten. Die Führungskraft selbst wird durch diese Art der Führung stark entlastet.

25.2.3 Die mehrdimensionalen Führungsstile

25.2.3.1 Der zweidimensionale Führungsstil – GRID-Muster
Unabhängig voneinander haben die Ohio- und die Michigan-Studie bewiesen, dass eine Orientierung des Führungsverhaltens an der Beziehung und an der Sachaufgabe nicht unabhängig voneinander sind; tatsächlich müssen Führungskräfte in ihrem Führungshandeln beide Ausrichtungen berücksichtigen.

Diesen Sachverhalt versucht das GRID-Muster/Verhaltensgitter nach **Blake und Mouton** zu verdeutlichen:

Aufgabenorientierung und Beziehungsorientierung

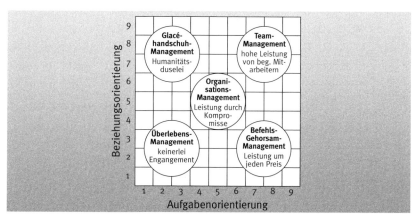

Abb. 25.8: Verhaltensgitter nach Blake/Mouton

Demnach gibt es eine Fülle von Führungsstilen, die jeweils eine unterschiedliche Gewichtung sach-rationaler Aspekte und sozio-emotionaler Aspekte darstellen. Zur Veranschaulichung sind 5 ausgewählte Führungsstile charakterisiert:

- **Führungsstil 1.1** – Überlebens-Management: weder Aufgaben- noch Sachorientierung sind stark ausgeprägt: minimale Anstrengungen führen zu minimalen Arbeitsergebnissen; Resignation und geringe Effizienz
- **Führungsstil 1.9** – Glacéhandschuh-Management: starke Fokussierung auf die zwischenmenschlichen Beziehungen und die Bedürfnisse der Mitarbeiter, angenehme Arbeitsatmosphäre, nicht aber zwangsläufig gute Arbeitsergebnisse
- **Führungsstil 9.1** – Befehls-Gehorsam-Management: klare störungsfreie Arbeitsorganisation sichert ein gutes Arbeitsergebnis, persönliche Bedürfnisse der Mitarbeiter spielen keine Rolle, autoritäre Führung

- **Führungsstil 5.5** – Organisations-Management: Kompromisse zwischen den Bedürfnissen der Mitarbeiter und den sachlichen Anforderungen der Organisation führen zu befriedigenden Arbeitsergebnissen und erträglichem Betriebsklima
- **Führungsstil 9.9** – Team-Management: sowohl die Arbeitsleistung als auch die Bedürfnisse der Mitarbeiter werden beachtet, gegenseitige Achtung und gegenseitiges Vertrauen führen zu guten Arbeitsergebnissen, kooperative Führung

Natürlich gilt der 9.9-Führungsstil als erstrebenswert, leider scheitert jedoch seine Umsetzung in der Praxis häufig daran, dass

Der 9.9-Führungsstil gilt als erstrebenswert, scheitert jedoch in der Praxis häufig

- das Bildungsniveau der Mitarbeiter zu niedrig ist,
- die Mitarbeiter für eine solche Form des Umgangs miteinander oft nicht reif genug sind,
- die Führungskräfte überfordert sind,
- die Identifikation der Mitarbeiter mit der Aufgabe und dem Unternehmen nicht ausreicht,
- traditionelles Jobdenken die Bereitschaft zur Übernahme von mehr Selbstverantwortung behindert.

25.2.3.2 Sonstige Führungsstile

Es hat eine Vielzahl von Versuchen gegeben, dieses grobe Raster nur zweier Aspekte zu detaillieren durch Hinzunahme weiterer verhaltensbeeinflussender Faktoren. So unterscheidet **Reddin** in seinem **3-D-Konzept drei Dimensionen der Führung**: Aufgabenorientierung, Mitarbeiterorientierung und Effektivität der Führung.

Er unterteilt in **vier neutrale Führungsstile**: Verfahrensstil, Beziehungsstil, Aufgabenstil und Integrationsstil.

Führungsstil muss an die aktuelle Situation angepasst werden

Jede dieser Stilarten erfordert ein anderes Führungsverhalten, das die Führungskraft dann an die konkrete Führungssituation anpassen muss; die Führung wird dadurch effektiv oder – bei falscher Modifikation – ineffektiv.

Das **Referenzmodell** von **Hersey und Blanchard** stellt ab auf den Reifegrad des zu führenden Mitarbeiters; dieser ergibt sich aus dessen Eigenmotivation, seiner Verantwortungsbereitschaft und seinem allgemeinen Bildungsstand.

Mit jedem weiteren Einflussfaktor wird die Umsetzung eines empfohlenen Führungshandelns komplizierter. Wohl deshalb haben diese und andere Führungsansätze sich in der Praxis kaum durchsetzen können.

Führungsstile sind niemals gut oder schlecht, sondern allenfalls in der konkreten Führungssituation gut oder weniger gut geeignet, die Mitarbeiter zu einem angemessenen Verhalten zu bewegen.

25.3 FÜHRUNGSMODELLE

Die **Management-Konzeptionen** oder auch Führungstechniken versuchen die Erkenntnisse der Führungsforschung in die Führungspraxis zu übertragen. Sie

betreffen jeweils konkrete Gestaltungsregeln für die einzelnen Führungsaufgaben, d.h., sie legen ihren Schwerpunkt jeweils auf ein Element des Manage-
ment-Führungskreises.

Erkenntnisse der Füh-
rungsforschung in die
Praxis übertragen

Abb. 25.9: Management-Führungskreis

25.3.1 Management-by-Modelle

25.3.1.1 Management by Objectives (MBO)
Management by Objectives oder anders: **Führung durch Zielvereinbarung** (Begründer: Georg S. Odiorne und John W. Humble) ist ein sehr weit verbreitetes
und erfolgreiches Führungssystem in Deutschland.

Hier steht nicht das Arbeitsverfahren oder die konkrete Handlungsanwei-
sung durch den Vorgesetzten im Mittelpunkt, sondern die Verhaltensbeein-
flussung durch übergeordnete Ziele. Die dazugehörigen Prinzipien lauten:
- Keine Kontrolle ohne Ziele
- Keine Ziele ohne Kontrolle
- Keine Kontrolle ohne Konsequenzen

Ziel des MBO ist es, den **Einsatzwillen der Mitarbeiter** zu **steigern**, indem sie
einerseits aktiv am Zielbildungsprozess beteiligt werden und andererseits in
ihrem Verantwortungsbereich selbstständig Entscheidungen treffen dürfen.

Das Prinzip der Zielvereinbarung verlangt, dass **Vorgesetzte und Mitarbeiter gemeinsam** die vom Mitarbeiter zu erreichenden Ziele bestimmen. Diese leiten
sich (möglichst widerspruchsfrei) aus den jeweiligen Oberzielen ab (= Ziel-
bildungs- und Planungsprozess). Für diese **Ziele** gilt:
- Sie müssen vom Mitarbeiter **erreichbar sein**, sollen aber gleichzeitig eine **Herausforderung** darstellen (Polarität zwischen realistisch und anspruchsvoll);
- Zielinhalte müssen **quantitativ** ausgedrückt werden, d.h., sie müssen plan-
und messbar bzw. kontrollierbar (Leistungsstandards und Kontrolldaten) sein;
- Zeitraum bzw. **Zeitpunkt** der Zielerreichung müssen eindeutig sein;
- bei Vorliegen mehrerer Ziele sind gemeinsam **Prioritäten** zu setzen;
- Ziele sollten **schriftlich** fixiert werden, sie bekommen damit den Charakter
einer eingegangenen Verpflichtung.

Hauptbestandteile
des MBO

Nach dem **Prinzip der Delegation** müssen Aufgaben, Kompetenzen und Handlungsverantwortung eindeutig an Stellen delegiert (aktuelle Stellenbeschrei-

bung definiert Regelfälle) und somit auf die Stelleninhaber übertragen sein; der Mitarbeiter füllt seinen Delegationsbereich selbstständig unter Wahrung betrieblicher Vorgaben (z. B. Budget) aus.

Vergleich der geplanten Soll-Werte mit den erreichten Ist-Werten

Nach dem **Prinzip der Zielüberwachung** hat ein regelmäßiger Vergleich der geplanten Soll-Werte mit den erreichten Ist-Werten stattzufinden, sowohl in Selbst- als auch in Fremdkontrolle. Die Ergebnisse schlagen sich nieder in:

- der Formulierung von Zielen für zukünftige Perioden,
- einer möglichen Zielanpassung,
- der Beurteilung der Mitarbeiter(-leistung) und daraus abgeleitet: in positiven oder negativen Konsequenzen für den Mitarbeiter.

Kerninstrument des MBO ist das Zielvereinbarungsgespräch

Kerninstrument des MBO ist das **Zielvereinbarungsgespräch** (heute häufig: **Performancegespräch**).

Erwartete **Vorteile** des MBO:

- Durch die Mitwirkung der (leitenden) Angestellten am Zielbildungsprozess (multipersonale, teamorientierte Zielvereinbarung) und die weitgehende Freiheit bei der Zielerreichung werden Identifikation, Akzeptanz, Verantwortungsbereitschaft, Eigeninitiative und Kreativität sowie die partnerschaftliche Zusammenarbeit insgesamt gefördert;
- Entlastung der Führungskräfte von Routineaufgaben;
- die Wahrscheinlichkeit „weltfremder" Fehlentscheidungen wird geringer, weil diese von „kompetenten" Mitarbeitern an der Basis getroffen werden;
- Ausrichtung der Mitarbeiterziele auf die Unternehmensziele;
- bessere Nutzung der Kenntnisse der Mitarbeiter;
- Entwicklung von Kompetenzen und Handlungsverantwortung bei den Mitarbeitern, Zielvereinbarungen werden als herausfordernde Aufgabe mit Zusatzanforderungen verstanden;
- objektivere Beurteilung der Leistung der Mitarbeiter (ggf. mit Auswirkungen auf die Entlohnung);
- Förderung des Teamgeistes in der Firma;
- gesteigerte Effizienz von Planung und Organisation im Unternehmen;
- Zwang zu Kostendenken und Leistungsverbesserung bei den Mitarbeitern.

Als mögliche **Nachteile** gilt es zu beachten, dass u. a.

- Mitarbeiter der höheren Belastung nicht gewachsen sind (Leistungsdruck);
- die Mitarbeiter sich nicht wirklich mit den Unternehmenszielen identifizieren können;
- eher quantitativ messbare Ziele formuliert werden, qualitative Ziele jedoch keine Rolle mehr spielen;
- es zu einer Überbetonung des bürokratischen Kontrollsystems kommt;
- diese Technik (Zielbildungs-, Planungs-, Kontrollprozess) sehr zeit- und kostenaufwendig ist.

25.3.1.2 Management by Delegation (MBD)

Dezentrale Entscheidungsfindung

Kennzeichen dieser „Führung durch Delegation" ist die dezentrale Entscheidungsfindung durch die Übertragung klar abgrenzbarer Aufgabenbereiche auf die niedrigstmögliche Hierarchieebene und auf Stellen (= **Subsidiaritätsprinzip**) sowie der dazu erforderlichen Entscheidungskompetenzen und der entsprechenden Handlungsverantwortung (= **Kongruenzprinzip**). Die Führungsverantwortung bleibt bei der Führungskraft.

Die Führungsverantwortung bleibt bei der Führungskraft

Ziele des MBD sind:
- Entlastung der Vorgesetzen
- Verlagerung der Entscheidungskompetenz auf die Ebene, auf der sie vom Sachverstand her am ehesten (und damit am besten) getroffen werden kann (= Subsidiaritätsprinzip)
- Abbau unnötiger Hierarchien
- Partizipation der Mitarbeiter am Entscheidungsprozess

Hauptbestandteile bzw. Elemente des MBD sind:
- aktuelle Stellenbeschreibungen, die sowohl die Regelfälle definieren als auch die Ausnahmefälle
- Regelungen für mögliche Vorgesetzteneingriffe (= Dienstaufsicht und Erfolgskontrolle)
- Regelungen für die Informationsvergabe

Stellenbeschreibungen müssen sowohl Regel- als auch Ausnahmefälle definieren

Die erhofften **Vorteile** liegen in der
- Entlastung der Führungsebenen von belastenden Routineaufgaben,
- schnelleren und sachgerechteren Entscheidungsfindung,
- Entwicklung von Kompetenz und Handlungsverantwortung bei den Mitarbeitern,
- Förderung von Eigeninitiative, Leistungsmotivation und Verantwortungsbereitschaft (= Motivation),
- geringeren Bedeutung von Sympathie und Antipathie: Durch objektive Regeln und sachliche Kriterien entstehen hier weniger Ungerechtigkeiten.

Die mögliche **Problematik** besteht darin, dass
- Mitarbeiter „einsame Einzelentscheidungen" treffen,
- Führungskräfte nur unattraktive und unangenehme Aufgaben delegieren,
- nur vertikale Hierarchiebeziehungen berücksichtigt werden, nicht aber die auf gleicher Hierarchieebene notwendigen Abstimmungsprozesse (= Behinderung von prozessorientiertem Denken und Handeln),
- sich bürokratische Strukturen bilden, die das Unternehmen innovationsfeindlich werden lassen.

Kerninstrument des MBD ist die Stellenbeschreibung

Das Kerninstrument des MBD ist die **Stellenbeschreibung**.

25.3.1.3 *Management by Exception (MBE)*
Charakteristika dieses Modells „nach dem Ausnahmeprinzip bzw. durch Abweichungskontrolle" (Begründer: Lester R. Bittel und Peter F. Drucker) sind:
- Der Mitarbeiter kann so lange selbstständig und eigenverantwortlich arbeiten, bis ein nicht vorhergesehenes Ereignis (= Ausnahmefall) bzw. eine außergewöhnliche Abweichung eintritt. Außergewöhnliche Abwei-

Ziel: Entlastung der Führungsebenen und erhöhte Identifikation der MA mit den Unternehmenszielen

chungen liegen vor, wenn ein bestimmter „kritischer Grenzwert" überschritten wird, der entweder durch die relative Höhe gegenüber dem gesetzten Ziel bestimmt wird oder durch die vom jeweiligen Funktionsbereich definierte Bedeutung für den Zielerreichungsgrad und somit für seinen Gesamterfolg.

- Es findet nur ein ausnahmsweises Eingreifen der Führung statt.

Wie bei den bisher beschriebenen Management-by-Techniken wird auch hier in erster Linie die Entlastung der Führungsebenen und die erhöhte Identifikation der Mitarbeiter mit den Unternehmenszielen angestrebt.

Die erwarteten **Vorteile** des MBE bestehen in
- weitgehender Zeitersparnis für die Vorgesetzten, die damit Freiraum für die Lösung der wirklich wichtigen Probleme bekommen (Effizienzsteigerung),
- Signalwirkung für kritische Sachverhalte und krisenhafte Entwicklungen;
- Erziehung der Mitarbeiter zu selbstständigem Handeln,
- Verbesserung der Organisation und der Kommunikation,
- Motivationseffekte bei den Mitarbeitern durch regelmäßige Berichterstattung positiver Ausnahmefälle und des jeweiligen Arbeitsstandes gegenüber dem Vorgesetzten.

Mögliche **Nachteile** bestehen darin, dass
- Initiative und Kreativität letztlich doch den Vorgesetzten vorbehalten bleiben,
- eine Tendenz zur „Rückdelegation nach oben" unterstellt wird,
- eine zu starke Ausrichtung auf die Erfahrungen der Vergangenheit besteht,
- über die Sinnhaftigkeit der Ziele und Pläne als Grundlage für die Soll-Größen und die Kontrollmaßnahmen nichts gesagt wird,
- tendenziell eine Ausrichtung auf die „negativen Abweichungen signifikanter Art" erfolgt (mit der Gefahr der Demotivation),
- die Festlegung der Toleranzbereiche sehr personenabhängig sein kann und somit im konkreten Fall sehr schwierig wird.

25.3.2 Harzburger Modell

Rückdelegation und Durchregieren sind verboten

Dieses Management-Modell hat sehr starke Ähnlichkeit mit dem oben beschriebenen Management by Delegation. Es ist das in Deutschland bekannteste und am weitesten verbreitete **deutsche Führungsmodell**.

Dem Führungsmodell liegen folgende **Handlungsmaximen** zugrunde:
- Alle Entscheidungen im Unternehmen sollen auf der Hierarchieebene (und an der Stelle) getroffen werden, wo sie ihrem Wesen nach hingehören, d. h. wo sie bereits getroffen werden können (Delegation inklusive Dezentralisation);
- es werden fest umrissene Aufgabenbereiche definiert, innerhalb derer die Mitarbeiter im Rahmen der ihnen übertragenen Kompetenzen selbstständig entscheiden dürfen (und müssen), Einzelaufträge werden damit weitgehend überflüssig; dabei ist sowohl eine Rückdelegation als auch das sog. Durchregieren verboten;

- alle Entscheidungsträger tragen die Verantwortung für die in ihrem Bereich getroffenen bzw. unterlassenen Entscheidungen.

Das Harzburger Modell unterscheidet in
- **Führungsverantwortung der Führungskraft**: Diese ist zuständig für eine klare und eindeutige Delegation der Aufgaben, die Auswahl geeigneter Mitarbeiter, deren ausreichende Einarbeitung und Anleitung und die Durchführung einer angemessenen (Dienst-)Aufsicht und (Erfolgs-)Kontrolle.
- **Handlungsverantwortung des Mitarbeiters**: Die Mitarbeiter sind zuständig für die sachgerechte Erfüllung der Arbeitsaufgabe und die rechtzeitige Information ihrer Führungskraft über außergewöhnliche Fälle.

Ziele des Harzburger Modells sind:
- Entlastung der Vorgesetzen
- Verlagerung der Entscheidungskompetenz auf die Ebene mit dem größten Sachverstand
- Abbau unnötiger Hierarchien
- Partizipation der Mitarbeiter am Entscheidungsprozess

Hauptbestandteile bzw. Elemente des Harzburger Modells sind:
- aktuelle Stellenbeschreibungen, die die Regel- und die Ausnahmefälle definieren,
- ausformulierte allgemein gültige Führungsanweisungen,
- Regelungen für mögliche Vorgesetzteneingriffe (= Dienstaufsicht: sporadische Einsichtnahme in Vorgänge des Arbeitsbereiches und Erfolgskontrolle),
- Regelungen für die Informationsvergabe: Mitarbeitergespräche und Dienstbesprechung.

Erhoffte **Vorteile** des Harzburger Modells liegen in der
- Transparenz der Organisation durch eindeutige Zuordnung der Aufgaben mittels Stellenbeschreibung,
- Entlastung der Führungsebenen von belastenden Routineaufgaben,
- schnelleren und sachgerechteren Entscheidungsfindung, da den Mitarbeitern besseres Sach- und Fachwissen unterstellt wird,
- Entwicklung von Kompetenz und Handlungsverantwortung bei den Mitarbeitern, Förderung von Eigeninitiative, Leistungsmotivation und Verantwortungsbereitschaft.

Kerninstrumente des Harzburger Modells sind die Stellenbeschreibung und die Führungsanweisung

Mögliche **Nachteile** bestehen darin, dass
- im Grunde autoritär festgelegt wird, welche Aufgaben delegierbar sind, also tatsächlich keine echte Partizipation stattfindet,
- eine Vielzahl von Vorschriften und Regelungen den Entscheidungsspielraum der Mitarbeiter erheblich einschränkt (= hohe Regelungsdichte),
- das Modell ausschließlich auf die formalen Aspekte der Führung abstellt, den Mitarbeiter als Menschen aber ignoriert (Förderung des Ressortdenkens),
- Mitarbeiter, die Mitdenken und Mitentscheiden (noch) nicht gewohnt sind, leicht überfordert werden können.

Die Kerninstrumente des Harzburger Modells sind die **Stellenbeschreibung** und die **Führungsanweisung**.

25.3.3 Weitere Ansätze im deutschsprachigen Raum

- **Management by Direction and Control**:

Klare Anweisungen und enge Ausführungsüberwachung

Dieses im Grunde recht autoritäre Führungssystem stellt ab auf klare Anweisungen und enge Ausführungsüberwachung. Es findet nur eine Delegation von Aufgaben statt (= bloße Arbeitsverteilung), die Mitarbeiter erhalten keinerlei eigenen Entscheidungsspielraum. Eine Eigeninitiative der Mitarbeiter kann sich nicht entwickeln, sie wird sogar unterdrückt, d. h., diesem Führungssystem fehlt das wichtige Element der Eigenmotivation der Mitarbeiter.

- **Management by Systems** (Führung durch Systemsteuerung bzw. Verfahrenssysteme):

Systematisierung der gesamten Führungs- und Kontrolltätigkeiten

Im Mittelpunkt steht hierbei die Systematisierung der gesamten Führungs- und Kontrolltätigkeiten (= Denken in Regelkreisen). Verfahrenssysteme und Verfahrensordnungen geben Anweisung, welche Tätigkeiten wann von welchen Mitarbeitern auszuführen sind; für Routinetätigkeiten gibt es detaillierte Durchführungsvorschriften. Management by Objectives und Management by Delegation (bzw. Exception) sind in dieses ganzheitliche Führungsmodell integriert:

Aus Zielen leiten sich Planungen ab, die zur Zielerreichung koordiniert und gesteuert werden müssen. Am Schluss erfolgt ein Vergleich der erreichten Ergebnisse mit den anvisierten Zielen. Die **Ziele** sind praktisch mit denen des MBO und des MBD identisch.

Erhoffte **Vorteile** des MBS werden gesehen in der Einsparung insbesondere von Verwaltungskosten durch Rationalisierung und der aktuellen und individuellen Bereitstellung führungsrelevanter Informationen durch die eingesetzte EDV. Mögliche **Nachteile** bestehen darin, dass

- die Informationsflut hohe Anforderungen an Führungskräfte und Mitarbeiter stellt,
- Führungskräfte und Mitarbeiter mit der installierten Hard- und Software professionell umgehen können müssen,
- durch zu viel technikunterstützte Information eine Enthumanisierung der Führung im Unternehmen stattfindet,
- viele Vorschriften die Initiative und Kreativität der Mitarbeiter verhindern und so Demotivation entsteht,
- das Modell unflexibel auf Neuerungen und ungewöhnliche Situationen reagiert,
- eine starke Abhängigkeit von Funktionieren der Technik entsteht.

- **Management by Results**:

Ergebnisvorgabe für einzelne Organisationseinheiten

Diese Führungstechnik stellt ab auf die Ergebnisvorgabe für einzelne Organisationseinheiten (sog. Profit Center/Ergebniscenter) bei dezentraler Organisation und stellt damit eine Unterform des MBO dar.

- **Management by Motivation:**
  Dieses Modell stellt ab auf die Ergebnisse der Motivationsforschung, wonach die Bedürfnisse, Ziele und Interessen des Mitarbeiters mit den Zielen des Unternehmens harmonisiert werden müssen. Durch Gewährung geeigneter Anreize wird der Mitarbeiter zu einem höheren Engagement veranlasst. Diese Idee zieht sich eigentlich durch alle anderen Führungsmodelle hindurch.

- **Management by Information/Communication:**
  Diesem Konzept liegt die Erkenntnis zugrunde, dass Mitarbeiter nur dann ihre Arbeit ordnungsgemäß erledigen können (und wollen) wenn sie angemessen, d. h. rechtzeitig und im erforderlichen Umfang, informiert werden.

- **Management by Participation:**
  Der einzelne Mitarbeiter soll an möglichst vielen ihn unmittelbar betreffenden Entscheidungen beteiligt werden; dies ist natürlich integrierter Bestandteil der MBO und des MBD. Dies führt in der Praxis zur Bildung von Teams und (teil-)autonomen Arbeitsgruppen.

- **Management by Break-through:**
  Hierbei werden alle möglichen Maßnahmen ergriffen, um ungünstige Veränderungen zu vermeiden bzw. fundamentale Verbesserungen zu erzielen.

25.4 Führungstechniken und -instrumente

Da die folgenden Begriffe häufig vermischt werden, soll Ihnen die folgende Aufzählung helfen, den Überblick zu behalten:

Zu den **Führungsmitteln/-aufgaben/-instrumenten** gehören z.B.:
- MA auswählen
- MA einführen
- MA einsetzen
- MA beurteilen
- MA fördern/entwickeln
- MA informieren
- Konflike lösen

Als **Führungsstile** werden unterschieden (vgl. Kap. 25.2):
- autoritärer Führungsstil
- kooperativer Führungsstil
- Laissez-faire-Führungsstil

Führungsfunktionen bzw. Führungstechniken sind z.B.:
- Ziele setzen
- planen
- durchführen
- kontrollieren

Nachfolgend wird näher auf die „Zielvereinbarung" und das Führungsinstrument „Information und Kommunikation" eingegangen.

25.4.1 Zielvereinbarung

Hierzu ist der Einsatz verschiedener Führungstechniken notwendig:

- **Führungstechnik „Ziele setzen":**

Klare Ziele erhöhen die Wahrscheinlichkeit eines Führungserfolges, sie reduzieren Unsicherheit. Außerdem sind sie Voraussetzung für die Kontrolle, den Soll-Ist-Vergleich. Damit sie motivierend wirken, sollten Führungskraft und Mitarbeiter sie gemeinsam erarbeiten bzw. festlegen – nur dann kann sich der Mitarbeiter mit ihnen auch wirklich identifizieren. Zudem sollten sie sowohl anspruchsvoll sein als auch erreichbar. Der Zielfindungsprozess kann sich sowohl „top-down" als auch „bottom-up" vollziehen.

- **Führungstechnik „Planen":**

Nun sind die planerischen Voraussetzungen zu schaffen, um die gesteckten Ziele zu erreichen. In der Regel entsteht durch die Kombination von

- langfristiger strategischer Zielplanung,
- mittelfristiger taktischer Programmplanung und
- kurzfristiger operativer Maßnahmenplanung

in den einzelnen Funktionsbereichen ein Planungssystem. Zwischen verschiedenen Alternativplänen ist die Planung umzusetzen, die am erfolgversprechendsten scheint. Dazu ist eine Entscheidung zu treffen.

Weit verbreitet ist das Prinzip der so genannten **„rollierenden Planung"**: Ist eine Periode abgeschlossen und sind die Ist- und die Soll-Werte miteinander verglichen, so werden mögliche Abweichungen ausgewertet und die noch ausstehenden Planungszeitspannen überarbeitet.

- **Führungstechnik „Durchsetzen/Durchführen/Organisieren":**

Dann müssen die Ziele „durchgeführt" werden. Hierbei geht es insbesondere um die angemessene **Delegation von Aufgaben, Kompetenzen und Verantwortung**, und zwar dauerhaft. Für Delegation gibt es zwei „gute Gründe":

- **psychologische Gründe**: jeder Mensch möchte irgendwo sein „eigenes Reich" haben, in dem er tun und lassen kann;
- **sachliche Notwendigkeiten**, die sich aus einer arbeitsteiligen Welt ergeben: Führungskräfte wären mit der ausführenden Arbeit überlastet, wenn sie sich selbst um alles kümmern müssten; außerdem beobachten wir einen Trend zum Spezialistentum, d.h., der Einzelne weiß immer mehr über immer weniger.

Folgende Arten von Delegation werden unterschieden:

- **Entscheidungsdelegation**: Entscheidungen sind nicht mehr allein Sache der Vorgesetzten an der Spitze eines Delegationsbereiches, sondern Sache der Mitarbeiter auf der Hierarchieebene, wo sie sinnvollerweise hingehören.
- **Handlungsdelegation**: Mitarbeiter werden nicht mehr durch Einzelanweisungen geführt, sondern sie haben eigene Zuständigkeitsbereiche, in denen sie selbstständig entscheiden und handeln dürfen und müssen.

- **Verantwortungsdelegation**: Verantwortung wird auf die Mitarbeiter übertragen, welche die Arbeit unmittelbar leisten, ihnen gebührt Anerkennung und Verdienst für gute Leistungen und Tadel für Schlechtleistungen.
- **Aufgabendelegation**: der Funktionsablauf ist nicht mehr von oben nach unten aufgebaut (wobei die vorgesetzte Instanz das abgibt, was ihr zu viel wird), sondern von unten nach oben (wobei die höhere Ebene das abnimmt, was auf der unteren Ebene nicht mehr zu leisten ist).

Die Vorteile einer Delegation sind offensichtlich:
- Entlastung des Vorgesetzten
- Ausschöpfung des Wissens und des Könnens der Mitarbeiter
- schnellere und bessere Entscheidungen
- Motivation der Mitarbeiter durch selbstständiges Arbeiten
- Verhinderung von Doppelarbeiten und Kompetenzüberschneidungen
- allgemeine Verbesserung des Betriebsklimas durch „Kultur des Vertrauens"
- Schutz des Mitarbeiters vor willkürlichen Eingriffen seitens des Vorgesetzten

Grundvoraussetzung für eine wirkungsvolle Delegation ist die Schaffung klarer Aufgaben- und Delegationsbereiche im Sinne einer Ein- und Abgrenzung. Das Instrument dazu ist die Stellenbeschreibung. Als Instrument der Personalorganisation wird sie an anderer Stelle ausführlich dargestellt.

- **Führungstechnik „Kontrollieren"**:

Kontrolle ist ein wesentliches Instrument zur Unternehmenssteuerung. Dabei geht es nicht darum, Schuldige für negative Zielabweichungen zu finden, sondern darum, **rechtzeitig** mögliche Ursachen zu entdecken, um noch **wirkungsvolle Gegenmaßnahmen** ergreifen zu können. Kontrolle ist also erforderlich, um

Führungstechnik „Kontrollieren"

- Zielerreichung zu gewährleisten,
- Zielabweichungen festzustellen und zu analysieren und
- dem Mitarbeiter Rückmeldung über sein Leistungsverhalten zu geben.

Kontrolle als solche ist nicht unbedingt demotivierend, Mitarbeiter sehen deren sachliche Notwendigkeit durchaus ein. Die Art und Weise jedoch, wie diese Führungspflicht durch die Vorgesetzten wahrgenommen wird, kann sowohl motivierend als auch demotivierend sein.

Kontrolle kann motivierend oder demotivierend erfolgen

Kooperative, also motivierende Kontrolle erkennt man z. B. hieran:
- **Offenheit**: Der Mitarbeiter kann erkennen, dass und was kontrolliert wird; Kontrollen werden nicht übertrieben. Der Mitarbeiter erwartet Rückmeldung in Form von Anerkennung und Kritik.
- **Klarheit**: Kontrollen müssen sich auf Normen stützen, die sachlich angemessen, betriebseinheitlich und jedem bekannt sind. Der Mitarbeiter fordert eindeutige und gerechte Maßstäbe.
- **Sachlichkeit**: Kontrolle muss als selbstverständliche und korrekte Angelegenheit erlebt werden, nicht als gehässige Fehlersuche. Der Mitarbeiter wünscht eine Beschränkung der Kontrolle auf das wirklich Wichtige.

– **Takt**: Persönliche Kontrolle soll nicht verletzen, sondern freundlich und nüchtern erfolgen. Der Mitarbeiter will menschliche Achtung und Selbstverantwortung.

Es gibt verschiedene Arten bzw. Formen von Kontrolle. Unterschieden wird:
– nach dem **Träger der Kontrolle** (= interne oder externe Kontrollinstanz)
  – die **Selbstkontrolle**: Der Mitarbeiter überprüft die von ihm erbrachten Leistungen nach eigenem Ermessen.
  – die **Fremdkontrolle**: Die Kontrolle erfolgt durch einen anderen Mitarbeiter (Kollege, Führungskraft, eigens damit beauftragte Person, z. B. Innenrevisor) oder eine technische Einrichtung (= Systemkontrolle, z. B. Zeiterfassung).

– nach dem **Objekt** bzw. nach dem **Zeitpunkt der Kontrolle**
  – die **Verfahrens-/Verlaufskontrolle**: Es geht um die Kontrolle ablaufender Prozesse und das Arbeitsverhalten des Mitarbeiters.
  – die **Ergebnis-/Endkontrolle**: Es wird das Ergebnis kontrolliert, nicht aber das Zustandekommen.

– nach dem **Umfang der Kontrolle** (= Kontrolldichte)
  – die **Stichprobenkontrolle**: Einige wenige, systematisch ausgesuchte regelmäßige oder zufällige Vorgänge bzw. erbrachte Arbeitsleistungen werden kontrolliert.
  – die **Total-/Gesamtkontrolle**: Alle ausgeführten Arbeiten werden kontrolliert.

Die Reaktion auf eine Kontrolle sollte möglichst zeitnah erfolgen

Demnach sind als **Kontrollgegenstand** die sachlich-fachliche Leistung, die der Mitarbeiter erzielt hat, sein soziales Verhalten gegenüber Kollegen, Kunden, Vorgesetzten und das Führungsverhalten von Vorgesetzten gegenüber ihren Mitarbeitern zu unterscheiden.

Das **Harzburger Modell** unterscheidet in **Dienstaufsicht** (= stichprobenartige Überprüfung des Einzelfalls, ob der Mitarbeiter entsprechend den Richtlinien und Weisungen arbeitet) und **Erfolgskontrolle** (= stichprobenartige oder vollständige Überprüfung der erzielten Ergebnisse).

 Kontrolle sollte immer Konsequenzen nach sich ziehen.

Nach erfolgter Kontrolle muss das Ergebnis in jedem Fall mit dem betreffenden Mitarbeiter besprochen werden. Ihm ist mitzuteilen, wie das Unternehmen (vertreten durch den Vorgesetzten) seine Leistung einschätzt und wie es den Mitarbeiter bei einer möglichen Verhaltensänderung zu unterstützen gedenkt. Ziel ist die Bestätigung oder die Korrektur.

Die Reaktion muss dem Beobachtungsergebnis angemessen sein

Die **Reaktion** sollte immer möglichst **zeitnah** bei dem beobachteten Verhalten liegen und dem Beobachtungsergebnis angemessen sein; erfahrungsgemäß wird in den Unternehmen zu wenig gelobt und nicht immer in der richtigen „Dosierung". Es werden verschiedene **Arten des Feed-backs** unterschieden:

- **Anerkennung**: stellt ab auf die Person des Mitarbeiter und zielt auf eine Stärkung seines Selbstwertgefühls
- **Lob**: stellt ab auf die Leistung
- **Tadel**: bezieht sich auf die Einstellung des Mitarbeiters
- **Kritik**: bezieht sich auf die Sache und darf nicht in verletzender Form vorgetragen werden

Damit Kritik konstruktiv wird, sollten die Vorgesetzten sich an einige einfache Regeln halten: Kritik sollte **nur an der Sache** oder am Ergebnis, **nicht aber an der Person** geübt werden; sie sollte nur **unter vier Augen** und nicht als Rundumschlag, sondern durch **präzise Bezugnahme** auf ein Fehlverhalten vermittelt werden. Außerdem muss sie Raum lassen für Gegenargumente und Stellungnahmen.

25.4.2 Information und Kommunikation

Informationen werden **schriftlich** (z. B. Arbeitsunterlagen, Handbücher, Rundschreiben, „schwarzes Brett", Mitarbeiterzeitschriften, Intranet, E-Mail, Fax) **oder mündlich** (Gespräche und Besprechungen vielfältigster Art = Kommunikation) weitergegeben.

Will man beispielsweise einmalig eine Tätigkeit übertragen (im Gegensatz zur dauerhaften Delegation von Aufgaben), so kann dies in verschiedenen Weisungsformen geschehen:

- als **Auftrag**: Ein Auftrag erfolgt immer persönlich und höflich (mit Anrede) und enthält neben dem gewünschten Ergebnis auch Erläuterungen zur Vorgehensweise mit entsprechenden Begründungen. Vorschläge und Initiative seitens des Mitarbeiters sind ausdrücklich erwünscht.
- als **Anweisung**: Sie erfolgt ebenfalls persönlich, höflich und mit Anrede, verzichtet aber auf Begründungen.
- als **Anordnung/Befehl**: Er erfolgt unpersönlich, ohne Namensnennung und Begründung. Einwendungen oder gar Widerspruch wird nicht geduldet.

Welche dieser Weisungsformen angemessen ist, hängt vom Inhalt, der zu bewältigenden Arbeitsaufgabe und vom Reifegrad des betroffenen Mitarbeiters ab. Nicht jede Weisung seitens des Vorgesetzten ist zulässig. Sie muss sich stets innerhalb des durch das Direktionsrecht gedeckten Bereich bewegen.

Nicht jede Weisung seitens des Vorgesetzten ist zulässig

Regelmäßige oder sporadische Gespräche dienen der gegenseitigen Information und der Vorbereitung von Entscheidungen und unterstützen den Meinungsbildungsprozess. Bei der Information von Mitarbeitern sind insbesondere vier Fragen relevant:
- **Worüber?** ⇒ **klar und eindringlich**
  Z. B. über Aufgabe, Zusammenhänge, Veränderungen, Ergebnisse im Arbeitsverlauf
- **Wozu?** ⇒ **begründend und motivierend**
  Z. B. zum Mitwissen, Mitwirken, Mitverantworten, Sich-Weiterentwickeln der Mitarbeiter

- **Wann?** ⇒ **rechtzeitig und ausgiebig**
  Z. B. im Planungsstadium, vor dem Beginn, während der Durchführung, nach Beendigung jedes Leistungsprozesses
- **Wie?** ⇒ **systematisch und planvoll**
  Z. B. mit Grundsätzen, Techniken, Psychologie, Zielvorstellungen der Information

Es werden unterschiedliche Gesprächsarten unterschieden:
- **Mitarbeitergespräch:** Gespräch zwischen einem Vorgesetzten und einem Mitarbeiter zur Lösung eines gemeinsamen Problems als „gleichberechtigte" Partner
- **Mitarbeiterbesprechung:** Gespräch zwischen dem Vorgesetzten und mehreren Mitarbeitern zur Bearbeitung gemeinsamer Fragen bzw. Lösung von Problemen; alle Beteiligten sind gleichberechtigt
- **Dienstgespräch:** Gespräch zwischen einem Vorgesetzten und einem Mitarbeiter (z. B. Beurteilungs-, Kritik-, Performance-, Rückkehr-, Austrittsgespräch etc.)
- **Dienstbesprechung:** hieran sind Führungskraft und Mitarbeiter als nicht „gleichberechtigte" Gesprächspartner beteiligt

Für alle Arten von Gesprächen gelten die bekannten Gesprächsregeln:
- Gespräche müssen von allen Beteiligten **gut vorbereitet** sein, deshalb muss der Einladende den Termin und das Gesprächsthema rechtzeitig bekannt geben;
- für das Gespräch muss eine **angemessene Zeit** eingeplant werden; es ist für eine **störungsfreie**, konstruktive Gesprächsatmosphäre zu sorgen;
- **Vertraulichkeit** ist zu gewährleisten, damit offen gesprochen werden kann;
- es darf kein Monolog stattfinden, der Dialog sollte ermöglicht werden;
- **Gesprächsergebnisse** (auch Zwischenergebnisse) sollten gesichert bzw. **dokumentiert** werden.

Für Informationsstörungen kann es eine Reihe von Ursachen geben:

Es gibt viele Ursachen für Informationsstörungen

- Vorgesetzte bzw. Mitarbeiter halten bewusst Information zurück (Informationsmonopole).
- Informationen werden vermieden oder geschönt, um negative Folgen für sich zu vermeiden.
- Informationen werden nur selektiv wahr- und aufgenommen (z. B. werden nur solche wahrgenommen, die den eigenen Standpunkt bestätigen).
- Die Beteiligten haben unzureichende Übung in Information und Kommunikation.
- Vorgesetzter und Mitarbeiter messen der Information eine unterschiedliche Bedeutung zu.

Weitere Teilbereiche der Führungsaufgabe wurden in anderen Kapiteln bereits ausführlich behandelt.

LITERATURVERZEICHNIS

Bücher

Albert, G.: Betriebliche Personalwirtschaft. 5. Auflage, Ludwigshafen 2002

Birker, K: Einführung in die Betriebswirtschaftslehre. Berlin 2000

Danne, H./Heider-Knabe, E.: Personalwirtschaft. Berlin 2003

Eyer, E. (Hrsg.): Vergütung. 2. Auflage, Düsseldorf 2002

Hopfenbeck, Waldemar: Allgemeine Betriebswirtschafts- und Managementlehre: Das Unternehmen im Spannungsfeld zwischen ökonomischen, sozialen und ökologischen Interessen. Redline Wirtschaft bei verlag moderne
industrie (www.redline-wirtschaft.de), 14. Auflage, München 2002

Jetter, F. /Skrotzki, R.: Handbuch Zielvereinbarungsgespräche. Stuttgart 2000

Kießling-Sonntag, J.: Trainings- und Seminarpraxis. Berlin 2003

Kießling-Sonntag, J.: Zielvereinbarungsgespräche. Berlin 2002

Oppermann-Weber, U.: Mitarbeiterführung. Berlin 2002

Rauen, Ch.: Coaching. Innovative Konzepte im Vergleich. 3. Aufl., Göttingen
2003

Schmidt, Götz: Schriftenreihe „Organisation". Band 1–9, Gießen

Schönell, H.-W.: Werkzeugkasten für Weiterbildner. Eichenau, ständig aktualisiert

Wöhe, G./Döring, U.: Einführung in die Allgemeine Betriebswirtschaftslehre. 21.
Auflage, München 2002

Zeitschriften und Magazine

Arbeitsrecht im Betrieb (AiB-Verlag)

Mitbestimmung (Hans Böckler Stiftung)

Personal (Verlagsgruppe Handelsblatt GmbH)

Personalwirtschaft (Wolters Kluwer Deutschland GmbH)

Weiterführende Links

www.coaching-report.de

www.lexware.de

www.norcom.de

www.witchlearn.de

STICHWORTVERZEICHNIS

Personalstatistik 229 f.
Personalstruktur 230, 232
Personalstrukturkennzahlen 232
Personalverwaltung 191 ff.
Personalwirtschaftlicher Dienst-
leistungsprozess 72
Personalzusatzkosten 134, 199, 226
Persönlichkeitskompetenz 265
Persönlichkeitstest 278
Pflegeversicherung 150, 154
Planspiel 299
Planung, derivative 209
Planung, originäre 209
Planungsfelder 211
Pluralinstanz 21
Potenzialbeurteilung 268, 275
Prämienlohn 133 f.
Prämienverlauf 133
Private Arbeitsvermittler 169
Problemlösungsphase 108
Produktentwicklung 205
Produktionsfaktor Arbeit 217 ff.
Produkt-Markt-Matrix 204 f.
Profilvergleich 280 ff.
Profit-Center 30, 71
Programmierte Unterweisung 297
Projektabschlussphase 110 f.
Projektarbeit 294
Projektberichtswesen 109
Projektcontrolling 108
Projekte, operative 97
Projekte, strategische 97
Projektmanagement 96 ff.
Projektmanagement-Software 112
Projektorganbildung 100
Projektplanungsphase 103 ff.
Projektressourcen 111 ff.
Projektstatusmeetings 108
Projektsteuerung 108
Projektstrukturplanung 103
Prozesscontrolling 93
Prozessgestaltung 79
Prozessorganisation 79 ff.
Prozessorientierte integrierte
Managementsysteme 80
Prozessveränderungen 88 ff.
Prüfungen 317

Q
Qualitative Kennzahlen 234 f.
Qualitätsaudits 93 ff.
Qualitätsmanagement 323
Qualitätsmessung 91 ff.
Qualitätszirkel 299
Quantitative Kennzahlen 232 f.

R
Rahmenbildungsplan 306
Rangfolgeverfahren 127
Rangreihenverfahren 128
Referentensystem, dezentrales 54
Referentensystem, zentrales 53
Referenzen 178
Referenzmodell 336
Reine Projektorganisation 100
Rentenhöhe 154
Rentenkonto 159
Rentenversicherung 150, 153 f.
Reservebedarf 212
Risikoanalyse 105
Rollenspiel 298
Rollierende Planung 344

S
Sachmittel 15
Sachmittelsystem 33 f.
Schätzverfahren, systematische 215
Schlüsselqualifikation 265
Schlüter-Formel 233
Schriftliche Befragung 280
Scientific Management 41
Sechs-Stufen-Modell 84 f.
Selbstgesteuertes Lernen 247
Selbstkontrolle 346
Selbstverwaltung 150 f.
Seminarbeurteilung 320
Service-Engineering 79
Singularinstanz 21
Softwareunterstützte Personal-
verwaltung 192
Solidaritätszuschlag 197
Sozialgerichtsbarkeit 159 f.
Sozialkompetenz 265
Sozialleistungen, freiwillige 134 f.
Sozialversicherung 149 ff., 197